中国能源报告(2012)：能源安全研究

China Energy Report(2012): Energy Security Research

魏一鸣 吴 刚 梁巧梅 廖 华等 著

科 学 出 版 社
北 京

内 容 简 介

作为世界第一大能源消费国和第二大石油进口国，自2009年开始，我国各种化石能源全面出现净进口，能源对外依存度逐年攀升，局部地区“油荒”、“煤荒”、“电荒”时有发生，能源安全问题愈加凸显。本报告从世界能源地缘政治和我国能源安全的历史着手，针对国际能源市场的复杂性、我国能源进口贸易风险、战略能源储备策略、能源危机对我国经济的影响、能源贫困与可再生能源、能源消费的环境健康效应、重点节能行业和地区节能潜力、能源供应预警与应急预案，以及能源安全的国际比较等科学问题，开展了系统研究，以期为国家相关决策部门提供决策参考和信息支持。

图书在版编目(CIP)数据

中国能源报告(2012)：能源安全研究＝China Energy Report(2012)：Energy Security Research/魏一鸣等著．—北京：科学出版社，2012.

ISBN 978-7-03-034497-7

Ⅰ.①中… Ⅱ.①魏… Ⅲ.①能源经济-研究报告-中国-2012 ②能源-国家安全-研究报告-中国-2012 Ⅳ.①F426.2 ②TK01

中国版本图书馆CIP数据核字(2012)第113393号

责任编辑：耿建业 / 责任校对：刘小梅
责任印制：张 倩 / 封面设计：陈 敬

科学出版社 出版
北京东黄城根北街16号
邮政编码：100717
http://www.sciencep.com
中国科学院印刷厂 印刷
科学出版社发行 各地新华书店经销
*
2012年6月第 一 版 开本：787×1092 1/16
2012年6月第一次印刷 印张：20 1/2
字数：418 000

定价：60.00元

（如有印装质量问题，我社负责调换）

作者简介

魏一鸣，工学博士(1996 年)，教育部“长江学者奖励计划”特聘教授，国家杰出青年科学基金获得者，入选中国科学院“百人计划”。现任北京理工大学管理与经济学院院长，北京理工大学能源与环境政策研究中心主任。

兼任中国优选法统筹法与经济数学研究会副理事长、能源经济与管理研究分会理事长、复杂系统研究分会理事长等职务。12 份国际学术期刊副主编或编委，及 10 份中国学术期刊编委。曾任中国科学院科技政策与管理科学研究所副所长(2000～2008 年)、研究员、博士生导师(2001 年起)。2000 年日本先端科技大学访问副教授、2005 年美国哈佛大学高级访问学者。

长期从事管理系统工程的研究工作，研究领域包括能源经济建模与分析、资源与环境管理、能源经济与气候政策。先后主持国家自然科学基金重大国际合作项目、国家自然科学基金重点项目、国家杰出青年科学基金、国家科技支撑计划、国家科技攻关课题、国家 973 计划、欧盟 FP7 等重要科研课题 40 余项。在重要学术期刊发表论文 200 余篇，其中，SCI 收录 42 篇，SSCI 收录 40 篇，EI 收录 95 篇；出版著作 12 部。发表的学术论文被同行引用超过 3400 次，其中 SCI/SSCI 他引 380 次。获软件著作权 6 件。向中央和国务院提交了多份政策咨询报告并得到了重视。

获国家杰出青年科学基金(2004 年)、中国青年科技奖(2001 年)、纪念博士后制度 20 周年“全国优秀博士后”称号(2005 年)，国务院政府特殊津贴(2004 年)，入选中国科学院“百人计划”(2004 年)、教育部“长江学者奖励计划”特聘教授(2008 年度)、“首批新世纪百千万人才工程国家级人选”。曾获教育部科技进步奖一等奖 1 项及其他 4 项省部级科学技术或自然科学奖。

魏一鸣教授积极推动了管理系统工程、能源经济与管理学科的建设和发展。发起并创建了中国优选法统筹法与经济数学研究会复杂系统研究分会(2005 年)、中国优选法统筹法与经济数学研究会能源经济与管理分会(2009 年)，并分别担任首任理事长。先后创建了中国科学院科技政策与管理科学研究所能源与环境政策研究中心(2006 年)、北京理工大学能源与环境政策研究中心(2009 年)，并先后担任中心首任主任。

魏一鸣教授特别重视研究生的培养，曾获中国科学院优秀研究生导师称号(2008 年)，主讲的研究生课程“工业工程与管理”、“管理系统工程”分别于 2001 年、2002 年被中国科学院评为优秀课程；指导的研究生中，4 人获中国科学院院长优秀奖、2 人获北京市优秀博士学位论文、1 人获全国优秀博士学位论文提名奖。

吴刚，男，1977 年 5 月生，河北唐山人，管理学博士。现为中国科学院科技政策与管理科学研究所副研究员，美国哈佛大学访问学者(2010.09—2011.09)。吴刚博士 2006 年毕业于中国科学院科技政策与管理科学研究所 & 中国科学技术大学，一直从事能源领域的研究工作，在能源安全政策、能源复杂系统建模、全球气候变化与碳排放、节能与可再生能源政策等方面开展了一些有价值的研究工作。先后主持承担了国家自然科学基金青年基金和面上项目、国家 973 计划、国家"十一五"科技支撑计划、北京市自然科学基金面上项目、中国科学院知识创新人才项目等重要研究课题 10 余项。在国内外重要学术期刊发表论文 40 余篇，其中，在本领域国际一流学术期刊 *Energy Economics*，*Energy Policy*，*Applied Energy*，*Environmental Science and Technology*，*Ecological Economics* 等上发表论文 20 余篇，SCI&SSCI 论文 16 篇，EI 论文 2 篇，合作出版中英文著作 6 部(英文 2 部)，合作向中央和国务院提交了多份政策咨询报告，部分被中共中央办公厅、国务院办公厅全文采纳，并受到党和国家领导人的重视。吴刚博士曾获教育部科技进步奖一等奖(排名第 8)，中国科学院宝钢奖学金，日本钢管株式会社 NKK 特等奖学金等奖励。

梁巧梅，女，1979 年生，壮族，广西南宁人。2007 年毕业于中国科学院科技政策与管理科学研究所，获管理学博士学位。2007～2009 年曾任中国科学院科技政策与管理科学研究所助理研究员。现任北京理工大学管理与经济学院副教授，兼任中国优选法统筹法与经济数学研究会能源经济与管理研究分会常务理事。目前主要研究领域为能源复杂系统建模、能源与环境政策。在国内外重要学术期刊发表学术论文近 20 篇。主持或参与了国家自然科学基金、国家 973 计划、国家"十二五"科技支撑计划等多项科研课题。曾获教育部科学技术进步奖一等奖、全国优秀博士学位论文提名奖、北京市优秀博士学位论文、中国科学院优秀博士学位论文等荣誉或奖励。2010 年曾被世界著名出版集团 Elsevier 列入"2004～2008 年度 Elsevier 经济学期刊中引用率最高的中国大陆作者"。

廖华，男，1980 年生，江西南康人，现为北京理工大学管理与经济学院、北京理工大学能源与环境政策研究中心副教授、研究生导师。主要研究领域：能源、环境与气候经济，能源市场，经济发展与结构变动。发表论文 30 余篇，部分论文被联合国、世界银行、亚洲开发银行等国际组织引用，被麻省理工学院(MIT)"能源安全与挑战"课程列为必读材料(required reading)。合作出版著作 5 部(英文 2 部)、编著 1 部、译著 1 部。作为负责人已承担中国科学院战略性先导科技专项课题 1 项、国家自然科学基金课题 2 项。完成的部分政策咨询报告被中共中央办公厅、国务院办公厅采用，并得到中央领导的批示。曾为美国东西方中心(East-West Center)访问学者，曾获教育部科技进步一等奖、中国科学院院长优秀奖、北京市优秀博士学位论文、中国发展研究基金会奖励等。兼任中国"双法"研究会能源经济与管理分会副秘书长、常务理事。

前　言

工业革命以后，煤炭、石油等化石能源逐步取代薪柴成为能源消费的主体，受化石能源资源禀赋和分布的约束，国际能源贸易应运而生，并迅速扩大。在纷繁复杂的国际能源贸易中，如何保障能源持续稳定的供应，成为能源进口国普遍关注的问题。1973年阿拉伯国家发起了石油禁运行动，引发了第一次世界石油危机，给欧美等工业化国家造成了巨大的经济损失，全球经济增长率由 1973 年的 6.8%下降到 1974 年的 2.8%。为了应对石油供应短缺，1974 年经济合作与发展组织成立了国际能源署（IEA），首次明确了能源安全的概念：可获得的、买得起的、持续的能源供应，即能源供应短缺量不应超过上一年能源进口的 7%，并且没有出现持续的难以承受的高油价。

基于对能源安全问题长期的关注和研究，我们认为国家能源安全可以分为两个层面，即能源经济安全和能源生态环境安全，其中，经济安全也就是传统的能源供应安全，而生态环境安全也就是能源使用安全。**本报告对能源安全的界定为：满足国家经济发展需求的可靠的、买得起的、持续的能源供应，同时能源的生产和使用不会破坏生态环境的可持续发展。**事实上，国家能源安全好比一个屋顶，由若干块瓦片构成，而每一块瓦片都代表影响能源安全的一个因素，如地缘政治、能源运输、能源价格、能源储备、武装冲突、蓄意破坏、罢工、技术、突发事故、自然灾害，以及能源消费的污染物排放等。任何一块瓦片（因素）出现问题，都会或多或少影响或导致房屋漏雨，也就是影响国家能源安全。

进入工业化发展阶段之后，能源与资本和劳动一样，成为对国家经济产生重要影响的生产要素。尤其在当前的高油价时期，能源危机已经成为经济危机演化发展的重要导火索之一。因此，能源安全已成为国家安全的重要组成部分，成为世界各国普遍关注的问题。近年来，国际能源市场可谓动荡不安，一波未平一波又起。2008 年，美国次贷危机引发的全球金融危机，导致国际原油价格暴跌，投资锐减，能源需求下降。然而，正当很多国际预测机构和投行纷纷下调未来能源预期时，国际油价很快又重回 80 美元/桶的高位，“过山车”式的价格波动强烈冲击着各能源进口国的能源供应安全。当各国尚未从全球金融危机和欧债危机的阴影中走出时，2010 年底至 2011 年初北非国家爆发的“茉莉花革命”，再次引爆国际能源市场，原油价格相继迅速突破 100 和 110 美元/桶，苏丹、利比亚等北非石油出口国动荡的政治局势，给石油投资、生产和贸易造成了巨大的波动。随着 2011 年 8 月卡扎菲政府的倒台，“茉莉花革命”风暴暂时平息，国际石油市场也难得的风平浪静。然而，好景不长，伊朗核危机再度爆发，美伊关系进一步恶化，伊朗宣称一旦美伊冲突，伊朗将武力封锁霍尔木兹海峡。2012 年初，美欧联合对伊朗实施经济制裁，伊朗反应激烈，威胁将中断对欧洲各国的石油供应。同时，迫于国际压力，中国、日本、印度三个亚洲主要石油进口国，也纷纷减少伊朗石油进口量。由此，国际石油市场再次陷入动荡，国际能源地缘政治也变得越发复杂多变。

作为世界第一大能源消费国和第二大石油进口国，中国自 2009 年开始，各种化石能源全部出现净进口，能源对外依存度逐年攀升，国内局部地区“油荒”、“煤荒”、“电荒”时有发生，能源安全问题愈加凸显。中国能源安全究竟处于什么样的水平？应如何提高国家能源供应安全，降低能源贸易风险？这些都成为决策者和科研人员共同关注的焦点问题。

本报告从世界能源地缘政治和我国能源安全的历史着手，针对国际能源市场的复杂性、我国能源进口贸易风险、我国战略能源储备策略、能源危机对我国经济的影响、我国的能源贫困问题、能源消费的环境健康效应、重点节能行业的潜力分析、可再生能源发展潜力、能源安全预警与应急预案、能源安全的国际比较等热点问题开展系统研究，以期为国家相关决策部门提供决策参考和信息支持。本报告讨论的主要问题包括：

1）世界能源供需与中国能源安全的演进

世界能源消费和供给的分布极不均衡。一方面，随着中东、北非地区动荡的政治局势，世界能源生产和贸易格局正在发生变化；另一方面，受全球金融危机和欧债危机的影响，世界能源消费格局也在悄悄地发生改变，中国、印度等新兴国家能源消费迅速扩大。这些因素造成世界能源贸易呈现越来越多元化的趋势。同时，全球气候变化备受关注，随着各国纷纷采取减缓全球气候变暖的行动和措施，世界能源消费结构正朝着清洁可再生能源转变。本报告第 1 章在系统分析世界能源供需现状的基础上，全面阐述了我国能源安全的历史及面临的挑战。

2）世界能源地缘政治与中国能源外交

能源发展史，尤其是石油的发展史，实际上是一部局部战争史，历史上，因争夺石油资源而引发的战争接连不断，造成世界能源地缘政治关系错综复杂。建国后，我国由能源进口国逐步转变为能源出口国，后来又成为能源净进口国。我国的能源外交政策也随着能源贸易角色的转变而不断变化。本报告第 2 章从世界能源地缘政治的发展史入手，讨论能源外交对国家能源安全的作用和影响。

3）石油价格与中国能源安全

2008 年金融危机爆发以来，石油市场与金融市场联动使得国际油价如过山车般暴涨暴跌，对各石油进口国的能源安全产生重大影响。不仅如此，2002 年以来的油价暴涨还大大刺激了美国和欧洲的生物燃料发展，并引起石油安全与粮食安全的矛盾之争。本报告第 3 章从石油市场的复杂性、油价波动对能源供需和经济的影响、石油金融化发展的风险，以及未来国际油价走势与中国能源安全等方面开展定量研究。

4）中国能源贸易与运输风险研究

世界能源资源分布极不均衡，国际能源贸易高度集中和垄断，长距离能源运输更是给能源贸易带来不可预测的风险。目前，我国能源贸易主要以石油进口贸易为主，经常出现“买涨不买落”和“量价齐增”等不合理现象。本报告第 4 章在系统分析我国能源进口主要运输通道的基础上，定量研究了我国石油进口的综合风险、中美原油贸易风险比较、我国煤炭贸易特点及运输风险分析、我国天然气贸易特点及运输风险分析，为降低我国能源贸易及运输风险提供决策支持。

5）中国能源储备策略研究

为了保障国家能源供应安全，我国正加紧建设国家战略石油储备和煤炭应急储备。面对国际原油价格的剧烈波动，如何适时建立并动态弥补战略储备库存才能实现总的安全成本最小？当未来出现石油供应短缺事件时，如何释放国家战略石油储备，化解危机？针对石油、煤炭、天然气的不同储存特点，我国能源储备应采取哪些储备策略？本报告第 5 章围绕上述问题，构建优化模型，定量研究我国能源储备策略。

6）保障能源安全下的重点节能地区和行业研究

大幅度节约能源是减缓能源进口增速、保障国家能源安全的重要途径之一。我国区域经济发展和能源消费极不平衡，不同经济区域的边际节能成本存在较大差异，因此各地区节能减排工作应该因地制宜。本报告第 6 章定量研究各地区有哪些重点节能部门、各个部门能源强度的省际差异有多大、各部门的节能重点在哪些地区以及居民生活节能有哪些城乡和区域差异？以期为"十二五"节能减排工作提供决策信息支持。

7）清洁和可再生能源对国家能源安全的作用

随着全球化石能源储采比的快速下降，以及化石能源使用对环境的负面效应日渐严重，能源安全尤其是化石能源供应安全已是当今世界经济发展面临的重大挑战。大力发展清洁可再生能源，降低对化石燃料的依赖，已成为发达国家提高国家能源安全的重要途径。本报告第 7 章针对清洁可再生能源的利用、世界主要国家的清洁可再生能源政策、我国清洁可再生能源资源潜力及对我国能源供应安全的影响进行了系统分析。

8）能源贫困与能源使用安全

能源贫困是全世界能源发展面临的三大挑战之一。能源贫困的广泛存在制约着世界各国，特别是发展中国家的可持续发展，阻碍社会公平体系的建立，加重社会环境压力，危害居民身体健康，进而影响能源消费的安全氛围。能源贫困与能源使用安全存在着相互制约、相互影响的紧密联系，减缓能源贫困工作将最终有益于提高能源使用安全。我国是能源贫困人群聚集国家之一，但与其他国家相比，能源贫困人群组成具有一定的特殊性。本报告第 8 章系统分析了能源贫困的影响因素、探讨能源贫困与公众健康的关系、能源贫困与能源使用安全的关系，并定量研究了我国区域能源贫困的现状。

9）中国能源消费与公众健康

城市空气质量的恶化严重危害着城市居民的身体健康，我国的城市空气污染已经成为影响国家能源使用安全的重要因素。我国多数城市污染仍以煤烟型为主，污染物主要来自于化石能源消费。本报告第 9 章从能源消费如何影响环境和公众健康着手，定量开展了城市大气污染环境健康效应评价、城市大气污染与公众健康效应的经济评估、重点能耗部门污染物排放环境健康效应评价和重点能耗部门污染物排放对公众健康影响及经济评估的研究。

10）能源危机对中国宏观经济影响研究

能源危机往往是引发经济危机的导火索。20 世纪 70 年代以来的三次能源危机对世界的经济增长、社会通货膨胀、就业等都造成了明显冲击。我国作为世界最大的能源消费国和第二大石油进口国，能源对外依存度越来越高，未来一旦出现能源危机对我国经济将产生怎样的影响。本报告第 10 章在全面分析历次能源危机对宏观经济影响的基础上，应用 CEEPA 模型定量研究了石油供应短缺和油价上涨对我国宏观经济的影响。

11）典型国家能源安全的综合比较研究

各国能源资源禀赋、地理位置及地缘政治的差异，决定了不同能源进口国在能源消费结构、能源进口来源、能源储备模式及相关能源政策的差异。为了保障能源安全，美国等发达国家一方面成立了国际能源署，另一方面纷纷制定和出台了一系列保障能源安全的政策措施。本报告第 11 章从供应安全和使用安全两个方面，构建了一套能源安全评价指标体系，定量研究了中国、美国、德国、日本、印度近年来能源安全的变化趋势，为保障我国能源安全提供决策支持。

12）中国能源安全展望

未来我国能源供需将呈怎样的变化趋势，能源贸易和运输风险如何变化，能源储备如何发展，能源贫困能否得到控制或解决，围绕上述问题，本报告第 12 章在前面各章定量研究的基础上，对 2020 年我国能源安全进行了预测分析，并提出了保障我国能源安全的政策建议。

为了更好地致力于能源与环境政策的科学研究、人才培养与国际交流，2006 年，我与中石油经济技术研究院许永发和刘克雨等教授合作，创办了联合共建的“能源与环境政策研究中心”*，并担任中心首任主任。2009 年，应北京理工大学校长胡海岩院士和党委书记郭大成教授的邀请，我和我团队的核心研究成员加盟北京理工大学；经校长办公会批准成立了北京理工大学能源与环境政策研究中心，挂靠在北京理工大学管理与经济学院。

《中国能源报告》系列是北京理工大学能源与环境政策研究中心完成的系列研究报告，每卷的研究内容都围绕特定主题。能源与环境政策研究中心面向国家能源与应对气候变化领域的重大需求，针对能源与环境战略、能源政策中的关键科学问题开展前瞻性、基础性和应用性科学研究，以期能推动能源经济、能源环境、能源政策与管理等学科的应用与发展；为政府制定能源环境战略和政策提供科学依据；并为中国能源企业制定发展战略与规划提供决策支持；培养能源经济、能源政策与管理领域的高水平专门人才；建设与国际一流同行机构开展学术交流的平台。

《中国能源报告》系列旨在科学研究的基础上为决策者提供科学依据和决策参考。《中国能源报告》第一卷（战略与政策研究）、第二卷（碳排放研究）、第三卷（能源效率研究）分别于 2006 年、2008 年和 2010 年由科学出版社出版。报告出版以来，收到了国内外从事能源经济与管理研究的同仁、政府相关管理部门和能源企业的积极的反响和鼓励。

《中国能源报告（2012）：能源安全研究》作为《中国能源报告》系列的第四卷，是能源与环境政策研究中心团队成员在对能源安全相关的重大问题长期研究基础上形成的总结。本报告由魏一鸣、吴刚负责总体设计、策划、组织和统稿；第一章由魏一鸣、吴刚、於世为、廖华、赵鲁涛、朱治双完成；第二章由魏一鸣、任重远、焦建玲完成；第三章由焦建玲、魏一鸣完成；第四章和第五章均由吴刚、任重远、赵伟东完成；第六章

* 中国科学院科技政策与管理科学研究所与中石油经济技术研究院联合共建。

由廖华、魏一鸣完成；第七章由熊良琼、刘兰翠完成；第八章由李慷、魏一鸣、王科完成；第九章由房斌、李慷、魏一鸣完成；第十章由梁巧梅、王倩、王涛、姚云飞、赵鲁涛、王兵、吴刚完成；第十一章由吴刚、魏一鸣完成；第十二章由魏一鸣、吴刚、廖华、刘兰翠、焦建玲、李慷、梁巧梅完成。王兆华、金菊良、韩智勇、张九天、马晓微、唐葆君、张跃军、杨瑞广等参与了本报告的部分章节的讨论以及校对工作。本报告是能源与环境政策研究中心集体智慧的结晶。

在本报告的研究与撰写过程中，得到了国家自然科学基金重点项目（70733005）、国际合作计划（71020107026）和面上项目（70701032，71173207）等的支持。先后得到了陈述彭院士、彭苏萍院士、郭重庆院士、李京文院士、于景元、何建坤、徐伟宣、顾基发、宋建国、黄晶、孙洪、李善同、陈晓田、李一军、汪寿阳、高自友、张维、黄海军、周寄中、王思强、冯仁国、余薇、周少平、翟金良、任小波、黄铁青、杨列勋、刘作仪、李若筠、葛正翔、方朝亮、戴彦德、许永发、刘克雨、钱兴坤、姜学峰、郭日生、彭斯震、傅小锋、李景明、涂序彦、计雷、蔡晨、李之杰、池宏、张建民等专家和领导的鼓励、指导、支持和无私的帮助；国外同行 Tol R. S. J.，Hofman B.，Martinot E.，Drennen T.，Jacoby H.，ParsonsJ.，MacGill I.，Edenhofer O.，Burnard K.，Nielsen C.，Nguyen F.，Okada N.，Ang B.，Yan J.，Tatano H.，Murty T.，Erdmann G. 等曾应邀访问能源与环境政策研究中心并做学术交流，他们曾以不同形式给予我们支持和帮助。中国科学院副院长丁仲礼院士对《中国能源报告》系列的出版给予了鼓励和支持。值此，向以上领导和专家表示衷心感谢和崇高的敬意！

借此机会，特别感谢北京理工大学党委书记郭大成教授、校长胡海岩院士等校领导，及学校的职能部门和管理与经济学院的各位同仁对我和我们团队研究工作给予的支持和帮助。没有他们的支持和帮助，能源与环境政策研究中心难以持续完成《中国能源报告》第四卷的研究工作和出版。

感谢报告所引用文献的所有作者！

限于知识修养和学术水平，报告中难免存在诸多缺陷与不足，恳请读者批评、指正！

2012 年 2 月 22 日

缩写和缩略语

简称	英文名称	中文名称
AHP	Analysis of Hierarchy Process	层次分析法
APT	Arbitrage Pricing Theory	套利定价理论
BP	BP p. l. c.	英国石油公司
CEEPA	China Energy & Environmental Policy Analysis Model	中国能源与环境政策分析模型
CFTC	Commodity Futures Trading Commission	商品期货交易委员会
CGE	Computational General Equilibrium Modeling	可计算一般均衡模型
COD	Chemical Oxygen Demand	化学需氧量
EIA	Energy Information Administration	美国能源信息署
EPI	Earth Policy Institute	地球政策研究所
GDP	Gross Domestic Product	国内生产总值
IEA	International Energy Agency	国际能源署
IEP	International Energy Protocol	国际能源协议
IMB	International Maritime Bureau	国际海事局
IMF	Internatonal Monetary Fund	国际货币基金组织
IPCC	Intergovernmental Panel on Climate Change	联合国政府间气候变化专门委员会
IPE	International Petroleum Exchange	国际石油交易所
LNG	Liquefied Natural Gas	液化天然气
LPG	Liquefied Petroleum Gas	液化石油气
NBS	National Bureau of Statistics	国家统计局
NBS-BE	Department of Energy，NBS	国家统计局能源司
NBS-DITS	Department of Industry and Transport Statistics，NBS	国家统计局工业交通统计司
NYMEX	New York Mercantile Exchange	纽约商品交易所
OECD	Organization for Economic Co-operation and Development	经济合作与发展组织
OPEC	Organization of Petroleum Exporting Countries	石油输出国组织
REN21	Renewable Energy Policy Network for the 21st Century	21 世纪可再生能源政策网络
SD	System Dynamics	系统动力学
SO_2	Sulphur Dioxide	二氧化硫
CO_2	Carbon Dioxide	二氧化碳
UMEAC	Universial Modern Energy Access Case	现代能源普遍服务情景
WEC	World Energy Council	世界能源理事会
WHO	World Health Organization	世界卫生组织
WNA	World Nuclear Association	世界核能协会
WTI	West Texas Intermediate	西德克萨斯原油中准价

目　录

Contents

第 1 章　世界能源形势与中国能源安全的回顾

受全球气候保护、金融危机、欧债危机、北非地区的“茉莉花革命”，以及中东伊朗核危机等事件的影响，世界能源贸易和消费格局正在悄然发生深刻的变化，中国、印度等发展中国家能源贸易异军突起，美国、欧洲一些老牌发达国家能源消费持续下降，世界能源消费结构正向清洁化可再生化转变。世界能源供需格局的演化，对我国能源安全将产生怎样的影响？我国能源安全面临哪些挑战？新形势下如何解读能源安全？本章将围绕上述问题，从以下几个方面展开讨论：

- **世界能源发展有哪些新趋势？**
- **世界能源贸易发生了哪些变化？**
- **世界能源消费结构如何演进？**
- **中国能源消费与能源安全面临哪些挑战？**
- **如何解读新形势下的能源安全？**

1.1 世界能源发展回顾

1.1.1 全球化石能源储量仍较丰富但分布不均

(1) 煤炭仍是世界上储量最多、分布最广的化石燃料。根据BP（2011a）统计数据显示，2010年底全球煤炭的可探明储量为8609.38亿吨，约为原油储量（1887.88亿吨）的4.6倍。2010年世界煤炭储采比为118年，煤炭依然是所有化石燃料中储采比最高的能源。根据世界能源委员会（WEC）《能源资源调查》数据显示，欧洲及欧亚大陆、北美洲以及亚太地区煤炭资源占据了世界煤炭资源的95%以上。欧洲欧亚大陆煤炭探明储量为3046亿吨，占总储量的35.4%。亚太地区探明可采储量为2658.43亿吨，占总储量的28.5%。北美地区煤炭探明可采储量为2450.9亿吨，占总储量的28.5%。非洲与中东地区煤炭合计探明可采储量为3289.5亿吨，占总储量的3.8%。中南美洲煤炭探明可采储量为1250.8亿吨，仅占总储量的1.5%。世界煤炭资源探明可采储量分布如图1-1所示。

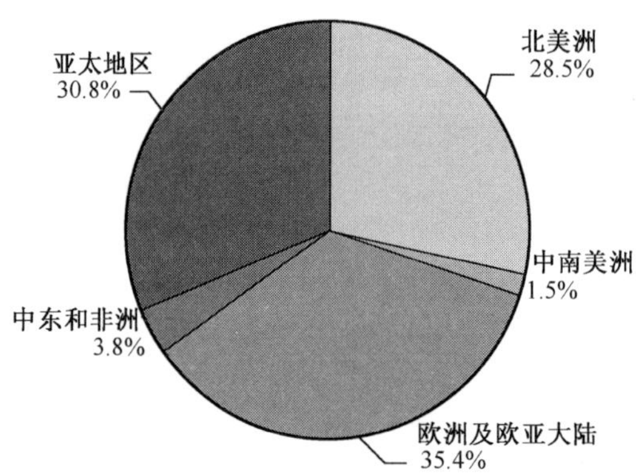

图1-1 各地区煤炭探明可采储量（2010年）

从国别来看，美国煤炭储量为2373亿吨，以占总量27.6%居世界第一位，储采比为241。俄罗斯为1570.1亿吨，以占总量18.2%居世界第二位，储采比为495。中国紧随美国和俄罗斯之后，煤炭可探明储量位居世界第三位，为1145亿吨，占总储量的13.3%，储采比为35。中国的储采比较低，一方面是由于中国2010年煤炭生产量为28.5亿吨，相比于其他国家生产量较大，另一方面是由于中国煤炭开采中的回采率不高，资源浪费严重。

(2) 从储采比角度看，全球石油资源储量仍较为丰富。据BP（2011a）数据统计，全球石油探明储量从1980年底的6675亿桶增长到2010年底的13832亿桶，年均增长2.5%，1980～2010年世界石油探明储量如图1-2所示。截至2010年储采比为46.2。

世界原油资源地域特征明显，分布不均。据BP（2011a）数据显示，1990年、2000年和2010年各个地区原油可探明储量所占百分比如图1-3所示。

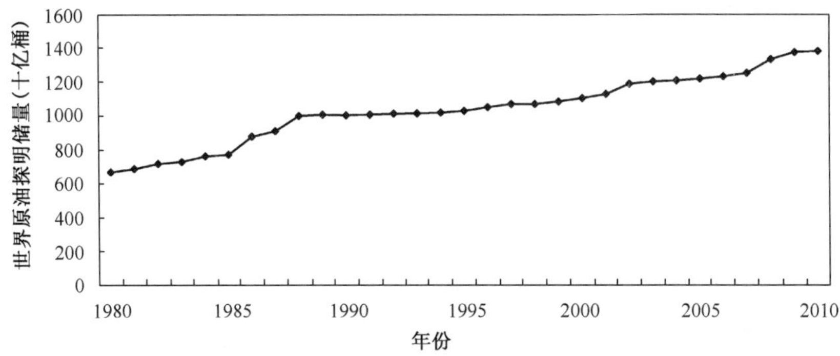

图 1-2　世界原油探明储量（1980～2010 年）

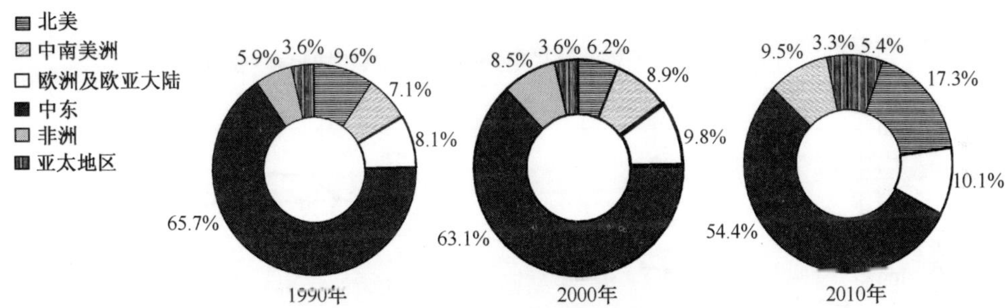

图 1-3　各个地区原油探明储量

从图 1-3 中可以看出，原油在世界范围内分布广泛，分散于北美洲、中南美洲、欧洲及欧亚大陆、中东、非洲以及亚太地区五十多个国家。前 10 大储量国的石油储量在 2010 年分别占全球总储量的 81.5%，沙特阿拉伯作为最大的石油储量国占全球 19.1%。中南美洲超越了欧亚大陆成为世界第二大产油地区，探明储量为 2394 亿桶，这主要是由于委内瑞拉原油探明储量大幅度提高，2000 年的委内瑞拉探明原油储量为 768 亿桶，占总储量的 6.9%，而到了 2010 年大幅增至 2112 亿桶，占总储量的 15.3%。欧洲及欧亚大陆在 2010 年原油探明储量为世界第三位，占总储量的 10.1%。非洲仅次于欧亚大陆，占总储量的 9.5%。北美洲和亚太地区石油探明储量较低，仅为 5.4%和 3.3%。

世界前十大石油资源储量国探明储量增速不一。2000～2010 年，委内瑞拉探明储量增长 174.8%，为全球增长最快的国家，其次为哈萨克斯坦增长 59.2%，伊朗也有 37.7%的增长（BP，2011a），如图 1-4 所示。

（3）天然气探明储量稳步增长。全球天然气探明储量由 1980 年的 80.97 万亿立方米增长到 2010 年底的 187.14 万亿立方米，年均增长 2.7%（BP，2011a），如图 1-5 所示。可见，在过去的 30 年里，天然气探明储量稳步增长。截至 2010 年底，全球天然气储采比为 58.6。

世界天然气的分布不均衡，以中东和欧洲及欧亚大陆地区为主。据 BP（2011a）统计显示，中东天然气储量虽不像石油储量在世界范围内占据绝对的优势地位，但仍占世

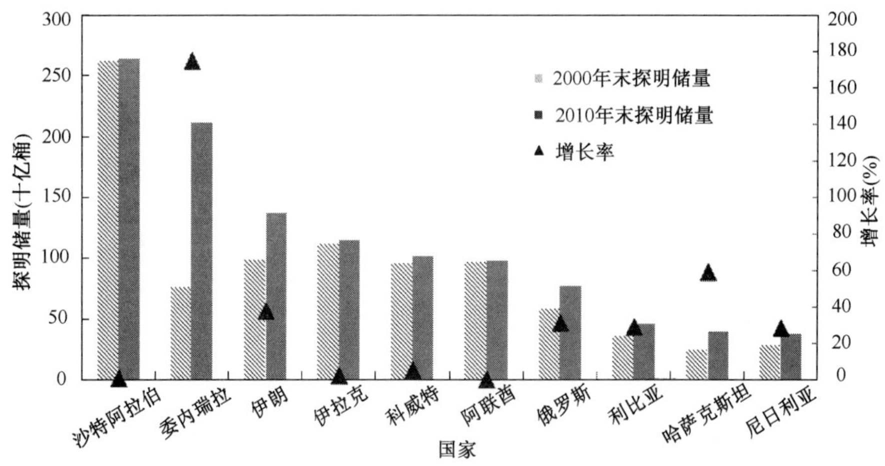

图 1-4　世界前十大石油资源储量国探明储量及其年增长率（2010 年）

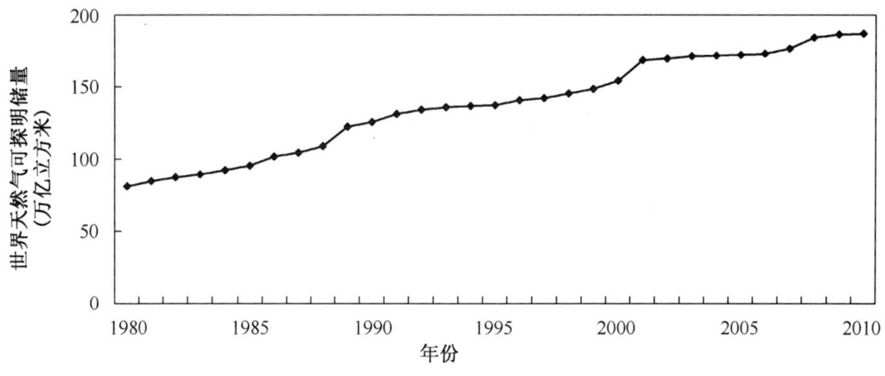

图 1-5　世界天然气探明储量（1980～2010 年）

界总储量的 30.2%；欧洲及欧亚大陆天然气探明储量为 63.1 万亿立方米，约占总量的 33.7%，这两大地区的天然气储备量约占全球总量的 75%。亚太地区和非洲地区分别以 16.2 万亿立方米和 14.7 万亿立方米居于第三位和第四位，占总量的 8.7%和 7.9%。北美洲和中南美洲天然气探明储量分别为 9.9 万亿立方米和 7.4 万亿立方米，只占到全球总量的 5.3%和 4%，如图 1-6 所示。

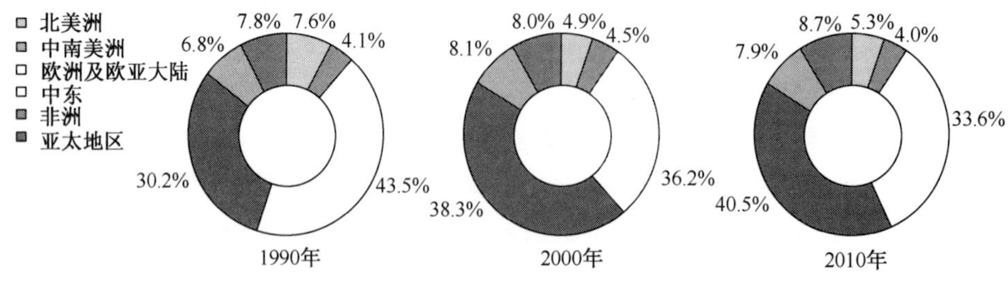

图 1-6　各个地区天然气探明储量

从国别上看，俄罗斯储量仍是世界最高，占全球 23.92%，其次为伊朗（15.82%）、卡塔尔（13.53%）、土库曼斯坦（4.29%）沙特阿拉伯（4.28%）（BP，2011a），前十大储量国占全球总储量的 77.34%，如图 1-7 所示。

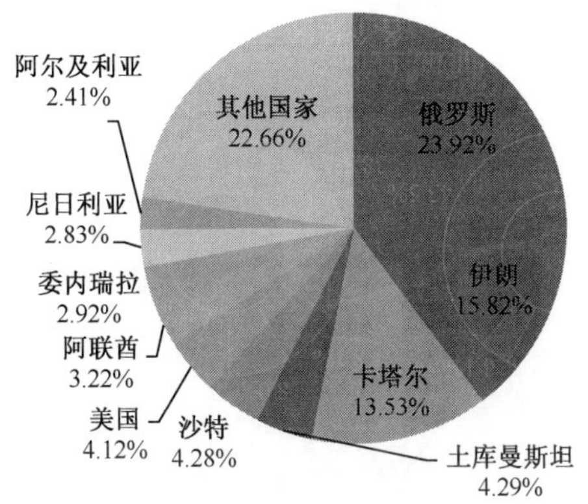

图 1-7　全球前十大天然气储量国天然气储量占比（2010 年）

1.1.2　全球一次能源消费创历史新高

2010 年全球能源消费量达到 2008 年金融危机前的历史峰值。金融危机导致全球一次能源消费在 2009 年下降了 1.5%，2010 年世界经济有了阶段性的复苏，全球一次能源消费较 2009 年增长 5.6%，是 1973 年以来增速最快的一年（如图 1-8）(BP，2011a)。各类能源需求量均强劲增长，合计达到 120 亿吨标准油，超越了 2008 年经济衰退前的峰值，即 2007 年的 115 亿吨标准油。

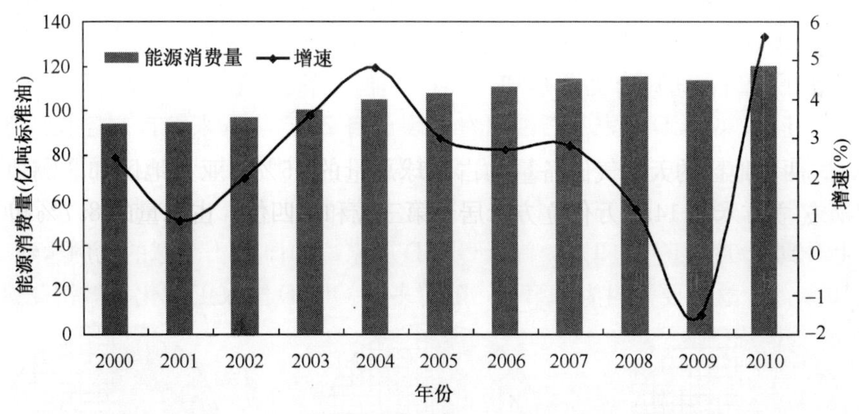

图 1-8　世界一次能源消费量及增速（2000～2010 年）

2010 年中国能源消费量居世界首位，美国能源消费量也恢复增长。根据 BP（2011a）统计数据显示，2010 年中国一次能源消费量达 24.32 亿吨标准油，占全球消费总量的比例增加到 20.3%，居世界第一位，业太其他国家及中东在全球一次能源消费中的比例也显著提高，分别占 17.8%和 5.8%。美国 2010 年一次能源消费量达 22.86 亿吨标准油，居世界第二，占全球总量 19.0%。地区消费比例上，北美、欧洲、前苏联、拉美、非洲分别为 23.1%、16.4%、8.3%、5.1%、3.1%。增速上，2010 年中国一次能源消费增长 11.2%，美国增长 3.7%，是自 2008 年以来首次恢复增长。

全球能源消费增速变化与经济增长快慢变化具有较强的一致性。作为重要的生产和生活资源，全球能源消耗与经济增长密切相关，与经济同升同降。根据世界银行（World Bank）全球 GDP 增速与 BP（2011a）全球能源消费增速数据可知，多数情况下，全球经济增长速度要高于能源消费增长速度，如图 1-9 所示。根据著者的计算，全球经济每增长 1%，带动能源需求增长约 0.7%。

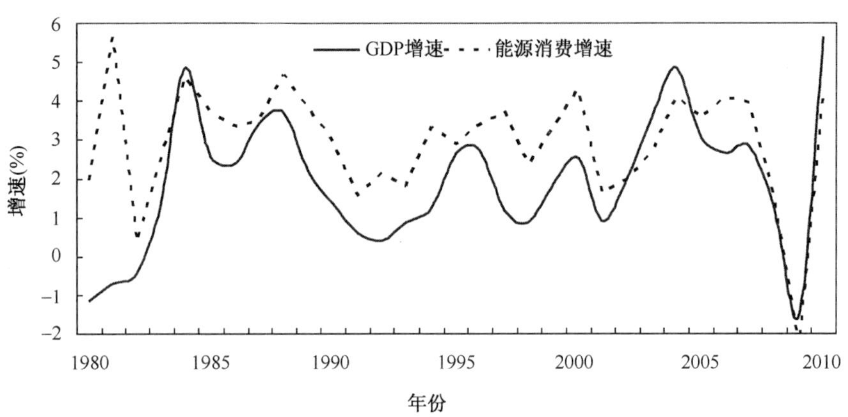

图 1-9 世界 GDP 增长速度与能源消费增长速度（1980～2010 年）

无论是经济合作与发展组织（Organization for Economic Co-operation and Development，OECD）国家还是非经合组织国家，能源消费增速均高于历史平均水平。根据 BP（2011a）统计数据显示，OECD 国家的能源需求增长了 3.5%，为 1984 年以来增幅最大，非 OECD 国家能源消费量增长了 7.5%，比 2000 年高出 63%。全球石油消费量在连续两年下降后，2010 年每天增加了 270 万桶，达到创纪录的每天 8740 万桶，增幅为 3.1%。其中，OECD 国家的石油消费出现了自 2005 年以来的首次增长，每天增加消费 48 万桶，增幅为 0.9%。非经合组织国家的石油消费创纪录地每天增加了 220 万桶，增幅达到 5.5%。非 OECD 国家一次能源消费量所占比重过半，从 2000 年的 42.1%上升到 2008 年的 50.9%，首超 OECD 国家，2010 年占全球的比例达到 53.6%，如图 1-10 所示。这主要是因为：第一，随着多数 OECD 国家工业化及城镇化进程的完

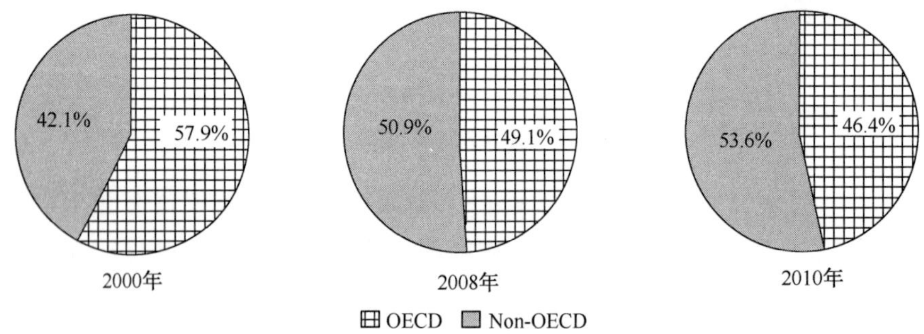

图 1-10 经合组织国家（OECD）与非经合组织国家（Non-OECD）能源消费比重变化

成，以及发达国家将高能耗产业向发展中国家转移，产业结构已逐步向低能耗型转型；第二，部分发展中国家如中国、印度、巴西、俄罗斯等近年来经济增长速度高，能源消耗快速增长，而OECD国家经济增速较低，能源增长较缓慢；第三，发达国家高度重视节能与提高能源使用效率。

1.1.3　全球可再生能源生产与消费稳步增长

在全球应对气候变化的大背景下，减少或减缓化石能源消费量，大力发展可再生能源一直是各国所关注的热点，近年来全球可再生能源发电量及生物燃料大幅度增长。据21世纪可再生能源政策网络（Renewable Energy Policy Network for the 21st Century，REN21）统计数据显示，全球风电装机容量、太阳能光伏发电装机容量、生物乙醇及生物柴油产量稳步增长，如图1-11所示。

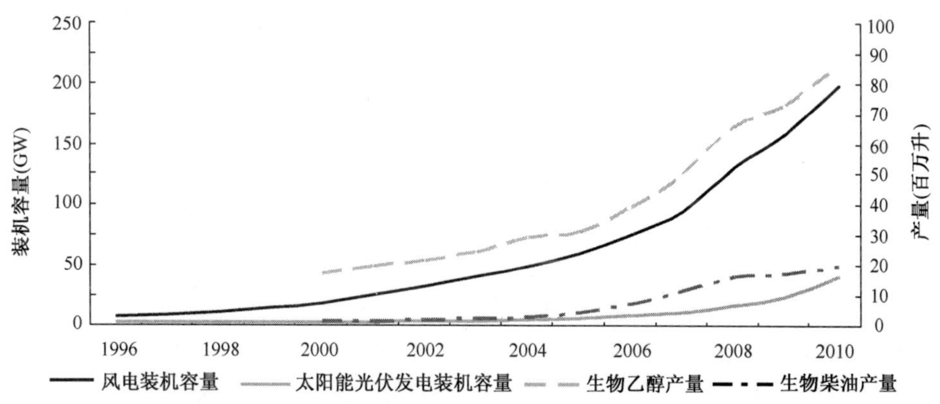

图1-11　全球可再生能源装机容量或生产量（1996～2010年）

2008～2010年全球主要可再生能源无论是总投资还是装机容量、生产量都大幅度增长（REN21，2011），如表1-1所示。

表1-1　全球可再生能源发展状况（2008～2010年）

可再生能源发展指标	2008年	2009年	2010年
可再生能源新增长投资（亿美元）	1300	1600	21100
可再生电力装机容量（不含水电，吉瓦）	200	250	312
可再生电力装机容量（含水电，吉瓦）	1150	1230	1320
水电装机容量（吉瓦）	950	980	1010
风电装机容量（吉瓦）	121	159	198
太阳能光伏装机容量（吉瓦）	16	23	40
太阳能光伏电池产量（吉瓦）	6.9	11	24
太阳能热水器容量（吉瓦时）	130	160	185
生物乙醇产量（亿升）	670	760	860
生物柴油产量（亿升）	120	170	190

据BP（2011a）年报告统计，2010年全球生物燃料产量增长13.8%，约24万桶/天，成为全球液态燃料中产量增长最多的一种。2010年美国、巴西是世界上主要生物燃料生产国，共占全球69.1%，如图1-12所示。但其他国家2010年增长迅速，如印度增长了84.5%，阿根廷增长了60.0%、澳大利亚增长了41.8%。

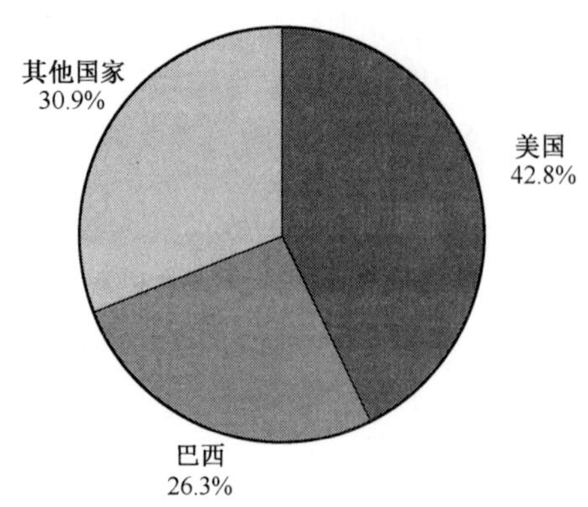

图 1-12　全球生物燃料主要产生国产量占比（2010 年）

中国可再生电力（不含水电）同比增长 75%，增量仅次于美国。可再生能源占到全球能源消费的 1.8%，在过去的十年间所占比例已经增长了 3 倍。在过去的 5 年中，可再生能源对全球一次能源贡献了近 10%，高于石油基产品的贡献。BP（2011a）数据显示，2010 年可再生能源已占到全球能源总消费的 16%，占全球总发电量近 20%。

2010 年全球可再生电力（包括风能、太阳能、地热能和生物质能）消费量同比增长 15.5%，达到 158.6 百万吨标准油（如图 1-13 所示），占世界一次能源消费总量的 1.32%，而 1990 年和 2000 年却只占 0.3%和 0.5%（BP，2011a）。在过去 5 年中，可再生能源贡献了一次能源增长的 10%，高于石油类产品的贡献。其中经合组织国家占据了大多数的增量，但非 OECD 国家的可再生能源消费比重逐步扩大。

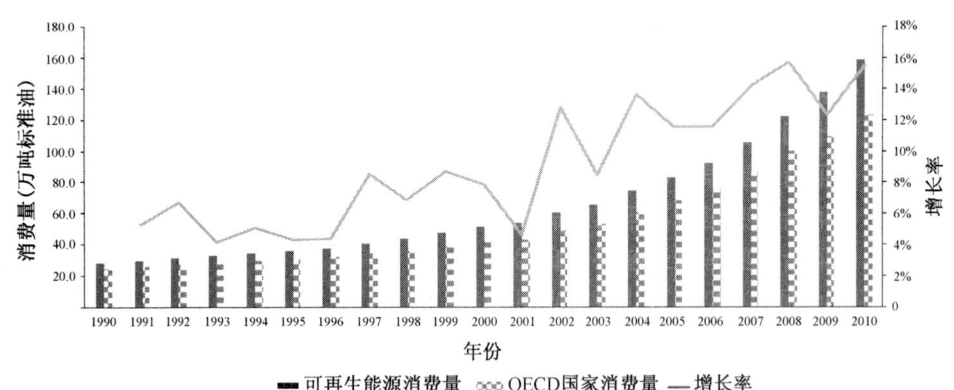

图 1-13　世界可再生能源的消费量及其增速（1990～2010 年）

1.1.4　中东北非动荡与欧债危机致国际原油价格大幅波动

纵观 2010～2011 年油价，国际油价先后经历了平稳期和大幅涨跌阶段。受新兴国家石油需求旺盛、全球资本流动性过剩、OECD 国家经济复苏迟缓以及 OPEC（石油输出国组织，又称欧佩克）产能相对过剩等因素影响，2010 年国际油价一直保持在 80 美元/桶附近低位震荡，如图 1-14 所示。2011 年初，利比亚爆发骚乱并持续升级，投资者对原油供给短缺的担忧上升，同时日本灾后重建推高原油需求预期，油价不断走高并突破 112.79 美元/桶，刷新 2 年半来收盘新高。随后，受美国经济复苏乏力、欧洲债务危机阴霾不散，导致投资者对全球经济衰退的担忧加剧，油价震荡下跌到探底 75.67 美元/桶。2011 年第四季度，由于美国原油库存连创新低，投资者对欧洲出台债务危机解决方案的乐观预期，中国、印度和中东经济体的需求增长，油价恢复百美元时代。

图 1-14　国际原油期货价格走势（2010～2011 年）

1.2　世界能源发展新趋势

1.2.1　未来世界能源需求量仍将继续增加

根据国际能源署（International Energy Agency，IEA）2011 年报告预测，全球经济从 2009 年到 2035 年的年增长率约为 3.6%，非 OECD 国家将推动全球 70%的增长，GDP 份额将由 2009 年的 45%上升到 2035 年的 60%。2035 年的世界人口较 2009 年将增长 26%达到 86 亿，但年均增长量将逐渐下降。依照此发展趋势，世界一次能源总需求将在 2010～2035 年期间增长约 1/3，在现行政策、新政策与“450ppm 碳浓度”三种情景下，2020 年将分别达到 151.2 亿吨标准油、147.7 亿吨标准油和 141.9 亿吨标准油，2035 年分别为 183.0 亿吨标准油、169.6 亿吨标准油和 148.7 亿吨标准油，如图 1-15 所示。其中 90%的增长将来源于非经合组织国家，中国仍将是全球最大的能源消费国，到 2035 年，其能源消费总量将超过美国 70%，但人均消费量不到美国人均的一半。

1.2.2　全球金融危机给清洁可再生能源发展提供了新契机

根据 REN21（2011）统计，2004～2010 年间，全球可再生能源投资年均增长 42.3%，2010 年达到 2110 亿美元，而据 Bloomberg 财经统计，2011 年高达 2600 亿美元。如图 1-16 所示。

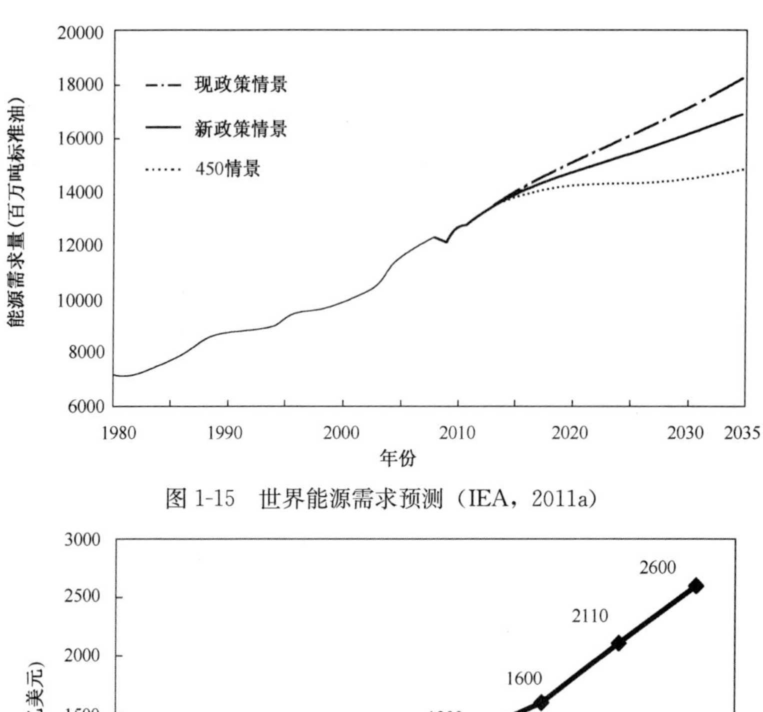

图 1-15　世界能源需求预测（IEA，2011a）

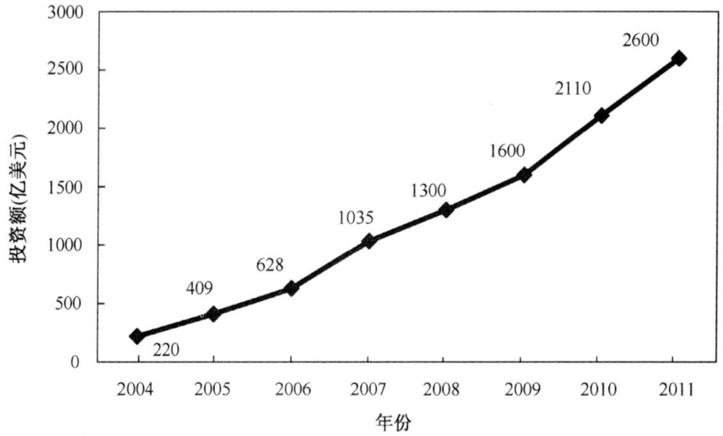

投资额(亿美元)
3000
2500
2000
1500
1000
500
0
220
409
628
1035
1300
1600
2110
2600
2004
2005
2006
2007
2008
2009
2010
2011
年份

图 1-16　全球可再生能源新增投资额比例（2004～2011 年）

2010 年全球可再生能源投资最多的是中国，超过 500 亿美元，占全球投资的 24%，其次为德国、美国、意大利和巴西，如图 1-17 所示。

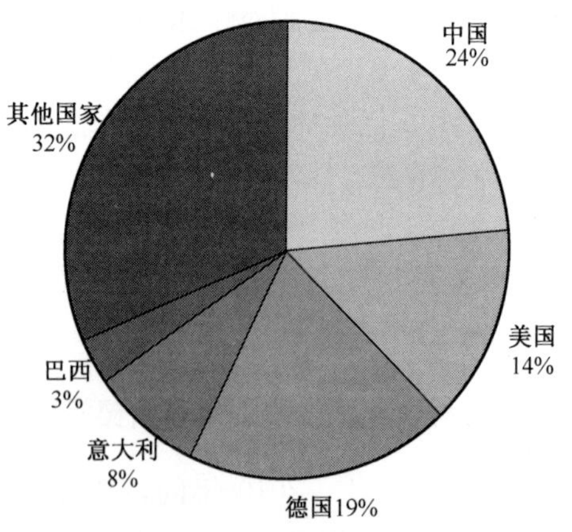

图 1-17　全球可再生能源新增投资额比例（2004～2010 年）

尽管发展中国家可再生能源投资总额较高，但多数发达国家增长速度仍高于大部分发展中国家，如，2010 年比利时增长 40%，加拿大 47%，美国 58%。其中，意大利增长 248%，一跃成为全球第四大投资国。而发展中国家的增长率印度为 25%，而巴西负增长 5%。

在严重的金融危机下，全球经济增速下滑，虽然给传统能源产业带来严重冲击，但给新能源与再生能源的开发利用提供了新的契机。许多国家将发展新能源产业作为应对金融危机、加强本国能源安全与推进经济复苏的重要举措之一，发达国家更是将其作为走出经济困境，重塑世界经济主导力量的产业。加之 2011 年 3 · 14 福岛核事故后，各国为缓解因核电减少而造成的能源供应缺口，势必要加快发展可再生能源。如：美国政府计划在未来十年投资 1500 亿美元，用于清洁能源开发、积极发展下一代生物燃料和燃料基础设施建设，计划在未来 3 年内可再生能源产量增加 1 倍，2012 年以清洁能源为燃料的发电量比例提高到 10%，2025 年增至 25%。韩国投资 90 亿美元开发海上风电项目，以确保在 2019 年海上风电可达到 2.5 吉瓦。部分国家和地区可再生能源消费比例及制订的开发目标如表 1-2 所示。

表 1-2　部分国家和地区可再生能源消费比例及发展目标

国家	2010 年消费	2015～2030 年发展目标
中国	7.20%	2015 年非化石能源比例 11.4%，开发总量将达到 4.8 亿吨标准煤
美国	4.28%	2025 年可再生能源发电量占 50%
加拿大	27.22%	2020 年水电比例将达 76%
欧盟	7.80%	2020 年再生资源消耗占据总消耗能源量 20%
法国	7.01%	2020 年可再生能源在其能源消费总量中的比重提高到至少 23%
德国	7.17%	2020 年可再生能源占终端能源消费比重 18%；2030 年可再生能源占终端能源消费比重 30%
英国	2.73%	2020 年可再生能源在能源消费中的比重将达到 15%
日本	4.87%	2030 年可再生能源利用率将达到 20%
韩国	1.72%	2030 年可再生能源生产比重 11%

1.2.3　福岛核事故改变世界核能发展规划

1973 年第一次石油危机之后，为了摆脱对中东石油的依赖，各大石油消费国家开始大规模建设核电厂，直到 1979 年美国三里岛发生核事故之前，各国形成了一个核电发展的高潮。在过去的几十年里，在诸多清洁能源中，核电已经成为当前诸多清洁能源中技术较为成熟、运行比较稳定的发电技术。核电在世界能源消费中的比重正稳步上升，2010 年核电在一次能源消费结构中占 5.2%，而 20 世纪 70 年代，核电在世界能源消费结构中所占比例还不到 1%（BP，2011a）。目前，美国、法国、日本、英国、德国、加拿大和韩国 7 国核电比例分别为 8.4%、38.4%、13.2%、6.7%、10%、6.4% 和 13.1%，而中国只有 0.5%，如图 1-18。

据世界核能协会（World Nuclear Association，WNA）统计，截至 2011 年 2 月，全球 30 个国家拥有超过 440 个正在运营的核电站，总装机能力 37.7 兆瓦，约占世界发电总量的 14%，如图 1-19 所示。全球超过 60 个正在建设的核电反应堆，约为当前核发电量的 17%，超过 150 个核电反应堆已确认建设，为当前核发电量的 46%。

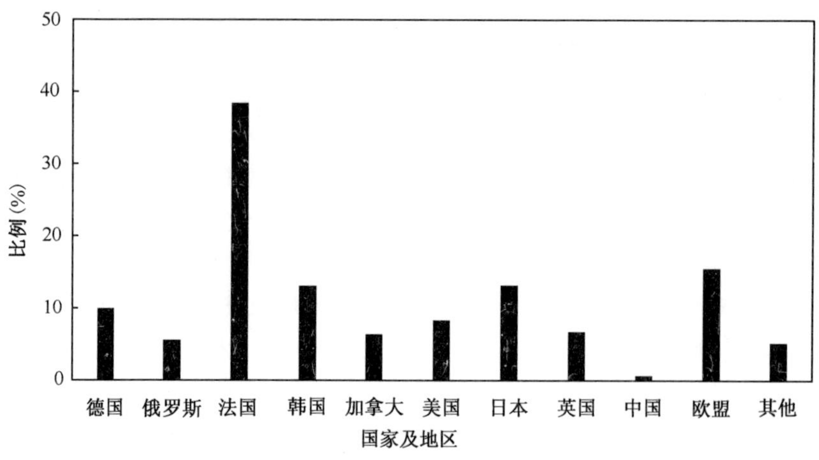

图 1-18　世界主要国家及地区核能占一次能源比重（2010 年）

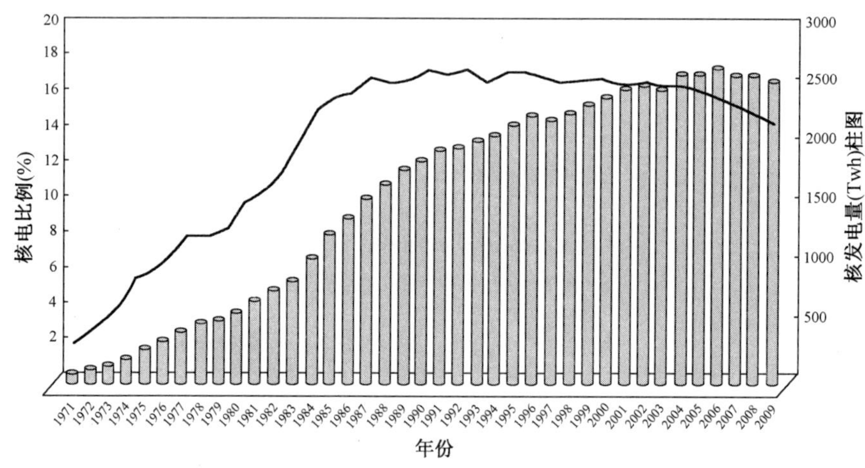

图 1-19　全球核电发电量及其占发电量的比例（1971～2009 年）(图片来源：世界核能协会)

2011 年，日本东北部 3・11 大地震及其引发的强烈海啸，导致福岛核电站的 1 号机组发生故障。此后，该核电站发生了反应堆燃料熔毁、向外界泄漏放射性物质的情况，4 月 12 日，日本原子能安全保安院根据国际标准将福岛第一核电站核泄漏事故等级提高至 7 级。成为继 1979 年美国三里岛核事故与 1986 年苏联切尔诺贝利核事故之后的世界上又一起重大核事故。

IEA（2010a）预测，到 2035 年，核能在全球能源中的比重将从 2008 年的 6%上升到 8%。但受福岛核事故的影响，各国重新审视本国的核计划，从而改变全球核能发展规划。日本宣布中止核能发展计划；德国暂停 2010 通过的“延长核电站运营期限计划”3 个月，关闭 1980 年以前投入运营的 7 座核电站，并宣布在 2022 年前关闭其境内所有核反应堆。瑞士宣布在 2034 年以前关闭核电站；意大利重启核电的计划遭受夭折；俄罗斯宣布将改变核能发展战略。中国政府决定暂停审批核电项目，强调核电发展安全第一，要求对核设施进行全面安检。

IEA 估计，全球核电装机容量将比原规划下降 10%～50%，即 5500 万千瓦至 2.75 亿千瓦，由此将造成国际电力供应的巨大缺口，而这需要由石油、天然气与煤炭等常规化石能源以及可再生能源（如风能、太阳能等）来填补，世界能源格局势必随之发生变化。如果这部分供电缺口全部由天然气替代，则每年新增的天然气需求将达 760 亿～3800 亿立方米。若这些电力缺口全部由燃煤发电替代，则每年新增 3.13 亿吨标准煤消耗，相当于 2010 年世界煤炭总产量的 6.16%。可见，无论是用天然气还是煤炭发电替代核电，都将大幅增加化石类能源的消耗，助推其价格上扬，同时也会成为可再生能源发展的助推器。

1.2.4　页岩气撼动全球天然气格局

2008 年金融危机带来的油气资源短期过剩的局面还未完全扭转，世界天然气需求不振，全球 LNG 液化能力集中投产，同时美国页岩气产量增加进一步加剧了全球天然气和 LNG 供大于求的趋势，这些因素共同导致国际市场天然气价格大幅下跌，国际主要天然气市场价格较 2008 年有 14%～50%跌幅，如图 1-20 所示。其中，美国 2010 年的天然气价格仅为 2008 年历史高位的一半，与 2000 年相当。主要是由于：2010 年后受美国国内页岩气产量快速增长影响，美国天然气进口占国内消费总量的比例开始呈快速下降态势，能源生产结构的重大变革从深层次改变了美国的能源供需结构，降低了美国天然气消费的对外依存度。

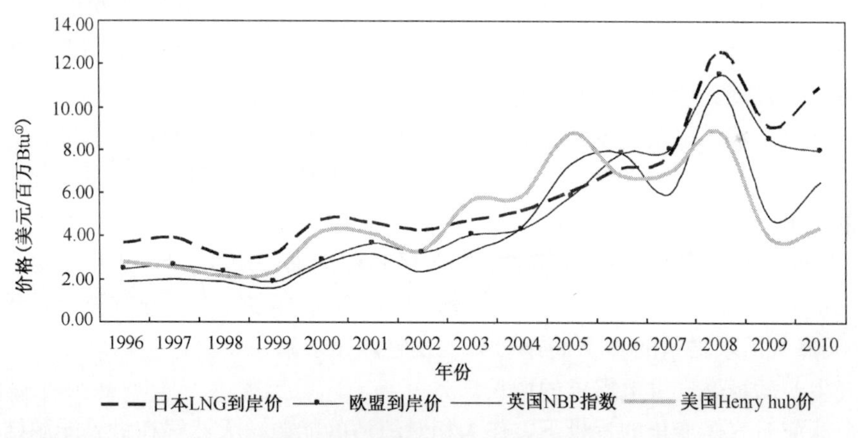

图 1-20　世界主要市场的天然气价格（1996～2010 年）

页岩气是指从页岩层中开采出来的天然气，其被认为是一种重要的非常规天然气资源。[②]页岩气存在于几乎所有的盆地中，只是由于埋藏深度、含气饱和度等差别较大分别具有不同的工业价值。随着水平钻井和大型压裂技术的进步，页岩石气的开发成本大幅降低、产量得到了有效地提高，经济性的改善使这种长期被人忽视的天然气资源崛起为清洁能源的生力军。

---

① 1Btu=1.055×10^3J

② http://baike.baidu.com/view/2236850.htm

2011年4月5日，EIA公布了其对全球页岩气资源的初步评估结果。结果显示，全球14个地理区域（除美国外）、48个页岩气盆地、70个页岩气储层、32个国家的页岩气技术可采资源量为163万亿立方米，加上美国本土的24万亿立方米，全球总的页岩气技术可采资源量升至187万亿立方米。其中，中国的页岩气技术可采资源量为36万亿立方米，排名世界第一（约占全球20%），其后依次是美国（约占全球13%）、阿根廷、墨西哥和南非，如图1-21所示。

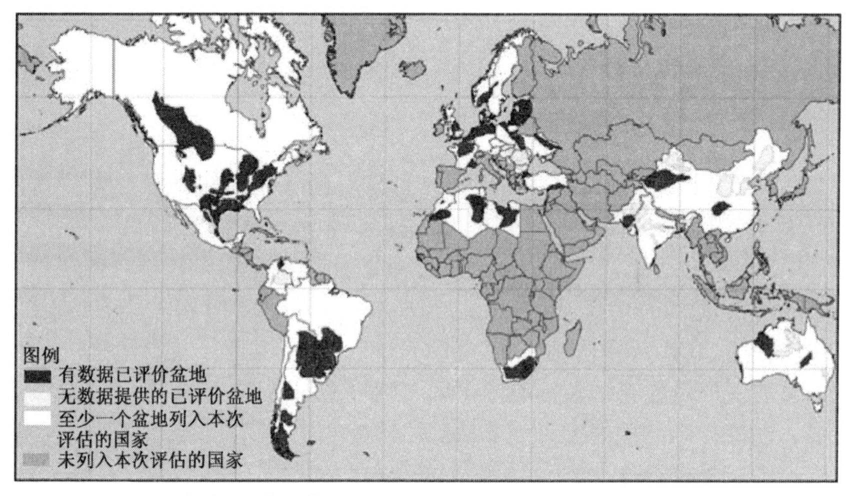

图1-21　全球32个国家的48个大型页岩气盆地分布（EIA，2011b）

从评估结果看，页岩气在欧洲的分布比较广泛。换言之，大多数欧洲国家理论上都有机会依靠非常规天然气提高其国内天然气产量。而据美国石油地质家协会（AAPG）预测，全球页岩气、煤层气及致密砂岩气资源量是常规天然气资源量的2.2倍。

低气价在降低页岩气开发经济性、限制页岩气市场发展的同时，反过来促进了天然气需求的增长。根据BP（2011a）统计，世界天然气消费量2010年增长7.4%，由26.61亿吨标准油，增加到2010年的28.58亿吨标准油。IEA（2011b）预测，全球天然气需求量将从2008年的3.1万亿立方米增长到2035年的4.5万亿立方米，年均增长1.4%；天然气需求增量的45%将来自燃气发电。在未来几年里，全球范围内将通过增加页岩气生产满足燃气发电需求的增长。

在全球应对气候变化的背景下，作为相对清洁的能源，天然气在世界能源结构中的地位日益重要，世界能源供应正全速进入"能源气体化"时代。随着美国先进页岩气开发技术的不断推广，全球各地非常规天然气的开采成本必将大大降低，进而影响各国的天然气使用政策，改变全球天然气市场的竞争态势以及世界经济和能源地缘政治格局。估计到2030年天然气在世界一次能源结构中所占比例将从当前的23.8%提高到28%，超过石油成为世界第一大能源，而作为非常规天然气的页岩气将发挥更重要的作用。

1.2.5　世界能源消费结构呈现清洁低碳化趋势

受世界资源储量的制约和技术进步的推动，世界能源消费结构不断发生变迁。目前世界一次能源消费以石油、煤炭、天然气等化石能源为主，不同国家或地区因资源禀赋的差异而有所不同。按热当量法计算，如图 1-22 所示，2009 年世界能源消费总量为 121.5 亿吨标准油当量，其中煤炭、石油、天然气、核能、水电、生物质能与废弃物、其他可再生能源分别占 27.2%、32.8%、20.9%、5.8%、2.3%、10.2%、0.8%，与 1973 年相比，石油消费比重下降了 13.2 个百分点，天然气和核能均增加了 4.9 个百分点（IEA，2011a）。据 IEA（2011b）的预测，在基准情景下，2035 年煤炭、石油、天然气、核能、水电、其他可再生能源的比重分别为 29.3%、29.8%、22.4%、6.0%、2.4%、10.1%。

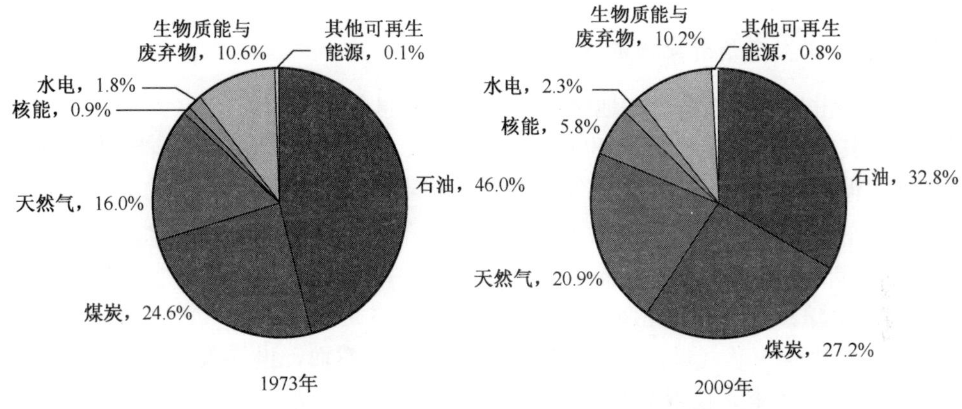

图 1-22 世界一次能源消费结构

近 30 年来，世界能源消费结构中，石油比例大幅持续下滑、煤炭比例先下降后有所回升。如图 1-23 所示，天然气比例快速上升、核能与可再生能源比例略有上升、水电比例保持稳定（发电煤耗法），天然气以及其他清洁能源对石油、煤炭的消费替代效应逐步显现，世界能源消费结构呈现低碳化、清洁化趋势。据 BP（2011b）发布的 2030 年能源展望预测，基准情景下，世界能源消费结构演变趋势大致将延续过去 30 年的趋势，石油和煤炭比例将分别降至 28.4%和 26.8%，天然气消费比例将上升至 26.2%，核能和其他可再生能源也将有所发展。

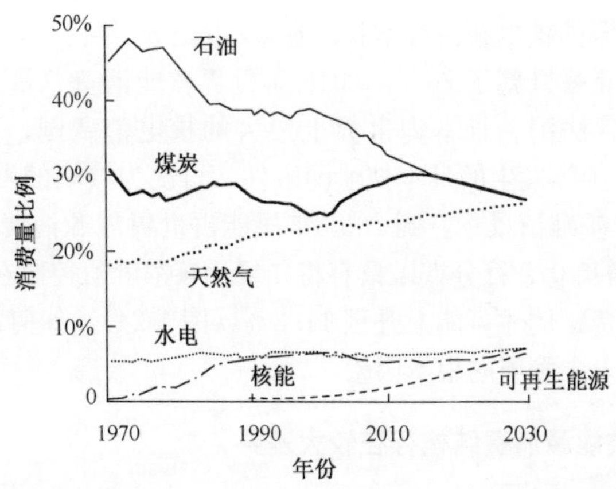

图 1-23 世界能源消费结构演进趋势（1970～2030 年）

1.2.5.1 石油消费比例大幅下滑

1973年爆发的第一次世界石油危机，使得世界经济陷入衰退。为了保障能源安全，西方发达国家纷纷鼓励石油替代。受此政策影响，世界石油消费比重持续下降，1973年石油消费占一次能源消费比重为46%，到2009年已降至32.8%，年均下降0.51个百分点。据BP（2011b）预测，到2030年，石油占一次能源消费的比重将进一步降至28.4%。这一方面来自于全世界碳减排的压力，另一方面来自于天然气、核能等清洁能源的替代。

1.2.5.2 天然气消费比例不断上升

天然气在世界能源消费中的地位日益重要。20世纪70年代以来，全球天然气市场蓬勃发展，其消费量仅在1997年出现过微弱下降。进入21世纪后，随着气候问题日益受到关注，世界对相对清洁的天然气的需求大幅上升，刺激了新一轮的天然气消费增长，其消费量在2000～2010年间年均增长率为2.77%。2010年世界天然气消费量达到31690亿立方米，约占世界能源消费总量的21%，BP（2011b）预计到2030年这一比例将增至26.3%。美国、俄罗斯、伊朗、中国、日本是全球天然气消费量最大的5个国家，2010年消费天然气量占世界消费量的45.4%。然而，世界天然气分布却十分不均衡。截至2010年末，仅俄罗斯、卡塔尔、伊朗三国的天然气资源储量就占全球天然气储量的53%。天然气消费与供给的不匹配使得天然气长期供应安全成为一国特别是天然气资源相对稀缺国家日益重视的问题。这一问题的解决在很大程度需要依赖天然气贸易，特别是LNG贸易的快速发展。

1.2.5.3 核能消费稳步上升，但前景不容乐观

受石油危机的影响，在20世纪70年代，发达国家核电事业发展非常迅速。1979年美国发生的三里岛核电事故，对世界核电发展产生了深远影响。事故之后，美国政府加强了对核电的安全管理，基本没有发展新核电。直至近年，核电政策才有所松动。1986年苏联的切尔诺贝利核电厂发生重大事故后，全球核电发展进入了低迷期，仅有法国、日本等少数国家的核电在持续增长。在20世纪80年代末，这两个国家的核电消费占世界能源消费比重攀升到了70%。2010年世界核能消费总量为6.26亿吨油当量，同比增长2%。美国、法国、日本为世界上最大的核电消费国，占比分别为30.7%、15.5%、10.6%。2011年发生的日本核泄漏事件，再次为核电的发展蒙上了一层阴影。IEA（2011b）预计，基准情景下，到2035年核能占世界能源消费比例仅为6.0%，这一比例仅比2009年增长0.2百分点。只有将二氧化碳浓度值控制在450×10^{-6}时，2035年核能占世界能源消费比例才可能上升至11.2%（图1-24）。如何在核电发展过程中保证安全，是影响核电未来发展的根本因素。

1.2.6 世界各国一次能源消费结构存在较大差异

不同国家由于资源禀赋、经济发展阶段以及能源战略的差异，能源消费结构存在较大差别（图1-25）。发达国家的石油和天然气消费比例较高，2010年，OECD国家能源

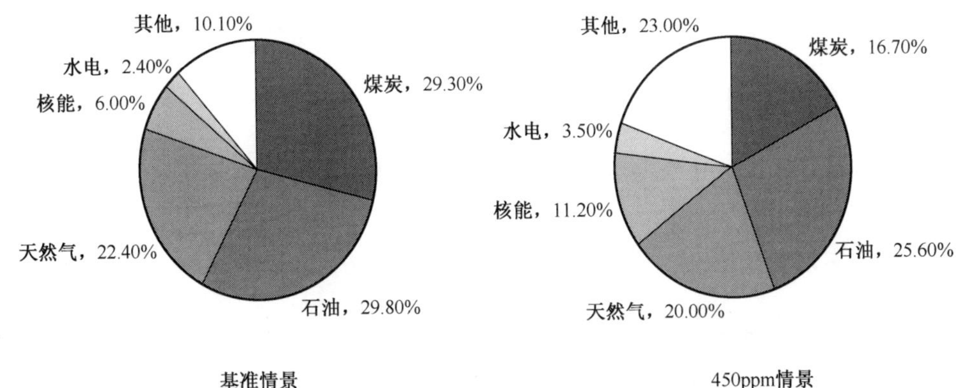

图1-24　世界能源消费结构（2035年）

消费总量为54.13亿吨标准油当量，其中石油36.3%，煤炭20.2%，天然气24.5%，核能11.0%，水电2.1%，生物质能源与废弃物4.7%，其他能源1.2%。中国、印度等人均石油资源相对匮乏的国家仍以煤炭作为主导能源；巴西、加拿大等国水资源丰富，水电占了较大比重；法国的核电比重较高。

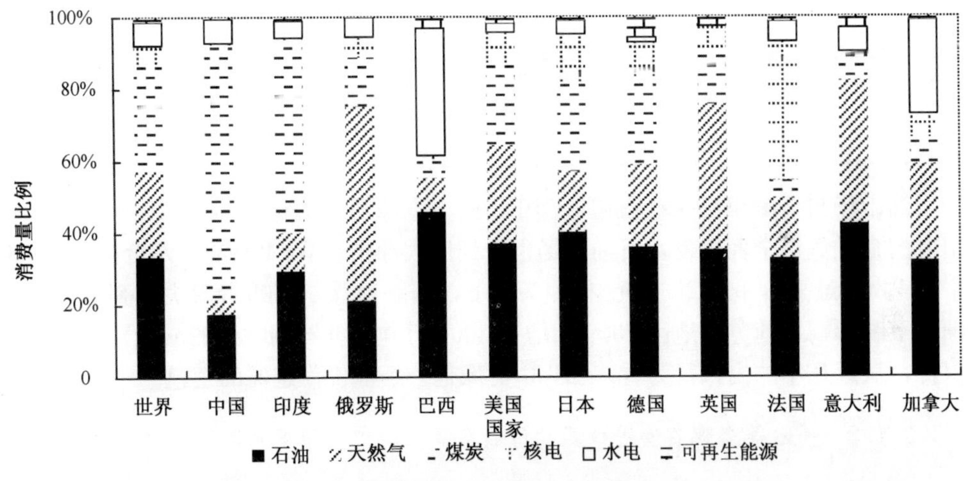

图1-25　世界主要国家一次能源消费结构（2010年）

全球能源贸易的快速发展极大程度上弥补了一国资源禀赋的制约。印度、德国、美国、日本、意大利和法国通过大量进口，极大地提高或维持了石油在全部能源供应中的比重。发达国家石油消费比重呈现显著下降趋势，一方面是出于保障能源安全的需要，另一方面也是其他能源的替代效应。石油资源相当匮乏的发展中国家，例如中国、印度，在经济起飞时，随着用油部门的增长和对外贸易的发展，石油在能源消费中的比重总体保持上升趋势。但因石油进口规模逐步增大、经济结构调整等原因，石油比重有所下降或保持在水平位置。随着天然气储运条件的改善，天然气贸易增长比较快，目前已形成了以欧洲管道运输、亚太LNG运输、北美管道运输三大天然气贸易市场。天然气在日本一些发达国家能源供应中的比重有所上升。在亚太地区，中国、印度等新兴市场潜力也很大。与煤炭和石油相比，天然气作为一种相对清洁的低碳能源，在未来三十年将保持较快发展。对于中国等一些天然气比重较低的国家，天然气在能源供应中的比重还将有较大的上升空间。

1.3 世界能源贸易特征分析

1.3.1 世界石油贸易特点

1.3.1.1 中东仍是最大的石油出口地区，约占世界原油出口贸易的 45%

世界石油贸易主要交易品种是原油，原油贸易占石油贸易的 70%以上。自 20 世纪 60 年代世界石油中心由墨西哥湾转向中东以来，中东一直是国际石油市场最主要的出口地区，据 BP（2011a）数据显示，2010 年全球原油出口贸易为 18.76 亿吨，中东为 8.29 亿吨，占当年全球原油贸易的 44.2%，其次是前苏联地区，占 17.0%，西非地区占 11.8%，这三大地区已超过世界石油出口的 70%。表 1-3 给出了 2008 年和 2010 年世界主要石油出口地区及其贸易份额。因此，受石油资源禀赋的制约，世界石油出口贸易格局相对比较稳定。

表 1-3 世界主要石油出口国家和地区及其贸易份额

年份	中东	前苏联地区	西非	北非	中南美	加拿大	墨西哥
2008	45%	16%	11%	7%	6%	5%	4%
2010	44%	17%	12%	6%	7%	5%	4%

石油市场与金融市场联动密切，OPEC 充当全球油价“稳定器”。2008 年由次贷危机引发的金融危机全面爆发，石油市场也受到巨大冲击，WTI 原油一月合同从 2008 年 7 月 3 日收盘最高价 145.29 美元/桶掉头向下，一路狂跌，2009 年 2 月即跌去 70%多。受油价下跌影响，前苏联地区 2009 年增产 3000 万吨弥补石油收入的减少，OPEC 则减产保价，从近几年的出口行为看，OPEC 更像是一个油价稳定器的角色。

1.3.1.2 美欧等老牌石油进口国的份额在降低，中国印度的石油进口份额快速增长

原油进口主要集中在美国、欧洲、日本、中国和印度等经济体。2010 年这五大经济体原油进口量占世界总进口量的 80%，而美国和欧洲约占总进口量的 50%（详见表 1-4）。欧盟近年来大力发展可再生能源，原油进口量呈稳步下降态势，2008 年占全球进口总量的 28%，2009 年下降到 27%，2010 年进一步降到了 25%。2009 年受金融危机影响，美国、欧洲、日本石油进口均较 2008 年有所下降，降幅最大的是日本，由 2008 年的 2.03 亿吨降到 2009 年的 1.77 亿吨，下降了 13%，随着美国和日本逐渐从金融危机中解脱出来，2010 年美国和日本进口量又有所回升，但是欧洲很多国家受欧债危机的困扰，石油消费量进一步下降。作为新兴经济体的中国和印度伴随着经济的高速增长，石油进口也呈现出强劲增长势头，2008 年中国与印度原油进口占全球原油进口贸易份额分别为 9.1%和 6.5%，2010 年分别增长到 12.5%和 8.6%，年均增幅均超过 10%，我国 2009、2010 年石油进口量分别以 14%和 15%的速度递增。

表 1-4　世界主要石油进口国家和地区及其贸易份额

年份	美国	欧洲	日本	中国	印度	其他地区
2008	24.7%	27.5%	10.3%	9.1%	6.5%	21.9%
2010	24.3%	24.8%	9.9%	12.5%	8.6%	19.9%

我国石油进口的多元化程度逐步提高。我国原油进口主要来源地为中东、西非和前苏联地区，近两年加强了同前苏联地区的石油贸易，减少了对中东地区的依赖。2010 年从中东进口石油 1.18 亿吨，占总进口量的 40%，较 2008 年下降了约 2 个百分点；从前苏联地区进口 3300 万吨，占进口量的 11%；从西非进口 4370 万吨，占总进口量的 15%；从印尼等亚太国家进口 2880 万吨，约占 10%（BP，2011a），如表 1-5 所示。

表 1-5　2008～2010 年我国原油进口来源及份额

年份	中东	西非	前苏联地区	其他亚太	中南美洲	其他
2008	42.24%	17.95%	10.3%	9.82%	7.58%	12.11%
2009	40.76%	16.45%	10.52%	10.84%	6.99%	14.44%
2010	40.22%	14.85%	11.32%	9.77%	8.18%	15.66%

1.3.2　世界天然气贸易特点

1.3.2.1　受运输条件的制约，世界天然气贸易区域性明显

一方面，与石油贸易相比，全球天然气贸易量小，但增长显著。但由于近年来石油价格在高位剧烈波动，2010 年全球天然气贸易量为 9.75 千亿立方米，较 2009 年增长 13.5%，2009 年较 2008 年增长 7.7%。

另一方面，天然气贸易国际化程度不高，区域性明显。受管道运输方式的制约，无论进口还是出口贸易集中度较石油都小得多。世界主要的天然气出口国为俄罗斯、挪威、卡塔尔和加拿大，他们的出口贸易占全球天然气贸易的一半左右，其中 2010 年俄罗斯天然气出口占全球总量的 20.5%（BP，2011a）。

1.3.2.2　天然气进口主要集中在美德日意四国，约占全球进口量的 38%

全球天然气进口集中。2010 年美国、德国、日本和意大利四国天然气进口贸易量占全球贸易量的 37.6%，美国最多，约占 10.8%。从进口来源看，美国天然气进口来源主要集中在加拿大，占其进口贸易量的 88%；德国天然气进口主要集中在俄罗斯、挪威、荷兰，三大来源占其总进口贸易量的 95.7%；意大利天然气进口主要集中在北非的阿尔及利亚、利比亚，俄罗斯以及欧洲的荷兰、挪威和亚洲的卡塔尔，其中阿尔及利亚约占 36.6%，俄罗斯占 18.8%；由于地理位置的原因，日本天然气进口主要是 LNG，集中在印度尼西亚、马来西亚、卡塔尔和澳大利亚以及俄罗斯，五大进口来源占其进口贸易量的 77%。

我国的天然气产量逐年增加，但增速远低于消费增速。虽然 2000 年以来我国的天然气产量呈增长趋势，但增速远低于消费量年均增长约 16%的增速，所以 2007 年我国成为天然气净进口国。之后天然气进口增长较快，2008 年进口 44.4 亿立方米，2009 年增加到 76.3 亿立方米，增幅超过 70%，2010 年进口量进一步增加到 163.5 亿立方米，

较上年增幅超过了100%。我国天然气进口来源主要为澳大利亚，土库曼斯坦，印度尼西亚，马来西亚和卡塔尔。2010年从澳大利亚进口52.1亿立方米，占总进口量的31.88%，从土库曼斯坦进口35.5亿立方米，占21.71%。受制于资源禀赋和开发利用水平限制，未来我国会越来越依赖国际天然气市场，为降低天然气进口运输风险，我国应尽早着手，开拓周边天然气贸易资源。

1.3.3 世界煤炭贸易特点

1.3.3.1 世界煤炭出口主要集中在大西洋和太平洋两大贸易圈

与天然气贸易类似，煤炭贸易的国际化程度也不高，区域性特色也较为显著。目前国际主要有两大煤炭贸易圈：大西洋贸易圈和太平洋贸易圈（吴丽壹，2009）。太平洋贸易圈是世界煤炭贸易最活跃的地区，该地区主要煤炭出口国为澳大利亚、俄罗斯、印度尼西亚，其中澳大利亚是全球最大出口国，其出口量约占全球贸易的30%左右（王书伟，2010）；大西洋贸易圈主要煤炭出口国为哥伦比亚和南非。澳大利亚是最大的煤炭出口经济体，2008年出口2.61亿吨硬煤，占其总产量（3.22亿吨）的78.6%。同时澳大利亚也是世界最大的焦煤出口国，占全世界出口的53%（WEC，2010）。

1.3.3.2 中国从世界第二大煤炭出口国变成第一大进口国

2003年前我国一度是除澳大利亚外的全球第二大煤炭出口国，此后由于强劲的国内需求，净出口量逐年减少，并于2009年转变为净进口国。据中国海关统计，2008年当年我国煤炭净出口数量为503万吨（2007年净出口215万吨）。2009年进出口状况发生了根本变化，我国由煤炭净出口国转变为净进口国，2009年当年净进口量达到1.03亿吨。2010年我国净进口量更是增加到1.46亿吨。2011年，据海关总署统计，受中国国内动力煤价格持续震荡上行的影响，2011年全年共进口煤炭1.82亿吨，同比增长10.8%；出口煤炭1466万吨，下降23%；净进口1.68亿吨，增长15.2%，超越日本（1.75亿吨）成为全球最大煤炭进口国（海关总署，2012）。

2009年全球煤炭贸易超过了9亿吨，约占世界煤炭产量的15%。由于资源短缺，日本、韩国和中国台湾一直是最主要的煤炭进口国家和地区。中国和印度近年来煤炭进口需求不断增加，随着人们对煤炭资源战略重要性认识不断加深、跨国企业重组对国际煤炭市场格局的影响，主要煤炭进口国都加紧了海外煤炭资源的开发，未来国际煤炭市场的进口贸易竞争将趋于激烈，我国应从能源安全战略高度出发，尽早布局，争取主动。

1.4 中国能源消费特点与中国能源安全

1.4.1 中国能源消费的特点

1.4.1.1 中国能源消费量变化特点

1949年新中国成立伊始，百废待兴，工业处于恢复阶段，能源消费量非常低，受石油产量的约束，能源消费主要依赖于煤炭，约占总量的95%。我国能源消费历史上第一次飞跃是1958～1960年的“大跃进”期间（如图1-26所示），3年内能源消费量增长了2.23倍，年均增长48%，主要是盲目追求高速度和高产量，全国开展大炼钢铁等激进的生产运动，例如，提出钢产量1958年要比1957年翻一番，由335万吨达到1070万吨，1959年要比1958年再翻番，由1070万吨达到3000万吨。

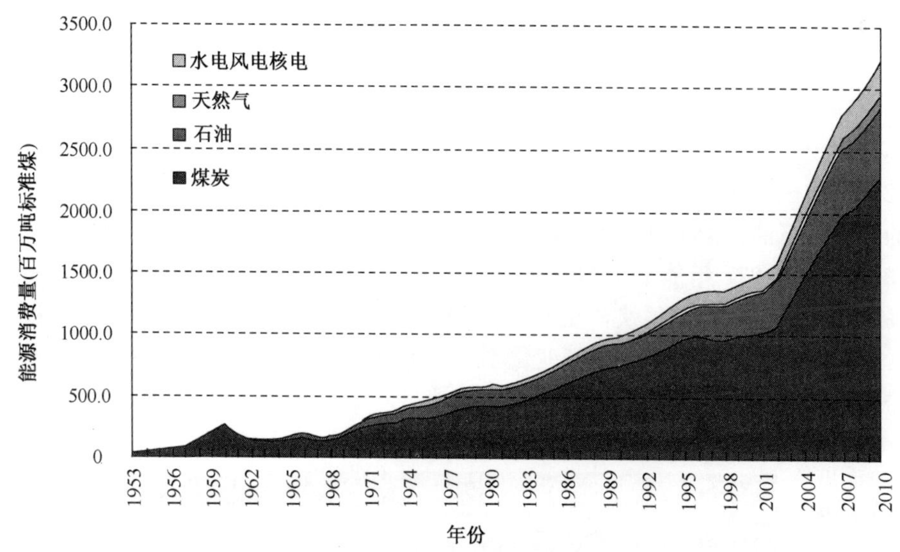

图1-26　我国一次能源消费量变化（1953～2010年）

由于受1959～1961年“三年自然灾害”的影响，能源消费量从1960年开始迅速下滑，1963年能源消费量仅相当于1960年的51.6%，“大跃进”运动停止之后的几年能源消费量增长非常缓慢。虽然“文革”对中国社会经济造成了不可估量的影响和损失，但是这期间能源消费并未出现大的异常，只是在1966～1968年出现了小幅下滑，然后以年均12.6%的速度增长。随着1963年大庆油田的顺利投产，石油消费量开始迅速增加，到1978年改革开放之初，一次能源消费中石油的份额已达到22.7%，约是1962年的3.5倍。

1978年改革开放后，随着我国经济的持续快速发展，能源消费量以年均5.0%左右速度增长（1978～1995年），1996年开始再次成为石油净进口国。受亚洲金融危机的影响，1996～1998年我国能源消费量基本保持不变，1999年能源消费量相对于1996年仅增加了7.0%（如图1-30所示）。由于1997～1998年亚洲金融危机期间，我国暂时停止了一些地方电厂的审批，以及金融危机对经济的后续影响，所以1999～2001年能源消费增长相对缓慢，年均增速仅约为3.0%，能源消费出现了“马鞍形”变化。2002～2005年以后随着一批新建电厂的投产和加快城镇化及基础设施建设，能源消费量出现了第二次飞跃，年均增速高达13.0%，尤其是煤炭消费量出现跳跃式增长。“十一五”期间节能减排政策的实施，关停了一些小火电和小钢厂，能源消费量增速放缓，年均增速下降到6.0%左右。2009年我国首次成为煤炭净进口国，能源供应安全问题凸显，而且随着“世界工厂”身份的确立，在粗放型发展模式彻底改变之前，我国能源消费量很难下滑（即使2008年全球金融危机也未能阻止我国能源消费量的进一步增长）。因此，未来很长一段时间，我国能源消费仍将保持较快的增长速度，能源供应和使用安全问题面临越来越严峻的挑战。

1.4.1.2　中国能源消费结构变化特点

我国能源消费结构总体呈逐步优化的趋势（如图 1-27 所示），大体可分为五个阶段：

（1）1949～1957 年煤炭份额呈下降趋势，水电等份额呈上升趋势，石油份额基本保持不变。

（2）1958～1960 年“大跃进”期间煤炭份额呈快速上升趋势，水电等份额呈快速下降的趋势，石油份额下降幅度很小，主要是这一时期大炼钢铁消耗了大量的煤炭。

（3）1961～1977 年能源消费结构变化非常大，煤炭的份额一度从 91.3％下降到 70.0％；石油的份额增长很快，从 5.0％迅速上升到 23.0％，主要是 1963 年大庆投产以后，石油实现自给；水电等份额变化不大，主要是“文革”时期我国水利工程建设基本停滞。

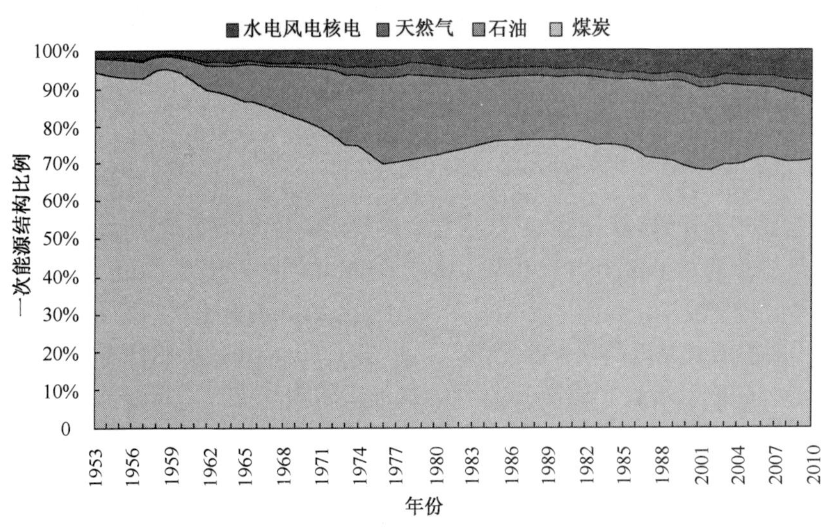

图 1-27　我国一次能源消费结构变化（1953～2010 年）

（4）1978～2001 年能源消费结构曾一度反弹，煤炭份额从 1978 年的 70.7％上升到 1987 年的 76.2％，之后又下降到 2001 年的 68.3％；改革开放初期，我国加快基础设施建设，钢铁、水泥、建材等高耗能产业的快速发展，煤炭消费量增长非常迅速。虽然同期石油的消费量也呈增长趋势，但是增速相对较慢，所以石油份额一度下降。由于改革开放之后，我国加快水利设施和水电建设，葛洲坝等大型水利枢纽工程的竣工投产，使得水电等份额从 1978 年的 3.4％上升到 2001 年的 7.5％，增长了 1 倍多。

（5）2002～2010 年我国能源消费结构全面优化，呈多元发展的趋势。虽然“十五”期间煤炭份额出现反弹，但是“十一五”期间的节能减排政策又使煤炭份额下降到 2000 年左右水平。石油的份额进一步下降；天然气份额从 2001 年的 2.4％迅速上升到 2010 年的 4.3％；水电等可再生电力份额也进一步上升到 8.3％，主要是“十一五”期间大力发展水电、风电等可再生能源。因此，虽然我国能源消费结构呈逐步优化的趋势，但是相对于其他国家，能源消费结构优化的速度比较缓慢，可再生能源份额相对较低。1973～2008年世界能源消费结构中化石能源份额从75.7%下降到67.0%，下降了8.7%，而我国化石能源份额仅下降了3.1%。

1.4.1.3 2010年中国能源流向图

无论是在一次能源供应结构、终端消费结构，还是能源消费的部门分布结构方面，我国与发达国家都有较大差异，这既有资源禀赋的原因，也有发展阶段的原因。图1-28是依据中国能源平衡表绘制的2010年我国能源流向图，简要地涵盖了我国能源生产、进出口、加工转换、终端消费诸环节的流程，也反映了上述三大结构。

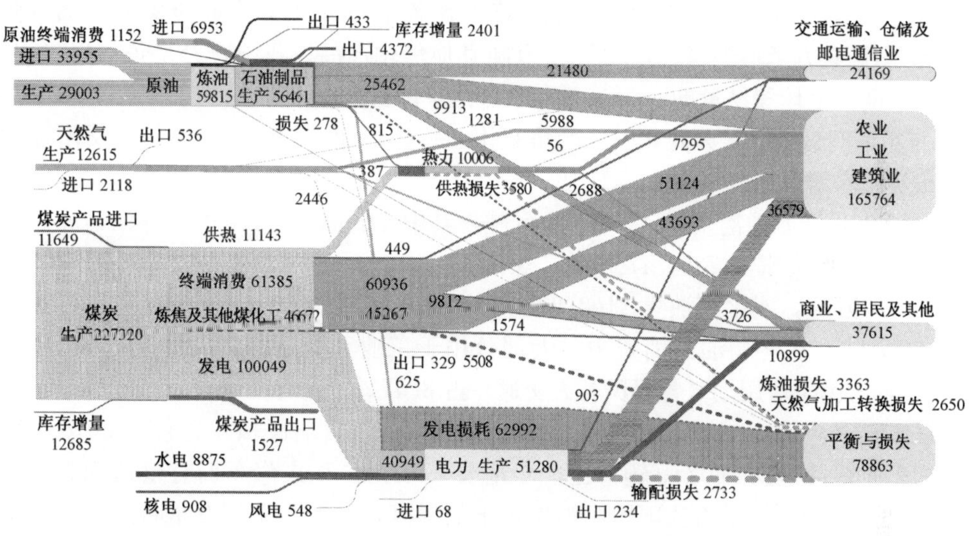

图1-28 我国能源流向图（2010年）

(1) 按电热当量法绘制；(2) 进口量中包括我国轮船、飞机在国外加油量，出口量中包括外国轮船、飞机在我国加油量；(3) 天然气包括液化天然气

2010年我国一次能源生产量279693.73万吨标准煤（标准量用电热当量法计算，下同），消费总量307986.96万吨标准煤，净进口47327.14万吨标准煤，能源对外依存度15.45%，能源加工转换损失量为76635.35万吨标准煤，输配和储存等造成损失量3803.12万吨标准煤，终端消费227548.49万吨标准煤。在终端能源消费中，工业部门的消费比重为64.21%（不含原料用能），交通运输、仓储及邮电通讯业10.62%，城镇和农村居民生活消费分别占6.52%和4.24%。2009年OECD国家工业部门能源消费量在终端消费总量中所占比例为21.57%，而居民用能占19.82%（不含居民私人交通用能）。由于中国正处在工业化进程中，工业部门的能源消费比重在相当长一段时期内将处于较高水平，但存在向下调整的空间。

2010年我国原煤产量32.35亿吨，原煤供应量为32.25亿吨，其中用于火力发电151307.09万吨，供热14565.47万吨，洗选69758.46万吨，炼焦5842.10万吨，制气603.38万吨，煤制品加工203.5万吨；直接用于终端消费73864.92万吨（其中居民生活消费 7618.64 万吨)。与 2008 年相比较，原煤总量增加 17.30%，火力发电用煤增加 14.18%，供热用煤基本保持不变（2008 年为 14539.66 万吨)，洗选煤增加 21.87%，炼焦用煤增加 4.02%，制气用煤增加 2.74%，煤制品加工增加 16.57%；终端消费增加 5.08%。煤炭在终端能源消费中的比重为 26.98%，相对 2008 年的 29.17%有所下降，促进煤炭向电力等清洁能源转换，充分发挥生产的规模化、集约化和专业化优势，对于提高煤炭综合利用效率、改善环境均有积极作用。这也有助于今后大规模、集中地进行二氧化碳减排活动。尽管中国煤炭在终端消费中的比重下降，但是与发达国家相比仍然存在较大差距，仍然存在下降空间。在 OECD 国家中，2010 年 73.66%的煤炭用于发电，直接用于终端消费的占 11.11%，直接用于居民消费的仅占 1.57%。

我国还是焦炭生产、消费大国。2010 年我国有 5842.10 万吨原煤、41251.77 万吨洗精煤、56.49 万吨其他洗煤用于炼焦，炼焦效率为 96.44%，形成 36209.60 万吨焦炭和 718.38 亿立方米焦炉煤气，693.31 万吨其他焦化产品。我国曾经是焦炭出口大国，出口量一度占全球贸易量的 60%。近年来，焦炭出口大幅下降，2010 年出口 335 万吨。2011 年粗钢产量 68327 万吨，87%的焦炭用于钢铁行业。随着今后钢铁消费增速的减缓，焦炭需求增速也将减缓。

2010 年我国原油消费量 42874.55 万吨，其中 41869.44 万吨用于炼油，炼油效率为 97.05%，形成汽油 7360.47 万吨，煤油 1924.39 万吨，柴油 14924.38 万吨，燃料油 2536.97 万吨，液化石油气 2102.27 万吨，炼厂干气 1460.71 万吨，其他石油制品 7841.82 万吨。在终端油品消费中，大部分用于工业和交通部门，分别占 36.53%和 36.42%，居民生活用油（含居民私人交通）占 8.57%。这与发达国家有较大差异。在 OECD 国家中，2009 年 63.31%的石油用于交通部门（含居民私人交通)。2010 年我国民用汽车拥有量达到 7802 万辆，比上年增长 24.2%；私人汽车拥有量达 5938 万辆，比上年增长 29.8%。随着我国居民消费水平的提高，私人汽车拥有量将逐步上升，居民交通用油比重也将逐步增长。2010 年我国有 123.89 万吨燃料油用于发电，约占全部燃料油消费的 3.3%，比早些年份有较大幅度下降，这主要是因为近年以来我国电力供应紧张的局面得到显著改善。

天然气占我国能源生产和消费的比重较低，但增长非常迅速。在当前气候变化问题和能源安全隐患凸显的情况下，大力发展天然气是一条比较有效且现实的应对途径。2010 年天然气国内产量 948.5 亿立方米，净进口 124.43 亿立方米（其中 LNG 进口 128.93 亿立方米，管道天然气进口 35.80 亿立方米，天然气出口 40.3 亿立方米)，天然气消费量 1075.76 亿立方米，对外依存度 11.6%。天然气在一次能源消费中的比重为 4.6%；OECD 这一比重为 24.5%。2010 年我国有 184.9 亿立方米天然气用于发电，为 2008 年的两倍多；29.17 亿立方米天然气用于供热，而直接用于终端消费的有 831.35 亿立方米，其中 452.46 亿立方米用于工业部门（113.12 亿立方米用作原料)，226.90 亿立方米用于居民生活消费（基本上是城镇居民)。在 OECD 国家的发电燃料中，天然气占了近 30%。近年来，我国煤层气等非常规天然气发展已有起步，2010 年煤层气产量 15 亿立方米，商品量 12 亿立方米。

受资源禀赋的制约，当前我国天然气不适合大规模用于发电，但有必要利用天然气发电调峰。天然气属于相对低碳、清洁的优质能源，提高天然气在能源供应结构中的比重，对于减缓碳排放、改善环境、提供居民生活水平均有重要意义。

随着天然气进口设施日趋完善，进口来源日趋多元，今后我国天然气对外依存度将继续大幅攀升。2011 年天然气进口超过 300 亿立方米（液化天然气 168.5 亿立方米），对外依存度超过 20%。2011 年 12 月 15 日，中亚天然气管道 C 线乌兹别克斯坦段开工，线路总长 1840 公里，设计输气能力为 250 亿立方米/年，预计将于 2014 开始供气。届时，中亚天然气管道全线的年输气能力将达到 550 亿立方米。

1.4.2　中国能源安全的历史

由于“富煤、贫油、少气”的能源资源禀赋特点，所以我国的能源供应安全问题主要是石油供应安全，且由来已久。从 1863 年第一次进口煤油，便掀开了长达一个世纪依赖“洋油”的历史，直到 1963 年大庆油田的顺利投产才彻底摘掉了贫油的帽子，基本实现原油和成品油的自给（新华社，1963），也意味着始于 1863 年的依赖“洋油”的历史结束。新中国成立之前，我国石油工业发展非常缓慢，从 1939 年建立第一个石油工业基地甘肃玉门油田，到 1949 年全国年产原油仅 12 万吨，根本无法满足经济正常发展的需求（查道炯，2005）。新中国成立后，加大了对石油开采的投入，经过十年的开发建设，1959 年全国原油产量达到 373 万吨，较 1949 年增长了近 12 倍，但是依然不能满足国民经济快速发展的需要，主要油品的自给率仅为 40%（曾宪章，2003）。1972 年美国尼克松总统的访华，陆续解除了西方国家对华贸易的封锁，1973 年我国开始出口原油、煤炭等初级产品（Barnett，1981）。从 1973 年开始我国成为原油、煤炭的净出口国，改革开放以后，随着我国经济的持续快速发展，能源消费也迅速增加，1993 年我国再次成为油品的净进口国，1996 年又再次成为原油的净进口国；2000 年以后，由于石油进口量的跳跃式增长，能源供应安全问题凸现，为了保障国家能源供应安全，经过长达 10 年的论证，2003 年我国政府正式批准建立国家战略石油储备。同时，陆续出台了一系列能源安全政策和法律，所以我国的能源安全政策还处于完善阶段，有较大的优化提升空间（见表 1-6）。

表 1-6　中国能源安全大事年表

年份	大事年表
1863	我国第一次进口煤油，掀开了长达一个世纪的依赖“洋油”的历史
1939	我国建立了第一个石油工业基地——甘肃玉门基地
1949	全国年产原油仅 12 万吨，根本无法满足经济正常发展的需求
1959	全国原油产量达到 373 万吨，较 1949 年增长了近 12 倍，但是依然不能满足国民经济快速发展的需要，主要油品的自给率仅为 40%
1963	大庆油田的顺利投产彻底摘掉贫油的帽子，实现原油和成品油的基本自给，也意味着自 1863 年开始依赖“洋油”的历史结束
1972	美国尼克松总统的访华，陆续解除了西方国家对华贸易的封锁
1973	我国开始出口原油、煤炭等初级产品，成为石油净出口国
1993	随着我国经济的快速增长和能源消费量的不断上升，成为油品净进口国
1996	受国内原油生产能力的制约，成为原油净进口国
2003	我国政府正式批准建立国家战略石油储备工程，石油供应安全有了保障

续表

年份	大事年表
2004	国家战略石油储备一期工程正式启动，镇海、舟山、新港、黄岛四个储备基地
2005	我国颁布了《可再生能源法》，大力发展可再生能源，多元化保障能源安全
2006	我国政府实施“节能减排”政策，提高能源效率，保障能源安全
2007	我国成为天然气净进口国
2008	国家战略石油储备一期工程竣工，总储备能力 1640 万立方米
2009	我国成为煤炭净进口国，自此，我国化石能源全部净进口
2009	国家战略石油储备二期工程陆续启动，预计储备能力约为 2680 万立方米
2011	我国政府正式批准建立国家煤炭应急储备，煤炭供应安全迈上新台阶

我国能源使用安全问题主要是煤炭的生产和使用安全。作为世界最大的煤炭生产国，2010 年我国煤炭产量约占世界的 48.3%，由于煤矿地质结构复杂，而且煤层中聚集大量的煤层气（瓦斯），给煤矿安全生产带来很多麻烦，据统计我国煤矿安全事故 80%都与煤层气有关，高发的煤炭安全事故，造成巨大经济损失的同时，也夺去了大量工人的宝贵生命（如图 1-26 所示）。1990 年以前，我国每年煤炭安全事故的死亡人数呈上升趋势，主要是煤炭产量增长较快，采煤机械化程度较低，且安全生产监测技术相对落后；1991～2002 年我国煤炭安全事故的死亡人数一直在高位徘徊，主要是这一时期煤炭产量增长相对缓慢，一些大型国有煤矿的机械化率在逐步增加，煤矿安全生产监测技术也得到快速发展；2003 年以后虽然煤炭产量增长较快，但是煤矿安全生产事故的死亡人数呈快速下降的趋势，主要是因为采煤机械化程度的提高，安全生产监测技术和管理水平的完善等。总体来看，我国百万吨煤炭死亡率呈快速下降的趋势，尤其是改革开放以后，但是仍高于美国等发达国家水平，所以煤炭生产安全还有待于进一步提高（如图 1-29 所示）。

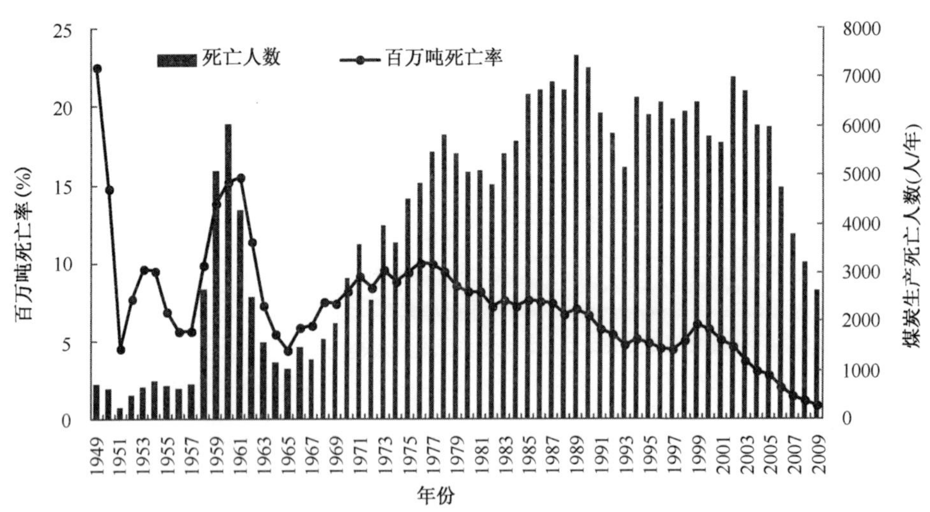

图 1-29 我国煤矿安全事故死亡人数和百万吨煤炭死亡率（1949～2009 年）

作为世界最大的煤炭消费国，煤炭占我国一次能源消费结构的 70%，导致较多的二氧化硫和二氧化碳排放（如图 1-30 和图 1-31 所示）。为了提高煤炭利用效率，同时降低污染物排放，发达国家煤炭主要用来发电，如美国、欧盟等国家电煤占煤炭消费的70%以上，但是我国用于发电的煤炭不到煤炭消费量的50%（2010年为45.63%），所以大量煤炭被低效利用，造成较为严重的环境污染，酸雨和大气污染等能源使用安全问题凸显，2008年我国酸雨的影响面积达到140万平方公里，约23%的城市空气质量没有达到国家二级空气质量标准。因此，能源使用安全问题不容忽视。

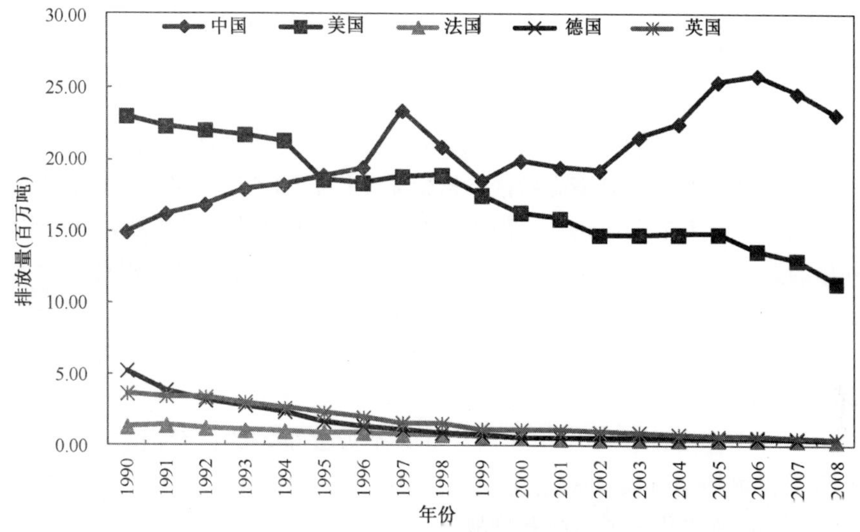

图1-30　世界主要国家的二氧化硫排放量（1990～2008年）

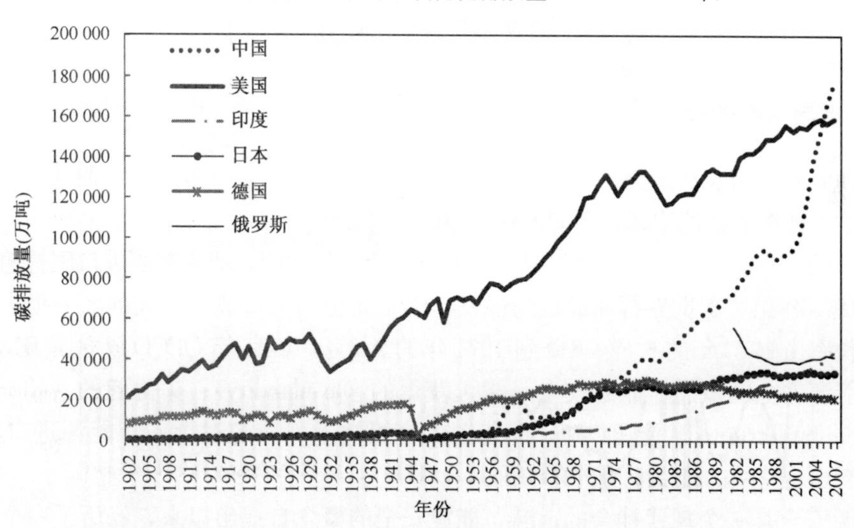

图1-31　世界主要国家的二氧化碳排放量（1900～2007年）

1.4.3　中国能源安全的现状

石油已经从一个关乎国家安全的战略物资演变成为一个在全球化市场里与金融市场联系紧密、饱受地缘政治等诸多因素影响的、贸易量最大的商品（陈新华，2006）。实际上，中国能源安全面临较多的风险：

(1) 受国内石油储量和产能的约束，中国原油进口增长非常快，从1996年的2261万吨，迅速增加到2010年的2.35亿吨，对外依存度高达53.79%，且进口来源又主要集中在局势动荡的中东和北非地区，所以石油的进口面临着复杂的地缘政治风险。

(2) 由于现货贸易、定价机制和缺乏国家战略石油储备等原因，中国石油进口出现很多奇怪现象，如“买涨不买落”和“量价齐增”。中国海关统计数据表明：经常出现随着国际油价的上涨，中国当月石油进口量也相应增加，当国际油价下跌，中国当月进口量相应减少的现象。因此，国际石油价格的剧烈波动，又给现货贸易为主的中国石油进口带来了较高的价格风险。

(3) 2010年全球共发生海盗袭击事件443起，主要集中在索马里、马六甲海峡、亚丁湾和几内亚湾。而上述海盗高发区，恰恰是中国石油进口的必经之路，因为中国石油进口主要依赖于海上油轮运输。石油进口的80%要通过马六甲海峡，其中约90%的运输由外籍船运公司承担，本国船运公司承担的10%还主要集中在相对安全的东南亚地区。因此，中国石油进口面临较高的运输风险。

(4) 作为世界最大的煤炭生产国，中国每年要发生上百起煤炭生产事故，至少造成几百人的丧生，所以能源生产安全问题突出。

(5) 2008年全国酸雨覆盖面积约为140万平方公里，约占全国总面积的14.0%，而且至少23%的城市空气质量未达到国家二级标准。因此，无论是中国能源供应安全还是使用安全都面临着很多的风险和挑战。

1.5 能源安全的解读与认识

1.5.1 能源安全的定义

能源是经济增长和人类发展的基本要素，工业革命以后，当煤炭、石油等化石能源取代薪柴成为能源消费的主体，受能源资源禀赋和分布的约束，国际能源贸易应运而生，在纷繁复杂的国际能源贸易中，如何保障能源持续稳定的供应，成为能源进口国普遍关注的问题。1973年第一次世界石油危机的爆发，给工业化国家造成了巨大的经济损失，全球经济增长率由1973年的6.8%下降到1974年的2.8%，1974年OECD成立了IEA，首次明确了能源安全的概念。能源安全是指可获得的（availability）、买得起的（affordable）、持续的（uninterrupted）能源供应，即能源供应短缺量不应超过上一年能源进口的7%，而且没有出现持续的难以承受的高油价。

能源安全是一个现代社会的范畴，能源安全的概念自提出以来，经历了一个不断发展和充实的过程。狭义的能源安全主要是保障能源的持续稳定供应，尤其是石油的稳定供应。第一次世界大战后，前英国首相温斯顿·丘吉尔对能源安全的诠释为“石油的安全和可靠供应取决于多样化，也只有多样化”。石油战略学家丹尼尔·耶金博士这样描述能源安全：“能源安全的目标是指以不危及国家价值观和目标的方式，以合理的价格确保充足可靠的能源供应。”约瑟夫·欧姆在1993年为能源安全增加了环境保护的约束“90年代能源安全的目标是通过增加经济竞争力和减少环境恶化，确保充足可靠的能源服务”。1997 年《京都议定书》的签订标志着世界各国重新界定了能源安全的概念，增加了能源的使用不应对人类自身生存与发展的生态环境构成大的威胁的要求。2007 年能源经济学家阿尔哈吉教授从经济、环境、社会、外交、技术和治安 6 个方面讨论了能源安全，认为能源安全是“以最低的社会成本、最小的价格波动，保障稳定可靠的能源供应，确保石油生产国和石油消费国的经济增长”。仅仅强调保障能源供应、减轻对进口能源依赖的传统能源安全观已经显得过于狭隘，国际能源署《世界能源展望 2010》对能源安全的描述为，“广义的能源安全定义为充足的（adequate）、买得起的（affordable）和可靠的（reliable）能源供应。短期来看，没有哪个能源系统是完全安全的，因为供应中断或短缺事件的发生是不可预料的，比如蓄意破坏、政治干预、罢工、技术失误、突发事故和自然灾害等。长期来看，能源生产和运输能力的投资不足会导致供应短缺，进而引发难以承受的高油价。实际上，能源安全可以看作为一个风险管理问题，也就是把供应中断风险和长期不利的市场趋势降低到可接受的水平。不过，由于担心能源生产和使用会造成环境影响和气候变化，我们必须重新调整对能源安全的忧虑和界定，任何以破坏环境来提高能源安全的行动都是无效的”（IEA，2010b）。

基于对能源安全问题的长期关注和研究，我们认为国家能源安全可以分为两个层面，即能源经济安全和能源生态环境安全，其中，经济安全也就是传统的能源供应安全，而生态环境安全也就是能源使用安全。**本报告对能源安全的界定为：满足国家经济发展需求的可靠的、买得起的、持续的能源供应，同时能源的生产和使用不会破坏生态环境的可持续发展。**

综上所述，国家能源安全就好比一个房顶，由若干块瓦片构成，而每一块瓦片都代表影响能源安全的一个因素，如地缘政治、能源运输、能源价格、能源储备、武装冲突、蓄意破坏、罢工、技术、突发事故、自然灾害，以及能源消费的污染物排放等，任何一块瓦片（因素）出现问题，都会或多或少的影响或导致房屋漏雨，也就是影响国家能源安全。因此，现阶段能源安全已成为世界各国普遍关注的问题，尤其是高油价时期，能源危机演变为经济危机的导火索。在进入工业化进程之后，能源、与资本和劳动一样，成为对国家经济产生重要影响的生产要素，所以在一定程度上，能源安全是当今国家安全的重要组成部分。

1.5.2　能源安全的内涵及演变

随着人们对环境保护、全球气候变化和可持续发展问题逐渐达成共识，以供应安全为目标的传统安全观正逐步向综合能源安全观转变，能源安全被赋予了越来越多的新内涵。

（1）战争和冷战时期能源安全的内涵主要是可获得性和稳定性。能源安全最初是保障国家军事和经济发展所需的能源供应，尤其是石油的供应。石油的战略价值主要体现于它在战争中不可替代的作用，在二战中石油供应问题成为影响战局的一个极为关键的因素。20 世纪 70 年代以后的几次世界石油危机，都是由于中东战争或是局部武装冲突，造成世界石油供应中断或供应短缺，致使国际石油市场供不应求，油价飙升，能源安全保障失效，通货膨胀加剧，石油危机爆发，所以传统能源安全主要以防止中东石油供应中断为重心。因此，在相当长的一段时期内，战时石油安全成为许多国家能源安全战略关注的重点，由于战争状态下的石油供应问题有别于一般的供应安全问题，其不仅牵涉能源供应安全，更关系到战局发展和国家安全。一些石油安全保障设施，如石油储备设施、生产基地、石油港口、跨国输油管线等，最易遭到袭击和破坏，所以战争和冷战时期国家能源安全的内涵主要是指能源的生产、加工、储备和运输的安全保障。

（2）和平发展时期能源安全的内涵主要是经济性和多样性。随着贸易和经济的全球化，石油的战略价值已经逐渐转变成作为基础能源的经济价值，现阶段，随着经济全球化进程的加快，石油这种战略物资的商品属性越来越明显。以石油安全为核心的传统能源安全正逐步转向化石能源、电力、核电和可再生能源并存的全面能源安全，能源多元化已经成为世界各国能源战略的必然选择。着眼全球，市场和价格等经济风险在一定程度上正取代战争和禁运等供应安全风险，成为许多国家能源安全的主要风险因素。虽然能源供应仍受国际政治事件的影响，但作为一种特殊商品，其供需仍主要取决于市场机制。因此，和平发展时期，国家能源安全的内涵主要是指经济安全和使用安全，即能源安全的风险要素主要是市场和价格风险而不是供应中断风险，以及化石能源和核能的使用不应对人类自身的生存与发展环境构成任何大的威胁。

（3）工业化建设时期能源安全的内涵主要是持续性和经济性。在工业化建设时期，发展是社会的主旋律，一切能源的消费和利用都是为满足经济和社会快速发展的需要，能源供应对经济发展具有很强的约束力，而且由于受技术水平和经济实力的限制，一次能源的替代技术还没有取得突破性进展，战略能源的储备等问题还未得到有效解决，国家和工业生产部门应对能源突发事件的能力还很有限，所以这一时期能源安全的内涵主要是保障能源的持续的、廉价供应。

（4）工业化完善时期能源安全的内涵主要是能源的多样性和环境兼容性。国家能源安全的内涵随着不同社会发展阶段而有很大的变化，在工业化完善时期，由于生产力已经达到很高的水平，人们的物质生活较为殷实，能源利用效率相对于工业化阶段有很大进步，整个社会和工业生产部门的能源消费结构多元化，且以清洁优质能源为主，一次能源利用的替代技术取得了一定的进展，拥有较为完善的战略能源储备制度和具有应对一定突发事件能力的储备规模。由于能源结构的多样性，工业生产和居民消费等部门对短期的某种能源供应短缺具有一定的适应和调控能力，生活环境的保护成为人们新的关注焦点，所以这一时期能源安全的内涵既包括保障能源的安全供应，又包括能源的使用不应对人类自身的生存与发展环境构成任何大的威胁。

（5）现代能源安全的内涵主要是全球性和环境兼容性。在经济全球化的背景下，任何一个国家或地区的能源安全都依赖于全球能源安全，国际能源贸易的中断或价格的剧烈波动都或多或少的影响世界各国的经济和能源安全，2008 年国际原油价格“过山车式”的暴涨暴跌无论是石油进口国还是出口国都蒙受了不同程度的经济损失，所以能源贸易全球化的今天，任何国家都很难单方面保证自己的能源安全。工业革命以来，化石能源生产和消费对生态环境造成了一定的破坏和影响，随着全球气候变化的日益严峻，能源安全的内涵也正逐步由单独强调供应安全向供应和使用安全并重的方向转变。因此，如何实现能源安全和气候保护的双赢是人类面临的共同挑战。

1.6 本章小结

本章从世界能源资源的探明可采储量分布及特点、能源生产与消费量的变化、国际能源贸易特点、全球能源消费结构的演化特征，以及未来世界能源发展趋势等方面，开展了系统地分析和比较。详细介绍了我国能源安全的历史及现状，系统分析了我国能源消费与能源结构的变化特点，深入讨论了能源安全的定义及内涵。

通过对上述问题的分析，我们认为能源安全是一个复杂系统工程，并不是简单的供需问题，而是涉及国家政治、外交、经济、市场、贸易、储备、技术、监管、法律及政策等多方面的复杂科学问题。因此，为了深入系统地研究我国能源安全问题，本报告从能源地缘政治和能源外交、能源市场、能源进口贸易、能源战略储备、能源危机的影响及应对策略、能源贫困、能源消费的环境健康效应、能源节约、能源安全预警与预案、可再生能源发展，以及国际能源安全比较等方面，逐一开展定量的讨论分析，以期对我国能源安全历史与现状有一个客观的评价和认识；同时，通过国际比较，进一步了解我国与世界典型发达国家和发展中国家能源安全的差异，为政府相关决策部门提供决策参考和信息支持。

第 2 章　世界能源地缘政治发展与中国能源外交

能源尤其是石油的发展史，实际上是一部各大势力不断斗争与合作的历史，世界能源地缘政治格局也因此不断演变发展，越发错综复杂。由于能源供需的不断变化，我国在世界能源地缘政治格局中扮演的角色也不断发生变化。1949 年建国之初，我国能源消费几乎完全依赖进口；20 世纪 70 年代开始我国成为石油、煤炭净出口国，能源出口成为国民经济的重要支撑；进入 21 世纪，我国化石能源陆续成为净进口，所以我国能源外交政策也随之改变。本章从以下几个方面讨论世界能源地缘政治发展和我国能源外交问题：

- **世界能源地缘政治关系是如何演进的?**
- **世界能源地缘政治呈现哪些新格局?**
- **五大产油区的地缘政治格局如何变化?**
- **中国能源角色如何转变?**
- **中国的能源外交呈现哪些新特点?**

2.1　世界能源地缘政治关系演进

在目前“一超独霸、多极制衡”的能源地缘政治格局形成之前，世界能源地缘政治演变过程中，有两个最具代表性的阶段，分别为 20 世纪 20 年代初至 50 年代末的“英美争霸中东”和 60 年代初至 80 年代末的“IEA 与 OPEC 的对抗”。

2.1.1　英美争霸中东

2.1.1.1　美国的战略调整

虽然美国是石油工业的起源地，并且发展迅速，但由于“门罗主义”的外交政策(尽量不干涉和卷入欧洲列强间的纷争之中，以换取欧洲列强对美国在拉美地区利益的承认)，美国石油工业一直把开发的重点放在国内。但第一次世界大战使英法等传统大国的力量被严重削弱，美国成为了世界上经济和军事上最强大的国家，“门罗主义”随着国家实力的强大被抛弃，占领中东、抢占石油资源的想法在美国人心中渐渐膨胀。美国在第一次世界大战时为协约国提供了大量援助，特别是石油的援助，因此，在战后谈判时他们理所当然地认为英法等国会分配一些中东利益给美国。但英、法等国达成的圣雷莫协定打破了美国人的美梦，英国、法国、荷兰抢占了绝大部分的中东石油。美国政府感觉再也不能矜持地等待别人的给予了，1921 年，美国政府高举“门户开放”的旗帜，向英法施加压力，逼迫英法把美索不达米亚的石油资源向美国开放。1922 年，在华盛顿政府的大力支持下，新泽西标准石油公司伙同纽约标准石油公司、海湾石油公司等五家石油公司组成了“近东开发公司”，开始了美国进入中东的旅程。

2.1.1.2　“红线协议”的签订

美国深知，撬开由英国控制的土耳其石油公司的大门是进入美索不达米亚的必然选择，因此从一开始他们就向英国索要土耳其石油公司的股份。由于无力阻止美国势力，1922 年 8 月英国表示愿将 12%的股份转让给近东开发公司，但美国不甘心如此小的让利，拒绝了英国的提议。在后来的几年中，英国屡次让步，却都遭美国断然拒绝。1927 年，伊拉克油井出油，美国人再也等不下去了，在国务院的支持下，美方抛出一份协议，要求占据土耳其公司四分之一的股份，虽然要价有些高，但英国考虑到油田即将投产，为不影响新油源的获取，同意了美国的要求。

1928 年 7 月 31 日，著名的“红线协议”签订，土耳其石油公司更名为伊拉克石油公司，美国、英国、法国、荷兰四国石油公司各占 23.75%的股份，剩余的 5%由公司元老古本金持有。古本金根据自己的记忆，在中东地图上沿着已不复存在的奥斯曼帝国边界画了一条红线。各国达成协议：凡在“红线”规定的原奥斯曼帝国的范围内，任何一家不得单独取得石油租借权（图 2-1)。

“红线协议”是世界列强共同瓜分中东石油资源的开始，也是美国与英国在海湾的较量中获得的第一次重要的胜利。通过“红线协议”，美国打破了英国对海湾石油的垄断，在其夺取世界石油霸权的道路上迈出了关键的一步。

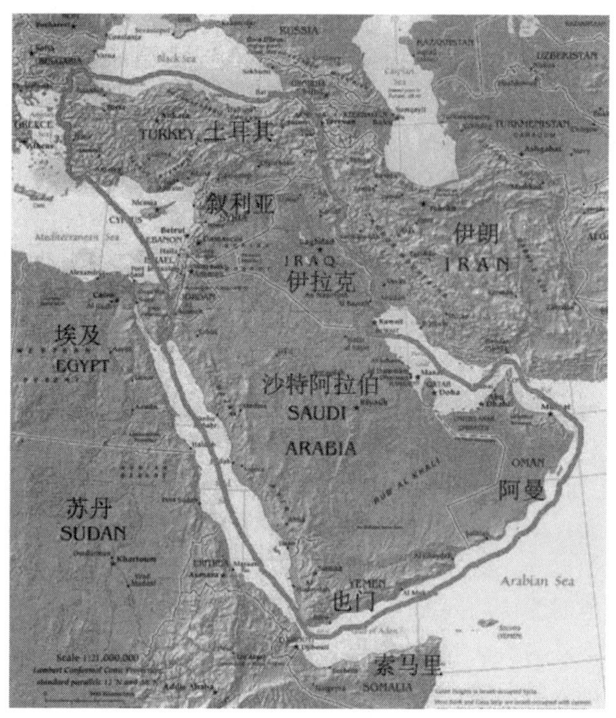

图 2-1　“红线协议”规定的范围

2.1.1.3　美国的多头出击

“红线协定”签订以后，美国并没有停止在中东扩张的步伐。除近东开发公司与英国、法国、荷兰石油公司联合开采奥斯曼帝国境内的石油资源外，另一些石油公司在美国政府的支持下不断向中东其他国家渗透。在先后获得巴林、科威特和沙特的石油租让权后，美国在中东开发石油的权利得到了进一步加强。

1927 年，由于海湾石油公司受“红线协议”约束，不能单独开发巴林石油，因此，它把手中的巴林石油开采特许权转手给了美国同伴雪佛龙公司。英国政府得知此事后，坚决反对雪佛龙进入巴林，坚持任何租让权协议必须符合“英国国籍条款”（一战之前，为防止德国对海湾地区的渗透，英国曾与包括科威特和巴林在内的当地酋长们达成协议，只与英国公司在此从事石油开发，且由英国政府负责对外关系）。由于该条款排除了美国石油公司获得石油租让的权利，美国政府十分恼火，不断向英国政府施压。双方通过多次谈判，终于在 1929 年达成了一致：英国政府放弃了“英国国籍条款”，同意雪佛龙进入巴林，但条件是要确保英国在该地区的地位和政治优势，而且美国在巴林找到的油要优先供应给英国皇家海军。1931 年，雪佛龙就在此处找到了石油，两年后，日产原油量已达到了 6500 桶，美国首次在奥斯曼帝国以外的中东地区获得了收益。

1925 年，海湾石油在买下巴林特许权的同时也买下了科威特的特许权，由于科威特属于“红线”之外的国家，因此海湾石油公司始终没有将其转手。在巴林发现石油后，整个阿拉伯地区的石油资源前景发生了显著变化，英国开始觊觎海湾石油公司手中的那张科威特特许权。但想购买特许权显然十分困难，英国石油公司想到了与美国人联合。由于英国与科威特酋长的关系一直很好，海湾公司看到了英国人在该地区盘根错节的政治势力，同意了这次合作。1933 年 12 月 14 日，两公司达成协议，决定建立一个各持股 50%的科威特石油公司联合开发科威特石油，平分产量。美国在科威特的石油利益就这样建立了。

1933 年，美国人又把目光瞄准了沙特，雪佛龙在向沙特国王提出了比较优惠的条件后，取得了在沙特面积为 93.2 万平方公里的领土上勘探和开采石油的特许机会，并签订了为期 66 年的协议。不久便在沙特发现了大油田，并成立了加利福尼亚阿拉伯标准石油公司。为了大规模开发和销售沙特石油，在美国政府的撮合下，雪佛龙与德士古公司联合成立了加利福尼亚德士古石油公司。雪佛龙在沙特巨大的石油产能与德士古在欧洲、亚洲和非洲庞大的市场完美结合了起来，美国对沙特这个中东最大产油国的控制也就此开始了。

美国的多头出击一步步地蚕食了英法对中东的传统控制，到 1939 年第二次世界大战爆发时，美国已控制了中东约 250 万平方公里租让地的半数，虽然在当时这些租让地并没有勘探出多少石油，但正是这潜在的巨大石油储量帮助美国在二战后全面取代英国称霸中东。

2.1.1.4 “红线协议”的撕毁

由于沙特政府从石油生产中获取了巨大了利益，1939 年又与联合公司签订补充协定，美国石油集团获得了另外近 114 平方公里的石油租借地。至此，加利福尼亚阿拉伯石油公司所有的租让地占到了沙特阿拉伯全部领土的 86.3%。雪佛龙和德士古已没有能力独自吃下这块巨大的“蛋糕”了，在美国政府注意到这一点后，埃克森和美孚这两家美国最大的石油公司进入沙特就成了最顺理成章的事情了。

但由于埃克森和美孚均为伊拉克石油公司成员，并且沙特位于“红线”之内，受“红线协议”约束，埃克森和美孚不可能单独进入沙特。而且 20 世纪 40 年代初，二次大战激战正酣，英美同盟绝不能因为美国要获取更多的石油资源而破裂，因此，中东石油地缘政治格局在二战期间没有发生变化。但二战使美国的经济、军事实力远远超出了英国，战争结束后，美国已完全拥有了独霸中东的实力，跳出“红线协议”成为其在中东进一步扩张的必然选择。1946 年末，埃克森和美孚石油公司撇开了伊拉克石油公司中的其他成员，共同购买了阿美石油公司（1944 年，加利福尼亚阿拉伯标准石油公司更名为阿拉伯美国石油公司，简称阿美石油公司）40%的股权。虽然英、法石油公司对此表示了抗议，但霸气十足的美国人则公开宣布该协议已经失去了实际意义。美国人以实际行动撕毁“红线协定”，打破了近 20 年中东地区跨国公司瓜分石油资源的基本格局，开始了美国独霸中东的道路。

2.1.1.5 美国争夺伊朗

美国想独霸中东，伊朗是最重要也是最难攻克的“堡垒”。从 20 世纪 20 年代到 40 年代中期，美国曾多次试图插足伊朗，但都以失败告终。二战之后随着英国的衰落和民族独立运动的兴起，美国的机会出现了。

1947年，在人民群众的压力下，伊朗政府要求英伊石油公司修改之前签订的协定，英国政府和公司高层都认为只要给伊朗统治集团一点小恩小惠就可以解决问题，因此只提高了每年需支付给伊朗政府的租金数额。但出人意料的是，这在伊朗议会上没有获得通过。事后，德黑兰一家报纸披露了隐藏背后的原因，拒绝批准是由于“赞成这个协定就会引起美国人的不满”。有了美国人撑腰，伊朗民族的反英浪潮随之上升，石油资源国有化的呼声日益强烈。1951年3月6日，以穆罕默德·摩萨台为首的石油特别委员会通过石油国有化提案，次日国有化提案得到议会批准，正式宣布将全国的石油工业收归国有。伊朗石油国有化得到了广大工人、农民、进步知识分子以及绝大多数小资产阶级的支持。巴列维国王在强大压力下，被迫任命摩萨台为首相。1951年4月摩萨台赴任的第二天，国王在法案上签字，英伊石油公司在没有获得任何补偿的情况下被驱逐出了伊朗，新成立伊朗国家石油公司接管了英伊石油公司在伊朗的全部石油资产。

为抵制伊朗的石油工业国有化，英国对伊朗进行的石油封锁以及一系列的经济制裁，使摩萨台政府陷入了困境。由于石油无法输出，支持国民经济发展的重要收入来源被切断，伊朗石油工业几近瘫痪。在伊朗政权内外交困之际，摩萨台想到了联合美国来对抗英国，于是他派特使与美国政府接触。对于取代英国进入伊朗的机会，美国自然不会放过，他们派出了以胡佛为特使的代表团进行调停。1952年12月和1953年1月，美国拿出了两个调停方案。由于两个方案的本质都是由美国取代英国接管伊朗石油资源，因此遭到了摩萨台政权的拒绝。眼见阴谋不能得逞，美国便决意推翻摩萨台政权。1953年8月，美国中央情报局伙同伊朗国内的反摩萨台势力，策划了伊朗政变，推翻了坚持石油国有化政策的摩萨台政府。为快速获得伊朗石油资源，美国政府没有把英国人完全赶出，而是同意由美英石油巨头组成财团共同开发伊朗石油。对于美国人的“仁慈”，英国人自然不能再提什么要求，美英在伊朗的石油利益格局就此出现了彻底的变化。

2.1.2 IEA与OPEC的对抗

在欧美列强瓜分世界石油资源的同时，资源国的抗争也在不断的酝酿和发生。1960年，伊拉克、伊朗、沙特阿拉伯、科威特和委内瑞拉五大资源国联合成立了欧佩克组织，对后来的石油地缘政治格局产生了深远影响。面对资源国的挑战，欧美能源消费国于1974年联合成立了IEA，开始了与OPEC的持久对抗。

2.1.2.1 石油禁运

在1967年的第三次中东战争中，阿拉伯国家丧失了大片土地，尤其是埃及和叙利亚，在战争中损失最为严重，因此后来也一心想要收复失地。1973年10月6日，埃叙两国经过周密的部署，以出其不意、攻其不备之势向以色列发起了收复失地的进攻，第四次中东战争就此爆发。

埃叙联军在战争初期占得先机，但是在美国的全力援助下，以色列迅速组织起猛烈反击，埃及和叙利亚军队反而逐渐陷入被动。为了支持埃叙两国，阿拉伯产油国决定团结起来，利用石油武器助战。此前，在1967年的第三次中东战争中，11个阿拉伯国家曾使用石油禁运这一石油武器惩罚过支持以色列的国家。然而，由于美国拥有相当数量剩余石油生产能力，并且当时产油国的石油资源完全被西方石油公司控制，持续近一个月的石油禁运不仅未能达到造成西方经济持续瘫痪的政治目的，反而使实行禁运的阿拉伯产油国因石油收入剧降而面临财政危机。

不过此次石油禁运无论从参与国家、禁运力度还是结果上都与上次大不相同。1973 年 10 月 7 日，伊拉克宣布将伊拉克石油公司所属巴士拉石油公司中美国埃克森和美孚两家联合拥有的股份收归国有；10 月 16 日，科威特、伊拉克、沙特阿拉伯、卡塔尔、阿拉伯联合酋长国和伊朗决定不再等待石油公司的答复，单方面将阿拉伯轻油的石油基准价格从每桶 3.011 美元提高到每桶 5.11 美元，涨幅令人惊愕地高达 70%，标志着第一次石油危机的开始。10 月 17 日，OPEC 召开会议决定采取禁运措施：将 10 月份的石油产量在 9 月份的基础上削减 5%，而且以后每个月再降低 5%。当晚，阿联酋全部减产 12%，并对美国实行石油禁运，沙特紧随其后，减产 10%并立刻停止对美石油出口。在他们的带领下，卡塔尔、科威特、利比亚、阿尔及利亚、巴林等阿拉伯国家先后宣布减产、禁运等措施（张志前，2009)。10 月 18 日，阿拉伯联合酋长国中的阿布扎比酋长国决定完全停止向美国输出石油。接着利比亚、卡塔尔、沙特阿拉伯、阿尔及利亚、科威特、巴林等阿拉伯主要石油生产国也都先后宣布中断向美国出口石油。到 10 月 22 日，所有阿拉伯产油国都已对美国实行禁运，许多产油国甚至加大了减产幅度，并且禁运对象很快从美国扩大到了其盟友。最初，由于荷兰帮助美国运输武器到以色列，并且还公然招募志愿军协助以色列作战，阿拉伯国家宣布对荷兰实行禁运。后来，随着形势的发展，禁运对象又逐步扩大到葡萄牙、南非和罗得西亚。

此次禁运不仅达到了迫使以色列从所占阿拉伯领土上撤出的政治目的，而且直接引发了第一次石油危机，震撼了整个世界。从石油禁运开始施行到 1973 年 12 月，所有阿拉伯产油国的原油产量都比 9 月份减少了 30%，减产总量达 500 万桶/日以上，约占当时世界原油出口量的 15.8%，这直接导致世界石油供应短缺。美国和西欧各国都受到了很大影响，工业生产急剧下滑，国内生产总值大幅下降。

这场声势浩大且意义深远的石油禁运直到 1974 年 3 月 18 日才结束。它彻底改变了中东和全世界的结盟关系及地理政治因素，也改变了石油生产国与消费国之间的关系，并改变了国际经济。

2.1.2.2　战略石油储备与能源来源多元化

鉴于石油禁运期间西方石油进口国各自为战，十分被动的情形，1974 年 2 月由美国发起召开了石油消费国会议，决定成立能源协调小组以指导和协调与会国的能源工作。与会 16 国签署了《国际能源机构协议》，并开始临时工作。同年 11 月 15 日，经济合作与发展组织各国在巴黎通过了正式建立国际能源机构（IEA）的决定（胡国松等，2010)。11 月 18 日，16 国签署了协调能源政策的国际能源计划，国际能源署正式成立。

IEA 成立后，通过建立战略石油储备、扩大非 OPEC 国家的石油生产、发展新能源等方式在一定程度上削弱了 OPEC 的垄断力量，使石油消费国地位逐步增强，世界石油地缘政治格局也因此发生了变化。石油消费国开始能够有效地抵御石油的经济和政治风险，各成员国在面临较大的石油供应短缺时可以分享石油储备、保证供应安全，OPEC 对其制约大大减弱。

IEA 对抗 OPEC 的一个重要手段是建立战略石油储备体系，其目的就是应付石油供应中断、降低成员国在石油供应短缺时的脆弱性，在油价波动异常时平抑油价、减少成员国损失。最初，IEA 规定各成员国的战略石油储备应相当于上年 60 天的进口量，后来提高到了 90 天。但实际上在第二次石油危机之前，各国对战略石油储备都没有给予足够的重视。美国虽然在 1975 年就签署了《能源政策和储备法》，开始石油储备，但到 1978 年，其战略石油储备才只相当于 8 天的净进口量，根本无法对石油危机作出有效反应（罗晓云，2003）。1979 年第二次石油危机加快了各国石油储备的发展进程，到 20 世纪 80 年代，西方主要工业国的战略石油储备平均已达 3 个月以上的消费量。

1990 年海湾战争前夕，国际能源机构成员国的储备总量达 1.42 亿吨，相当于其 160 天的净进口量和 99 天的消费量（安维华，2000）。1991 年海湾战争期间，IEA 首次动用战略石油储备，宣布投放 3375 万桶，实际只投放了 1730 万桶原油，每天投放量为 250 万桶（市场实际供应中断为 465 万桶/日），有效地平衡了石油市场的供需状况，成功地使油价从每桶 32 美元下降至 21 美元，使这次石油危机没有给经济造成大的冲击（赵航，2007）。

除建立战略石油储备外，IEA 还通过能源来源多元化方式来降低过度依赖中东石油的“脆弱性”和不安全性。IEA 多元化的措施主要表现在两个方面：一是推行“石油扩散”的市场多元化战略，寻找新油源。二是实行能源结构多元化战略，开发新能源。

西方工业国家认识到，OPEC 之所以能够在国际石油领域呼风唤雨，拥有如此之大的发言权的原因在于它控制了世界上大部分的石油供应量。因此，要打破 OPEC 石油生产的垄断，必须开拓新的进口石油来源地。从 20 世纪 70 年代中后期开始，IEA 积极推动石油公司到欧佩克以外的地方寻找石油。墨西哥湾、北海、里海等地区油田相继被发现并投产，在西方资本的支持下，墨西哥、英国、挪威等国成为了重要的石油出口国，并且在高速生产策略的指导下，石油储量迅速变成产量，与 OPEC 展开了争夺市场的价格战。另外，为争夺市场，苏联的石油产量在此期间也不断上升，到 80 年代中期已达 6 亿多吨，出口量达 1.7 亿吨。在重重压力下，到 1985 年，OPEC 在世界石油市场上的份额从 1974 年的 55%下降至 29%，丧失了市场的主导地位。

2.2　世界能源地缘政治新格局

20 世纪 80 年代末 90 年代初，在经济、政治、社会的重重压力下，戈尔巴乔夫放弃了社会主义道路，苏联彻底瓦解，“美苏争霸”的时代宣告结束，“美国独霸，多极制衡”地缘政治新格局逐渐形成。在石油领域，这样的地缘政治新格局表现得异常明显，美国在保障国内能源安全的同时寻求着世界范围内的石油霸权，而俄罗斯、欧盟、中国、印度以及 OPEC 等地缘政治势力则在维护自身利益的前提下，通过各种方式制衡美国的石油霸权。

2.2.1　寻求石油霸权的美国

美国是世界上最大的石油消费国和进口国，2010 年石油总消费量约占世界的 21.9%，对外依存度高达 49.8%（BP，2011）。据美国能源部预计，到 2025 年，美国对外石油依赖度将达到 70%，石油净进口（包括原油和油品）达 1967 万桶/日，其中油品在净进口中所占比例将达到 20%。

基于现实需要，美国形成了独特的能源战略，其基本目标是：确保美国能源供应安全，满足不断增长的能源需求；减少美国及其盟国对潜在的不可靠的能源供应地的依赖。美国政府认为：石油供应不稳定会给美国经济造成极大的影响，只有采取相应的对外政策措施才能控制可能发生危机的规模，而积极推动能源来源多样化是保证其能源安全的重要手段。所以，在全世界争夺油气资源、控制世界油气市场就成为美国能源安全战略的重要保障。而且，控制住了石油、天然气等战略资源，无异于卡住了全球经济发展的“大动脉”。通过控制油气资源，能够巩固美国霸权国的地位，削弱其他大国对美国地位的挑战。同时，在必要时，能源控制权也是打击其他国家的重要手段。因此，美国历任政府都把控制世界油气资源视为外交工作的核心任务。它们不仅通过市场、外交手段来确保对世界油气资源的控制，甚至不惜为此动用军事力量（中国现代国际关系研究院经济安全研究中心，2005）。

在全球石油地缘政治中，美国的优势在于两个方面。一是遍布全球的军事力量存在，这是其他任何国家所没有的。美国军事力量分布比任何国家到达石油产地都要近得多，特别是在中东地区，通过海湾战争和伊拉克战争，美国强化了对波斯湾的统治地位。沙特、科威特等产油大国都是美国在该地区的重要盟友。利用阿富汗战争，美国实现了在中亚的军事力量存在，成功打入了中亚-里海石油产区。尽管在现代国际政治舞台上，军事力量的作用越发不明显，但是军事存在的意义在于威慑，一旦需要时美国海外军事力量必将发挥决定性作用。另一方面，美国的优势在于石油进口线路相对安全，其石油进口主要来自非洲、拉美地区，从这些国家出发的石油运输路线不需要经过敏感的战略要道，大西洋上美国的海军实力足以保护石油运输安全。

但是近二十年，美国全球能源格局中的地位受到了挑战，挑战者来自两个方面，一是同为石油进口国的其他大国，二是不再甘心受到美国控制的产油国。尽管如此，石油地缘政治中美国的霸权地位还是仍然存在的，全球重大的能源经济事件离不开美国。

2.2.2　擅打“能源牌”的俄罗斯

石油作为俄罗斯的主要资源，对恢复其国内经济和国际地位具有极其重要的意义。根据《BP 世界能源统计年鉴》，2010 年俄罗斯的原油探明储量为 106 亿吨，占世界总量的 5.6%，储采比为 20.6（BP，2011a）。目前，俄罗斯燃料能源部门的产值占国内 GDP 的 28%、工业生产总值的 30%、联邦预算的 54%和外汇收入的 45%，是俄罗斯国民经济名副其实的支柱。

俄罗斯在普金上台后，通过打击不服从联邦政府调度的能源寡头，对国内石油产业实现了控制。之后，俄罗斯政府以实用主义为原则，开始全面积极开展能源外交。俄罗斯先后与欧洲、亚太国家（中、日、韩）等实现能源合作，并始终以“稳定西欧、争夺里海、开拓东方、突破北美”的思路全面拓展能源外交（中国现代国际关系研究院经济安全研究中心，2005）。近年来，随着国际油价的攀高，俄油气产量和出口量明显增加，其在世界能源格局中的地位不断上升，在全球范围内，特别是中亚和亚太地区对美国形成了很大的制约。

2.2.3 矛盾中的欧盟和日本

日本和欧盟都是国际能源市场中的消费端。由于需要大量进口石油，两大地缘政治板块都面临着实行独立的能源政策还是依附于美国的艰难抉择。二战之后，欧盟和日本都是美国领导的资本主义体系下的重要盟国，两大政治板块同美国有着千丝万缕的联系，时至今日仍旧是军事同盟国。如果两大板块各自执行独立的能源外交政策，对美国来说是一种刺激，也是对于美国能源霸权的挑战，必然要引起美国的反感，不利于这两大政治板块的能源安全。如果实行依附政策，又会遇到新的问题：首先，欧盟和日本同美国的能源战略利益并不完全重合，实行依附政策难以满足他们自身的需要；其次，美国在世界上到处树敌，完全依附的话，很容易受到牵连。在重重矛盾中，欧盟和日本更多的选择了实用主义，把各自能源政策出发点定为保证石油进口安全。这样，欧日与美国之间时而合作、时而对抗，但总体而言还是以合作居多，对抗主要是由于政治上的分歧所引起的。

2.2.4 不断崛起的新兴国家

在过去的30年中，世界能源消费在不同地区呈现出了不同的增长模式，总体上说是总量不断上升，但是表现出来不均衡的特点，传统经济发达的北美洲和欧洲两大地区增长速度放慢，其消费量占世界总消费量的比例也在逐年下降。与此同时，中东、非洲以及亚太地区所占的比重却在上升，造成这一局面的根本原因是新兴国家的崛起带来的国际经济格局的改变。

中国、印度、巴西是新兴国家中最大的三个国家，在国际地缘政治新格局中所处的位置、拥有的优势及劣势具有很强的一致性。2010年中国能源消费占全球消费的20.3%，超过美国成为世界最大能源消费国。其中，石油消费量为906.7万桶/日，占世界总量的10.6%。相对于庞大的石油消费量，2010年中国石油生产量为407.1万桶/日，占世界总量的5.2%（BP，2011）。石油消费缺口高达每日500万桶，这意味着超过一半的原油消费需要依赖于进口。面对日益增大的石油缺口，中国政府采取了稳健的能源外交政策，避开与发达国家特别是美国的竞争，到许多条件艰苦的第三世界国家寻找石油，之所以采取这样的发展战略，原因是中国政府担心表现得过于积极，会对现有能源霸权国产生刺激。不过，中国的快速发展以及国际影响力的不断增强，仍然引起了发达国家的防范，以美国为首的西方国家，不断在中国的海外势力范围中制造事端，还借助能源和气候问题对中国能源扩张实行打压。巴西、印度等新兴经济体的遭遇也与中国类似。

2.2.5 持续遭受冲击的 OPEC

2010 年 OPEC 的原油探明储量为 1460 亿吨，占世界总量的 77.2%，储采比为 85.3。2010 年 OPEC 的石油产量为 34324 千桶/日，占世界总产量的 41.5%（BP，2011）。OPEC 仍然是全球最大的石油输出国的国际组织，仍然控制着全球最大的石油资源储藏量和产量。

但是 OPEC 在石油能源领域的支配地位在最近二十年不断遭受冲击，对其地位的挑战来自于两个方面：一方面，OPEC 面临来自石油进口国的相当大的外部压力。首先，几次石油危机过后，西方国家不断完善需求管理，并在世纪之交完成了多个跨国大石油公司的合并，组成了新的强大联合体对付 OPEC 的联合阵线。这些国家和石油公司拥有比 OPEC 成员国强大得多的经济技术优势，对 OPEC 形成了强大的压力。其次，近年来，美国对 OPEC 采取“各个击破”方针，重点打击 5 个创始国中的强硬派伊拉克和伊朗。结果，伊拉克建立了亲美政权；伊朗持续面临西方国家的制裁。最后，当年支持 OPEC 对西方国家使用“石油武器”的发展中国家，尤其是石油进口国，因受油价暴涨之苦，在一定程度上也被推到了 OPEC 的对立面（中国现代国际关系研究院经济安全研究中心，2005）。另一方面，近年来，俄罗斯、中亚、里海以及墨西哥、加拿大等新兴能源国家和地区持续不断的冲击 OPEC。由于新兴产油国油田基础设施相对较新，油层浅，成本低，边际效益高。这一情况对 OPEC 的产量杠杆构成威胁，对其相关决策形成压力（胡国松，2010）。此外，OPEC 国家大都处于地缘政治不稳定的地区，政治动荡，国家安全难以保障，也降低了国家的行动力。

2.3 五大产油区的地缘政治格局

目前，中国在海外的油气投资和石油进口主要集中在中亚俄罗斯、中东、非洲、拉美和亚太五大地区，其地缘政治形势对中国现在和未来的能源安全具有重大影响。因此，本节主要对五大油气合作区的地缘政治格局展开探讨。

2.3.1 中亚俄罗斯地区的地缘政治格局

中亚俄罗斯地区是仅次于中东的世界第二大油气资源富集地区。苏联解体后，该地区油气资源纳入全球油气供应体系。随着能源价格不断上涨，中亚、俄罗斯在世界油气供需和能源地缘政治格局中的地位不断上升。

（1）俄罗斯作为最大的非 OPEC 产油国，已经成为世界石油供应体系中的重要一极。新世纪以来，俄罗斯石油产量不断增加，2010 年俄罗斯石油产量占世界总产量的 12.9%，成为世界第一大产油国（BP，2011b）。随着国际市场份额的不断增加，俄罗斯积极筹划开设以卢布作为计价和结算工具的俄罗斯石油交易所，以期打破石油价格机制由 OPEC 和西方国家垄断的局面，掌握国际原油定价的主动权。

此外，中、日、韩等东北亚能源消费大国与俄罗斯能源合作正日益加深。长期以来，俄罗斯油气主要出口市场在欧洲，对亚太地区的出口不到其总出口量的 10%。但随着经济复苏，俄罗斯在国际关系上更加自信，不愿受制于西方的愿望也更迫切。亚太地区的发展也使俄罗斯重新评估态势，寻求拓展在东方的影响。以中国为例，1998 年以来，俄罗斯对中国石油出口从 10 多万吨增加到 1500 万吨，成为中国三大石油供应国之一。

美欧方面，为了遏制俄罗斯利用能源实现崛起，限制俄罗斯利用能源武器在国际政治关系中对美国和欧洲施加影响，美、欧积极修建巴杰管道，将阿塞拜疆的石油引进欧洲，并为未来进口中亚的油气资源进行铺垫；大力推进铺设绕过俄罗斯的天然气管道，如纳布科管道和跨里海管道；欧盟积极实施进口多元化战略，扩大非洲和中东的油气进口。

(2) 中亚国家地处欧亚大陆腹地，东临中国，西至里海，北起俄罗斯，南接伊朗、阿富汗等伊斯兰国家，是连接“东西方文明的桥梁”，地理位置具有重要的战略意义。20 世纪 90 年代初苏联解体后，中亚五国重新回到了世界政治的舞台，由于其战略地位的地缘重要性和丰富的油气资源，各势力竞相参与到这一地区的油气资源和影响力的争夺上，使其在世界油气地缘政治格局中的地位日益上升，成为仅次于中东地区的“能源热点地区”。

目前，中亚地区的油气地缘政治格局正由俄罗斯单极主导朝多极制衡的方向发展。美国正在通过控制中亚地区的油气资源和走向，实现地区的战略目标。为了加强对中亚油气资源的控制，美国积极推动绕道俄罗斯的油气外输管道建设，打破俄罗斯对中亚油气资源输出管道的垄断。2005 年巴库—第比利斯—杰伊汉管道建成投产，使哈萨克斯坦可以通过船运将石油跨里海运输到巴库，再经该管道出口，实现了哈石油不经俄罗斯直接向西出口。为了加强在中亚的战略利益，美国从政治、经济、军事、社会等多方面积极介入中亚事务。2001 年“9·11”事件发生后，布什政府以“反恐”为契机，在乌兹别克斯坦和吉尔吉斯斯坦建立军事基地，实现了在中亚地区的军事存在。2004 年开始，美国增加了对中亚国家尤其是吉尔吉斯斯坦的民主援助。2005 年，吉尔吉斯斯坦爆发郁金香革命，时任的亲俄派总统倒台，亲西方的反对派领导人巴基耶夫上台。这些举措和手段使美国成功地打破了俄罗斯对该地区的垄断性控制，同时还有效地促进和维护了美国在中亚的能源合作和投资安全。

在美国咄咄逼人的攻势面前，俄罗斯也不是坐以待毙。为保持在中亚的影响力，俄罗斯通过控制其资源和外输管道来巩固和加强对该地区的控制力。在资源上，为了实现对该地区的控制，俄罗斯同意在 2009 年参照欧洲市场价格购买哈、乌、土三国的天然气。在运输管道上，2007 年 12 月俄罗斯、哈萨克斯坦和土库曼斯坦在莫斯科签署了铺设里海沿岸天然气管道协议，并计划投入 20 亿美元改造苏联时期的“中亚—中央”管道系统，这些计划一方面使美欧主导的“跨里海天然气管道”陷入僵局，另一方面也加强了俄罗斯对哈、土两国天然气资源的控制。俄罗斯通过控制中亚地区油气资源和运输管道，不仅成功的稳固和提升了其在该地区的控制力，还意图进一步加强对欧洲的影响。

除美、俄、欧外，中国也是中亚地缘政治中的重要一极。中亚国家独立初期，中国对中亚的政策集中在政治和安全领域。随着经济的快速发展，中国的能源消费呈现出强劲增长的态势。中亚国家具有丰富的油气资源，以及与中国的地缘优势，使其成为中国保障能源安全，实现进口来源多元化的重要渠道。20 世纪 90 年代末，中国开始加强与中亚国家在能源领域的合作。随着中亚油气管道的建成，中国已经成为中亚油气地缘政治格局中不可忽视的一极。

2.3.2　中东地区的地缘政治格局

从地理环境上看，中东处于十分重要的战略地位。它是东半球的中心，是亚、非、欧洲的结合地，周边的国际海域包括黑海、地中海、里海、红海和阿拉伯海，为联系世界各国和地区提供了极为有利的水运条件，因此被誉为“三洲五海之地”。同样，中东地区还有多个重要海峡。1986 年美国海军宣布要控制的 16 个世界海上“咽喉”通道中，该地区就占有 4 个，即霍尔木兹海峡、曼德海峡、黑海海峡和直布罗陀海峡。此外，中东还有介于阿拉伯半岛和非洲之间的亚丁湾，有介于伊朗高原、美索不达米亚平原和阿拉伯半岛之间的、以“世界石油宝库”著称的波斯湾，有位于阿拉伯半岛与伊朗高原之间的阿曼湾及伊朗与巴基斯坦交界处的瓜达尔湾，而且还有著名的苏伊士运河。因此，又被称之为“四峡四湾一河之地”。中东这种适中、临海、交通险要和盛产石油的优越地理位置，使它在世界政治、经济、军事上处于极为重要的地位。

美国历来将中东视为实现霸权、控制世界的地缘政治战略要地。美历届政府在中东的战略目标：一是在政治和军事上确保对中东事务的主导权，不容任何其他势力挑战；二是控制中东的石油生产和运输通道，从而影响世界石油价格和供应。“9 · 11”事件后，布什政府将反恐和防范大规模杀伤性武器扩散视为美安全战略的首要任务。认为要消灭恐怖主义，则必须民主改造中东。为此，美国的中东政策从以“伊斯兰民主例外”为核心的维持现状政策转变为“民主改造中东”的政策，在中东地区推进西方民主成为美国对恐怖主义作战的基石。美国提出的“大中东计划”即民主改造中东的计划，是“9 · 11”事件后美国“输出民主”战略在中东的延续。布什政府奉行强硬的单边主义政策，发动伊拉克战争颠覆了萨达姆政权，目的是实现以石油为特征的中东地缘政治，进而主导世界政治经济发展的战略意图。奥巴马上台后，宣称要对美国的对外政策进行“变革”。实际上奥巴马只是对布什的单边主义政策进行改变，强调谈判协商及多边合作，用外交代替对抗。而美国在中东继续推行霸权主义和打击恐怖主义的实质没有改变，其战略目标没有改变。此外，伊朗核问题也是美国意图左右中东局势的表现。美国不会容忍伊朗在中东地区做大并成为地区霸主进而挑战美国在中东地区的霸权。目前美国在中东仍然处于主导地位，但控制力有所下降，欧盟、俄罗斯等其他政治势力对中东地区也有一定影响力，中东地区呈现出在保证美国控制力前提下的多方制衡格局。

地缘上，欧洲与中东地区相邻，尤其是欧洲南部的西班牙、法国、意大利、希腊等国与中东沿地中海地区更是紧密相连。经济上，欧洲与中东相互依存，中东是欧盟战略资源的重要供应地。欧盟约三分之一的天然气和四分之一的石油从中东进口，欧洲对中东石油的依赖超过美国，且依赖程度继续增加。近年来，欧盟的中东政策高度重视多边主义外交的力量，坚持在国际法基本准则的基础上，通过联合国等多边外交组织以及各种类型的多边外交行为。其政策目标是实现和确保周边地区的安全、稳定与繁荣，为其可持续发展营造良好的周边环境；培育可靠的市场以及能源供应基地；为提升自己的国际地位和影响力谋求一个重要阵地。同时，在政策实施手段方面，欧盟非常重视自身“软实力”的应用，延续传统的援助，同时注重参与实质性斡旋和提出解决方案，增强自身对中东国家政府和民众的吸引力，进而实现自身在中东地区的战略利益。

由于中东局势的变化直接影响俄南部伊斯兰地区的安全与稳定，这使得中东在俄罗斯外交布局中占有重要位置。面对美国对中东的渗透和垄断，俄罗斯的中东战略显现出极强的独立性，以能源为媒介，从政治、经济、外交等各方面加强与中东国家的联系与合作，挑战美国在中东的霸权地位，以维护在该地区的油气和战略利益，重塑大国形象。政治上，俄罗斯主动出击，恢复与中东大国的关系，积极参与中东事务。经济上，积极参与中东石油的开发，推销“天然气欧佩克”理念。外交上，在伊拉克问题上反战不反美，在伊朗核问题上灵活地坚持原则。但由于金融危机的冲击，俄罗斯的实力有所下降，只有与其他大国一起共同参与中东事务，争取逐步形成在中东多极合作的局面。

除区外大国的影响，在区内国家之间，边界争端、宗教矛盾等因素也影响着地区局势的稳定。早期，殖民主义者曾在中东采取的“分而治之”等政策，造成了区内国家之间的领土纠纷。伊朗与伊拉克、伊朗与阿联酋、沙特与卡塔尔、卡塔尔与巴林、叙利亚与以色列、黎巴嫩与以色列等国均存在领土纠纷。领土争端使各国爆发冲突甚至诉诸武力。目前，少数领土争端已基本解决；部分悬而未决，但有所缓和；部分仍处于僵持状态。不同种族（如库尔德人与波斯人、阿拉伯人以及突厥人等其他民族）之间的矛盾也都与领土要求交织在一起，解决起来异常困难。

中东是犹太教、基督教和伊斯兰教三大宗教的发源地。耶路撒冷作为三大宗教的圣地，其地位问题已超出普通的领土范畴。伊斯兰教内部的逊尼派、什叶派、苏菲派等派别之间也矛盾重重。严重影响国家内部和地区局势稳定。在伊拉克萨达姆的逊尼派统治被推翻后，伊拉克国内什叶派、逊尼派和库尔德人之间围绕国家权力的争夺日益激烈，成为影响伊拉克局势的主要原因。地区内不同教派国家对其他教派的教义输出也抱有警惕。如伊斯兰教什叶派与逊尼派之间的矛盾是导致两伊战争的重要因素之一。各国还通过支持其他国家内部相应宗教派别对别国施加影响，谋求自身的政治利益，导致地区局势更加错综复杂。

2.3.3　非洲地区的地缘政治格局

近年来，非洲地区丰富的石油资源引发全球主要国家和经济组织的浓厚兴趣，各主要势力以外交、经济、军事等方式加紧抢占有利时机，获取石油开发机会。从外交层面看，美国、欧盟、中国、俄罗斯、印度、日本等都在加强与非洲各国的交流与合作，通过不断提高政治互访级别，开展高峰论坛等方式加强与非洲资源国的合作；从军事层面看，目前非洲主要油气资源国均有西方军事力量存在或影响，美国、法国等大国在非洲重要地区都是长期驻军；从经济层面看，美国、欧盟、日本等国主要以加大经济援助的方式获取在非经济利益，中国、印度、俄罗斯等新兴市场国家依靠迅速增长的国内需求潜力，通过投资、贸易等方式加强与非洲的合作，扩大在非的经济范围和影响力。

对美国而言，非洲与美国分处大西洋两端，从非洲进口石油比从中东更具地理优势。不但在运输路程优于中东地区，而且在安全性上大大降低了运输风险。作为降低对中东能源进口比重的重要举措，2006年以来，非洲已经超越中东成为美国最大的石油进口地。2010年，美国从非洲进口的石油达1.12亿吨，占其石油进口总量的19.53%，从中东进口的石油为0.86亿吨，占石油进口总量的14.91%（BP，2011b）。美国对非洲政策将反恐、石油与驻军三者结合起来，从外交、军事和经济三个层面实施对非战略。将“非洲石油”提升到关乎“美国国家安全”的高度，并实行军事介入为美国在非洲获取石油利益保驾护航。

非洲紧临欧洲，是欧洲传统的势力范围和重要油气供应区，亦是平衡中亚能源进口的重要砝码。每年，非洲约36%的石油出口欧洲，欧洲约12%的天然气进口来自阿尔及利亚，未来几年，还有4条从北非向欧洲出口天然气的管线正在建设和规划中。同时，欧洲还在积极推动撒哈拉天然气管线项目建设，将尼日利亚气田的天然气途经尼日尔和阿尔及利亚在地中海的贝尼萨夫出口终端向欧洲输送，每年最高输气量将达300亿立方米的天然气。这条全长4128公里的管道一旦建成，将对欧洲和中亚地区能源供需格局产生重要影响。

近年来，非洲产油国为改变西方石油公司长期垄断本国石油工业的状况，在不同程度上实施石油合作多元化战略，为以中国为代表的新兴市场国家提供了难得的机遇。针对非洲经济发展带来的石油产品需求这一现状，中国通过为非洲提供下游建设合作，获取上游资源项目。创造了以“苏丹模式”为代表的合作范例，受到非洲资源国的广泛认同。在这种模式下，越来越多资源国邀请中国参与本国能源项目开发，也极大提升了中国在非洲的影响力。

俄罗斯将非洲作为重要潜在的市场和合作伙伴，近期，俄罗斯与加纳、尼日利亚等资源国外交合作升温，并明确表示愿意加大与非洲资源国的合作，共同开发油气资源。同时，为提升对天然气市场更多的话语权，俄罗斯一直在联合其他天然气资源国成立“天然气欧佩克”，非洲埃及、阿尔及利亚等天然气生产大国都是俄罗斯竞相拉拢的对象。

日本将谋求政治利益和保障资源稳定供给作为对非工作重点。以援助方式获取石油开发权益成为日本对非战略的重要组成部分，目前日本已成为仅次于法国的非洲第二大援助国。近年来，日本对非洲资源国的高层访问明显增多，并决定在2012年之前对非洲国家的开发援助贷款增加一倍达到34亿美元。

印度近年来也将非洲列为当前外交政策的重点之一。通过“印度-非洲经贸合作会议”和“印度-非洲峰会”等形式建立战略伙伴关系，以获得稳定的资源供给，抗衡中国在非洲的影响力等。2010年初，印度政府制定了对非投资十年计划，将加大对非基础设施和能源领域的投资。

在区内，埃及、南非等传统非洲大国有较大影响力，对外与美国、欧盟、中国等主要政治力量保持良好关系，对内充当调停人和带头者角色，维护在区内的影响力和政治地位。尼日利亚、安哥拉等近几年迅速崛起的国家，由于经济实力大幅提升，希望在区内事务中获得更多的话语权，不断宣言自己的政治主张，力求赢得其他国家的支持。

2.3.4 拉美地区的地缘政治格局

近年来，随着勘探技术的发展和投入的增加，委内瑞拉重油储量和巴西深海储量大幅上升，哥伦比亚和玻利维亚等国也相继发现了一批大油气田，地区资源优势倍增，其在世界油气供需格局和能源地缘政治格局中的地位也不断上升。拉美国家利用自身的资源优势，积极发展区内一体化与合作多元化目标，以降低和平衡区外国家在拉美地区的影响力。但由于拉美左右两派利益争夺激烈，区外国家经常利用两派的冲突，加紧对左右两派的拉拢和攻势，增加了拉美地区地缘政治的复杂性。

拉美区内一体化主要表现在能源合作方面。2004 年，委内瑞拉与 13 个加勒比国家成立加勒比石油公司；2005 年，由巴西、阿根廷、委内瑞拉组成的“南方石油公司”开始运行；2005 年 12 月，委内瑞拉、巴西和阿根廷决定修建纵贯南美的天然气管线；2007 年 4 月，由委内瑞拉倡导的首届南美能源首脑会议召开，并成立南美能源理事会；同年，由委内瑞拉倡议的“加勒比石油计划”开始实施，并取得显著进展。

在发展一体化的同时，拉美国家在近 10 年来还特别注重合作多元化的发展。20 世纪 90 年代中期之前，拉美地区多为右派统治国家，经贸合作主要与美国进行。但随着委内瑞拉、巴西、玻利维亚和尼加拉瓜等国左派势力在大选中连连获胜，拉美地区形势发生了变化。一些激进的左派领导人开始公开抨击美国政策，限制美国在地区的影响力，同时积极发展同欧盟和俄罗斯、包括中国在内的亚太国家、阿拉伯国家和非洲国家的关系，对外合作趋向多元化，大国在地区的影响力趋向平衡。

虽然前几年美国已开始关注在拉美地区影响力的下降的问题，但由于阿富汗战争、伊拉克战争、金融危机等影响，美国的注意力难以转移到拉美地区。奥巴马上台后，开始采取“软硬兼施、以软为主”的措施，加强对拉美地区的影响。2009 年以来，奥巴马宣布解除美国公民前往古巴探亲及向古巴亲属汇款的限制，寻求开启与古巴关系的“新开端”；在第五届美洲国家首脑会议上，奥巴马与查韦斯展开“握手外交”，使拉美领导人看到了美拉关系转暖的信号。不过由于绝大多数拉美国家的左翼政党仍处于执政地位，美国近两年的收获并不是很大。在通过“哥美协议”重返拉美地区时，尽管一再强调该协议执行范围仅限于哥伦比亚而不针对第三国，但协议的签署仍遭到拉美大部分国家的反对。

随着俄罗斯综合国力的提升和美国与美拉国家关系出现裂痕，俄罗斯近年来加紧了与拉美国家的合作，力图扩张俄罗斯的地缘政治版图，对美国的传统势力地区形成渗透，重建其在西半球的影响力；同时在军事上调整武器出口市场格局，对美国构成军事威胁。为实现以上战略与目标，俄罗斯在拉美政策上淡化了意识形态因素，增强了实用主义特征。在政治上，通过政治互访和加强政治、经济、金融、能源、交通、农业及人文教育各领域合作，积极巩固与古巴和尼加拉瓜的传统关系，与委内瑞拉的关系迅速升温；在经济上，加大经贸合作，特别是对拉美能源领域的投资，并积极推动技术密集型产品的出口；在军事上，挺进拉美军火市场，扩大武器贸易，提供相关技术支持。

近年来，法德等欧洲发达国家和中印等新兴经济体为拓展能源多元化供给渠道，也加强了与拉美的能源合作。欧盟出台并实施了拉美石油能源战略，不断增加对拉美能源领域的投资；中国和印度等新兴经济体通过积极发展和拉美的双边贸易关系，不断加大从该地区进口石油的力度及在能源矿产等领域的投资。

2.3.5　亚太地区的地缘政治格局

虽然亚太地区的油气资源不算丰富，但需求量很大，油气贸易活跃，并且亚太地区与中亚俄罗斯地区及多条海上要道相连，是相关利益国家竞相争夺的地区，因此地缘政治博弈也相当激烈。在亚太地区起主要作用的有中国、美国、日本、俄罗斯、东盟、印度六股势力，中美日三种力量又是该地区政治格局的核心，对亚太地区的稳定具有举足轻重的作用。美国欲谋求在亚太地区的霸主地位，需要借助日本的力量来维持亚太地区的稳定，并让日本承担部分防务责任，并进一步控制日本。而日本仍需要在美国的保护下继续发展本国的军事力量，倚重美国牵制中国，达到从“经济大国”走向“政治大国”的目的。中国同美国和日本有着共同的地区利益，但又面对美日同盟这一现实。与此同时，东盟力量的不断成长和印度的崛起以及俄罗斯的影响都不容忽视。

亚太地区不是美国进口石油的主要来源地，但由于战略地位重要而深受美国重视，主要表现在：美国不断加强与亚太各国的政治经济合作和军事同盟，并以打击恐怖主义为由想要在马六甲海峡进行巡逻；通过扩大与印度的经济贸易往来扶持亚太进而牵制中国；鼓励本国的跨国石油公司在南海地区的勘探开发，加剧南海问题，以达到影响和干涉中国的目的；与此同时，美国也努力发展与中国的更富有建设性和更默契的伙伴关系，谋求共同利益。未来，美国将继续加强其在亚太地区的地位，改善与各国的关系并扩大合作，进一步遏制中国并降低中国的影响力。奥巴马上台以来，积极改变对缅政策，拉近与缅甸军政府的关系，以扩大美国在亚太的影响力、达到争夺油气资源和牵制中国的目的。但是，美国缅甸有根本利益上的冲突，短时间内两国关系难有实质性的进展。

日本能源需求高度依赖进口，决定了其在亚太地区的主要战略目的，即通过外交与合作建立起油气供给的保障平台。为实现这一目的，日本凭借自身丰富的经验和先进的技术，与马六甲海峡沿途各国加强合作，增进双方关系，以保障其油气供应通道的安全。并力图促成亚太各国，尤其是中国、韩国等经济大国的能源合作，以建成亚洲能源共同市场。同时，不放弃与中国对东海油气资源以及俄罗斯远东油气资源和管线走向的争夺。未来，中日两国的能源进口需求会继续增长，而由于进口资源的同源性和两国地缘政治经济的密切相关性，竞争将会越来越激烈。而长期来看，日本新能源技术的进步和中国在节能减排上的不断努力，这种竞争将会有所缓和。但是双方领土的争议将导致对东海油气资源的争夺也会是长期的。

俄罗斯在亚太地区的利益集中体现在能源出口上，它通过争取在亚太地区获得与多数能源进口国的合作关系，形成一对多的供应关系，使本国利益最大化。目前，俄罗斯还计划促进建设东西伯利亚—太平洋输油管线，进一步开拓亚洲市场。

印度在亚太地区以政治外交攻势为主，积极改善与邻国的关系，扩大能源合作，包括与孟加拉、斯里兰卡进行油气合作，与巴基斯坦进行煤炭合作，与尼泊尔和不丹联合开发水电，以保障能源的供应。同时积极推动进口油气管线的建设，以保障油气资源运输。此外，印度还重新激活了孟、印、斯、缅、泰经合组织，重视南亚区域合作联盟，灵活利用环印度洋区域合作组织，开发新成立的“印度、巴西和南非对话论坛”三边混合委员会的潜能，加强能源合作与对话，保障印度的能源供应安全稳定。

中国作为亚太地区大国，一直以来不断通过外交、经济等手段，巩固和加强与亚太地区各国的关系，增强自身的影响力。通过贸易和合作开发等方式大力争取马来西亚、印尼、澳大利亚、缅甸等国丰富的油气资源；积极运用政治、经济、外交及军事等手段保护马六甲海峡运输通道的安全；同时，不断加强与日本、韩国等石油消费国的对话与合作，实现共同利益。

2.4　中国能源角色的转变

如图 2-2 所示（BP，2011a），新中国成立以来，中国在世界能源界所扮演的角色发生过两次根本性的变化。第一次发生在 20 世纪 70 年代初，中国在摘掉“贫油”帽子后不久便加入到了石油出口国的行列，那时正值两次石油危机时期，中国不但没有经历石油危机带来的切肤之痛，还利用石油出口创造了大量的外汇储备；但不到 20 年，“石油换外汇”时代便告终结，在能源需求不断增长的过程中，中国逐渐由石油出口国转变成为石油进口国。

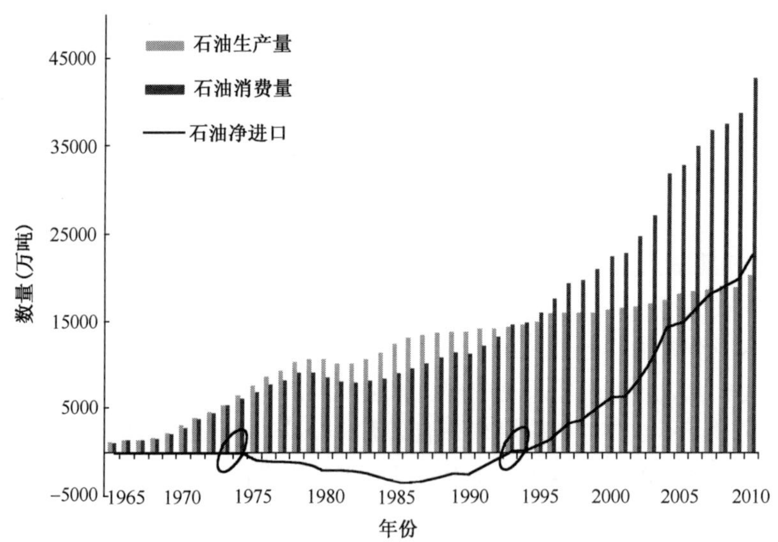

图 2-2　中国石油生产、消费及净进口量（1965～2010 年）

2.4.1　由贫油国向石油出口国的转变

新中国成立前，受外国地质学家的影响，“中国贫油论”的观点盛行一时。新中国成立初期，由于始终没有大的油气发现，这一观点依然困扰着中国。随着陆相生油论的提出，20 世纪 50 年代末 60 年代初大庆、胜利、大港、辽河、华北、中原等大型油田的勘探工作先后获得成功，随着这些油田的开发投产，中国石油产量不断上升，逐步满足了国内需求，也彻底摆脱了“贫油”的帽子。

70 年代初，第四次中东战争爆发，在西方工业化国家遭受第一次石油危机肆虐的时候，中国却开始走向了石油出口国的行列。1973～1976 年，中国石油从供需基本平衡一跃达到了出口 900 多万吨的水平，而同期国际油价由 3 美元/桶大幅上升至 10 美元/桶，中国首次尝到了石油出口的甜头。由于当时国内外汇储备紧缺，党和国家领导人做出了“增加石油出口的决定”，“石油换外汇”时代的序幕从此拉开。

1978 年至 1985 年，中国石油出口量汹涌上升，由 1280 万吨猛增至 3508 万吨，年均增幅高达 15.5%，新增石油出口收入占到了新增出口总收入的 1/3。而同期国际社会却遭受了第二次石油危机的侵袭：1979 年，国际原油价格首次突破 20 美元/桶；1980 年，突破 30 美元/桶；1981 年初，国际原油价格最高达到 39 美元/桶。中国非但没有遭受石油危机带来的巨大损失，还利用石油出口创造了大量的外汇收入，“五五（1976～1980 年）”和“六五（1981～1985 年）”期间，我国石油出口创汇分别占到了国家外汇总收入的 17%和 25%（刘琴，2004）。

2.4.2　由石油出口国向石油进口国的转变

随着经济的快速发展，从 20 世纪 80 年代中期开始，我国石油消费量也进入快速增长阶段。从 1983 年至 1993 年，中国石油消费量由 8179 万吨猛增至 1.46 亿吨，增幅高达 78%，而同期由于技术的限制以及国际油价的持续低迷，石油产量仅增长了 37%（BP，2011a）。最终，时隔 19 年之后，我国于 1993 年再次成为了石油净进口国。

在这之后，我国石油和原油对外依存度一路攀升，2007 年石油对外依存度达 50.03%，突破了 50%的警戒线，2009 年原油对外依存度也突破了 50%的警戒线。与此同时随着国内油气勘探开发的不断深入，油气勘探开发目标越发复杂，储量品质不断下降，作业环境更加恶劣，这对石油企业工程技术服务提出了更高的要求。在这种条件下，国内油气勘探要获得重大发现越来越困难。因此，为摆脱困境，保障国家能源安全、保持国内市场供应，中国政府开始实施“走出去”战略，并不断通过能源外交增强海外拓展步伐（任重远，2011）。

2.5　中国的能源外交

1993 年，中石油在加拿大开采出了第一桶原油，标志着中国石油企业“走出去”实现了零的突破。而后十多年，中国石油企业先后在苏丹、哈萨克斯坦、伊朗、伊拉克等国获得大型油气合作项目，并取得了巨大成功。在十多年的发展中，中国逐渐完成了油气生产区的海外布局。依据中国石油经济技术研究院统计的数据，截至 2010 年底，中国企业在全球 45 个国家共参与超过 170 个海外油气投资项目，并形成了中亚俄罗斯、中东、非洲、拉美和亚太五大海外油气生产区（如图 2-3 所示）。

由于中东、北非、拉美等油气富集区的石油工业都是欧美国家所建立的，西方国家凭借先入为主和自身的技术、管理等优势，抢占了这些地区竞争格局的制高点，因此，

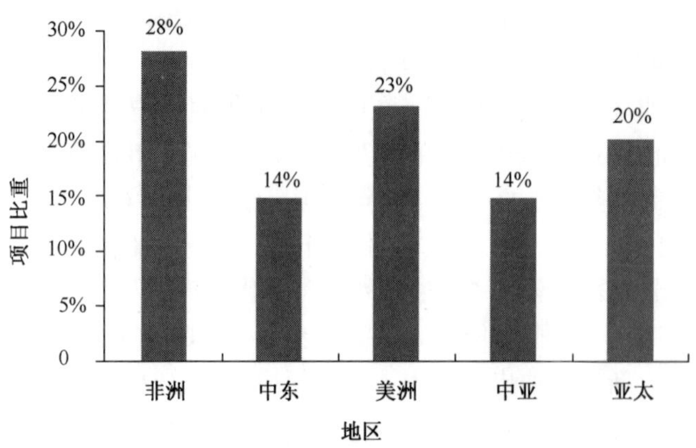

图 2-3 中国海外投资各地区项目数比重（2010 年）

20 世纪 90 年代中前期，中国海外油气拓展困难重重，“小步走”是那个时期中国能源外交的典型特征。90 年代后期，随着中国经济长期持续稳定高速的发展，综合国力得到大幅提升，中国能源外交的思路也逐步确立。由于中国油气资源缺口巨大，并呈不断扩大的趋势，为保障国家能源安全、保证国内市场供应，中国将能源外交思路定格为不断寻求油气来源多元化，以降低某一来源地因为重重原因导致的供应中断而产生的风险。任何一个国家，只要能以一个合理的条件向中国开放，即使利润很低甚至没有利润，中国都会毫不犹豫地进入。自此，中国海外油气拓展的步伐逐渐加大。依据中国石油经济技术研究院统计的数据，到 2010 年底，中国的海外油气产量已超过 1 亿吨，权益产量超过 7300 万吨，并成功形成了以中亚俄罗斯、中东、非洲、拉美和亚太为主的五大油气生产区（如图 2-4 所示）。

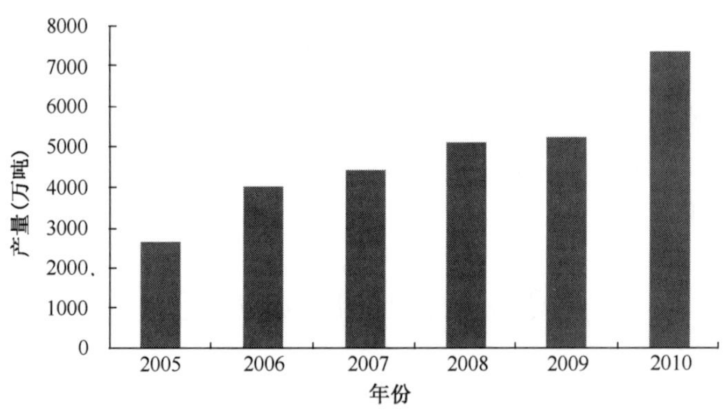

图 2-4 中国企业海外上游油气资产权益产量（万吨）

2.5.1 中国在中亚俄罗斯地区的能源外交

中亚俄罗斯地区是与中国最为接近的油气富集区，可以直接通过管道运输为中国提供稳定的油气供应，因此，近十年来中亚俄罗斯地区一直是中国能源外交的重点，并且在中东北非持续动荡、美国重返亚太的多重背景下，中国与中亚俄罗斯的合作趋势不断加强。

中国在中亚俄罗斯的能源外交集中体现在多条原油与天然气管道上。1997 年中国与哈萨克斯坦签署了两国在石油天然气领域合作的政府间协议，标志着中国与中亚能源合作的开始。同年 6 月，中国石油收购了哈萨克斯坦第三大石油公司——阿克纠宾 60%的股份，中国在中亚首次拥有了自己的一片阵地。2001 年上海合作组织成立后，中国以该组织为平台，全面推进与中亚的能源合作，并开始设想建设数条连接中国和中亚国家的油气管道。2002 年中国提出“分段建设中哈管道”的想法。2004 年春，中国国家主席胡锦涛会见了哈萨克斯坦总统，双方签订了修建中哈输油管道的协议，这条全长 3000 多公里的管道把中国和里海连接在了一起，总投资超过 30 亿美元，是目前中国最大的石油进口管道。2005 年 8 月，中国通过收购在加拿大注册的哈萨克斯坦 PK 石油公司继续扩大在中亚的利益，同时，又将 PK 公司 33%的股权出让给哈萨克斯坦国家石油公司，以此表示与哈国长期合作的诚意，因此，中哈管道后来的建设进展也异常顺利。随着中哈合作的不断推进，土库曼斯坦、乌兹别克斯坦等国也加入到了与中国的合作中来，中亚天然气管道迅速开工，不到 3 年时间，连接土库曼斯斯坦、乌兹别克斯坦、哈萨克斯坦和中国的中亚天然气管道宣告建成。至此，中亚已成为中国油气供应的重要来源。

中国—中亚油气管道既在一定程度上保障了中国能源安全，又加强了中国在地区能源地缘政治中的地位，这主要表现在与俄罗斯天然气进口谈判中。20 世纪 90 年代末，在与中亚国家进行油气合作谈判的同时，中国也在紧锣密鼓地与俄罗斯进行谈判。由于俄罗斯油气资源丰富，且可以直接从其东部地区铺设管道，将油气资源输送到中国东部发达地区，输送成本较低，因此，俄罗斯理应是中国油气合作的最佳伙伴。虽然中俄在石油领域进行了多个重大合作，如建成了连接俄罗斯伊尔库茨克和中国大庆的原油管道等，但令人惋惜的是，中俄在天然气价格上始终未能谈妥，中俄天然气管道一拖再拖。俄罗斯坚持欧亚等值气价原则，而中国不能接受，为了让中国接受高气价，俄罗斯以优先同日本和韩国合作为要挟，而中国则以加强与中亚国家的天然气合作作为反击。随着中国—中亚天然气管道的全线贯通，以及未来可能的进一步合作，中国有望与俄罗斯在天然所管道上达成满意的结果。

2.5.2　中国在中东地区的能源外交

由于中东近 100 多年来都是西方国家争夺的焦点，而且中东国家多半已完成油气资源国有化，中国想获得该地区的油气资源开采权并不容易。整个 20 世纪 90 年代以及 21 世纪的前几年，中国在中东复杂的地缘政治形势下，采取了“小步走”的战略，通过工程技术领域的合作，逐渐加强了中国与中东国家的石油合作关系，并扩大了从沙特、伊朗等国的石油进口，保障了国内需求。

2003 年之后，中东形势骤变，伊拉克战争打响，萨达姆政权随后被推翻。新政权上台后加强了对油气资源的控制，采取服务合同的模式进行对外合作。这对西方国家来说无疑是一个坏消息，因为他们的人员成本相对较高，在服务合同这种低利润的模式下，石油公司没有足够的动力进行投资。再加上伊拉克安全形势不容乐观，西方政府对此也深有顾虑。不过中国显然不会错过这样一个机会，虽然利润较低，但能够站在中东就已经足够了。因为未来一旦石油供应紧张，也可以通过在中东的影响力优先获得那里的资源。否则，在欧美掌控下，即使现在进口量大且稳定，但危机一旦发生，便丝毫无保障可言。伊拉克开始招标后，中国接连中标，获得了以鲁迈拉、哈法亚、阿赫代布、Missan 油田群为代表的大型油气开发项目，预计未来高峰产量将超过 1.25 亿吨/年。同时，为了降低地缘政治以及安全风险，中国没有独自开发这些项目，而是与以 BP 为代表的西方石油公司捆绑在了一起。

在伊拉克发生重大变化的同时，伊朗也出现了较大变化，由于伊核问题的升级，国际社会加大了对伊朗的制裁力度，西方石油公司纷纷撤出伊朗。为了维持国家石油工业的发展，伊朗把目光投向了中国，而中国同样不想错过这样一个机会，在双方多次洽谈之后，中国顶住以美国为首的西方国家的压力，大踏步地进入了伊朗，成为顶替西方国家开发伊朗石油资源的最主要力量。中国先后在伊朗获得 MIS 油田、北阿扎德甘油田、亚德瓦兰油田、南帕斯气田、北帕斯气田等大型油气开发项目，虽然由于西方的制裁，项目进展受到了一定的影响，不过因为中国国力的提升，对国际事务的参与越来越多，中国多次利用在其他领域的让步来获得西方国家对中国在伊朗利益的让步，再加上没有西方公司的竞争，到目前为止，中国在伊朗的项目仍在可控范围内推进。预计未来伊朗和伊拉克将成为中国海外最大的油气生产基地。

2.5.3 中国在非洲地区的能源外交

西方政治家常用“新殖民主义”来描述中国与非洲的关系，充分显示，中国在非洲的影响力已经很大了，这与早期中国的外交政策密不可分，中国通过对第三世界国家农业、水利、交通、教育等方面的大量援助获得了与非洲多数国家良好的外交关系，并因此在非洲获得了大量合作项目和利益。在油气领域，中国从非洲第二大原油生产国——安哥拉进口大量石油，并在苏丹建成了目前海外最大的油气生产基地，目前还在乍得和尼日尔进行部署，计划与苏丹连成一片。

美国为遏制中国在非洲的影响，2007 年，美国建立非洲司令部，名为维护非洲地区的稳定，实为制约中国在非洲的扩张。中美在非洲地区的外交对抗集中体现在苏丹问题上。苏丹南北地区由于宗教、种族矛盾，长期处于对峙状态，并于 20 世纪 80 年代引发内战。内战期间，北方军力占优，但西方国家秘密为南方武装提供大量武器支持，使苏丹内战持续了长达 20 年之久。2005 年，在中国和非盟的调解下，苏丹内战宣告结束，中国以其外交智慧中“搁置争议，求同存异”的思想，使南北双方建立起统一政府，希望双方通过共同管理国家来化解多年积累的矛盾，同时中国在苏丹的利益也会得到最大保护。2005～2008 年，中国在苏丹的石油利益急剧扩大，建成了年产 2000 万吨的石油生产基地。美国认为，要想遏制中国在苏丹利益如此之快发展势头，促成南北分裂是最快的途径。2008 年，美国借助达尔富尔问题，对苏丹实行制裁，使苏丹经济陷入困境，内部矛盾随即激化，南苏丹独立的呼声再次响起。2011 年 7 月 9 日，南苏丹正式宣告独立，中国在苏丹地区的利益面临严重挑战。不过三个月之后，一切又恢复了平静，中国通过不断的“穿梭外交”，与南北苏丹均达成了维持原油合同不变的协议，中国在苏丹地区的利益在一定程度上得到了保护。不过，南苏丹的独立给了美国更大的发挥空间。2011年10月，美国以协助围剿“圣灵抵抗军”为名，派特种部队进驻乌干达，并宣称若得到南苏丹政府的允许，也将派军队进驻，这无疑是对中国在苏丹地区利益的挑战和威胁。

除苏丹之外，近年来中国把目标转向了乍得和尼日尔。由于这两个国家看到了苏丹因为中国而取得的巨大成绩，因此也希望中国能够帮助它们发展石油工业。不过，它们并不希望外国控制它们国家过多的石油资源。中国采取了“以下游促上游”的方式，即先建炼厂，让这些国家看到：中国会保证它们未来的石化产品可以自给自足。中国良好的合作态度也换来了乍得和尼日尔上游的合作机会，可以预见，在这两个国家建成一个类似于苏丹的油气生产基地已为时不远。

2.5.4　中国在拉美地区的能源外交

拉美作为美国的“后院”，加上与中国距离遥远，中国本是难以进入的。但随着近十多年来，随着拉美左翼势力的掌权，中国在拉美的能源外交有了伸展的空间。在战略手段上，中国通过积极发展双边贸易关系，加大从拉美地区进口石油的力度，加强在拉美能源、采矿、制造和基础设施建设等领域的投资，并通过贷款、资金支持、货币合作、“贷款换石油”等方式拓展能源领域合作。

中国在拉美地区能源外交的重点是委内瑞拉和巴西两个重要资源国。委内瑞拉总统查韦斯上任之后，中委关系迅速发展。2001年两国建立战略合作伙伴关系，签署了内容广泛的合作协议，加强了在能源、农业、旅游、电信以及高科技等领域的合作。在委内瑞拉实行能源国有化之后，中国看到了大规模投资委内瑞拉石油工业的机会。借助西方石油公司大量减少或撤离投资的机会，中国不断向查韦斯示好，表示可以填补西方撤资产生的空缺，并不要求过多的回报，中委能源合作进入新阶段。之后，中国把委内瑞拉视为了提升开发非常规油气资源的重要伙伴合作伙伴，不断扩大与委内瑞拉的非常规油气合作，一方面获得一定的油气收益，一方面不断增强中国开发非常规油气资源的技术，以占领未来竞争的制高点。

同为左翼的巴西总统卢拉2003年上任后，中国借助与巴西同为发展中大国、同为金砖国家的特点，在国际事务中保持密切一致，在多哈回合谈判、2009年哥本哈根气候峰会上，双方保持了相同的立场。中国与巴西的经贸合作也因两国在国际事务中的合作关系突飞猛进，2009年中国取代美国成为巴西最大的贸易伙伴。2010年上半年，中国对巴西投资高达200亿美元，成为巴西最大的外国投资来源。在能源领域，中国把巴西看作资源和技术的双重伙伴。一方面，巴西拥有丰富的深海石油和天然气资源，油气资源正是中国所急需的；另一方面，巴西的新能源技术，特别是生物乙醇技术走在世界前列，这也是中国所需要的。

2.5.5　中国在亚太地区的能源外交

一直以来，中国不断通过外交、经济等手段，巩固和加强与亚太地区各国的关系，增强自身的影响力。通过贸易和合作开发等方式大力争取马来西亚、印尼、澳大利亚、缅甸等油气资源国丰富的天然气资源；积极运用政治、经济、外交及军事等手段保护马六甲海峡运输通道的安全；加强与日本、韩国等石油消费国的对话与合作，实现共同利益。

中国理想的能源进口格局是：东北地区在适度开发的前提下，引入俄罗斯的油气或电力，支持以辽中南和京津唐为核心的经济区能源需求。西北地区加强对新疆油气资源的勘探，摸清储量状况，依靠中哈管道从里海周边进口能源。巴基斯坦的“能源走廊”作为紧急状态下的供应线路发挥安全作用，与西北油气管道合并以降低运营成本，支援“西气东送”和“西油东输”的能源战略通道。西南地区从中缅管道进口石油，缓解西南地区日益增长的石油需求。东部和南部沿海油气缺口巨大，除了利用海上大陆架的油气，均以海运进口为主。可以看到，巴勒斯坦的“能源走廊”、中缅管道，以及东南沿海的海运是中国在亚太地区能源外交的重点。

为了缓解“马六甲困局”，中国始终在进行不懈的努力，“能源走廊”和中缅管道项目都是为此而设计的，其目的就是使中国的一部分进口石油绕开马六甲海峡甚至霍尔木兹海峡，降低长途海路运输的风险。“能源走廊”的构想是2006年初提出的，计划修建一条从巴基斯坦瓜德尔到新疆红其拉甫山口的油气输送线路。不过，由于项目成本过高，目前仍处于搁置状态。但是，中国仍然为这个项目日后的开展做好了工作。中国始终保持与巴基斯坦密切交往关系，并且还通过帮助其建设瓜达尔港，获得了一个极为靠近中东地区的油气终端站。

与中巴“能源走廊”停留在构想中不同，中缅管道项目已进入施工阶段，对未来中国能源进口意义重大。中缅管道的设想最早是在2004年提出的，由于缅甸油气资源相对丰富，长期出口泰国和印度，中国以想从缅甸进口油气为由，提出建设一条从缅甸西部港口城市实兑到中国云南省会昆明的管道。当然，中国的最大目的是建成一条通往印度洋的管道，以绕开马六甲海峡进口石油、天然气。由于长期受美国制裁，缅甸人也无需顾忌美国人的态度，和中国合作是必然的选择。但这却引起了美国人的不满，一系列针对缅甸的措施接踵而至，甚至把缅甸逼迫到迁都的地步，2005年11月，由于缅甸政府意识到来自美国的威胁，迅速决定把首都由沿海城市仰光搬迁至离原始森林不远的彬马那。不过，中缅的关系却因此更加牢固了，缅甸开始更加依靠中国实现国家的发展。中缅管道建设工程在2009年正式签署协议，并于2010年正式开工建设。

在海运方面，南海问题是中国能源外交的重点，因为它不仅影响到南海资源的归属问题，还影响到中国在马六甲海峡的安全问题。在南海问题上，中国很早就提出了“主权属我、搁置争议、共同开发”的观点，但随着油气资源战略意义的凸显，南海周边国家开始对中国发出了挑战。越南、菲律宾等国通过与区外大国开展军事合作抵御中国压力的同时，极力吸引西方国家参与南海油气开发，以扩张“大国平衡战略”的效能。由于南海的资源离我国大陆约有2000公里，补给困难，且成本很高，再加上中国深海油气勘探开发技术尚不成熟，还没有能力独立开发那里的资源，因此，中国暂缓开发南海油气资源。

2.6 本章小结

由于能源需求的日益增长，中国的能源安全离不开海外合作，而海外合作又不可避免地受到地缘政治因素的影响。在当前“一超独霸，多极制衡”的国际地缘政治格局下，美国作为唯一的超级大国，不断采取政治、经济、军事等手段控制世界重要能源战略区和战略通道，并通过影响世界能源价格和供应，以达到维护本国和盟国利益、主导世界经济和政治格局的战略意图。与此同时，欧盟、俄罗斯、传统资源国和新兴经济体利用各自独特的优势，对美国形成了强有力的制衡。在这样的背景下，能源富集地区以及能源战略通道的地缘政治形势复杂多变，中国应该如何参与到这些区域的竞争与合作中至关重要。本章通过对世界能源地缘政治关系演进以及中国能源外交的深入分析，探讨了能源地缘政治格局演变过程中两个最具代表性的阶段、世界能源地缘政治新格局、中国进行能源外交的原因、海外重点油气投资合作区的地缘政治格局以及中国在各地区能源外交重点和特点等内容。

第 3 章　石油价格与能源安全

石油市场与金融市场联动使得石油价格不像一般产品价格那样主要由供需因素决定。2008 年金融危机爆发以来，油价如过山车般暴涨暴跌，对石油安全产生重大影响，不仅如此，2002 年以来的油价暴涨还大大刺激了美国和欧洲的生物燃料发展，并引起石油安全与粮食安全的矛盾之争。针对石油价格的波动如何搅动世界和国家能源安全，本章将从以下几个方面，探讨石油价格和能源安全的关系：

- **世界石油价格体系是如何形成与演变的?**
- **国际油价波动特征及有哪些影响?**
- **世界石油如何实现金融化发展及存在哪些风险?**
- **未来国际油价走势对中国石油安全有哪些影响?**

3.1　世界石油价格体系及其演变

3.1.1　世界石油价格体系的构成

世界石油价格是一个庞大的体系。不同等级和牌号的石油有不同的价格，同一等级和牌号的产品由于产地、交易地和交易方式（期货、现货等）的不同，价格也存在差异，根据 2001～2002 年国际原油市场手册资料显示，全球共有 161 种不同的国际原油价格。

目前国际石油市场主要有五大现货市场和三大期货市场。五大现货市场分别是西北欧市场、地中海市场、加勒比海市场、新加坡市场、美国市场，三大期货市场分别是纽约商品交易所、伦敦国际石油交易所以及近年来兴起的东京工业品交易所，其中纽约商品交易所能源期货与期权交易量约占三大交易市场总量的 60%，伦敦国际石油交易所交易的北海布伦特原油是全球最重要的定价基准之一，全球原油贸易的 50%左右都参照布伦特原油定价。日本的石油期货市场虽然历史很短，但交易量增长很快，在亚洲地区的影响力不断增强。

以五大现货市场和三大期货市场为主的国际石油市场的格局决定了其定价机制，目前全球每年石油贸易量在 130 多亿吨左右，通过现货市场的交易量只有 20 亿吨左右，因此期货市场价格在国际石油定价中扮演着关键角色，在国际经济格局中发挥着越来越大的作用。在各种报价系统中，由于石油种类和品质繁多，以及原油集散地的不同，通常选定几种原油作为该体系的标准石油，其他品种的石油根据这些标准定出高低不等的价格（李国俊等，2005）。

国际石油贸易中几种常用的价格为：OPEC 的官方价格、非 OPEC 的官方价格、现货市场价格、期货交易价格、以货易货价格、净回值价格。

3.1.2　石油价格体系的演变

世界石油价格体系的演变反映了不同地区在世界石油价格形成中的定价权，代表了不同势力在世界石油市场中的地位和作用，可以说一部世界石油价格体系的演变历史就是一部世界经济格局、权力中心演变的历史，这些权力的更替对各国能源安全战略也产生了重要影响。

3.1.2.1　*石油“七姐妹”时代——石油价格垄断阶段*

1859 年，德雷克在美国宾夕法尼亚打出了世界上第一口工业性油井。此后世界石油产量猛增，直到 20 世纪 50 年代，美国都在世界石油市场上占据统治地位，是这一历史阶段当之无愧的世界能源中心，由于美国的石油业集中在墨西哥湾沿岸，所以人们常把这一历史阶段称之为“墨西哥湾时代”。以洛克菲勒为首的标准石油公司于 1863 年创立，它只用了 9 年时间就基本上统一了美国的石油产品市场，控制了全美 90%的炼油业。1890 年，标准石油公司成为美国最大的原油生产商，垄断了美国 95%的炼油能力、

90%的输油能力、25%的原油产量，1911年被美国最高法院拆解成约37家地区性石油公司。分割后所形成的几家较大的石油公司连同英美其他几家石油公司成为石油史上所称的“石油七姐妹”，即埃克森、美孚、海湾石油公司、德士古、加州标准石油公司、英国石油公司、壳牌石油公司（童媛春，2009）。

1928年，埃克森、英国石油公司和壳牌石油公司在苏格兰签订《“按现状”协定》(The “As-Is” Agreement of Achnacarry)，划分了各自公司的市场范围和份额，瓜分了美国之外的全球石油市场，并规定了全球石油供应的定价方式，即不管石油的产地为何处，其价格一律按照由美国市场决定的墨西哥湾离岸价加上从墨西哥湾到交割地的运费来决定，其他一些主要的石油公司也接受了该协定的规定。同年，美国、英国、法国和荷兰四国政府和石油公司签署《红线协定》(The Red Line Agreement)，划分了石油公司的开采领地。这些公司共同组成了世界石油产业的国际卡特尔（管清友，2010）。他们通过联合或单独把某些国家的一部分或全部变成自己的石油租借地，控制了除北美以外的世界上90%以上的原油生产、油气输送、石油炼制和石油产品销售（童媛春，2009）。

石油“七姐妹”时代，原油价格实行“标价”制，油价低廉而稳定。由英美这七家跨国石油公司组成的七姐妹，占据了世界市场的大部分石油资源，同时这七家公司与两国政府有着密切的联系，石油七姐妹时代，世界石油市场处于高度垄断阶段。由于该期间美国是最大的石油生产国，同时也是最大的石油消费国，油价平稳，且一直保持在较低水平，对美国的经济发展起着重要作用。根据阿尔伯托克劳的计算，1861～1995年间，有41年油价相对稳定，波动幅度在5%以内；有49年油价增长幅度超过5%，其中半数以上超过20%；其余45年油价跌幅超过5%，其中有21次跌幅超过20%。石油名义价格唯一持续稳定的阶段只有二战结束至20世纪60年代末。因此，总体而言，该阶段的世界石油市场对石油需求方，尤其是石油市场主要控制方有利，他们的石油安全和经济安全都得到了很好的保障。除英美少数几个在世界石油市场拥有霸权的国家外，大多数石油进口国的石油安全得不到保障。如一战后德国背负巨额赔款，为了重振经济，准备以技术交换俄国资源，此举被认为对英美石油霸权构成了威胁，遭受阻挠并最终以失败收场。20世纪60年代初，意大利从石油七姐妹之外的苏联手中以每桶1美元买到的油，在科威特的价格是每桶1.59美元，加上0.69美元的装运成本，在美国的价格是2.75美元/桶（恩道尔，2008）。同时该阶段石油价格偏低，低价是以英美等国对石油资源国的掠夺为代价的，这些资源国的经济安全得不到应有的保障，甚至主权都被践踏，如伊朗富油的南部地区开采权一直被英国垄断。1948年，伊朗石油产量为2300万吨，盎格鲁-伊朗石油公司（后来的BP公司）的利润是3.2亿美元，但只付给伊朗特许权使用费3600万美元（恩道尔，2008）。

3.1.2.2　OPEC时代——垄断竞争阶段

20世纪五六十年代后世界格局发生了三个方面的变化，促使世界石油市场发生巨变，石油定价权由英美国际石油公司垄断转变为由主要石油出口国组成的OPEC组织的垄断-竞争阶段，开始了OPEC主导下的世界石油市场阶段。

(1) 世界石油资源格局由美国墨西哥湾转向波斯湾。1948～1972年间，世界7/10的新增石油储量是在中东地区发现的。这期间美国在世界总产量中的份额从64%下降到22%，中东石油日产量则从110万桶上升到1820万桶。OPEC成员国石油出口量占世界石油总出口量的87%，同时期美国的石油储量在世界总储量中的比重从43%下降到7%（王亚栋，2003）。

(2) 产油国国有化运动争取石油定价权。二次世界大战后，殖民地、半殖民地的民族独立运动高涨，大批亚洲、非洲国家获得独立。在殖民地、半殖民地国家获得政治上独立之后，中东国家民主化运动的另一个表现为石油国有化运动。虽然中东国家已经获得了政治上的独立，但他们的自然资源，最主要的石油却依然被西方列强所控制。1909年成立的英伊石油公司是伊朗的“国中之国”。英国通过1933年的《英伊石油协定》租借伊南部26万平方公里的油田，期限为60年，由英国军警管辖，伊朗法律在此无效，伊政府每年只能收20%的石油利润。伊朗早在20世纪50年代初最先进行石油国有化运动，经过近20年的努力，在70年代初才真正完成国有化目标。另一个主要产油国伊拉克通过“7·14”革命于1958年获得了真正的政治独立，1973年2月，伊拉克石油公司实现国有化。1972年阿尔及利亚废除石油租借地制度，其他国家也纷纷采取石油资源国有化政策。产油国组建了一批国家石油公司，大大削弱了英美跨国石油公司占有的世界石油资源，降低了他们在世界石油市场中的份额，进而削弱了他们在世界石油市场中的定价权力。

(3) 世界石油市场竞争加剧。由于中东地区发现大量石油，使得世界石油产量增长迅速，加上20世纪50年代中期后苏联恢复了石油出口，供大于需的局面进一步加剧。

由于石油输出国组织逐步获得了世界石油市场主动权，损害了英美等跨国石油公司的既得利益，削弱了英美等国在世界石油市场中的地位和权力，石油地缘政治等多种因素致使OPEC时代中后期发生了两次大的石油危机，油价飞涨，波动性加大，石油危机一方面对世界经济，尤其是发展中国家的能源安全，经济安全产生了巨大影响；另一方面削弱了刚刚赢得世界石油市场主动权的OPEC的影响力，OPEC在世界石油市场中的份额大幅度下降，替代能源，特别是核能得到了迅速发展。总体而言，OPEC时代早期相对于石油七姐妹时代，由于石油供给充足，市场多元化主体增多，垄断势力被削弱，促进了世界石油市场的竞争，石油进口国的石油安全状况得到了一定程度地改善。

此外，为降低石油供给中断风险，以及由石油供应中断引发的油价剧烈波动风险，增加石油安全性，发达国家在20世纪70年代后期开始陆续推出石油期货交易，利用期货市场规避石油价格波动带来的风险，并取得了较大成功，并对此后的世界石油市场产生了深远影响。

3.1.2.3 能源金融化时代——不确定性进一步加大

两次石油危机引发了石油市场格局变化。其一，催生了替代能源，尤其是核能的发展；其二，中东国家通过石油国有化运动收回了石油资源控制权，英美石油公司转变战略，投资重点由中东转向世界各地，在阿拉斯加、北海、拉美、西非等地区展开了大规模的勘探开发活动，加速了里海油气开发，非OPEC产油国影响力增强。从1980年开始，OPEC的石油产量迅速下降，而非OPEC国家的石油产量迅速上升，到1981年OPEC和非OPEC国家的产量开始持平，到1985年OPEC的石油产量跌至1500万桶/日的历史低位，而非OPEC的石油产量迅速增至2300万桶/日的历史高位（林伯强等，2011）。2003年俄罗斯石油储量和产量分别占到世界总量的13%和11%，成为世界第二大石油出口国。并且以“突破北美，稳定西欧，争夺里海，开拓东方，挑战欧佩克”的能源战略思想开展全方位的能源外交，提升其在世界能源市场的地位和影响力（黄运成，陈志斌，2009）。

两次世界石油危机对世界石油市场的另一个重要影响就是催生了能源金融化发展。石油价格的剧烈波动给各国石油企业带来了很大的经营风险，旨在规避风险的衍生工具应运而生。1978年，取暖油（Heating Oil）期货合约在NYMEX推出，成为最早的石油期货品种。1981年NYMEX引入汽油期货交易，1983年引入西得克萨斯（WTI）轻质原油期货交易。布伦特（Brent）原油1988年开始在伦敦国际石油交易所（IPE）进行期货交易。目前，石油期货已成为全球期货市场最大的商品期货品种。

能源金融化使能源市场与金融市场、外汇市场等交织在一起，使得能源市场变得更加不确定。美元汇率的走势，伊朗、俄罗斯等主要能源生产国改变石油-美元结算贸易体系的跃跃欲试，俄罗斯、中国等新兴经济体本国货币国际化的要求，这些因素中的任何一个出现重大变化，都可能对国际金融和经济体系造成冲击，甚至世界经济格局也可能被改写，并将对世界石油市场产生深远影响（管清友，2007）。

3.2 国际油价波动特征及其影响分析

3.2.1 油价波动特征

正如3.1节所述，直到20世纪70年代两次大的石油危机爆发之前，国际石油市场名义价格一直很平稳且低廉，第一次石油危机使国际原油价格从最初每桶3美元翻了近四倍，第二次石油危机又使油价进一步暴涨至36.83美元/桶，按2010年价格计算的实际油价高达97.46美元/桶（BP，2011a）。80年代中期以后，伴随着石油期货市场的成长，石油价格呈现新的特征。图3-1为根据BP（2011a）数据所作的1861～2010年国际原油名义价格与实际价格走势图。根据图中国际油价走势，我们大致将国际油价波动分为5个周期。

1）1971年之前稳定的低油价时期

这个阶段最主要的特征是油价低廉且稳定，名义油价一直稳定在4美元/桶以下，仅在1864～1865年名义油价出现了8.06美元/桶和6.59美元/桶的高价，以2010年美元计算的实际价格则高达111.92美元/桶和93.49美元/桶，这是由于自1859年埃德温·L·德雷克（Edwin L. Drake）在宾夕法尼亚打出第一口油井以来，最初几年石油产量增长很快，1859年仅8.4万加仑，1860年增至2100万加仑，1862年增至1.28亿

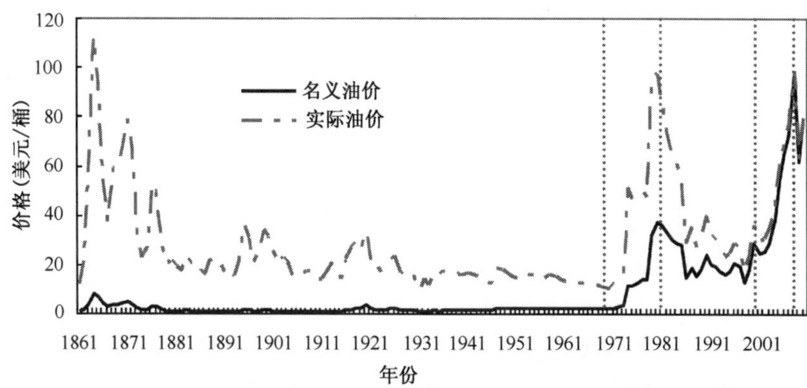

图 3-1　名义与实际原油价格（1861～2010 年）

1861～1944 年为美国原油平均价格，1945～1983 年为 Ras Tanura 阿拉伯轻质原油标价，1984～2010 年为 Brent 即期现货价格

加仑。尽管 1861 年美国爆发了南北战争，但这期间美国的投机和创业风十分强劲，其中石油公司发展最快，内战时期成立了 1100 家石油公司，股本总额高达 6 亿美元。整个世界经济繁荣昌盛，资本家对前景过于乐观，投资不断扩大，投资品价格不断上涨，包括石油价格。繁荣产生了投机泡沫，美国南北战争一结束，物价就开始下跌。所以 1864～1865 年石油价格的暴涨主要由于世界经济繁荣，石油投资迅速扩大，以及美国南北战争通货膨胀等因素造成的。当时世界主要能源是煤炭，开采出的原油主要炼制成灯用煤油，用途狭窄，对整个世界经济影响较小。因此，这个时期油价剧烈波动没有引起关注。19 世纪后期，奥托内燃机和狄塞尔内燃机的发明，以及 1908 年第一辆汽车下线，石油需求稳步增加，20 世纪 60 年代石油取代煤炭成为世界主导能源，以及为争夺石油定价权 1960 年成立了石油输出国组织，这两个重大事件仍然没有改变低油价特性，因为世界石油资源仍然控制在英美石油公司手中。

2）油价快速上涨时期

1971～1981 年间国际石油市场突然从风平浪静一下变得动荡不堪，期间 1973～1974 年，1979～1980 年更是发生了两次重大的石油危机，致使油价从 1973 年 3.29 美元/桶暴涨近 4 倍，达到 1974 年的 11.58 美元/桶，又从 1978 年的 14.04 美元/桶涨至 1980 年的 36.83 美元/桶，十年间名义油价暴涨 12 倍，给西方发达国家以沉重打击。该阶段两次石油危机导致的石油价格暴涨是由下述重大事件引发的，这些事件的发生和发展深刻反映了国际政治、经济和权力的博弈与较量，是石油价格变化深层次的宏观因素。

石油美元体系建立。1969 年后，美国经济持续低迷，尼克松不得不采取扩张性货币政策，大幅度降低利率，结果导致净资本外流规模空前巨大。1971 年 5 月，美国出现了有史以来的第一次月度贸易逆差，并触发了世界范围内对美元的恐慌性抛售，1971 年美国官方黄金储备不及官方负债的四分之一。1971 年 8 月 15 日，美国总统宣布美元和黄金脱钩，单方面撕毁 1944 年布雷顿森林体系的核心协定。布雷顿森林体系解体，使得支撑强势美元的金融支柱遭到毁灭性打击，为了寻找支撑美国经济发展的新的金融支柱，1974 年，美国与沙特货币当局达成了一项秘密协议。该协议规定沙特中央银行可以购买在竞拍机制之外的美国政府债券（美国政府保证这些资金的安全），而沙特必须确保以美元作为石油的计价货币，由于沙特在 OPEC 中的地位和影响力，该协议进一步拓展到整个中东地区，至此，美国在布雷顿森林体系解体后，成功将美元与石油捆绑，再次确立了美元在国际货币体系中的地位。

第四次中东战争和石油武器运用。1973 年 10 月 6 日，埃及和叙利亚进攻以色列，开始了第四次中东战争，又称“赎罪日战争”、“十月战争”、“斋月战争”。美国和许多西方国家强烈支持以色列，美国一直将以色列作为保护其中东利益的工具，对以色列提供贷款、资金、武器援助。为此阿拉伯产油国协调政策，采取联合行动并对西方国家实行石油禁运，以石油为武器，支持埃及和叙利亚对以色列的战争。阿拉伯石油输出国组织的减产决定，使得 1973 年 10～12 月全球石油供给下降了 7%，1974 年，原油产量进一步下降。第一次石油危机在国际石油市场上的一个重要影响是，中东产油国第一次将石油作为一种战争武器，以及独立自主地决定石油价格，OPEC 开始了其在国际石油市场舞台上的影响。

对于第一次石油危机，威廉·恩道尔在《石油战争》中将其描述为，美国为实现其在中东的石油利益，解决国内经济低迷，和实现其在国际金融、货币体系中的霸权地位而制造的一个阴谋。不管是否阴谋，这次石油危机，使美国和主要西方国家经济遭受重创，如美国失业率 1973 年不到 5%，1974 年 11 月上升到 6.5%，1975 年 5 月达到三十年来最高点——9.2%（阿瑟·林克，1983），美新社俄克拉荷马 1975 年 9 月 19 日电文说“四年以前，我们每年购买石油所花的钱略超过 30 亿美元，今天已经猛增到 250 亿美元……随着美元不断流出，我们的经济稳定和国家安全也不断削弱”（第三世界石油斗争编写组，1981）。但此次石油危机，给英美石油“七姐妹”以及纽约和伦敦的大银行带来了巨大的利益，更为重要的是通过石油美元定价机制和石油价格的大幅上涨，实现了基辛格的“再循环石油美元”计划。相比较而言，日本、德国等发达国家更依赖于国际石油市场，因此经济和国家安全遭受到了更大的消极影响。

伊朗革命与两伊战争。第一次石油危机后，伊朗依靠巨大的石油出口，一跃成为世界上的一个富裕国家，亲美的巴列维国王独立意识抬头，引起美国不满。国内则由于政府腐败、贫富差距增大等一系列问题引发民众不满，最终爆发了由霍梅尼领导的声势浩大的伊斯兰革命，推翻了巴列维国王统治。紧接着，1980 年 9 月两伊战争爆发。伊朗革命和两伊战争致使两国石油生产设施遭受巨大破坏，伊朗每天约 300 万桶的石油出口迅速降到 100 万桶，到 1980 年伊朗石油产量仅为 1978 年的三成不到，石油出口几乎完全停止。伊拉克石油产量 1981 年降至每天 90 万桶，而 1978 年其产量为每天 349 万桶。加之第一次石油危机经历造成的恐慌心理，1979 年国际油价急剧攀升，阿拉伯轻质油从 1978 年的 14.02 美元/桶翻了两倍多，1979 年涨至 31.61 美元/桶，1980 年又进一步涨到了 36.83 美元/桶，这就是历史上第二次石油危机。

3）油价持续走低阶段

经历了上两次石油危机后，国际石油市场发生了较大的变化，下述三个方面的变化，使得国际油价在 20 世纪的后 20 年中基本上都处于一个相对较低的价位。

国际能源署（IEA）成立。第一次石油危机后，致力于预防石油供给异动的国际能源署于 1974 年 11 月成立，它要求成员国进行一定量的石油储备，在遇到紧急情况时成员国之间要进行有效合作，共享资源。第二次石油危机后事态没有进一步恶化，IEA 起了一定的作用。尤其是 1990 年 8 月 2 日，伊拉克入侵科威特，在这次石油危机中，仅三个月的时间，石油价格从每桶 14 美元上涨到 40 美元（1990 年 10 月 9 日）。国际能源署迅速启动了应急计划，每天将 250 万桶的储备原油投放市场，使原油价格在一天之内就暴跌 10 多美元。以沙特阿拉伯为首的国家也迅速增加产量，很快稳定了世界石油价格。这次高油价持续时间不长，与前两次危机相比，对世界经济安全产生的负面影响要小得多。

非 OPEC 石油产量大大增加。OPEC 在第四次中东战争中，通过对西方国家实行石油禁运，成功将油价提高近 4 倍，从西方石油公司手中夺回了石油定价权，虽然石油短期价格弹性较小，长期供给还是有一定弹性的。如 Cooper（2003）研究发现美国、日本短期原油需求价格弹性仅为－0.061 和－0.071，长期价格弹性则达到－0.453 和－0.357。高油价诱发了全球石油勘探开发投资热潮，20 世纪 80 年代一批大型油田被发现或得到有效开发。如 1971 年发现的北海布伦特油田在 80 年代起开始大规模开采，使英国成为当时世界重要产油国之一。

核能得到大规模发展。第二次石油危机后，油价已经从每桶约 3 美元，涨到了 34 美元左右，是上一周期油价的十倍多。根据经济学原理，石油价格的剧烈上涨，使得石油资源相对其他能源品种变得更加昂贵，替代能源，尤其是核能得到快速发展，鼎盛时期平均每 17 天就会有一座新核电站投入运行。其中美国、法国、德国、日本因为对国际石油市场依赖较大，核能发展更加迅猛。据 BP 世界能源统计回顾（2011a）数据显示，1981～1990 年间美国核能消费增长 111.6%，法国增长了 198.2%，德国 132.7%，日本 128.6%，涨幅都超过了 100%。

高油价诱发的非 OPEC 产量增加和核能大规模发展两方面结果致使 OPEC 市场份额大幅度下降。1973 年 OPEC 市场份额达到其巅峰状态，占全球市场的 55%，此后，OPEC 市场份额不断下降，到 20 世纪 80 年代中期跌到最低时只有 30%左右，由于市场份额的下降，加上 80 年代中期后，美国和英国陆续推出石油期货及其衍生品交易，OPEC 市场地位下降，对石油价格的影响力减弱。

20 世纪 90 年代后，上述事件的影响趋于稳定，石油价格从持续下跌转入低迷阶段，1997 年受亚洲金融风暴影响，国际油价又大幅下跌，并在 1998 年创下年均价格的历史低点。

4）油价飙升时期

进入 2000 年后，亚洲经济很快从金融风暴中恢复过来，整个世界经济也一派欣欣向荣，迎来了新一轮经济发展周期，世界经济实际增长率仅在 2005 年有所回落，其他年份呈稳步上升趋势，2001～2007 年分别达到 2.6%，2.8%，3.6%，4.9%，4.5%，5.1%，5.2%（IMF，2009）。伴随着经济的发展，石油需求增长，OPEC 剩余产能不断下降，2002 年超过 500 万桶/天，2003～2008 年间则基本上在每天 200 万桶以下（见图 3-2 所示）。国际油价像脱缰的野马，一次次创出新高。2000 年，委内瑞拉总统查韦斯遍访 OPEC 成员国后在委召开了自石油输出国组织成立以后的第二届首脑会，所有成员国达成了采用每桶原油 22～28 美元价格带的协议。2000～2003 年国际油价基本上稳定在此范围内，2004 年起国际油价一路狂飙，连续突破 100 美元/桶、110 美元/桶、120 美元/桶、130 美元/桶、140 美元/桶的价格关口，WTI 和 Brent 原油期货分别在 2008 年 7 月 11 日创下盘中最高价 147.27 美元/桶和 147.5 美元/桶的纪录。

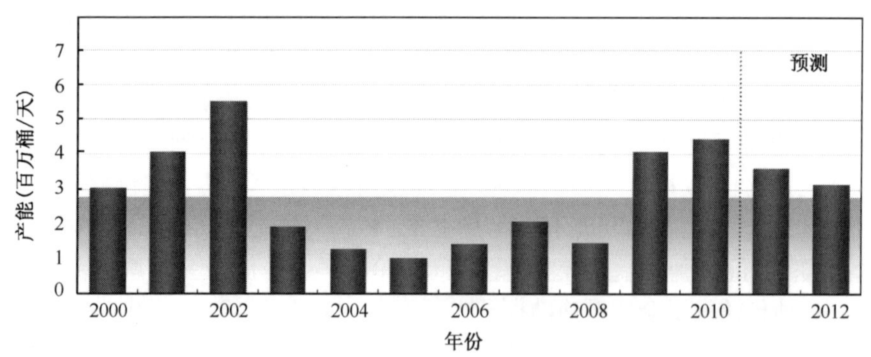

图 3-2　OPEC 剩余产能

5）油价暴涨与暴跌时期

由美国次贷危机引发的金融危机首先造成美国经济衰退，并进而蔓延到全球，导致石油需求下降，油价从上一轮的迅猛上涨中掉头向下，短短半年时间就从月均最高价 134 美元/桶跌到了 2009 年 2 月每桶 39 美元的低点，跌幅达 70%，国际石油市场进入一个剧烈动荡时期，暴涨与暴跌频繁出现，如 2008 年 12 月 17～21 日连续三日大幅下跌后，22 日单日油价上涨超过 6 美元/桶，涨幅达 17.8%，而 2009 年 1 月 7 日，3 月 2 日单日跌幅则都超过了 10%（如图 3-3 所示）。在经历了金融危机后的剧烈动荡后，随着世界经济复苏，油价总体趋于走高，但在这个艰难的经济复苏过程中，供需关系、金融市场上美元走势、投机和政治等任何一个因素的变动都可能造成油价的剧烈起伏。

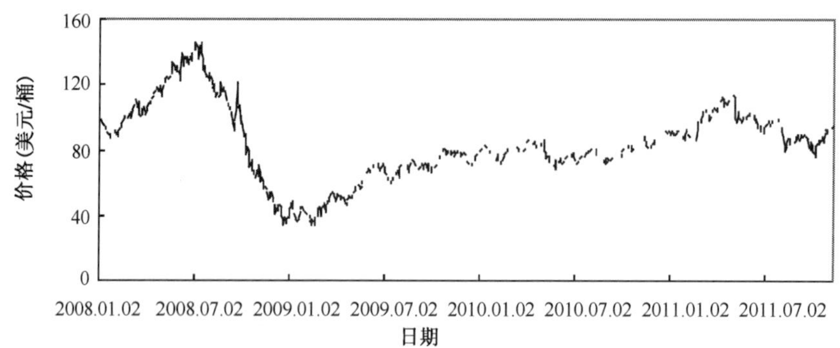

图 3-3　WTI 期货合约价格（2008.01.02～2011.08）

3.2.2　油价波动主要影响因素

国际石油价格影响因素复杂多样且相互交织，概括起来大致包括三类：基本供求因素、金融因素和突发因素。和市场经济中的其他商品一样，供求因素是决定长期石油价格最根本的因素。从供给方面来说，主要包括 OPEC 产量政策、非 OPEC 产量政策、主要国家石油储备，从长期来说还有技术进步带来的新油田的发现、可替代能源的供给等；从需求方面来说，主要包括全球经济增长、经济结构的调整、技术进步和可替代能源价格等。

在当前世界石油市场，由于石油资源的不可再生性，以及在 2008 年金融危机之前世界经济繁荣，石油需求旺盛，虽然供需基本平衡，但由于需求增长是不容置疑的，而供给增加的能力有限，所以供需一直处于紧平衡状态，一有风吹草动，油价就可能完全摆脱供需因素的制约。如 2008 年 7 月 11 日 WTI 原油期货创下盘中价每桶 147.27 美元的历史最高纪录后，一路飙升的油价掉头向下，2008 年 12 月 19 日收盘价仅 33.87 美元/桶。这段时间虽然由于金融危机影响，石油需求出现了一定程度的疲软，但并没有出现明显的供需失衡，很明显该时期油价的这种剧烈波动不是由于供需基本因素导致的。

决定油价的第二类因素是金融因素，主要指美元汇率、通货膨胀和金融市场投机因素。由于石油贸易以美元结算，以及能源金融化发展，石油市场与汇率市场、金融市场形成联动效应，一个市场的异常变动很快波及另一个市场。这些因素相互交织在一起，共同对油价产生影响，极易导致油价大起大落。2008 年金融危机期间，油价暴涨暴跌，金融因素在其中起了很重要的作用。例如 2002 年 2 月以来美元持续贬值，到 2007 年底剔除通胀因素后，美元兑欧元汇率跌幅高达 41%（Giles，2007），美元贬值，意味着以美元结算的实际油价走低，该因素成为 2002 年以来名义油价持续走高的主要因素之一。石油衍生品市场的投机活动在石油价格波动中的作用也一直备受争议。

决定油价变动，尤其是短期变动的主要诱因是突发因素，包括地缘政治、战争、异常气候等。历次大的油价变动都是由该类因素引发的，如第一次石油危机是由于中东第四次战争爆发，产油国为报复支持以色列的西方国家而采取的石油禁运；第二次石油危机则主要由于两伊战争，伊朗石油产量锐减所致；第三次石油危机发生在海湾战争期间。

由于石油产品非同寻常，正如基辛格博士所言“谁控制了石油，谁就控制了所有国家；谁控制了粮食，谁就控制了人类；谁掌握了货币发行权，谁就掌握了世界”。不同历史阶段，世界格局中的权力结构不同，这些因素在石油价格形成中的地位和作用不同。因此，也形成了石油价格形成的一些学说。如石油政治说和国际机制说。俄罗斯莫斯科卡内基中心专家阿力克·马拉申科（2007）认为，当今石油输出国利用粗大的管道可能会提高自己的政治分量，但却难以像 20 世纪 70 年代中东石油战争时那样成为向西方国家施加压力的工具。同时，他还告诫本国政府：俄罗斯任何情况下都不要去玩这种“石油政治”的把戏。美国政治学会主席罗伯特·基欧汉（2006）在其著作《霸权之后——世界政治经济中的合作与纠纷》中认为，三次石油危机，如果没有霸权领导，也没有合作机制，则合作的前景将更为黯淡，集体行动的困境将更为严峻。他呼吁建立一个有效的国际机制去促进石油领域的合作。

3.2.3　油价波动对经济与金融的影响

在市场经济条件下，价格是调节市场的有效手段，通过价格涨跌，调节市场供需，使市场达到均衡。因此，正常的价格波动是有益的，能引导资源有效配置，实现社会福利最大化。但油价大幅度剧烈波动，尤其是脱离供需基本面的波动，不仅起不到调节市场的作用，反而对市场供需主体造成很大的不利影响，甚至危害到一国的经济安全和国家安全。油价大幅度剧烈波动，首先对与能源紧密相关的产业产生不利影响，进而通过产业链传导到宏观经济和金融市场。

3.2.3.1 产业层次

国际原油价格的上涨和下跌首先会直接影响到与石油相关的行业如石油的开采、炼制行业、以原油为燃料的交通运输行业以及下游的化工行业。目前，国内原油价格主要参照国际市场上的价格，国际原油价格的上涨直接获利的将是上游的原油开采供给方。由于国家对成品油价格管制的约束，国内成品油价格的波动要低于国际油价的波动，因此国际油价的持续上涨会导致国内原油和成品油价格的“倒挂”，从而造成石油炼制行业的巨额亏损。另外，油价的上涨还通过抬高行业的投入成本对行业的盈利增长带来压力，如油价的上涨通过提高原材料和燃料的价格对化工行业和交通运输行业带来影响。如果企业不能够顺利将价格上涨带来的成本压力转嫁给下游企业或消费者，那么企业盈利必将减少，由于资本的逐利性，最终可能导致投资减少，生产规模萎缩。Lee 和 Ni（2002）分析油价冲击对美国各行业需求和供给影响时发现，对于石油炼制和化学工业，油价冲击主要减少行业的供给，而对于汽车等行业，油价冲击主要降低行业的需求。刘建和蒋殿春（2009）分析油价冲击对我国各行业工业品出厂价格指数的影响时，发现油价对我国的 PPI 具有显著的影响作用。

油价的上涨还会给一些企业的发展带来间接影响。当国际油价持续上涨时，国内成品油价格也随之上涨，这将显著提高人们拥有汽车的成本，降低对大排量汽车产品的需求。一些享受政府补贴的小排量、低耗能和新能源汽车势必会在未来的市场中占据一定的份额。另外，油价的上涨还会引起煤气、电力等一系列替代能源价格的上涨，进一步影响工业发展和居民生活。

目前，我国石油主要消费于工业（简称 INDU）和交通运输业（简称 TRAN），2007 年，我国工业消费石油 41.1%，交通运输业 33.6%。从 2007 年主要交通运输方式综合能耗来看，铁路占 7.1%，水运船舶港口占 12%，客货运汽车占 74%，民航占 6.5%。众所周知，交通运输业的石油消耗以公路为主，公路运输业的燃料油消费量占交通运输行业总消费量的大部分。而工业中耗油量比较大的行业主要是石油天然气开采业（EPN）、石油加工炼焦及核燃料加工业（PP）、化学原料及化学制品制造业（MRCM）、非金属矿物制品业（MNM）。图 3-4 为 2002～2009 年我国工业消费各类油品的合计量，从图 3-4 中可以得出所有年份中，这四个行业的耗油量总和占据工业总耗油量的 70%以上。

我国当前的经济增长很大程度上仍然依靠工业拉动，2008 年，工业总产值占国内生产总值的 42.9%，对生产总值增长的拉动为 4.1%。油价的上涨会通过抬高原材料价格的方式，对工业增长产生压力，尤其是目前我国耗油量比较大的制造业仍占据相当大的份额。另外，燃料油价格的上涨提高了交通运输成本，使其盈利水平下降。2009 年，国家实行了成品油价格和税费改革，取消了公路养路费等收费，提高了成品油消费税的

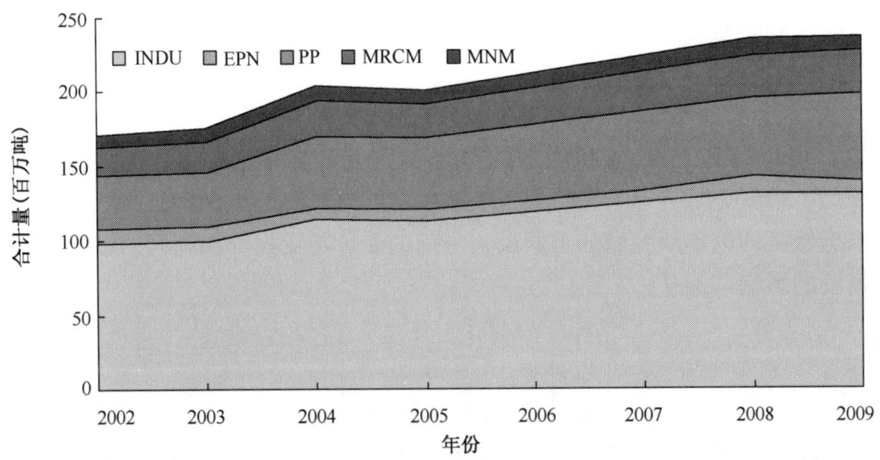

图 3-4　主要工业行业各类油品消费的合计量（2002～2009 年）

单位税额，成品油价格实行从量定额计征。这虽然对合理用油、提高石油使用效率、实现节能减排起到了积极的作用，但也从一定程度上提高了成品油的使用成本。

根据我国石油的实际消费情况，我们选取了石油天然气开采业、石油加工炼焦及核燃料加工业、化学原料及化学制品制造业、非金属矿物制品业以及道路运输业作为研究对象。油价的上涨带来的原材料价格的提升会导致企业利润空间的压缩、投资额的减少并最终影响到工业总产值。由于目前可获取的数据有限，本研究只选取了企业利润总额（Pro）、投资完成额（Inv）作为衡量企业经济效益的指标。考虑到公路运输业的利润数据较少，我们选取客运周转量（Pass）和货运周转量（Frei）来代替利润数据，客运周转量和货运周转量分别表示一定时间内运送旅客的人数或货物的吨数与运输距离的乘积，单位为亿人公里和亿吨公里，它可以较好地反映公路客运和货运的整体运输情况。

1）SVAR 模型的建立

首先，建立一个 VAR 模型的简化形式，数学表达式为

$$Y_t = c + \sum_{i=1}^{k} A_i Y_{t-i} + \mu_t \tag{3-1}$$

式中，Y_t 为三个内生变量构成的列向量，在这里分别表示油价、投资和利润，即 $Y_t = (\text{oilp}, \text{pro}, \text{inv})^{\mathrm{T}}$；$k$ 为内生变量的滞后阶数；μ_t 为残差列向量；c 和 A_i 分别是待估计的系数矩阵和常数向量。

由于 VAR 模型的简化式并没有确切表达出变量之间当前的相关关系，这些相关关系隐藏在误差项的相关结构中，引起了残差序列的互相关，是无法解释的。为此引入结构 VAR，即 SVAR 模型，方程如下：

$$CY_t = d + \sum_{i=1}^{k} \Gamma_i Y_{t-i} + \varepsilon_t \tag{3-2}$$

ε_t 为 3×1 的残差序列，随机误差为互不相关白噪声序列，并且满足 $E(\varepsilon_t \varepsilon'_t) = I$。由式(3-1)和式（3-2)我们可以得出

$$\mu_t = C^{-1}\varepsilon_t = B\varepsilon_t \tag{3-3}$$

两边平方取期望值得

$$\sum\nolimits_{\mu} = E(\mu_t\mu_t') = BE[\varepsilon_t\varepsilon_t']B' = BB' \tag{3-4}$$

因此，可以通过对矩阵 B 施加约束来识别 SVAR 模型。对于上述 3 个变量的 SVAR 模型，需要施加 3×(3－1) /2 个约束条件才能识别出 SVAR 模型的结构冲击。为此，根据经济理论本研究做如下假设：当前的油价不受投资和利润的影响，当期的利润不受投资的影响，即：

$$\begin{bmatrix}\mu_{\text{oilp}}\\ \mu_{\text{pro}}\\ \mu_{\text{inv}}\end{bmatrix} = \begin{bmatrix}b_{11} & 0 & 0\\ b_{21} & b_{22} & 0\\ b_{31} & b_{32} & b_{33}\end{bmatrix}\begin{bmatrix}\varepsilon_{\text{oilp}}\\ \varepsilon_{\text{pro}}\\ \varepsilon_{\text{inv}}\end{bmatrix} \tag{3-5}$$

对于公路运输行业，同样假设当前的油价不受其他变量的影响，当前的客运周转量和货运周转量不受除油价以外的变量的影响。具体模型就不再一一列出。

2）数据来源与处理

本研究选取行业的利润总额、固定资产投资完成额以及 WTI 原油现货价格作为研究对象。我们使用同期人民币兑换美元的月平均汇率将油价折算成人民币形式。由于国家统计局对统计调查制度进行了调整。从 2007 年起工业企业主要经济指标由月报改为季报，所以本研究将所有的月度数据转化为季度数据。另外，2007 年以后的数据只有 2 月、5 月、8 月、11 月累计数，这里将 12 月到 2 月作为第一季度，2 月到 5 月作为第二季度，以此类推进行归一化处理。缺失的数据使用均值替换法进行插补。选取的数据样本区间为 2003 年第二季度到 2010 年第二季度。交通运输行业中的公路运输样本区间为 2003 年 1 月到 2010 年 5 月。所有数据均来源于中经网统计数据库和国务院发展研究中心信息网。

为了避免季节因素导致的周期性变动影响模型的估计结果，本研究采用 Census X12 季节调整方法对各经济时间序列进行季节调整。由于对数据的自然对数变换可以使趋势线性化，并且能消除时间序列中可能存在的异方差，所以对季节调整后的序列进行了自然对数变换。

3）SVAR 估计结果

在进行 SVAR 建模之前，首先对各经济序列进行 ADF 单位根检验以判断序列的平稳性。在进行单位根检验之前，可以先用 Eviews6.0 生成检验序列的曲线图，从而判断是否在检验时添加常数项或趋势项。通过检验发现大多数非平稳的序列，经过一阶差分后都能趋于平稳。另外，VAR 模型对滞后阶数比较敏感，滞后阶数较长，虽然能够较好地反映模型的动态特征，但是却会导致共线性且降低了模型的自由度。本研究中滞后阶数的选择，依据软件中滞后长度准则进行确定，并且保证 AR 特征多项式所有根的倒数小于 1。

在模型满足可识别的情况下，对 SVAR 模型进行估计，结果如表 3-1 所示。

从估计结果可知，国际油价的上涨将带来石油和天然气开采行业的直接盈利，炼制行业的亏损，与此同时公路运输客运量和货运量也会受到负向影响，但是化学原料及化学制品制造业和非金属矿物制品业却反而会产生盈利。这可能是因为化学原料及化学制品制造业和非金属矿物制品业能及时通过提高产品的出厂价格将油价的上涨传导给下游企业，由于产品的出厂价格提高，而原始的库存品成本不变，油价的上涨反而给这些行业带来了盈利。而对于公路运输业，当油价持续上涨，人们可能更加倾向于耗油量少、单位周转量能耗比较低的铁路运输。VAR 模型的主要功能并不在于解释回归变量的系数，而是通过脉冲响应函数和方差分解，来反映一个扰动项的一次冲击对内生变量当前和未来值的变化以及每一个结构冲击对内生变量变化的贡献程度。下面将对此进行具体分析。

表 3-1 SVAR 模型的估计结果

行业	b_{21}	b_{31}	b_{32}	b_{41}	b_{42}	b_{43}
EPN	0.891***	0.220	0.287*	—	—	—
PP	−4.275	0.167	0.028**	—	—	—
MRCM	0.908***	0.167**	−0.030	—	—	—
MNM	0.276**	0.037	0.158*	—	—	—
TRAN	−0.064	−0.019	—	0.120	−0.040	0.216***

*、**、*** 分别代表 10%、5%、1%以下的显著性水平。

4）脉冲响应分析

（1）石油产业

从图 3-5 可以看出，给油价一个标准差的正向冲击，同期内会对石油和天然气开采业的利润产生正向作用，并且会在第二期即三个月后达到最大，随后又迅速下降，在第七期时影响基本消失。与此相反，油价的冲击对石油加工行业却产生比较大的负向作用，在第二期达到最低为−2.5，随后又逐渐回复，到第六期影响才基本消失，具体数据见右边的次坐标轴。

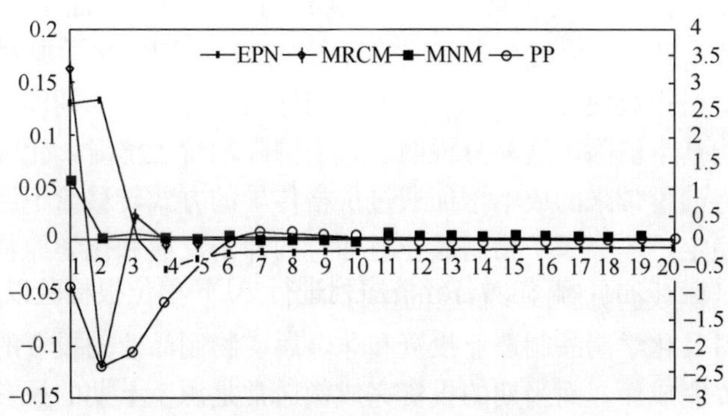

图 3-5 各行业利润对油价冲击的脉冲响应

图 3-6 反映了油价的冲击对石油产业投资的影响，从图中可以得出，油价的正向冲击给石油开采业的投资也带来了长期的显著的正向影响。而石油加工行业却受到长期的负向影响，这种影响到第八期才基本消失。

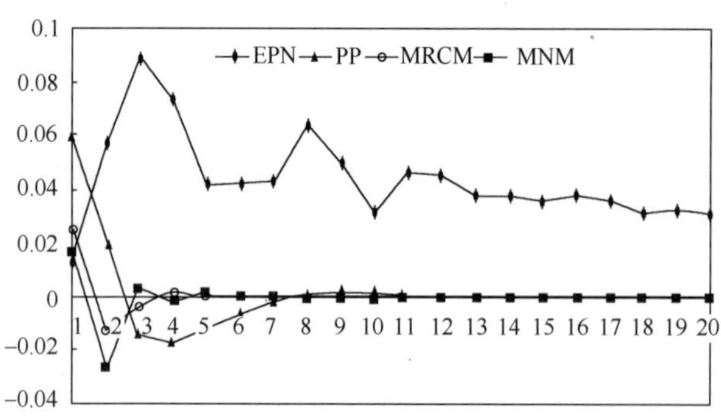

图 3-6　各行业投资对油价冲击的脉冲响应

由此得出，油价的正向冲击会对石油和天然气开采业带来很大的盈利，并且对开采行业的投资具有长期的积极促进作用。而对石油加工、炼焦及核燃料制品业的影响却相反，油价的正向冲击会给石油加工行业带来巨额的亏损，并且对该行业的投资也带来了不利影响，影响时期大概为两年。这主要是因为受国内成品油价格管制约束，当国际油价高涨，便出现石油产业上下游盈亏"两重天"现象。所以，在高油价时期，国家通常对上游的石油开采业征收特别收益金，而对下游的石油加工业却给予相应的财政补贴。

（2）化学原料及化学制品制造业和非金属矿物制品业

从图 3-5 可以看出，给油价一个正向冲击，开始并没有对化学原料及化学制品制造业和非金属矿物制品业的利润产生负向影响，反而会有一个正向作用，之后迅速回复到零值。这可能是由于当油价上涨时，这些行业能很快将价格传导给下游行业，而之前库存产品的成本不变，所以开始时会有一定的盈利，一段时间过后，盈利回到原来水平。图 3-7 给出了化学原料及化学制品制造业工业品出厂价格指数对国际油价冲击的脉冲响应。由于目前各行业工业品出厂价格指数只有同比指数，而同比指数反映的是年度间的价格变化，不能替代环比价格指数来建立我们所需要的计量模型，这里以工业出厂价格环比指数作为基期数据，将化学原料及化学制品制造业的工业品出厂价格指数进行转化。从图 3-7 可以看出，油价的一个单位的正向冲击，当期的化学原料及化学制品制造业的工业品出厂价格指数便受到一个显著的正向作用，并在第二期即一个月以后达到最大，到第十期影响基本消除。这充分说明了，当国际油价上涨时，化学原料及化学制品制造业能很快地将油价带来的成本增加通过价格传导的方式转移给下游行业，从而保持了该行业盈利的稳定。非金属矿物制品业对油价的冲击反应和化学原料及化学制品制造业的基本相同，具体数据见图 3-8 右边的坐标轴。

对于化学原料及化学制品制造业投资和非金属矿物制品业的投资的影响，由于投资指标选取的是投资完成额，而当期的投资完成额通常是源于上期的投资规划，所以会存在一定的滞后，从图 3-6 可以看出，油价的冲击到第二期才会对这些行业的投资产生一个负向的影响，到第四期这种影响就基本上消失了。

（3）道路交通运输行业

从图 3-8 可以看出国际油价的正向冲击对公路客运周转量也产生长期的负向影响作用，不过影响力度较小，而对于货运周转量却产生了短期的正向作用。这可能是由于公路的运输网遍布城市的各个角落，公路货物运输快捷、方便且具有一定的不可替代性，而国内成品油价格的传导常常滞后于市场反应速度，所以货运周转量开始时会受到一个短暂的正向作用。

油价的正向冲击对公路运输投资的负向影响时间相对比较长，但影响力度较小。这可能由于国家对燃料油价格的控制，油价的冲击对道路交通运输指标的影响都相对较小，但是国际油价持续上涨仍然会增加道路交通运输的成本，而受交通部发布的汽车运价规则约束，油价带来的成本增加，却不能很好地通过价格传导给下游，这部分损失只能由运营商来承担。虽然目前已有部分省份实行运价油价联动机制，可是油价上涨带来的成本增加，并没有消除，而是转移给了下游顾客。这样长期下去，更多的资金和客流便会流向低耗油、比较经济的铁路运输。

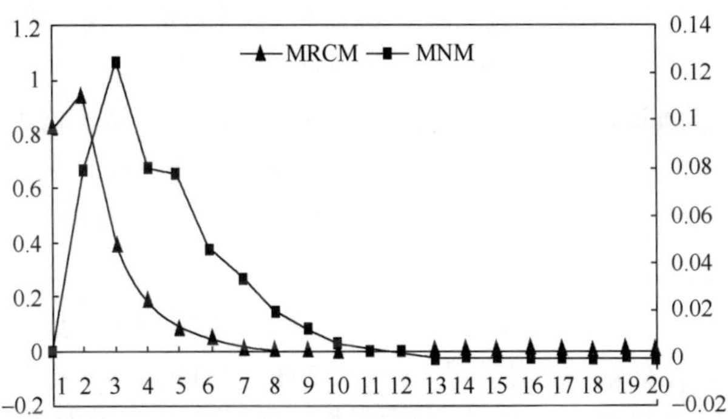

图 3-7　工业品出厂价格指数对油价冲击的脉冲响应

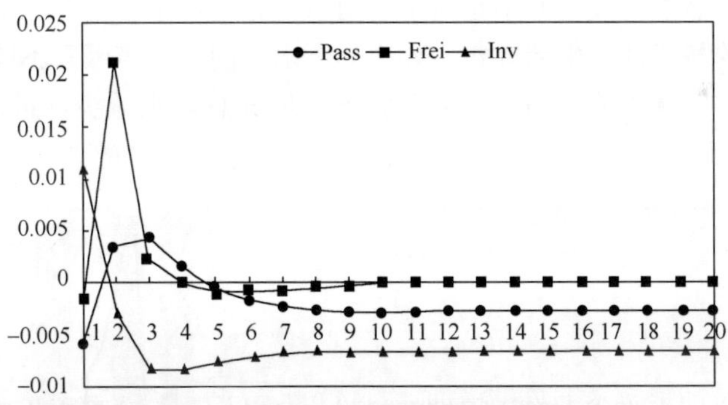

图 3-8　道路运输行业的脉冲响应分析

5）方差分解分析

方差分解主要是用来分析国际油价冲击对各个变量变化的解释程度。各行业投资和利润的方差分解结果，国际石油价格的冲击除了对非金属矿物制品业的利润的方差变动贡献率较低外，对其他行业的投资和利润的方差的波动贡献率都比较大，尤其是石油开采行业利润和投资方差变动的 60％以上都可由国际油价的冲击来解释。油价冲击对各行业投资的方差波动的贡献率相对比利润的方差波动的贡献率低，这是由于油价的上涨并不立即直接影响到投资，而是先通过带来盈利水平的下降，生产规模的萎缩，最后才影响到该行业的投资水平。公路运输各变量的方差分解表明国际油价的冲击对公路运输各变量的方差波动贡献率都比较低。

由于国家对成品油价格的管制约束，国际油价的波动对我国石油产业盈亏产生了比较大的影响。油价的上涨虽然没有给化学原料及化学制品制造业和非金属矿物制品业的投资和利润带来很大影响，但是却抬高了这些行业的工业品出厂价格，加剧了我国通货膨胀的压力。另外，油价的上涨也从一定程度上加大了公路交通运输的负担。

3.2.3.2 宏观经济

油价上涨对产业的影响通过产业链传导到消费领域，进而对整个宏观经济产生影响。

首先，引起成本推动型通货膨胀。石油的产业链很长，且处于产业链最前端。油价的持续走高，会引起原材料的普遍上涨，继而传导到消费领域，推动整个物价水平上涨。20 世纪后半期油价的走势表明，油价上升幅度与世界经济总的通货膨胀率成正比。在 1970 年到 2000 年期间，每次油价大幅上涨都造成世界商品价格上涨，许多国家的通货膨胀率上升。在本轮油价飙升中，催生的生物质燃料油替代，将油价和粮食价格密切联系在一起，对新兴经济体打击较大，由于食品消费在新兴市场国家中所占比重较大，油价推动所带来的成本推动型通货膨胀压力会更大。

其次，全球需求减少，经济衰退。油价波动的直接影响是造成收入在石油出口国与进口国之间的转移。比如油价上涨，财富从石油净进口国转移到石油出口国。对石油出口国而言，石油财富的增加，会导致国内需求增加，从而增加对石油进口国产品的进口，即一部分收入又回流到石油进口国，余下的财富可能通过储蓄、投资等方式回流到国际资本市场。当然油价波动并不是简单的财富再分配，由于各国经济结构，如对石油的依赖性，石油的替代性，生活方式，如边际支出倾向等诸多因素不同，以及油价传导机制的复杂性，一般认为油价的持续上涨会导致世界总需求减少，进而造成经济衰退。图 3-9显示四次较大的石油价格上涨之后都伴随了全球经济的衰退。

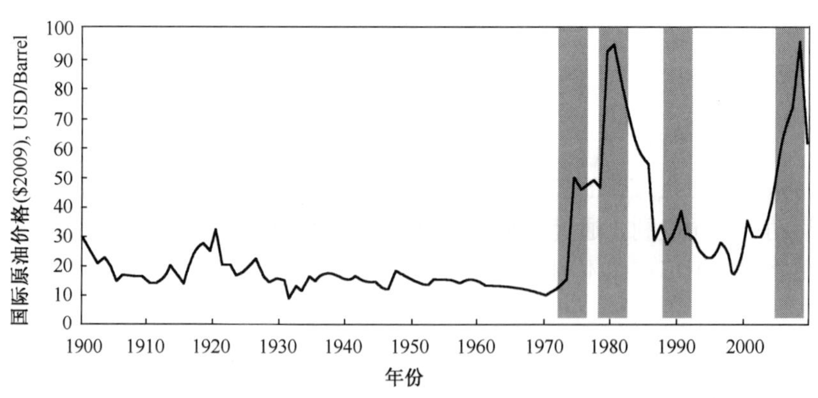

图 3-9 油价与全球经济衰退

资料来源：汤森路透 EcoWin

学术界研究也基本证实了上述两方面的影响。国内外有大量文献研究国际原油价格波动对宏观经济的影响。Hamilton（1983）最早通过定量模型研究发现油价上涨与美国经济呈现比较强的负相关，从二战后到 1973 年，除了一次衰退外，美国的九次衰退都发生在油价上涨之后。20 世纪 80 年代的油价持续下跌引起了学术界的关注，Mork（1989）实证发现油价上涨会对经济产生显著的负影响，而油价下跌对经济的影响不太显著。美联储主席 Bernanke 等（1997）借助 VAR 模型研究了货币政策与油价冲击对宏观经济的影响，发现相比于油价冲击，内生的货币政策才是导致经济衰退的主要原因，美联储如果没有在石油价格冲击后提高利率，那么油价对 GDP 产出的下降是相对有限的，美国所遭受的经济衰退也会相对得到避免。此后，Alessandro 和 Matteo（2008），Anna（2010）以及 Sajjadur 和 Apostolos（2010）等研究都在一定程度上证实货币政策在油价冲击对经济影响中所起的作用。随着我国经济的持续快速增长，石油需求量急剧增加，2009 年原油净进口依存度突破了 50％的国际警戒线，达到 51.29％。在这样的背景下，越来越多的学者开始重视研究油价对我国宏观经济的影响。于伟和尹敬东（2005）对已有的非对称模型进行了改进，研究得出油价冲击对我国经济的影响同样也具有非对称效应。何念如等（2006）研究了油价的上涨对我国宏观经济各个层面的影响。Du 等（2010）也同样证实了油价对我国经济增长和通货膨胀非对称的影响作用。本报告第 10 章对此亦有详细探讨。

随着油价不断走高，现代社会对石油的依赖性越来越高，越来越多的决策受到石油安全问题的影响。Greene 和 Leiby（2006）认为如果将一国的决策不因为其他方面石油需求而受到影响的状态视为石油独立的话，则石油独立意味着一国对石油依赖的成本只占其产出很小的比例，对该国的经济、军事和外交决策几乎不产生影响。显然要达到这种状态还需付出很大的努力。各主要石油进口国很多方面的决策都不同程度地受到保障石油进口安全问题的影响，像美国大量海外军事基地建设，中国的一些外交政策等。根据 Greene 和 Ahmad（2005）的估计，1970～2004 年美国对国外石油供给依赖花费的成本在 5～13 万亿美元（按 2004 年不变价格），如果将石油依赖成本占 GDP 比例控制在 1％定义为石油独立的话，Sovacool（2007）通过研究认为，美国采取一系列有效措施，有望在 2030 年达到这种状态。

3.2.3.3　股票市场

石油的金融化属性使金融市场受到油价波动的联动反应。汇率、股价、金价等常规性金融价格指数，已经与石油价格的波动产生自然的联姻效应。油价上涨使得实际和预期的经济活动、公司盈利、通货膨胀和货币政策产生变化，这将对全球股市和债券的价格以及货币之间的汇率产生不利影响。对于石油净进口国来说，油价上涨将使其国际收支状况恶化，其金融资产也随之贬值。1973 年石油危机后，美国标准普尔指数从 1972 年的 117.44 点跌至 1974 年的 69.72 点，跌幅达 40％；日经 225 指数也从 1972 年的 5236 点下跌到 1974 年的 3764 点，下跌了 29％，2007 年 10 月标准普尔指数创历史新高 1576.09 点，次贷危机爆发后重挫，最大跌幅达到 53％。

量化模型研究也基本上支持油价波动会对金融市场，主要是股票市场产生一定的影响。Jones 和 Kaul（1996）利用季度数据和一个标准的现金流年息估值模型研究美国、加拿大、日本和英国股票价格对油价波动的反应。他们发现这种反应可以完全由油价波动对实际现金流的影响解释，但对日本和英国的结果不显著。Huang 等（1996）利用 VAR 模型检验石油日期货收益与美国股票日收益之间的关系，他们发现石油期货收益变化导致一些石油公司股票收益变化，但对更广泛的市场指数如 S&P 500 没有显著的影响。Sadorsky（1999）运用向量自回归模型研究美国油价变化与实际股票收益之间的关系，他发现油价变化和波动都会显著影响实际股票收益，尤其是 1986 年以后，油价动力学特征发生了改变，油价运动所能解释的实际股票收益预测误差方差的比例大于利率。

与已有对成熟市场研究形成对比的是，只有较少的文献致力于能源价格与新兴股票市场关系的研究。其中 Papapetrou（2001）利用一个多元向量自回归模型研究希腊油价与实际股票价格、利率和实际经济活动之间的关系，实证结果显示油价变化会对实际经济活动和就业产生影响。Hammoudeh 和 Eleisa（2004）利用日数据研究油价与 5 个海湾合作委员会（GCC）成员国（巴林、科威特、阿曼、沙特阿拉伯和阿拉伯联合酋长国）股票价格之间的关系。他们发现只有沙特阿拉伯股票市场的股价与油价之间存在双向关系。Hammoudeh 和 Li（2005）研究了石油出口国股票收益率以及美国石油和交通运输业股票指数对石油的敏感性。

中国资本市场是一个典型的新兴加转轨市场，无论从市场规模、上市公司质量、投资者理念，还是从监管水准、法规建设等方面来看，都存在许多不规范之处，处于向成熟不断迈进的过程中。对于中国这样一个正在崛起的大国而言，资本市场的发展目标首先是要使之成为为经济发展需要而配置资本的有效场所。但资本市场的发展受到国际、国内很多因素的影响，要想达到上述目标需要通过对各方面影响因素进行深入细致的研究，并从研究的结果中获得相应的政策建议。

我们曾利用多要素套利定价理论（APT）模型研究油价波动对中国股市板块收益的影响：

$$R_{it} = \alpha_i + \beta_i R_{mt} + \gamma_i \mathrm{OILR}_t + e_{it} \tag{3-6}$$

式中，R_{it} 为第 i 个板块指数日收益率，R_{mt} 为市场指数日收益率，OILR_t 为用美元表示的 3 个月期货日收益率。

投资风险根据资本市场是上涨还是下跌，即收益率是正还是负可能会有不同的行为。根据 Pettengill 等（1995）的建议，将正和负的收益率分开研究，为进一步考虑油价上涨与下跌是否对板块指数收益产生相同的影响，将油价的正负收益也分开研究，考虑这种不对称性，式（3-6）变形为

$$R_{it} = \alpha_i + D_1\beta_m R_{mt} + (1-D_1)\beta_m R_{mt} + D_2\beta_o \mathrm{OILR}_t + (1-D_2)\beta_o \mathrm{OILR}_t + e_{it} \tag{3-7}$$

式中，D_1，D_2 为哑变量，当股票市场上涨（即 $R_{mt} > 0$）时 $D_1 = 1$，否则 $D_1 = 0$，类似的，当油价上涨（即 $\mathrm{OILR}_t > 0$）时 $D_2 = 1$，否则 $D_2 = 0$。

最后，本研究为检验结果对截距选择的敏感性，分别考虑截面数据的共同截距（即 $\alpha_i = \alpha$）模型和不同截距模型。后者经常被用于考虑截面数据之间“没有观察到的异质性”。相反，在共同截距情况下（即没有未被观察到的异质性），隐含的假设为模型是恰当的，否则如果模型不恰当，据此估计的系数就是完全有偏的。

选取上海证券市场 15 个板块，时间跨度为 2003.01.02～2006.04.28 的日收盘指数，油价数据选取美国 WTI3 个月的期货合约价格，利用上述模型进行实证研究，研究发现：

(1) 板块指数收益率与市场指数收益率之间有很强的相关性，且指数收益率对板块指数收益率的影响是对称的，这些结论与资本资产定价理论完全相符，表明我国股票市场总体运行状况是良好的。

(2) 国际油价变动对我国股票市场板块收益率的影响不对称，油价上涨会对板块收益率产生显著负影响，但油价下跌对板块收益率的正向影响不显著。该结论表明国际原油价格变化已对我国资本市场产生影响，尤其是当国际原油价格上涨时，由于上市公司生产成本上升，对这些企业的利润产生一定的负面影响，从而影响资本市场对相应上市公司的投资，引导资本在不同企业和行业的合理配置。

3.2.3.4　石油供给方

油价的大幅剧烈波动不仅损害石油需求方的利益，同样也会损害石油供给方的利益。当前国际主要石油出口国都是国家财政严重依赖石油的国家，油价下跌直接减少其石油收益；油价上涨，短期石油出口国直接受益，石油收入显著增加，例如两次世界石油危机期间，OPEC 净石油出口收入高达 4000 多亿美元，1980 年达到 6472 亿美元的高点，是 1986 年的近 4 倍，2011 年为 8628 亿美元（2005 年不变价）。虽然短期使得出口国石油美元收入暴涨，长期则会诱发替代能源的发展，以及新的石油储量的发现和高成本石油的开采，减少市场对出口国石油的需求，使主要出口国石油份额减少，从而减少他们的石油收益（图 3-10）。

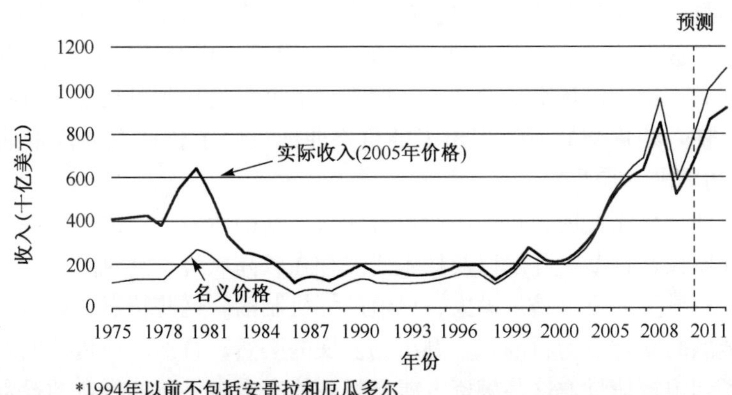

图 3-10　OPEC 石油净出口收入

资料来源：EIA Short-Term Energy Outlook. http://www.eia.gov/emeu/cabs/OPEC_Revenues/Factsheet.html

3.3　石油金融化发展及其风险分析

3.3.1　石油金融化发展的意义

目前国际原油市场的定价权已经成为控制石油的重要手段，发达国家利用其发达的金融市场条件，特别是美元的主导地位，确立了以美元计价的国际原油期货市场体系和规则。

美元作为最主要的国际性货币，一直以来是世界各国主要的外汇储备币种，也是外汇市场主要的交易品种。国际石油贸易以美元计价和结算的体制决定了石油的准金融属性。20 世纪 70 年代以后，石油定价机制与石油产业投融资决策以及石油供应引起的汇率变化及其风险等问题越来越引起国际社会的普遍关注。西方国家开始将金融理论的成果应用在石油领域，并且在更深更广的范围内深化和发展了石油与金融各自的内涵，形成了石油金融自身固有的含义。

石油金融是通过石油资源与金融资源的整合，实现石油产业资本与金融资本不断优化聚合，从而促进石油产业与金融业良性互动、协调发展的一系列金融活动。随着石油与金融纵深发展，目前已逐渐形成能源市场和货币市场、外汇市场、期货市场（包括大宗衍生品市场）相互联动的庞大的复合金融体系。

石油金融化发展对石油价格的影响已经得到学界的普遍重视，并从理论上得到了一定程度的证实。如 Agnolucci（2009）运用 GARCH 类模型对 WTI 每日期货价格波动性进行分析，发现波动具有持续性。魏巍贤和林伯强（2007）对国内外石油价格波动性及互动关系进行研究，结果表明国内外油价都存在波动的集聚性、持续性和风险“溢出效应”且国际油价的波动对国内油价具有导向作用。

石油金融化发展在以下三个方面对石油产业的发展产生了深远的影响，从石油价格和石油供给两方面增加了石油安全性。

首先，石油金融化发展大大促进了石油市场的发展和完善。石油期货市场不以实物作为石油贸易的前提条件，进入市场的门槛较低；市场信息更充分，投资基金的敏感性加速了市场信息的传播；市场流动更快捷，金融期货市场采用电子交易和结算系统，市场运作效率明显提高；市场主体增加促使成交率更高，成交速度更快；市场“价格发现”功能更强大。由于市场交易者通过共同平台能够迅速找到可接受的价格，避免了交易价格的盲目性，期货交易所体现出来的价格曲线反映了长期石油价格的走势，市场“风险规避”功能进一步凸显。

其次，石油金融化发展为石油产业投资注入了新的活力。石油的勘探开发需要巨额资金，投资周期长，且勘探开发以及技术研发存在较高风险，高风险伴随着高收益。所以，石油行业对融资的要求是规模大、渠道广、机制活。这些特点正好与金融市场相吻合，石油与金融的联合成为石油和金融市场发展的必然。石油产业传统的融资方式主要通过证券市场和银行信贷，这些融资方式已经不能完全满足石油行业的投资需求。政府或金融机构建立石油产业基金越来越成为国际上的通行做法。在欧洲，挪威每年从国家财政收益以及税收中提取一定比例的资金存入石油基金。阿塞拜疆和墨西哥等产油国也都建立了石油基金。建立石油产业基金，一方面支持企业在国内外的资源勘探开发，另一方面支持企业参与国际石油市场风险运作，以及为推动能源结构转型和能源的可持续发展建立的各类能源基金。

再次，为能源企业实施能源战略转型和多元化战略提供了途径。能源企业参与金融市场运作，一方面可以规避市场运作风险，另一方面可以实现经营多元化。世界上大型的跨国石油公司，如埃克森美孚、BP 等，都有自己的金融投资公司。产业公司通过金融投资，一方面让自己闲置的资产增值，另一方面可以弥补主业经营增长过程慢带来的不足，分担和平衡企业风险。

3.3.2 石油金融化发展蕴含的风险

石油金融化发展可以极大地完善石油市场，促使市场主体多元化，为石油产业投融资带来新的机遇。但任何事物都有利有弊，石油金融化发展也是一把双刃剑，在推动石油产业发展的同时，也给石油市场带来了新的更大的风险。

3.3.2.1 油价波动性加大，不确定性增强

石油金融化发展，使石油价格决定因素复杂化，供需因素对石油价格形成作用减弱，虽然在国际石油市场以及全球经济、资本、金融、商品市场运行平稳时，金融化发展有利于价格发现，有利于生产者和消费者进行有效避险，但在任何一个市场出现异常时，由于资本的逐利性，金融化发展会使得波动性人为放大，并迅速波及其他市场。风险溢出效应检验显示，存在WTI原油期货市场到现货市场的单向的显著风险溢出效应（Fan等，2008），股市风险对石油市场的冲击呈现明显的时变特征，且波动显著（Zhang，Wei，2011）。

流动性过剩是近年来全球资本市场的一个重要问题，流动性过剩加大了金融风险。2008年金融危机爆发后，各国政府通过联手注入流动性制止经济下滑，为危机后暴跌的油价快速上涨起了推动作用。流动性过剩，国际投机资本规模迅速扩大，其中对冲基金发展速度最快，规模最大，2000～2006年间每年以20%的复合增长率增长，2007年达到2.15亿美元，2008年金融危机后规模有所减小。在全球流动性过剩的背景下，石油市场成为流动性的重要出口（管清友，2007），据不完全统计，2008年年中进入国际大宗商品市场的投机资金达到2600亿美元，为2003年的20倍，其中约一半在石油市场（Cho，2008）。与共同基金不同的是，对冲基金较多地使用杠杆借贷，交易活跃，交易风格多元化，较少受到监管约束。在正常的市场条件下，对冲基金增加了交易的流动性，有利于金融创新，但在动荡的市场条件下，对冲基金可能使广泛的金融市场发生波动（麦肯锡全球研究院，2007）。

3.3.2.2 能源产业实体投资潜在风险加大

在流动性过剩背景下，资本的逐利性凸显，如果再加上缺乏有效监管，过度投机，造成石油市场不稳定，也会影响到石油产业实体投资，使产业持续健康发展受到不良影响。美国安然公司创立初期是一家典型的电力和天然气配送企业，同时它也是能源金融交易的开拓者和践行者，但由于资本的逐利性，很快就从风险规避者转变为投机者，为逃避监管，安然公司联合其他大型能源企业为争取和扩大豁免商品期货贸易范围奔走游说，最终以法律形式将包括贸易合同和场外交易等能源期货方式置于联邦监管之外，还允许能源交易商成立自己的交易所并在其中履行上述合同交易时也无需受到政府监管，安然公司利用自己一手促成的“漏洞”导演了令人震惊的“安然风暴”。在2000～2002年，安然的能源交易商通过操纵能源期货市场，制造了加利福尼亚电力恐慌，在没有监管的情况下，仅仅2000年一年，安然公司的投机炒作就造成了整个加利福尼亚对电力的开支上涨了277%。贪婪的欲望最终葬送了安然公司（王晓薇，2009）。

3.3.2.3 金融体系风险增加

石油金融化发展趋势迫使各国积极参与石油期货及其衍生品市场运作，对于我国这样的石油消费和进口大国而言，为了保障本国石油安全，争取石油定价权，开展以本币交易的石油期货及衍生品交易就显得非常迫切。但是如果交易设置不合理，或者监管不力，尤其是在我国金融体系本身不完善的前提下，如果贸然行动，极易使整个金融体系受到游资的攻击，造成难以想象的后果。

3.3.3 石油期货市场投机与价格波动

石油金融化的一个重要表现是，石油期货价格正逐步取代现货价格，成为国际石油市场价格发现的预先指标，从而使得供需因素对石油价格的影响，尤其是短期影响减弱，而非供需面因素，甚至一些金融投机力量的影响得到加强，在这样的背景下，如果监管存在明显漏洞，就可能导致石油金融化在促进石油市场发展的同时，使得石油价格风险加大，企业管理和控制价格风险的难度增加。

近年来，国际原油价格暴涨暴跌，由价格波动引发的能源安全问题引起广泛关注，在对石油期货投机活动是否为本轮油价暴涨暴跌主要原因的探讨时产生了两种不同的观点。一种观点持肯定态度，如美国参议院常务调查委员会（U.S. Senate Permanent Subcommittee on Investigations）于2006年6月27日发布的一份调查报告认为投机因素造成的原油溢价高达20～25美元/桶（Senate Permanent Subcommittee on Investigations，2006）。

持否定态度的一方认为，期货市场的主要功能是价格发现和套期保值，期货市场这两个功能的实现依赖于市场投机活动（Cox，1976）。投机活动能够把市场预期的变化转化为市场价格的变化，最终实现期货市场价格发现的功能。正是基于此，反对投机活动推高油价论者认为，投机行为增加了市场流动性，是石油期货市场效率的来源。原油期货市场投机活动不仅没有推高油价，反而降低了国际油价的波动。

为了证明自己观点的正确性，两方都进行了相应的调查与实证检验，调查和检验所依据的数据，主要来自美国商品期货委员会（CFTC）公布的持仓报告数据。CFTC将期货市场上的投机者定义为：那些既不生产也不消费，仅以其自有资本买卖期货并通过期货价格变化牟利的主体。它包括大型金融机构、对冲基金、养老基金和其他投资基金，主要是对冲基金和投资银行。例如，以国际上最主要的原油期货市场NYMEX为例，2002年以来NYMEX原油期货市场上的非商业持仓呈增长态势，并于2004年初首次超过20%。商业持仓一直为原油期货市场的主要力量，基本上处于60%以上，这股力量主要是套期保值。尽管非商业持仓的份额较小，但力量不容小觑。经过对历史数据的统计分析发现，非商业净多头寸基本上与NYMEX原油价格波动方向呈正相关关系，非商业净多头寸增加与价格上涨基本呈同步变化。但Haigh等（2007）研究发现，对冲基金并不像其他交易者那样频繁改变仓位，对冲基金会造成能源期货价格波动的假设被拒绝。Milunovich和Ripple（2006）采用动态条件相关系数（DCC）和增广EGARCH模型评价不同交易者对于原油期货市场的波动影响，实证检验也发现以对冲基金为代表的投机交易对价格波动没有显著影响。宋玉华等（2008）实证研究表明，对冲基金的投机活动既不是国际原油价格长期上涨的原因，甚至也没有放大国际油价的短期波动。

之所以运用同样的数据，得出的结论不一致甚至相反，一个很重要的原因在于CFTC对于投机商和套期保值者的划分。在CFTC中将原油生产者、中间商、重要的消费者如航空公司等视为商业性持仓者，认为这些持仓的主要目的是利用期货进行套期保值交易，又称为套期保值者；实际上相当多的商业性持仓者，如拥有大量炼油厂和石油储存设施的大型投资银行、石油公司等并不仅仅将期货市场作为套期保值的场所，还期望从石油资产的价格变动中获得资产收益而成了投机者，如上文提到的安然公司以及下文的维多能源集团（Vitol）。相反，非商业性持仓者中的养老基金、管理基金等虽然不是套期保值者，但其操作手法与一般的投机者有较大的差别，他们更像是长期投资者。

针对该问题的探讨，管清友（2010）在其《石油的逻辑——国际油价波动机制与中国能源安全》一书中的观点值得一提，他首先认为当前检验投机活动推高油价的方法，沿用了股票市场和商品现货市场的方法，没有考虑期货市场的特殊性，其次对检验计算中数据的可靠性进行了质疑，进而明确提出“投机不可能长期和显著地推高油价，但监管漏洞可能导致大投行和大石油公司在期货和现货两个市场一定程度上操纵油价”。不过由于操纵方式的不透明，他们暂时还没有办法给出推理和证明，只能有待于事后检验。类似地，孙泽生（2009）也认为“以投行和大型石油公司为代表的部分商业交易者要么设法影响公众的一致性预期，要么通过不对称信息和串谋先行调整库存和持仓量，引导油价预期的自我实现，并借机牟取暴利”成为油价波动的本源。摩根士丹利在2008年场外市场的日均交易量大于2500万桶，相当于沙特原油产量的2.5倍，2008年8月21日，美国《华盛顿邮报》援引两位不肯透露身份的行业内“深喉”称，前不久美国期货交易委员会修改数据报告中透露，持仓量高达4.6亿桶原油的“超级庄家”，其真实身份是一家注册在瑞士的综合性能源公司，名为维多能源集团（Vitol）。其原油持仓量相当于2008年中国一年原油产量（1.9亿吨）的三分之一。实际上，仅轻质石油一项产品，该交易商就持有3.3亿桶，占到整个美国NYMEX期货市场总仓位的11%。对其身份的不同界定将导致商业性与非商业性持仓数据的显著变化，进而可能影响量化研究结果。

3.4 石油价格与中国的能源安全

3.4.1 石油定价机制与中国能源安全

3.4.1.1 中国石油定价机制演变历史

由于石油产品在国民经济生产和人民生活中的重要地位，加上我国石油工业从无到有，从进口到自给再到依赖进口的这样一个发展轨迹，我国石油产品的定价不仅经历了一般原材料产品从政府管制到逐步市场化的发展演变历程，且其管制时间更长、市场化程度更低。总结而言，从1955年我国开始制定石油价格起至今，石油价格的形成机制大致经历了 3 个发展阶段，逐渐从完全由政府行政决定的机制转向以原油市场价格为基础、从完全自主的价格机制转向与国际市场接轨的价格机制（魏一鸣等，2006）。

1）传统计划经济体制下的石油价格机制（1955～1981 年）

从 1955 年到 1981 年的 26 年时间里，原油作为国家的一种重要战略物资，其价格的制定与调整由政府决定，且政府在制定价格时完全是自主的，根本不考虑国际市场原油价格的变化，制定出来的价格远低于国际油价。在这一集权型的计划经济体制时期，我国原油产品及价格的主要表现为：

（1）石油产品的生产和销售由国营石油公司统一经营，石油产品贸易损失也由国家财政平衡和负担。

（2）国家对石油生产、分配和销售等重要环节实行全面高度集中的行政计划管理，石油生产、勘探、研究费用和销售收入也由国家统收统支。

（3）石油价格与石油产品价值、生产成本及国内市场供需基本脱节，不具备调节资源配置和调节的功能。

2）价格双轨制（1981～1998 年）

由于计划经济时代能源价格过低，导致能源部门严重亏损，生产严重不足，为促进能源部门发展，1981 年国务院批准了原石油部实行产量包干的方案，规定超产与节约部分的石油可按国际石油价格自行销售，差价所得由原石油部用于石油的勘探和开发。从此，“双轨制”成为石油人耳熟能详的名词。这一时期石油市场和价格的主要表现为：

（1）计划内与计划外价格差距较大，导致计划行为和市场行为之间的矛盾和摩擦加剧。

（2）滋生了大规模的腐败和公开的寻租活动。

石油市场体系和机制的严重不完善已经成为中国石油市场“不安全性”的根本性因素之一。

3）市场化改革（1998～）

开始实行国内原油与国际原油价格联动的方式，原油价格实现完全与国际市场接轨的价格形成机制；成品油仍然实行政府指导价或政府定价，主要依据是当国际市场原油连续 22 个工作日移动平均价格变化超过 4%时，按有关规定调整国内成品油价格。

3.4.1.2 定价机制与石油安全

不同的石油定价机制对石油资源利用效率，以及石油产业发展会产生显著不同的影响。实施政府完全管制的石油定价机制其目的是要保证经济生产中必需的石油供给，以达到保证石油供应安全和经济安全的目的。如果单纯就保障供给的目的而言，我国解放初期实行的完全政府定价机制是成功的，或者说在当时的情况下，作为短期过度是合理的。但正如市场经济理论所言，完全政府定价，且是以比实际成本低得多的价格供应市场，其必然结果是造成资源配置效率和使用效率低下，如按 1990 年不变价格计算，1981 年之前我国能源强度不仅高且波动较大，尤其是大跃进时期的 1960 年更是达到了 10.57 吨标准煤/万元 GDP 的最高纪录（魏一鸣等，2006）。

1998 年石油行业重组后，定价机制合理性较历史相比有了较大提高，大大促进了石油行业发展，三大石油企业生产规模快速稳步扩大，截至 2005 年，从原油、天然气储量和产量数据进行的评价显示，中国石油天然气股份有限公司已具有很强的竞争力，罗佐县，张礼貌（2007）对包括埃克森美孚、BP、壳牌、道达尔，以及中国三家石油企业在内的 11 家企业评价结果显示，中石油产业规模竞争力仅次于埃克森美孚和 BP，位居第三，而从销售收入、营业利润、操作成本、勘探成本等指标进行的素质竞争力评价结果显示，中石油仅次于埃克森美孚。正因为我国石油行业取得了如此巨大的发展，才得以在很大程度上保证我国经济的多年持续快速发展。美国《石油情报周刊》依据 2008 年各公司原油储量、天然气储量、原油产量、天然气产量、炼油能力、油品销售量等 6 项指标综合测算，中国石油集团公司在以上指标排名分别为第 8、12、5、8、6 和 14 位，6 项指标综合排名位列第 5，中石化和中海油位列第 25 和 48 名（表 3-2）。

表 3-2　世界最大 10 家石油公司综合排名（2008 年，按六项指标综合测算）

综合排名	公司名称	石油储量		天然气储量		石油产量		天然气产量		炼油能力		油品销量	
		位次	亿吨	位次	亿立方米	位次	万吨	位次	亿立方米	位次	万吨	位次	万吨
1	沙特阿拉伯国家石油公司	1	361.8	5	75691	1	54230	6	781	10	11870	6	25184
2	伊朗国家石油公司	2	188.5	1	296111	2	21625	2	1164	14	7830	12	16408
3	埃克森美孚公司	11	16.4	13	18655	8	12025	3	940	1	31050	1	54088
4	委内瑞拉国家石油公司	5	136.1	6	49842	6	12255	20	366	4	15175	8	23528
5	中国石油天然气集团公司	8	30.1	12	26732	5	13895	8	662	6	14125	14	13592
6	BP 公司	15	14.2	16	12802	9	12005	5	861	7	13390	3	45584
7	皇家荷兰/壳牌集团	26	6.1	17	12272	13	8855	4	886	3	18390	2	52544
8	美国康菲公司	22	8.3	22	7065	16	7775	13	538	7	13390	7	24320
9	雪佛龙公司	21	10.1	25	6534	14	8380	14	530	11	10695	5	27432
10	道达尔公司	23	7.8	21	7424	18	7280	15	500	9	13020	4	29264

资料来源：中国石油网，2010-01-20。

由于与价格改革不配套，石油市场仍由三家国有企业垄断，石油市场的高度垄断使得原油市场化价格改革效率难以体现，一方面原油价格完全跟随国际市场涨跌，近年来，尤其是金融危机期间油价的大幅剧烈波动风险直接传导到中国市场，且未完全反映国内市场石油需求变化；另一方面，三大石油公司经营效率与西方跨国公司相比仍有较大差距。如美国《石油情报周刊》根据总收入、净利润等 4 项指标综合排名，中石油位列第 5（见表 3-3），但净利润位列第 11 位，人均净利润仅 0.62 亿美元/万人，而排名第一的埃克森美孚则高达 56.57 亿美元/万人，和同为国有企业的委内瑞拉国家石油公司的 11.94 亿美元/万人也相去甚远。这从一方面也反映出我国石油企业效率低下，市场竞争力还有待进一步提高。为保障我国石油安全，必须进一步促进石油产业的健康发展，石油价格和石油市场的市场化改革亟须深化和完善。

表 3-3 世界最大 10 家石油公司总收入等四项指标排名（2008 年）

综合排名		公司名称	国有比例	总收入		净利润		总资产		职工人数	
2008 年	2007 年			位次	亿美元	位次	亿美元	位次	亿美元	位次	万人
1	1	沙特阿拉伯国家石油公司	100	4	3266	—	—	—	—	24	5.44
2	2	伊朗国家石油公司	100	18	919	—	—	—	—	8	11.50
3	3	埃克森美孚公司		2	4415	1	452	6	2281	14	7.99
4	4	委内瑞拉国家石油公司	100	12	1264	12	94	12	1318	16	7.87
5	5	中国石油天然气集团公司	100	9	1836	11	103	2	2633	1	167.00
6	6	BP 公司		3	3625	5	212	5	2282	12	9.20
7	7	皇家荷兰/壳牌集团		1	4584	3	263	1	2824	10	10.20
8	8	美国康菲公司		7	2305	82	−170	11	1429	32	3.38
9	9	雪佛龙公司		5	2632	4	239	10	1612	21	6.67
9	10	道达尔公司		6	2371	8	156	8	1668	11	9.70

资料来源：中国石油网 2010-01-20。

3.4.2 油价引发的能源安全与粮食安全矛盾

现代经济社会发展对化石燃料需求的快速增长导致了诸如温室气体排放大幅度增长，能源供应不安全等一系列问题。作为解决这些问题方法之一的生物能源备受青睐，全球生物燃料产量呈明显上升趋势，2007 年生物乙醇达到 52 百万升，约为 2000 年产量的三倍，生物柴油的生产也出现了类似的趋势（图 3-11）。

生物燃料的主要原料为粮食作物，图 3-12 和图 3-13 分别给出了 2008 年美国和欧盟 25 国生产生物乙醇和生物柴油的原料构成情况。美国主要用玉米生产乙醇，占原料的 97%；用大豆油生产生物柴油，占原料的 82%；欧盟主要原料分别为小麦和菜籽油。自 2005 年底石油价格大幅度提高以来，美国建设燃料乙醇加工厂的项目投资也在飞速增长，根据美国地球政策研究所（EPI）的研究，2008 年美国的乙醇加工厂需要 1.39 亿吨玉米作为生产原料。

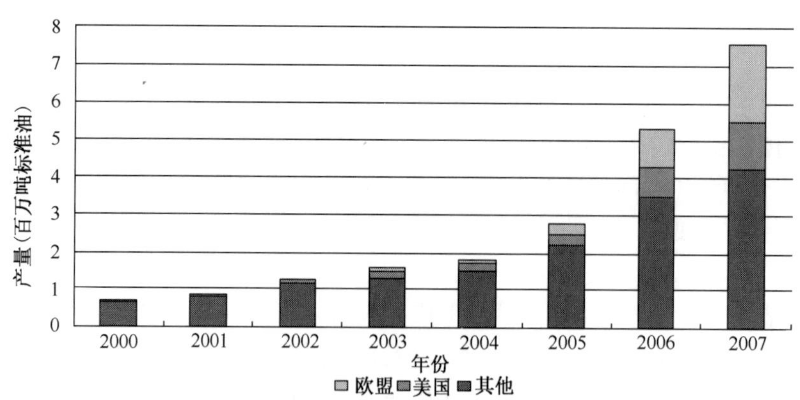

图 3-11 生物柴油生产趋势

资料来源：Ajanovic，2011

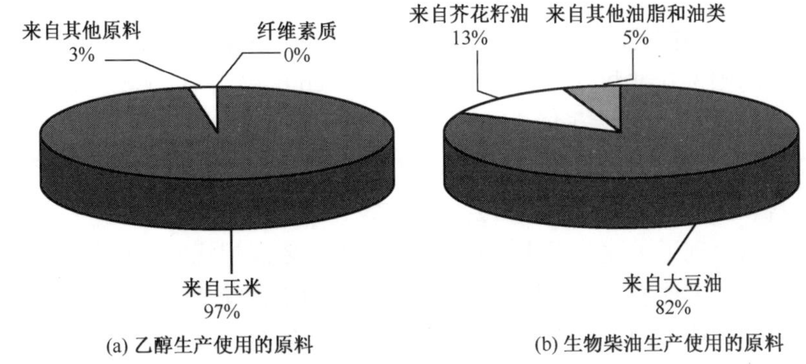

图 3-12　美国用于生物燃料生产的原料（2008 年）

资料来源：Ajanovic，2011

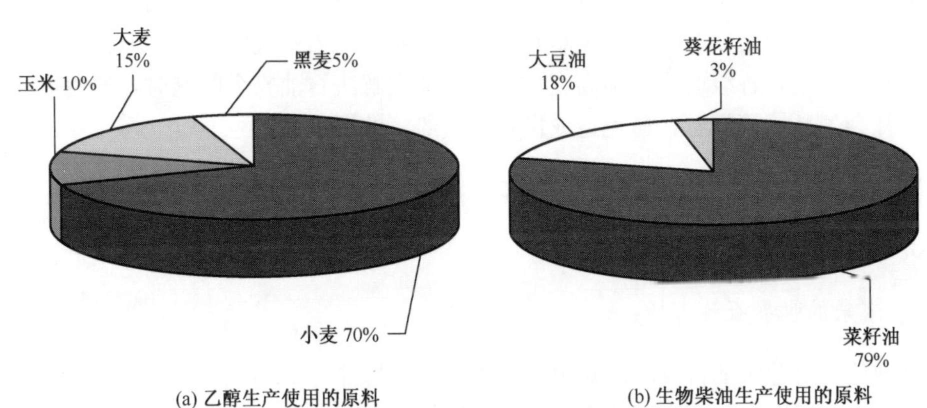

图 3-13　EU-25 用于生物燃料生产的原料（2008 年）

资料来源：Ajanovic，2011

伴随着油价走高，近年来国际粮食价格也出现了持续上涨趋势，引发了全球对粮食安全的担忧，在探讨粮食安全问题时，人们很快将矛头指向了粮食被作为重要原材料生产乙醇等生物燃料的用途（Brown，2007）。根据经济学原理，原油价格的上涨将会直接刺激以燃料乙醇和生物柴油为代表的生物能源的发展，近年来一批学者就粮食价格和能源或生物燃料价格相互关系问题进行了研究。Zhang 等（2010）研究认为石油和农产品价格之间无直接的长期关系，而 Chen 等（2010）通过实证发现，在 2005 年第 3 周至 2008 年第 20 周这段时间里，玉米、大豆和小麦中任何一种价格变化受到了原油和其他谷物价格变化的显著影响，并认为该结果表明，在近年来的高油价期间，被用作生物乙醇的大豆需求和被用作生物柴油的玉米需求与作为食物需求之间存在竞争关系，Gohin 和 Chantret（2010）研究也支持食品价格与油价之间存在正向关系。联合国粮农组织（United Nations Food and Agriculture Organisation，UNFAO）估计，生物燃料在当前的粮食涨价中所起的作用约为 10%。

不过关于生物燃油发展有多种观点，有赞成的，也有反对的。2008 年 2 月英国《独立报》署名 S·康纳（2008）的一篇报道称生物燃料使气候变得更糟糕；美国国家农业部和国力农业科学院实验室的科学家就种植玉米、大豆并生产为生物燃料需要的能源与生物燃料提供的能源孰多孰少问题给出了截然相反的意见，分歧的原因可能是对生产中能源消耗的测量标准和方法不同导致的。Searchinger 等（2008）在 2008 年 2 月 7 日的 *Science Express* 上发表了题为《生物燃料会以改变土地用途的方式增加温室气体排放》的文章。文章认为玉米等谷物种植过程中需消费大量的水分，以及运输要消耗大量的化石燃料和大面积种植同种植物会引起虫害、土壤变质等问题。

另外，虽然出现了上述关于能源安全与粮食安全矛盾担忧的观点，但也有观点认为这种担忧不必要，在他们看来生物能源发展不会影响粮食安全，因为生物能源的扩张不会无限膨胀。生物能源的发展除受各国优先保障食物安全的政策层面的干预外，还会受到经济利益的调节。随着生物能源部门对粮食消耗的增加，可供食用的粮食数量会减少，这将推高粮食价格，不断上涨的粮食价格会反过来抑制生物燃料的发展。生物燃料的发展将会在能源市场（原油市场）和粮食市场之间不断调整，实现动态的平衡。

总体而言，孰是孰非目前还很难判定，需要做更深入系统的研究。但在粮食用于生物质燃料开发上，各级政府必须高度重视，保证在解决石油安全问题时，避免形成更为严重的社会、环境等问题，避免造成世界粮食经济的混乱。

3.4.3 未来油价走势与中国能源安全

3.4.3.1 未来油价走势

1）未来的世界石油市场

金融危机对此次油价波动影响很大，本轮油价暴涨与 20 世纪 70 年代两次大的石油危机有着重要区别，前两次石油危机都是由于供应中断引发的，本轮石油危机供需没有出现明显变化。虽然本轮经济危机对世界格局有重要影响，进而会影响世界石油市场格局，但从目前情况看，世界石油市场格局发生大的变化尚不具备条件。

首先，石油美元的地位仍然难以撼动。世界银行和美国商务部指出，80％的国际贸易、70％的世界进口贸易和几乎所有石油贸易都使用美元结算。超过 70％的世界外汇储备是美元，25％的储备是欧元。全球每天发生的国际贸易中有 86％涉及美元结算，美元通常作为其他两种外币的中间兑换货币。各国央行几乎三分之二的储备皆为美元资产。一系列的数据显示，美元在世界货币体系中的地位，目前还没有哪种货币具有和美元抗衡的能力，硬要将世界贸易结算货币改为其他货币的直接结果是各国央行外汇储备大幅度贬值缩水。因此，撼动美元地位最主要的阻力来自于欧盟、新兴经济体（包括中国）这些国家与美国之间贸易的共生性。

虽然困难很大，但还是有一些努力在尝试着慢慢改变。如伊朗政府在 2006 年 3 月 20 日成立了全球首个以欧元计价的石油交易所。2008 年初，作为第四大石油出口国的伊朗已有 85％的石油交易不是用美元结算，并已将 70％的石油收入转为非美元货币。2007 年俄罗斯在对日和对华石油贸易中，采用卢布结算的交易额已经分别达到 8％和 13％左右。最有可能出现的是通过一篮子货币进行石油计价。早在 2005 年 7 月，沙特阿拉伯就曾表示应由六个石油产出国共同组建的共同货币——“阿拉伯第纳尔”，该货币将与欧元挂钩，或者与一篮子货币挂钩（陈晓进，2008）。由于美国强大的综合实力，要想取代石油美元地位，上述努力要取得实质性进展还需一个艰难的过程。

其次，石油供需变数较大，但基本格局短期内不会改变。从供给角度而言，首先 OPEC 仍将在世界石油市场中占据较大份额，当这一份额大到垄断价格高出其他地区的开发成本时，国际资本会流向其他石油资源地区，或其他能源产业，从而降低 OPEC 在国际石油市场中的地位。其次，主要产油区由于民族、宗教、历史等问题引起的各种冲突仍然是短期供给大幅波动的主要原因。从需求角度而言，首先，北美、西欧等发达国家的石油天然气需求量将会有所增加，但其增速会减慢，而发展中国家特别是作为第三大石油消费中心的亚太地区的广大发展中国家，石油需求增速将明显快于发达国家。其次，气候变化，石油资源的耗竭性会迫使主要石油消费国发展可再生能源，通过技术进步、节能降耗等方式降低对石油的依赖。最后，石油需求受到经济周期的强烈影响，经过 2008 年的金融危机后，世界经济的走势在很大程度上左右世界石油需求。

2）未来油价

短期油价更易受到非基本面因素的影响，不确定性更大，因此，出现剧烈大幅波动的可能性很大。在当今国际环境下，短期影响油价变化的因素主要包括北非和中东国家地缘政治。如伊朗核问题，叙利亚局势发展；欧洲债务危机有蔓延、扩散的趋势，意大利、西班牙等主要经济体已被卷入债务漩涡；新兴经济体受通胀困扰，经济增长速度明显放慢，印度 2011 年第一季度 GDP 增速降至 7.8%，创近 5 个季度新低，中国 2011 年第二季度 GDP 增速同比下降 0.8 个百分点；美国主权信用评级已被下调，经济数据好坏参半，复苏势头极不稳定，这些因素的变化趋势会对短期油价造成一定冲击。

在假设其他条件（主要是美元汇率）没有大的变动下，市场普遍认为 60～80 美元/桶是供需双方都能接受的比较合理的价格。但由于后金融危机时期，不确定性增加，能否长期将油价控制在该区域，主要看石油供需形势。

未来世界石油供应形势总体趋紧，而世界石油需求将会逐年上升，中国、印度等新兴经济体及中东产油国的石油需求量 2011 年年均增长 100～110 万桶/天，再加上石油开采成本上升的影响，未来国际原油价格在总体上仍是逐步上行的态势。

金融监管力度无论在长期还是短期都将是影响油价的主要因素之一。要保证石油期货市场健康发展，成为企业有效规避价格风险的场所，同时利用金融市场为石油产业发展提供融资平台，促进石油产业发展，监管是关键。2008 年 5 月 15 日，由美国参众两院压倒性票数通过的《农场法案》得到布什总统批准。该法案对造成“安然漏洞”的《商品期货交易现代法》进行了修改；2010 年 7 月 21 日，美国金融监管改革法案正式通过，该法案中对衍生品的监管将保证衍生品市场有效地发挥应有的避险功能并避免过度投机的发生。美国金融改革有助于石油市场的完善，减轻金融因素对未来油价的剧烈冲击。

3.4.3.2　中国的能源安全

1）正确理解中国的石油安全

首先，中国石油对外依存度虽然较高，但依靠大规模石油进口的国家很多，尤其是发达国家，如日本、美国等；其次，依靠世界资源发展本国经济是世界经济一体化发展下的正常趋势，随着这种趋势的进一步发展，国际贸易环境、贸易规则会逐步趋于完善，从而反过来保障石油进口的安全性。

2）采取有效措施保障石油安全

虽然美国、日本、欧盟等很多发达国家都在很大程度上依赖国际石油市场，但石油安全不是一个简单进口量的问题，为保证中国能源安全，除加强石油战略储备建设，拓宽进口渠道和大力发展可再生能源等外，应特别注意以下两点：

(1) 加强海上运输通道安全。正如前文所说，当今世界国际贸易环境、贸易规则趋于完善，加上中国经济的崛起，庞大的中国市场和较高的综合国力，基本上不会有哪个国家会不卖油给中国，所以发生禁运的可能性很低，即在正常情况下，买到油是有保障的，目前运输是我国石油供应安全的瓶颈，受制于人程度比较严重。

相比于其他运输方式，海上运输具有运量大、成本低、安全系数高等优点，是其他几种运输方式不可比拟的，在石油贸易中有较强优势，具有一定的不可替代性；其次，受制于海洋地形、气候等多种因素影响，海上运输通道一经形成便相对固定，并长期发挥作用。因此，通过建设铁路、管道运输以及增加本国游轮运输份额从短期来说，难以从根本上提高我国海上运输的安全性，而借助于更高层次、更广泛的国际合作，甚至军舰护航等方式才可从更长远角度保障海上运输通道的安全。

(2) 价格安全。在石油金融化发展的背景下，石油安全本质上已经从“生产-供应”型的“供给安全”模式转变成“贸易-金融”型的“价格安全”（王军，2010）。价格安全成为当今世界能源格局下应重点关注的安全问题。与同为石油进口大国的美国、日本相比，我国石油价格安全问题相对更为突出和严重。美国市场经济体系完善，定价机制市场化程度很高，纽约商品交易所的 WTI 期货交易量占全球原油期货交易的 60%左右，以及石油美元定价等优势，使得美国在国际石油价格形成中占据绝对优势地位。发达完善的期货市场，先进的风险管理工具，也为其石油价格风险管理提供了保障。日本经过多次定价机制改革，目前也已实现原油和成品油定价机制市场化和石油市场市场化，同时日本于 1999 年上市了成品油期货，2001 年又上市了原油期货，经过这些年的发展，日本石油期货市场已成为全球四大期货市场之一，在亚洲石油定价中发挥越来越重要的作用，同时也为其国内各类石油生产商和消费者提供了有效的避险工具。

由于我国石油市场化程度较低，成品油定价机制仍未市场化，只有原油价格由市场形成，但由于受石油市场垄断影响，原油价格未能很好地反映国内市场的供需，而只是简单地与国际原油价格接轨（Jiao，et al，2007），以及现货进口采购方式导致我国原油进口甚至出现买涨不买落，量价齐升等不正常现象，原油价格风险很高，价格安全得不到有效保证。

中国的能源安全，尤其是石油安全形势不容乐观，依靠国际市场是不可逆转的现实，在保障我国石油安全的过程中，应该注意如何利用我国已具备的国际地位和优势，在与美国、日本等消费大国的资源争夺，以及与俄罗斯等石油资源出口国的利益博弈中，保持恰当的平衡，任何失误都有可能使我国在国际石油市场格局中处于更加不利的地位，严重的甚至对我国的石油安全造成难以挽回的影响。

3.5 本章小结

石油安全是能源安全的核心，石油价格安全是和平年代石油安全的重点。由于石油资源重要的战略意义，石油价格不像一般产品那样主要由供需因素决定，其决定因素和机制极其复杂。本章从石油定价机制、石油价格波动特征及其影响、石油金融化以及石油价格与中国的能源安全四个方面围绕石油安全问题展开论述。石油美元定价机制、石油金融化发展、石油市场与金融市场联动使得 2008 年金融危机爆发以来，油价如过山车般暴涨暴跌，对石油安全产生重大影响，不仅如此，2002 年以来的油价暴涨还大大刺激了美国和欧洲的生物燃料发展，并引起石油安全与粮食安全的矛盾之争。中国在当前原油进口依存度超过 50%，运输通道风险很高，运力受制于人，石油定价机制和石油市场尚未完成市场化改革的情况下，石油安全问题丝毫不容懈怠。

第 4 章　中国能源进口与运输风险评价

由于能源资源禀赋的制约，以及我国持续快速经济增长对能源的巨大需求，我国能源生产呈现出供不应求的特点，近年来，能源进口量和对外依存度持续上涨，2009 年我国超过日本成为仅次于美国的世界第二大石油进口国，同时，又成为煤炭净进口国，能源贸易成为我国保障能源供应安全的重要组成部分，能源运输安全因此成为能源贸易的关键决策问题。本章将从以下几个方面重点讨论：

- **中国能源贸易通道面临哪些运输风险?**
- **中国石油进口的综合风险如何?**
- **中美原油进口风险存在哪些差异?**
- **中国煤炭贸易与运输面临哪些风险?**
- **中国天然气贸易与运输面临哪些风险?**

4.1　中国主要能源贸易通道的运输风险分析

4.1.1　中国能源贸易的主要运输通道

我国能源贸易由来已久，1863 年第一次进口煤油，便掀开了长达 150 年能源贸易的历史。受能源生产能力的制约，从 1863 至 1963 年，我国石油消费主要依赖进口，所以能源贸易是单边的进口贸易。1963 年大庆油田投产，基本满足国内石油消费；虽然国内石油产量增长迅速，但是受西方国家对华贸易封锁的制约，1964～1972 年我国能源出口贸易非常有限。直到 1972 年美国尼克松总统访华，西方国家陆续解开对华贸易封锁。自 1973 年开始，我国大量出口煤炭、石油等资源，能源贸易由进口转变为出口。然而，随着我国经济持续快速增长对能源的巨大需求，1993 年我国再次成为成品油的净进口国，1996 年成为原油净进口国，2007 年成为天然气净进口国，2009 年又成为煤炭净进口国，能源贸易再次转变为进口型贸易。

当前，我国能源进口贸易以原油、成品油和天然气为主，煤炭进口量相对较少，出口则主要是煤炭贸易。我国煤炭进出口贸易都集中在周边国家和地区，进口主要来源于印度尼西亚、澳大利亚、蒙古、俄罗斯等国，出口主要是日本、韩国和台湾地区，所以煤炭贸易面临的运输风险相对较小，而油气贸易则不然。因此，本节重点讨论油气进口的运输风险。

由于世界油气资源主要富集于中东、俄罗斯、中亚和非洲地区，而消费主要集中在北美、欧洲和亚太，所以产生了连接能源生产地与消费地的纽带——能源通道，其中，我国油气进口的主要能源通道包括：中东航线、北非航线、东非航线、西南非航线、南美航线和东南亚航线；中俄泰纳支线安大石油管线、中哈油气管线、中国—中亚天然气管线以及中缅油气管线（详见表 4-1 和图 4-1 所示）。世界石油运输方式主要有海洋运输、管道运输和铁路运输，就国际石油贸易而言，主要以油轮和管道运输为主，铁路运输仅作为补充。从全球石油跨国运输网来看，约 60％的石油通过海运，接近 40％的石油经由管道运输。

表 4-1　我国油气进口的主要航线

<table>
<tr><td>港口</td><td colspan="6">中东航线（伊朗、沙特、阿联酋、阿曼、科威特——中国）
航线主要风险节点</td><td>运抵港口</td></tr>
<tr><td>哈尔克</td><td colspan="2" rowspan="8">霍尔木兹海峡</td><td rowspan="8">印度洋</td><td colspan="2" rowspan="8">马六甲海峡</td><td rowspan="8">南中国海</td><td rowspan="8">上海
大连
广州
天津
青岛
镇江</td></tr>
<tr><td>阿巴斯</td></tr>
<tr><td>法奥</td></tr>
<tr><td>艾哈迈迪</td></tr>
<tr><td>阿卜杜拉</td></tr>
<tr><td>拉斯坦努拉</td></tr>
<tr><td>达斯岛</td></tr>
<tr><td>法赫尔</td></tr>
<tr><td>港口</td><td colspan="6">南美航线（委内瑞拉、巴西、厄瓜多尔——中国）</td><td>运抵港口</td></tr>
<tr><td>克鲁斯</td><td>加勒比海</td><td>大西洋</td><td>莫桑比克海峡</td><td>印度洋</td><td>马六甲海峡</td><td>南中国海</td><td rowspan="2">广州</td></tr>
<tr><td>里约热内卢</td><td colspan="2">大西洋</td><td>莫桑比克海峡</td><td>印度洋</td><td>马六甲海峡</td><td>南中国海</td></tr>
</table>

续表

<table>
<tr><td>港口</td><td colspan="7">中东航线（伊朗、沙特、阿联酋、阿曼、科威特——中国）
航线主要风险节点</td><td>运抵港口</td></tr>
<tr><td>港口</td><td colspan="7">北非航线（苏丹、利比亚——中国）</td><td>运抵港口</td></tr>
<tr><td>苏丹港</td><td>曼德海峡</td><td>亚丁湾</td><td colspan="2">印度洋</td><td colspan="2">马六甲海峡</td><td>南中国海</td><td>青岛</td></tr>
<tr><td>阿尔泽</td><td rowspan="3">地中海</td><td rowspan="3">苏伊士运河
（红海）</td><td rowspan="3">曼德海峡</td><td rowspan="3">亚丁湾</td><td rowspan="3">印度洋</td><td rowspan="3">马六甲</td><td rowspan="3">南中国海</td><td>广州</td></tr>
<tr><td>哈里盖</td><td>上海</td></tr>
<tr><td>锡德尔</td><td>大连</td></tr>
<tr><td>港口</td><td colspan="7">东非航线（肯尼亚、刚果——中国）</td><td>运抵港口</td></tr>
<tr><td>蒙巴萨</td><td colspan="2">索马里</td><td colspan="2">印度洋</td><td colspan="2">马六甲海峡</td><td>南中国海</td><td>天津</td></tr>
<tr><td>港口</td><td colspan="7">西南非航线（安哥拉、赤道几内亚、尼日利亚、加蓬——中国）</td><td>运抵港口</td></tr>
<tr><td>卡宾达</td><td rowspan="3">几内亚湾</td><td rowspan="3" colspan="2">莫桑比克海峡</td><td rowspan="3">印度洋</td><td rowspan="3" colspan="2">马六甲海峡</td><td rowspan="3">南中国海</td><td>黄埔港</td></tr>
<tr><td>洛比托</td><td>镇江港</td></tr>
<tr><td>邦尼</td><td>天津</td></tr>
<tr><td>港口</td><td colspan="7">东南亚航线（印度尼西亚、马来西亚、文莱——中国）</td><td>运抵港口</td></tr>
<tr><td>丹戎不碌</td><td colspan="4">南海</td><td colspan="3">南中国海</td><td>广州</td></tr>
</table>

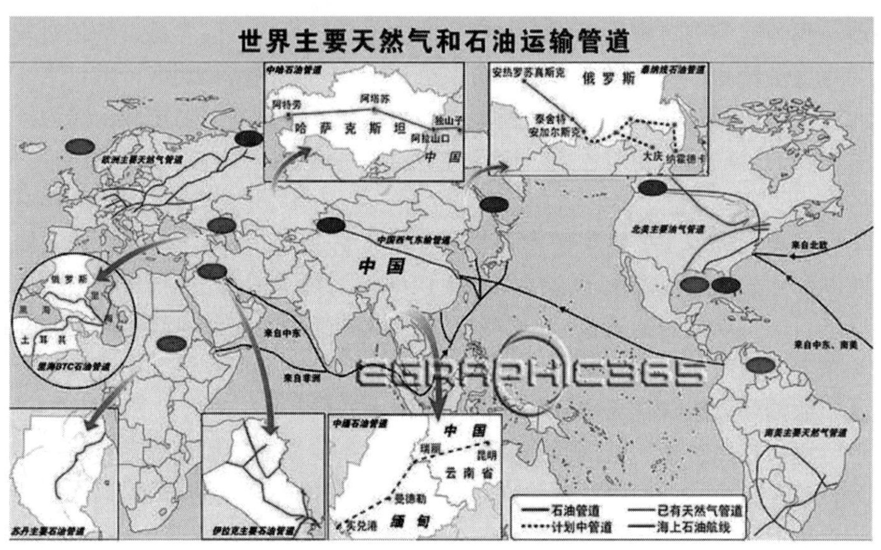

图 4-1 世界主要油气运输管道

（图片来源：国新图库）

作为世界第二大石油消费国和进口国，我国原油进口主要集中在中东和非洲地区，由于地域的原因，我国石油进口的主要渠道是海上油轮运输。目前承担我国油气运输任务的外国航运公司主要是欧洲、北美、亚洲等各大航运巨头，约占海洋运输量的 85%。如丹麦的“马士基”，日本的“日本邮船”、“川崎汽船”、“商船三井”，以及韩国和新加坡等地的航运公司，特别是在中东东行和西非东行两条主要航线上，我国航运公司所承运的份额更少。因此，要实现我国“国油国运”的目标还任重道远。

虽然海运在很大程度上保障了中国的能源供应，但由于中国距离油气生产基地路途遥远，海运风险很大。除了自然气候和海盗风险外，地缘政治因素也严重威胁着我国海运通道的安全。美国在其全球战略中，公开表示要控制全球 16 个重要战略通道，其中，与我国能源运输密切相关的达 7 个之多，分别为：望加锡海峡、巽他海峡、马六甲海峡、曼德海峡，苏伊士运河、直布罗陀海峡和霍尔木兹海峡。

太平洋的重要海上运输咽喉有 20 多个，大多分布在西太平洋地区，其中对我国海上运输影响比较大的海峡水道主要有：①马六甲海峡——位于马来西亚和新加坡之间，连接印度洋和太平洋，是亚洲最重要的海上通道，我国进口石油的 80%及其他物资的 50%要经过马六甲海峡；②巴拿马运河——该运河大大缩短了大西洋和太平洋之间的航程，是仅次于苏伊士运河的一条重要世界运河，也是中国同南北美洲东海岸诸国进行海上贸易的海上咽喉；③琉球群岛诸水道——位于东海和太平洋之间，是我国船舶东出太平洋的必经之路，其中大隅海峡、宫古水道的战略价值尤为重要；④巴士诸海峡——沟通南海与太平洋的重要海峡，是西太平洋著名的国际海上通道，也是东南亚与东北亚各大港口来往要道，是我国东南沿海前往澳大利亚、美国加拿大西海岸的必经之地。

印度洋是我国海上航线通往中东、非洲和欧洲的必经之地。①北印度洋航线——是我国西出马六甲海峡以及巽他、龙目、望加锡海峡并前往南亚诸国各港口、苏伊士运河以及波斯湾的航线，中国进口石油的 50%，进口铁矿石的 20%以上要经过此航线，是中国最重要的石油航线；②中印度洋航线——是我国前往中非各国东海岸的主要航线；③南印度洋航线——是我国来往南非各国以及西非各国的主要航线，目前已成为我国进口非洲石油资源以及对非外贸的主要航线，该航线也是我国大型船舶经过好望角前往欧洲进行贸易的主要航道。

在印度洋的诸多航线中，霍尔木兹海峡、马六甲海峡、苏伊士运河等要道是很多船队特别是油轮船队必须经过的海上航运咽喉，在国际贸易中起着非常重要的作用。与我国海上通道相关度比较大的海峡主要有：①苏伊士运河——该运河目前是世界上最繁忙的运河，欧亚间货物的 80%都通过苏伊士运河，该运河既是西方国家进口石油、战略自然资源的重要贸易通道，也是亚洲国家尤其是我国同欧洲进行贸易的主要水道，苏伊士运河早已成为欧、亚、非三大洲海上交通的战略枢纽；②霍尔木兹海峡——位于阿曼和伊朗之间，连接波斯湾和阿拉伯海，是目前世界上最重要的石油运输通道；③曼德海峡——位于吉布提、厄立特里亚和也门之间连接红海和阿拉伯海，被称为连接欧、亚、非三大洲的“水上走廊”，该海峡在经济和战略上与苏伊士运河有着同样重要的地位。

大西洋海运业发达，海上通道众多，其边缘海——地中海和加勒比海地理位置重要，海上运输十分繁忙，具有重要的战略地位。改革开放以前，我国活跃在大西洋上的船舶相对较少，大西洋的海上通道也不为我国所关注，随着改革开放的进一步深入，我国在大西洋上活动的船舶越来越多，大西洋的海上通道安全已成为我们必须关注的对象之一。目前，我国在大西洋海域的重要海上通道主要有：①苏伊士运河至地中海、黑海沿岸各国航线——是我国向地中海沿岸国家出口加工品、进口先进技术和设备的重要海上通道之一；②好望角至西非各国航线——是我国向西非沿岸国家出口加工品、进口西非石油等战略自然资源的重要海上通道之一。

为缓解能源进口过度依靠海运的局面，中国开始把目光投向了周边国家，随着俄罗斯和中亚地区能源大开发的深入，中俄、中国—中亚能源合作也不断加强。从表 4-2 中可以看出，从 2000 年到 2011 年，我国原油进口主要来源地发生了很大变化。2000 年我国原油进口的前十大来源国中，既没有俄罗斯也没有中亚国家，主要是中东、非洲和亚太地区国家；2011 年俄罗斯及中亚国家已成为中国原油进口的重要来源地，取代了资源量不足的印尼、越南等亚太地区国家。另外，俄罗斯、中亚地区等国家对我国石油出口量增加的主要原因是新的能源通道的建成，进入 21 世纪以来，该地区已建成了东北和西北两条重要的油气进口通道，逐步改变了我国能源进口过度依靠海运的局面，为保障国家能源供应安全发挥了重要的作用。

表 4-2　2000 年和 2011 年我国原油进口主要来源地对比

2000 年			2011 年		
国家	进口量（万吨）	比例	国家	进口量（万吨）	比例
阿曼	1566.1	22.3%	沙特阿拉伯	5027.8	19.8%
安哥拉	863.7	12.3%	安哥拉	3115.0	12.3%
伊朗	700.1	10.0%	伊朗	2775.7	10.9%
沙特阿拉伯	573.0	8.2%	俄罗斯联邦	1972.5	7.8%
印度尼西亚	457.5	6.5%	阿曼	1815.3	7.2%
也门共和国	361.2	5.1%	伊拉克	1377.4	5.4%
苏丹	331.4	4.7%	苏丹	1298.9	5.1%
伊拉克	318.3	4.5%	委内瑞拉	1151.8	4.5%
越南	315.9	4.5%	哈萨克斯坦	1121.1	4.4%
卡塔尔	159.9	2.3%	科威特	954.2	3.8%

数据来源：中国海关数据库。

4.1.2　石油海洋运输面临的主要风险分析

1）突发事件引发运输航线封锁，导致石油供应中断风险

在战争中，石油运输通道往往成为军事打击的重要目标。两伊战争期间，伊拉克对在波斯湾航行的船只发动了 132 次攻击，击沉或严重毁坏船只 40 余艘；伊朗共发动了约 70 次袭击，毁坏了 11 艘船只。而且相关国家也在管线、港口等问题上大做文章，作为支持友方、遏制对方的手段。战争爆发后，支持伊朗的叙利亚就关闭了伊拉克经叙利亚通往地中海的输油管线，使得伊拉克石油输出量减少了 30%。两伊战争严重影响了波斯湾石油航运的安全。

海湾危机期间，土耳其、沙特关闭了境内输送伊拉克石油的输油管道，伊拉克经波斯湾到霍尔木兹海峡的出口也被美国封锁。因此，海洋石油运输受地缘政治和突发事件的影响较大。2011 年底，美伊关系再度紧张，伊朗高调开展封锁霍尔木兹海峡的军事演习，如果未来美伊关系进一步恶化，一旦伊朗封锁霍尔木兹海峡，切断中东石油出口的咽喉要道，那么像我国这样高度依赖中东石油进口，且缺乏充足战略石油储备的国家，将不得不面临石油供应短缺的风险。

2）海盗袭击日益猖獗，严重威胁过往油轮的安全

石油的海洋运输成本最低，但是风险却最高。在一些有争议及军事不稳定的地区，海盗活动严重威胁着过往商船的安全。索马里海域、亚丁湾、马六甲海峡、西非沿岸、

孟加拉湾等附近水域为海盗多发地区，苏伊士运河连接的红海和亚丁湾一带，不仅是海盗作案的高发地带，也是与其濒临的东南亚和中东地区恐怖组织时常出没的地方。

冷战结束后，海盗袭击事件逐渐增多，20 世纪 90 年代全球每年发生的海盗袭击事件在几十起左右，2000 年达到最高峰 469 起。据国际海事局统计，2001 年，马六甲海峡海盗袭击造成的直接经济损失高达 160 亿美元。1991～2001 年，在全世界发生的 2000 多起海盗袭击中，东南亚发生 1600 多起，占据 66%左右，主要集中在马六甲海峡。2003 年全球范围内 445 起较大的海盗事件约 25%发生在印度尼西亚水域。据国际海事局（International Maritime Bureau，IMB）驻吉隆坡的海盗举报中心报告，2004 年报道的海盗袭击中有 60%发生在印度尼西亚海域。

随着世界各国对海盗袭击事件越来越重视，很多国家联合起来采取了一系列打击措施，2004～2008 年全球海盗袭击事件总体略呈下降的趋势（如图 4-2 所示）。IMB 统计的数据表明，2005 年全球海盗袭击事件共 276 起；2006 年共发生 239 起海盗袭击事件，马六甲海域的袭击事件数量明显下降，但东非的索马里、亚丁湾海域海盗活动频繁；2007 年全球海盗袭击事件 263 起，东南亚海域的马六甲海峡和印度尼西亚海域的袭击事件总体呈下降趋势，但是西非几内亚湾和东非索马里海域的海盗袭击事件明显增多；2008 年发生海盗袭击事件 293 起，主要集中在索马里海域、亚丁湾、马六甲海峡、波斯湾和几内亚湾。

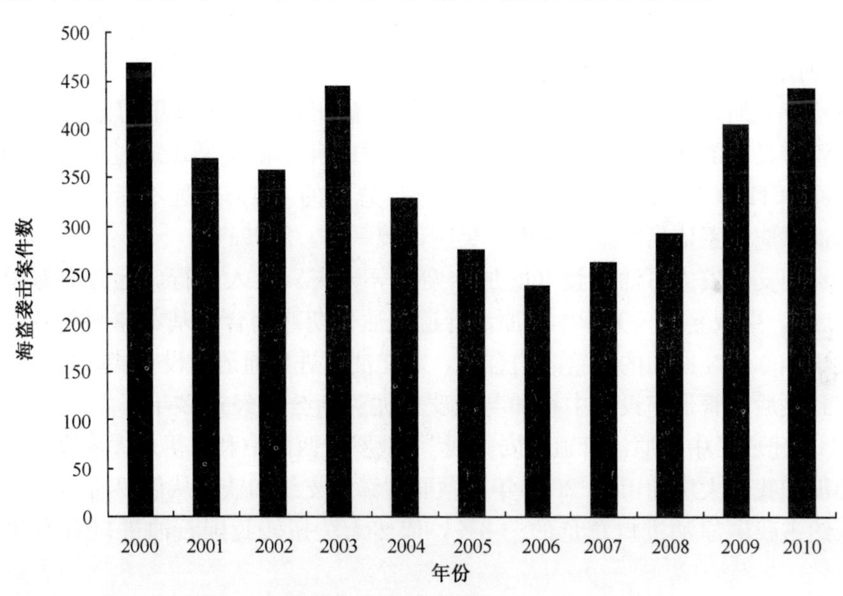

图 4-2　全球海盗袭击事件次数（2000～2010 年）

2008 年年底，索马里海盗劫持了沙特“天狼星”号油轮，开出了 2500 万美元的高额赎金，助长了海盗的士气。2009 年开始，全球海盗再一次猖獗，2009 年和 2010 年海盗袭击事件再次超过 400 起，主要集中在索马里、亚丁湾海域。

总的来看，近年来，全球海盗袭击呈现了多元化趋势，马六甲海峡不再是唯一的高发区，索马里海域和亚丁湾海盗活动异常活跃。主要是随着各国对马六甲海峡的重视，各国争相派兵“保护”，美国、印度、日本等国军事力量聚集，海上巡逻越来越频繁，所以原来活跃在马六甲海峡的海盗逐渐转移。由于索马里政局不稳，为海盗滋生提供了环境，所以索马里海域海盗异常猖獗。因此，打击海盗光靠海上巡逻和护航是远远不够的，维护地区间的和平与稳定才是上策。

4.1.3 中国降低能源贸易运输风险的策略

综上所述，石油海洋运输风险受很多不确定因素（地缘政治、海盗袭击、突发事件、自然灾害等）的影响，为了有效规避和降低我国石油进口的海洋运输风险，我国政府已经采取了一系列的措施，但很多措施真正发挥作用还需以时日。

4.1.3.1 我国跨境油气进口管网初见端倪，解困马六甲尚需时日

为了抵御现在的石油海运风险，我国正在积极地寻求在俄罗斯、中亚的陆地运输管线和印度洋的入海口。俄罗斯和中亚的陆地运输将实现我国石油进口运输方式的多元化，而获得印度洋的入海口，可以降低我国石油进口的海运风险。在这一过程中，我国周边很多潜在的运输线路先后受到关注和启动。其中包括中哈石油管线、中俄泰纳支线安大石油管线、中缅油气管线、中国—中亚天然气管线和中巴石油管线等方案（如图 4-1 所示）。

(1) 中哈油气管线（阿塔苏—阿拉山口）成功贯通，但运力有限。我国西部已投入使用的第一条“跨境油气补给线—中哈石油管线”，西起哈萨克斯坦的阿塔苏、东至中国新疆阿拉山口，全长 962 公里（如图 4-1 所示）。中哈石油管道向中国输送的原油中，50%来自哈萨克斯坦的扎纳诺尔油田和阿克纠宾油田，50%来自里海地区的俄罗斯油田。这条管道设计的年输送能力为 2000 万吨，2011 年哈萨克斯坦通过中哈原油管道向我国出口原油 1100 多万吨，仅占我国原油进口总量的 4.4%，远不能从根本上解决目前我国原油供应体系依靠海运的局面（吴刚，魏一鸣，2009a）。

(2) 泰纳支线安大石油管线（安加尔斯克—大庆）投入运行，运力亦有限。2003 年 5 月 28 日，中俄签订《关于中俄原油管道原油长期购销合同基本原则和共识的总协议》和关于 600 万吨原油的铁路购销合同，东北油气进口通道建设正式开始。从最初的地质勘探到最后的管道建设，中石油与俄罗斯尤克斯公司经过多年努力，终于在 2010 年 11 月 1 日建成了中俄原油管道“安大线”（俄罗斯西西伯利亚伊尔库茨克地区的安加尔斯克油田和我国大庆油田）。2011 年我国通过泰纳支线和铁路从俄罗斯进口原油 1900 多万吨，约占我国原油进口总量的 7.8%，依然无法扭转我国石油进口对海洋运输的依赖。

(3) 中缅油气管道正在建设中，解困马六甲另辟蹊径。2008 年 6 月，中石油与缅甸联邦政府正式签署《缅甸海上 A1、A3 区块天然气销售和运输谅解备忘录》。该谅解备忘录的签署是中缅天然气合作项目的重要里程碑，这标志着中缅跨境输气管道项目转入正式实施阶段。目前，中缅天然气和石油两条管道均在建设过程中，预计在 2013 年前后建成投产。按照规划，项目包括原油和天然气管道、储运设施及其附属设施，以及在缅甸马德岛建设一个可从超大型油轮卸载原油的码头及其附属的原油储运设施。中缅原油管道起点在缅甸西海岸马德岛，天然气管道起点位于与马德岛隔着卡拉巴海沟相望的缅甸西部港口皎漂港，油气管道终点为我国云南省会昆明，全长约 2380 公里，年设

计输送能力为 2000 万吨原油和 120 亿立方米天然气。中缅油气管道的意义绝不仅仅在于进口缅甸油气田每年生产的少量原油和 120 亿立方米的天然气，其最大的目的是开辟一条不经过马六甲海峡，直接把从中东和非洲进口的原油从缅甸西部港口运送到我国西南地区的陆上通道，为解困马六甲另辟蹊径，增强我国能源供应安全。

(4) 中国—中亚天然气管道驶入快车道，前景一片大好。中亚天然气管道 A 线建设始于 2008 年 6 月 30 日，于 2009 年 12 月 15 日投入运行并开通了 1 号压缩站。B 线于 2010 年 10 月 20 日投产。2011 年 4 月 19 日，在乌兹别克斯坦总统访华期间，中石油与“乌兹别克油气”国家控股公司签订了“中国—乌兹别克斯坦天然气管道建设协议”。该管线是中国—中亚天然气管线 A、B 线之后的第三条管线（C 线），2011 年 12 月 15 日，中亚天然气管道 C 线的开工典礼在乌兹别克斯坦的加兹里隆重举行，设计年输气能力为 250 亿立方米，将于 2013 年底前建成。中国—中亚天然气管道是目前我国最主要的天然气进口管道，管道起始于阿姆河右岸的土库曼斯坦和乌兹别克斯坦边境，经乌兹别克斯坦中部和哈萨克斯坦南部，从阿拉山口进入中国，全长约 10000 公里，是目前世界上最长的天然气管道。已建成的中国—中亚天然气管道 A/B 线，计划在未来 30 年的运营期内，每年将从中亚地区向我国稳定输送 300～400 亿立方米的天然气，相当于 2010 年我国天然气消费总量的 30.0%左右，再加上 C 线 250 亿立方米的设计能力，所以中亚天然气管道运输能力非常大，对降低我国天然气进口的运输风险非常有利。

(5) 中巴石油管线（瓜达尔港—红其拉甫山口）悬而未决。近年来，有关修建中巴石油管线的争议不断，焦点主要集中在：耗费巨资修建中巴石油管线，能在多大程度上增加我国的石油进口多元化指数，降低石油进口运输风险。设计中的“中巴石油管线”的具体路径是，在巴基斯坦西南部的瓜达尔港至新疆的红其拉甫山口之间修建一条石油管线。瓜达尔港距离石油输出大国伊朗边境只有 72 公里。如果“中巴石油管线”计划实现，来自中亚的石油，将从这里直接输送至我国境内。2008 年 3 月 20 日，我国援建瓜达尔港工程举行了竣工仪式，一期工程中方提供了 1.99 亿美元的融资；二期工程，中方的援助预计将高达 5 亿美元，这也是我国迄今较大的援外工程之一。尽管决策层目前对巴方修建中巴石油管线的提议不置可否，但援建瓜达尔港的能源战略布局意图应该是不言自明的。事实上，修建中巴石油管线，短期内并不可行，但中长期来看，也不失为一个破解马六甲困局的办法。

4.1.3.2　中国海军首次执行远洋护航任务，拉开武力打击海盗的序幕

海盗袭击一直是海洋运输无法根除的顽疾，长期困扰着各船运公司和贸易国。日益猖獗的海盗严重威胁了全球石油贸易安全，所以如何应对猖狂的索马里海盗成了一个世界性问题，世界各主要国家纷纷发表声明，献计献策武力打击海盗。

2008 年 11 月 14 日，中国天津远洋渔业公司的“天裕八号”渔船，在肯尼亚海域被索马里海盗劫持，包括 17 名中国船员在内的 25 人被扣为人质。12 月 17 日，中国交通建设集团总公司圣文特籍“振华 4 轮”，在亚丁湾水域再次受到海盗袭击，船上有 30 多名中国籍船员，与海盗们周旋数小时，在多国部队救援直升机的帮助下，海盗最终被击退。12 月 26 日，我国海军编队从海南三亚出发，远赴亚丁湾和索马里海域执行远航

护航任务，这是中国海军近代以来，首次派遣军事力量赴海外维护国家利益，也是中国海军首次赴海外履行国际人道主义任务。护航编队由三艘舰艇组成，编队的主要任务是保护航行在亚丁湾和索马里海域中国船舶的安全。因此，此次海军编队远赴索马里执行远航护航任务，正式拉开了武力打击海盗袭击的序幕，在很大程度上降低我国石油进口的海洋运输风险，对保障我国油气运输安全具有重要的意义。

4.2 中国石油进口综合风险的比较分析

4.2.1 中国原油和成品油贸易差异

由于工业化和城镇化的快速发展，我国石油需求增长迅速。据中国海关统计，1993～1996 年我国原油进出口基本平衡，自 1996 年我国成为原油的净进口国之后，原油进口量增长非常迅速，2010 年原油进口 2.39 亿吨，相对于 1996 年增加了 9 倍。自 1996 年以来，原油出口呈快速下降趋势，2010 年原油出口 303 万吨，仅相当于 1996 年的 15.0%。然而，由于我国成品油价格由政府管控，采取依据国际市场的价格变化不定期调整国内成品油价格的方式，致使一定时期内国内成品油价格低于国际价格，所以，1993～2010 年我国成品油进口量增长速度相对原油要缓慢得多，仅增加了 1.1 倍，而成品油出口量却呈快速增加的趋势，增加了 4.6 倍（如图 4-3 所示）。因此，我国石油贸易的特点是原油进口和成品油出口都以较快的速度增长，而成品油进口增长相对缓慢，无形之中增加了我国石油贸易的风险，不利于我国的石油供应安全。

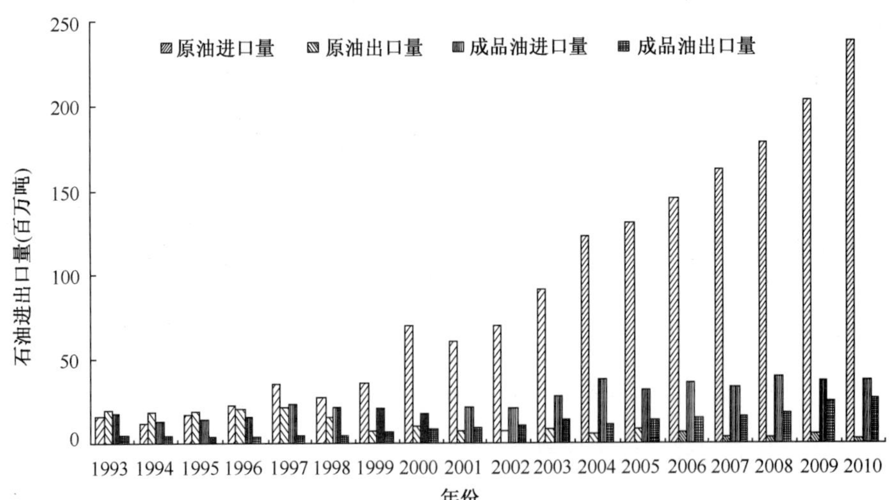

图 4-3 中国原油和成品油进出口量的变化（1993～2010 年）

中国原油进口形成了“买涨不买落”的现象。中国海关统计数据表明，1999 年 1～2 月，在国际原油价格处于低谷时期，我国仅进口原油 297.94 万吨，比上年同期减少了 40%；1999 年 3 月国际油价开始大幅回升，我国原油进口也相应增加，当月进口原油 433.25 万吨，成为自 1998 年 1 月以来进口最多的月份，是 1999 年 2 月进口量的 2.6

倍。2000 年 11 月，Brent 平均价格达到自 1995 年以来的历史最高点 31.0 美元/桶，我国原油月进口量也增加到 649 万吨，比上月增加了 10%；2000 年 12 月当国际油价掉头下滑时，我国原油进口量也相应降低，2001 年 1 月份当油价降到 25.6 美元/桶时，仅进口了 370 万吨，减少了 279 万吨（如图 4-4 所示）。

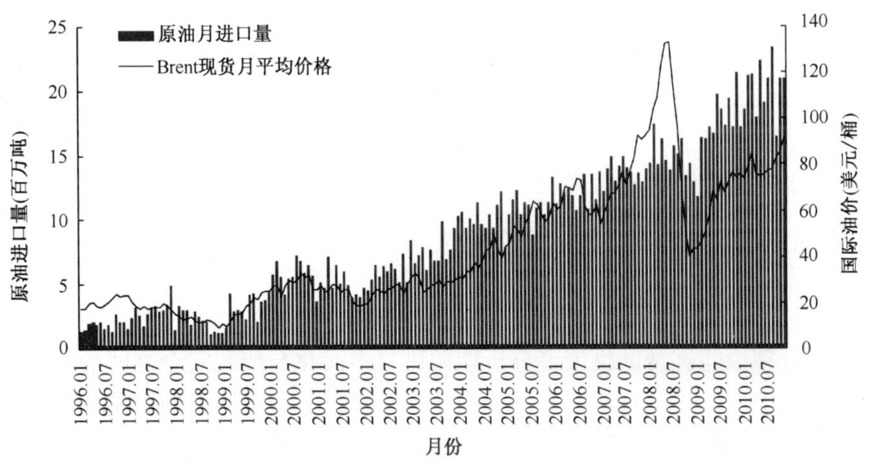

图 4-4　中国原油月平均进口量和 Brent 现货月平均价格（1996～2010 年）

我国成品油出口缺乏国家的宏观调控，所以成品油贸易在保障国家石油供应安全方面效果甚微。2005 年 8 月上旬，我国的广州、深圳等地的“油荒”给当地的经济增长造成了严重的影响，然而，我们发现，2005 年上半年我国共出口了 759 万吨成品油，与 2004 年同期相比增长了 48.6%，而成品油进口却比 2004 年同期下降了 21.1%；2005 年全年我国成品油出口 1400.88 万吨，比上一年增加了 22.3%，进口 3143.19 万吨，比上一年下降了 17.1%（中国海关统计，2007）。2005 年上半年，我国汽油、柴油的产量与 2004 年同期相比仅增加了 2.4%、9.2%，航空煤油的产量与 2004 年同期相比却减少了 9%，然而三种油品出口量的同比增幅却高达 31.6%、21.8%和 130%。所以国家对成品油市场宏观调控的疲软，进一步加剧了“油荒”的蔓延。因此，本章将重点开展我国原油和成品油进口风险的比较分析，探讨未来应该如何组合原油和成品油的进口，使总的石油进口风险最小。

在石油进口风险方面，Gupta（2008）基于单位 GDP 的人均石油消费等一系列评价指标，应用主成分分析方法研究了 2004 年世界 26 个主要石油净进口国家的石油相对易损性，研究结果表明各个国家的石油易损性有很大的差异。Pandian（2005）评价了印度海外油气管道项目的政治经济风险，分析认为印度、伊朗和巴基斯坦并没有真正共享海外油气管道项目的收益和风险，印度的赌注要高于伊朗和巴基斯坦。Stern（2004）系统分析了英国天然气安全现状。Wu 等（2007）应用投资组合模型定量研究了中国原油进口的系统风险和特定风险，研究结果表明，中国原油进口风险受国际油价的波动影响很大，盲目的原油进口多元化并不一定能降低进口风险。Wu 等（2008a）定量研究了中国成品油（燃料油、汽油、柴油和航空煤油）进口的风险，研究结果表明，投资组合的系统风险指数如实反映了国际油价波动的剧烈程度和“量价齐增”对中国成品油进口投资组合系统风险的影响，如果中国成品油进口策略按各月以相同的进口量来组织成品油进口，那么系统风险指数将会比实际的风险指数平均下降 2.15%。田春荣（2008）定性分析了 2007 年中国石油进口的现状及变化趋势。

为了降低能源进口风险，各能源进口国都采用多元化的进口策略，如何针对石油进口制定策略成为关键的问题，吴刚等（2005）应用 HHA 方法研究了世界主要石油进口国和地区（美国、中国、日本、欧盟）的进口风险，评价结果表明：欧盟的进口风险呈下降趋势，而中国的进口风险呈上升趋势，美国、日本的进口风险呈先降后升的趋势，由于受国际能源地缘政治的影响每个地区的石油进口风险是不同的，所以只有有选择性的实现石油进口多元化，才能有效降低进口风险，盲目增加进口来源的数量，虽然多元化指数会增加，但并不能有效降低石油进口风险。

4.2.2 石油进口的投资组合风险评价模型

4.2.2.1 投资组合模型

投资组合理论能够帮助决策者分析能源进口多元化与能源安全之间的关系。由于国际石油价格受供需变化、自然灾害、地缘政治、投机等很多因素的影响，任何一个因素发生细微的变化都将导致国际石油价格的剧烈波动，而和平发展时期，对于石油进口国来说，石油进口风险主要表现为油价剧烈波动所带来的经济损失，所以应用投资组合理论，我们把石油进口风险分为系统风险和特定风险（Wu，et al，2007）。本章我们应用投资组合理论和多元化指数方法，从多个层面来研究中国石油进口风险问题。

石油进口的投资组合期望收益：

$$E(r_p) = X_{\text{cru}} \times E(r_{\text{cru}}) + X_{\text{pet}} \times E(r_{\text{pet}}) \tag{4-1}$$

$$E(r) = 1 - \frac{P_i - P_{i-1}}{P_{i-1}} \tag{4-2}$$

式中，$E(r_p)$ 是石油进口的投资组合期望收益；$X_{\text{cru}}, X_{\text{pet}}$ 原油和成品油进口份额；$E(r_{\text{cru}}), E(r_{\text{pet}})$ 原油和成品油进口的期望收益，这里指的是年平均收益；P_i 原油和成品油进口月平均价格。

石油进口的投资组合风险：

$$\sigma_P = \sqrt{X_{\text{cru}}^2 \sigma_{\text{cru}}^2 + X_{\text{pet}}^2 \sigma_{\text{pet}}^2 + 2 X_{\text{cru}} X_{\text{pet}} \rho\, \sigma_{\text{cru}}\, \sigma_{\text{pet}}} \tag{4-3}$$

式中，$\sigma_{\text{cru}}, \sigma_{\text{pet}}$ 原油和成品油月平均进口价格的标准差；ρ 原油和成品油月平均进口价格的相关系数。

理论上，在石油进口组合中，100%进口原油的组合方案虽然有较高的期望收益，但是其风险或月平均价格标准差比 100%进口成品油的组合方案要高（如图 4-5 所示）。中国原油和成品油月平均进口价格的相关系数为 $R=0.98$，暗示了石油进口由 100%进口成品油逐渐转变到 100%进口原油的组合方案之后，期望收益和风险变化函数是趋于线性的。所以这种情景下，原油和成品油各 50%的进口组合方案在期望收益和风险上没有特别的优势，尽管它的风险比 100%进口原油的组合方案要小得多，但是它的期望收益也一样小得多（如图 4-5 所示）。

然而，如果原油和成品油进口价格的相关性较弱，那么由 100%进口成品油转变到 100%进口原油的组合方案的投资组合效果就会很明显，如两者的相关系数 $R=-0.4$

时，石油进口组合效果最明显的变化就是风险的迅速降低。如果两者的相关系数 $R=-1.0$时，将会产生一个无风险组合点（如图 4-5 所示）。

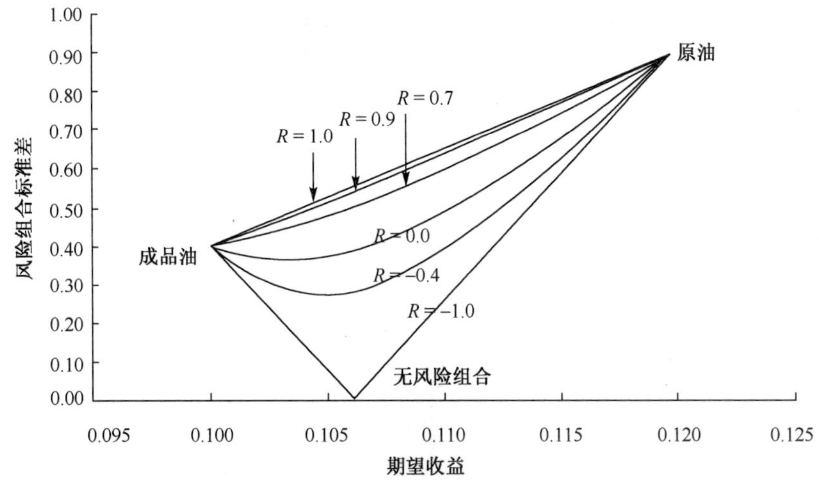

图 4-5　不同相关系数下原油和成品油进口风险和收益的关系

4.2.2.2　数据来源

1993～2009 年中国石油进出口量的数据来源于《中国对外经济贸易年鉴》、《中国商务年鉴》和《中国海关统计年鉴》，1995～2009 年原油和各类成品油（燃料油、汽油、柴油、航空煤油）的价格采用的是 New York Harbor 的现货价格来源于美国能源部能源信息署，1994～2002 年中国石油各进口国家的进口量数据来源于《中国对外经济贸易年鉴 1995/96、1996/97、1997/98、1998/99、2000、2001、2002、2003》，2003～2009 年中国石油各进口国家的进口量数据来源于《中国商务年鉴 2004、2005、2006、2007、2008、2009、2010》。

4.2.3　中国原油和成品油进口的特定风险比较

多元化是规避贸易风险的有效方式之一，也就是不要把所有鸡蛋放到一个篮子里。石油作为重要的战略性资源，国际石油贸易充斥着复杂的地缘政治关系，所以石油进口的多元化显得尤为重要，世界各主要石油进口国都纷纷采用多元化策略来规避和降低本国石油进口风险。那么如何评价石油进口的多元化程度？

Neff（1997），Agiobenebo（2000）提出了 Hirschman-Herfindahl-Agiobenebo（HHA）指数来度量商品的市场集中度，而多元化恰恰是衡量贸易的分散程度，所以我们在市场集中度指数的基础上，对其进行了细微的改进，提出了衡量多元化程度的方法，如公式 4-4 所示：

$$I_{\mathrm{div}} = 1 - \sqrt{\sum_{i}^{n} S_i^2} \qquad (4\text{-}4)$$

式中，S_i 为从国家 i 的进口原油数量占年原油进口总量的比例。

为了降低石油进口风险，中国加紧实施了石油进口多元化策略，逐步分散石油进口风险。我们得到了我国 1994～2009 年原油和成品油进口多元化指数，结果如图 4-6 所示。

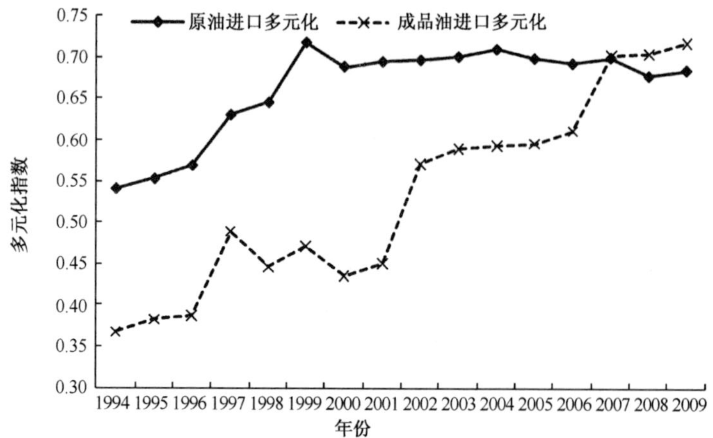

图 4-6 我国原油和成品油进口的多元化指数（1994～2009 年）

4.2.3.1 成品油进口的多元化指数变化

（1）中国成品油进口的多元化指数在 1994～1997 年上升幅度最大，主要是因为 1994 年中国成品油进口主要集中在新加坡，约占进口总量的 61.11%，随着石油进口多元化策略的实施，1997 年中国成品油进口来源进一步增加，新加坡的进口份额也下降到 41.12%，降低了 20%，而且主要进口来源的进口量也相对分散了。

（2）1998 和 2000 年我国成品油进口的多元化指数出现了下降，主要是因为在进口量没有太大变化的同时，1998 年成品油进口来源相对于 1997 年减少了 6 个国家，而且主要集中在韩国和新加坡，分别占总进口量的 42.02%和 34.56%；2000 年我国成品油进口来源相对于上一年并未增加，而且进口量主要集中在韩国，约占总进口量的 51.85%。进口量的过度集中和进口来源的减少使得 1998 年和 2000 年我国成品油进口的多元化指数出现了下降。

（3）随着我国成品油进口多元化策略的逐步完善，2001～2006 年我国成品油进口的多元化指数呈现跳跃性增长，上升较快。主要因为这段时间进口量增加有限，但进口来源增加较多，2006 年中国成品油进口主要来源于 53 个国家（地区），相对于 1994 年约增加了三分之一，而且主要进口来源的份额差距也越来越小，如韩国的进口量最多，约占 30.42%，其次是俄罗斯和新加坡，分别约占 14.21%和 13.32%。

（4）我国主要通过增加国内炼油能力和产量来提高成品油供应的抗风险能力，所以近几年一批大型炼油厂相继投产，如 2008 年中海油在广东惠州新建了年处理能力为 1200 万吨的炼厂并顺利投产。国内炼化能力的提高，减少了成品油进口，所以 2007～2009 年我国成品油进口量增长非常缓慢，基本维持 2006 年的进口量，2008 年为了保障北京奥运会的能源供应，成品油进口量相对多一些。由于进口量基本没有增加，而进口来源越来越多，所以几个主要进口来源如韩国、新加坡、俄罗斯和委内瑞拉的份额都相应减少，且更趋向于均衡。因此，2007～2009 年我国成品油进口的多元化指数相对以前又有较大幅度的提高。

4.2.3.2　我国原油进口的多元化指数变化

(1) 自 1993 年我国成为成品油净进口国之后，为了保障能源供应安全，我国开始重视石油进口的多元化，所以 1994～1999 年我国原油进口的多元化指数增长很快，并在 1999 年达到最大值，主要因为进口国家的数量由 20 世纪 90 年代初的 10 几个增加到 27 个，而且对中东地区的依赖下降到 46.4%。

(2) 由于自 2000 年开始，我国原油进口量增长很快，而且主要来自中东和非洲，所以一些主要进口国的份额一直较高，致使原油进口的多元化指数很难进一步提升，甚至出现了小幅下降。2000 年中国原油进口量为 70.26 百万吨，相对于 1999 年进口量增加了 34.05 百万吨，而进口国家仅增加了 4 个，且中东地区的份额达到了 53.6%，所以 2000 年中国的原油进口多元化指数相对于 1999 年明显下降。

(3) 我国原油进口过度依赖中东地区，2000～2009 年中东地区的进口份额一直在 45.0%以上。仅沙特和伊朗两个国家的份额就高达 30%，所以 2000～2009 年我国原油进口多元化指数基本维持在同一水平上（如图 4-6 所示）。虽然我国原油进口在向多元化发展，但是真正实现多元化格局还任重而道远。

因此，虽然 2007 年以前我国原油进口的多元化水平相对成品油要高，但是其多元化程度提高较慢，而成品油的多元化程度提高较快，2007～2009 年已经超过原油进口的多元化水平。

4.2.3.3　我国石油进口的特定风险和多元化

特定风险指的是由于个别能源出口国独特的或特定的条件而导致的供应短缺风险，所以特定风险仅对一小部分能源出口国和进口国产生影响。例如，一个能源出口国家由于政治局势、自然灾害、工人罢工、种族冲突等突发事件，可能就无法满足正常的石油出口需求，会直接影响其能源进口国的供应安全。因此，石油进口国都通过多元化来降低和规避石油进口的特定风险。

事实上，多元化可以分散风险，但不一定能提高安全，尤其是石油进口的多元化。也就是说，如果不同进口来源的安全级别相同，那么石油进口多元化在分散风险的同时，也提高了石油供应安全；如果进口来源的安全级别不一样，那么石油进口的多元化仅仅是分散了风险，并不一定能提高石油供应安全，因为实现多元化的过程，有可能降低了风险相对低的进口来源的份额，而增加了风险相对高的来源的份额。因此，真正意义的多元化，不仅仅是分散石油进口来源和份额，而是要根据进口来源的风险，有针对性的分散和降低那些风险相对较高的来源的份额。在多元化方面，我国成品油进口相对于原油要好，虽然原油进口的多元化指数也很高，但是其并未分散风险相对较高的中东地区的份额；而成品油主要依赖的进口来源多是新加坡、韩国、俄罗斯等风险相对较低的国家，所以即使两者多样化指数相当，但是其多元化效果就差远了。

另外，石油进口的多元化不仅仅是进口来源的多元化，还应包括运输方式的多元化、贸易方式的多元化、进口品种的多元化等，只有全面实现多元化，才能真正地分散石油进口风险，提高石油供应安全。在运输方式多元化方面，我国 80%以上的石油进口要依赖于海洋油轮运输，石油管线和铁路运输份额相对较低，所以实现运输方式的多元化是一个漫长的过程；我国石油进口主要是现货贸易，未来应重点发展期货贸易，降低价格波动风险；因为无论进口原油还是成品油最终消费的都是油品，所以从国家石油安全角度来看，应进一步加大石油进口品种的多元化，而不是像近几年所表现的大量增加原油进口而减少成品油进口。

4.2.4 中国石油进口的系统风险比较

4.2.4.1 原油和成品油进口价格风险呈波动上升趋势

如图 4-7 所示，随着国际石油价格的震荡上行，我国原油和成品油进口的价格风险也呈波动上升的趋势（Wu, et al, 2009），虽然原油和成品油价格具有很强的相关性，但是有些年份两者的价格方差却相差很大，如 2004～2008 年。

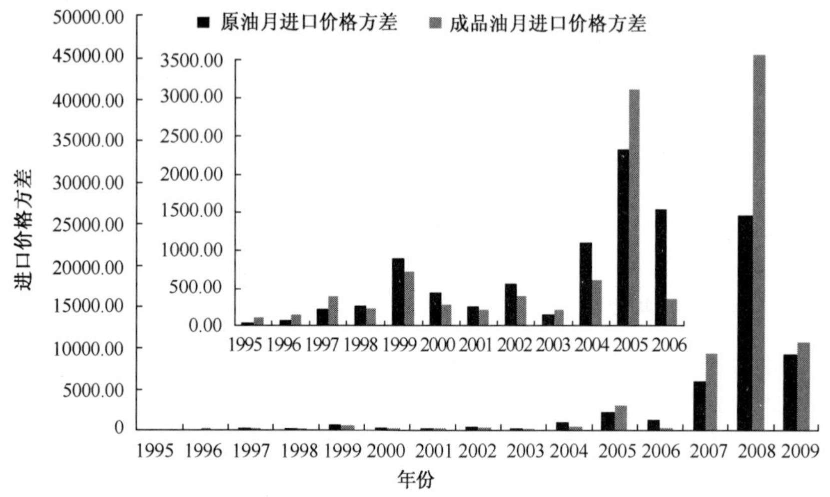

图 4-7 我国原油和成品油进口的价格方差（1995～2009 年）

（1）1995～1997 年我国成品油进口价格方差略高于原油进口价格方差，主要是因为这段时期国际原油价格波动相对较小，我国原油进口量增长较慢，所以“量价齐增”现象不是很明显。所以这段时期成品油进口价格风险要高于原油。

（2）1998～2006 年我国原油进口价格方差高于成品油进口价格方差，2005 年除外。1997～1998 年亚洲金融危机过后，随着亚洲经济的复苏，全球石油需求增长较快，国际原油价格开始新一轮的飙升，我国原油进口量也迅速增加，而且以现货为主的原油进口方式和石油定价机制等原因，导致了“买涨不买落”和“量价齐增”等现象的频繁出现。这段时期我国成品油进口量增长相对要缓慢得多，所以原油进口价格风险相对于成品油要高。

（3）2007～2009 年我国成品油进口价格方差高于原油，尤其是 2008 年。国际原油价格“过山车”式的暴涨暴跌，无论是原油还是成品油进口价格方差都很大。2008 年为了保障北京奥运会的石油供应安全，当上半年国际油价持续飙升时，我国成品油进口量也连创新高，5 月份进口量达到历史最高的 466 万吨。

4.2.4.2　原油进口的平均收益率低于成品油

我国原油和成品油进口收益率相差不大，总体上成品油进口的平均收益率略高于原油的平均收益率（Wu，et al，2009），尤其是 2004 年以前（如图 4-8 所示）。

（1）1995～1998 年，无论是原油还是成品油进口收益率都处于较高的水平，主要是因为这期间国际原油价格波动较小，而且呈下降趋势，所以年平均收益率相对较高。

（2）1999～2007 年，随着国际原油价格的波动上升，我国原油和成品油进口的收益率明显下降，维持在一个相对较低的水平，但是 2001 年除外，因为 2001 年国际原油价格持续走低，所以我国原油和成品油进口收益率突然变大。

（3）2008 年国际原油价格的暴涨暴跌，致使我国石油进口的收益率发生突变。

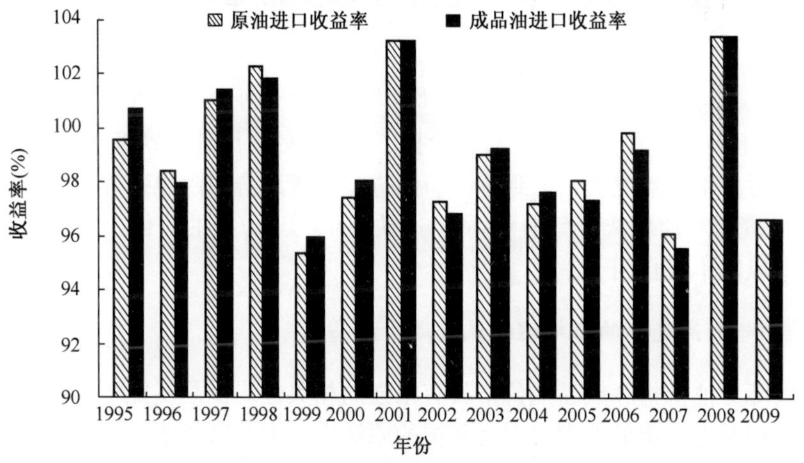

图 4-8　1995～2009 年我国原油和成品油进口的收益率

4.2.4.3　石油进口的投资组合风险呈波动上升趋势

我国石油进口的投资组合风险呈波动上升的趋势（如图 4-9 所示），与 Wu 等（2007）应用改进的投资组合风险指数模型得到的我国原油进口投资组合系统风险指数变化趋势吻合。

（1）1999 年亚洲金融危机过后，国际油价出现跳跃式上涨，给石油贸易带来较大的价格风险，所以我国原油和成品油进口价格方差都很大，进而导致石油进口投资组合风险突然变大。

（2）2003 年 Brent 现货月平均价格一直徘徊在每桶 28 美元左右，虽然相对于2000～2002 年价格略高，但是油价波动较小，所以 2003 年中国原油和成品油进口价格方差很小（如图 4-7 所示）。我国石油进口的投资组合风险也降到 1997 年以来的最低点。

（3）2005 年国际石油价格延续了 2003 年以来持续上涨的势头，8 月飓风卡特里娜横扫佛罗里达半岛和墨西哥湾，美国 24％的炼油业和 30％的油品出口集中于该地区，各大石油公司已关闭其在墨西哥湾地区的炼油厂，以躲避飓风的袭击。飓风卡特里娜使得国际原油价格在走低两周后再度扶摇直上，飓风助推油价冲破了 67 美元/桶，达到当时的历史最高价 67.26 美元/桶。New York Harbor 成品油现货月平均价格指数由 1 月

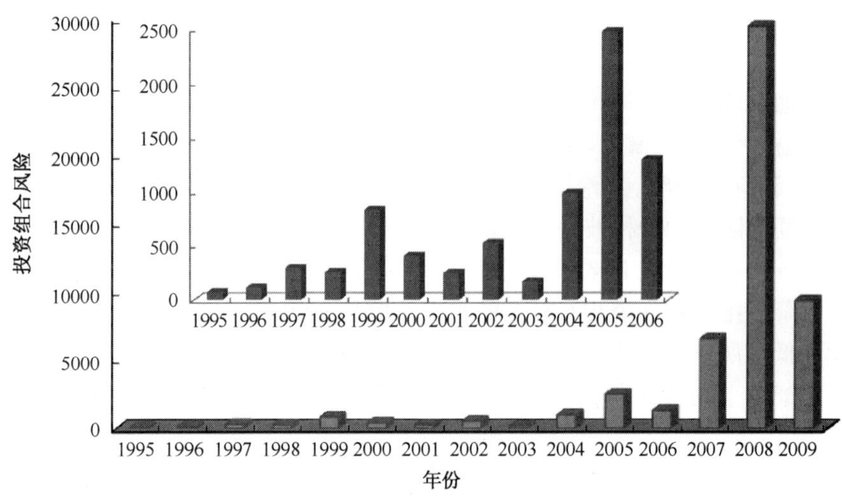

图 4-9　我国石油进口的投资组合风险（1995～2009 年）

份的 227.01 上升到 9 月份的 392.34，增长了 72.83%。因此，2005 年我国原油和成品油进口价格方差都骤然变大，导致我国石油进口投资组合风险也突然变大。

(4) 2008 年当油价从 147 美元/桶迅速跌到 40 美元/桶的时候，它给国际石油贸易带来的巨大风险不言自明了。

4.2.4.4　原油进口的海洋运输风险高于成品油

虽然国际原油价格和成品油价格具有很强的相关性，但是从能源安全的角度，两者的进口风险还是有一定的差别，因为我国的原油进口主要来源于局势动荡的中东和非洲地区，2009 年约占进口总量的 80%。据国际海事局统计数据，2010 年全球共发生海盗袭击事件 443 起，相对于 2008 和 2009 年分别增加了 51%和 9%。主要集中在索马里海域、亚丁湾、马六甲海峡、波斯湾、几内亚湾和加勒比海地区（如图 4-10 所示），而这些海域恰恰是我国主要原油进口航线的必经之地。成品油进口主要依赖于局势稳定的新加坡、韩国、俄罗斯等东南亚和周边国家，而且可以避开那些运输事故率较高的海域，所以成品油进口的运输风险相对于原油要小得多。

根据国际海事局和国际海事组织公布的数据进行整理，得到了全球主要事故海域的 2005～2010 年的平均事故率（如图 4-11 所示）。统计结果表明：

(1) 随着各国对马六甲海峡的重视，美国、日本、印度等国争相派兵“保护”，海上巡逻越来越频繁，海盗很难寻觅袭击时机，所以它已不再是全球海盗袭击事件最多的海域，对降低中国原油进口运输风险非常有利。

(2) 近年来，索马里政治局势的动荡，给海盗提供了舒适的栖息地，所以索马里和亚丁湾迅速成为全球海盗袭击最猖獗的海域，虽然各国都纷纷派遣舰队和飞机执行护航任务，同时打击海盗，但是全球和索马里海域的海盗袭击事件，并没有因此而减少，甚至愈演愈烈。中国从北非和中南非的原油进口需要通过上述海域，一定程度上增加了这些进口来源的运输风险。

(3) 由于马六甲海峡对海盗打击力度的加强，越来越多的海盗被迫转移到印度尼西

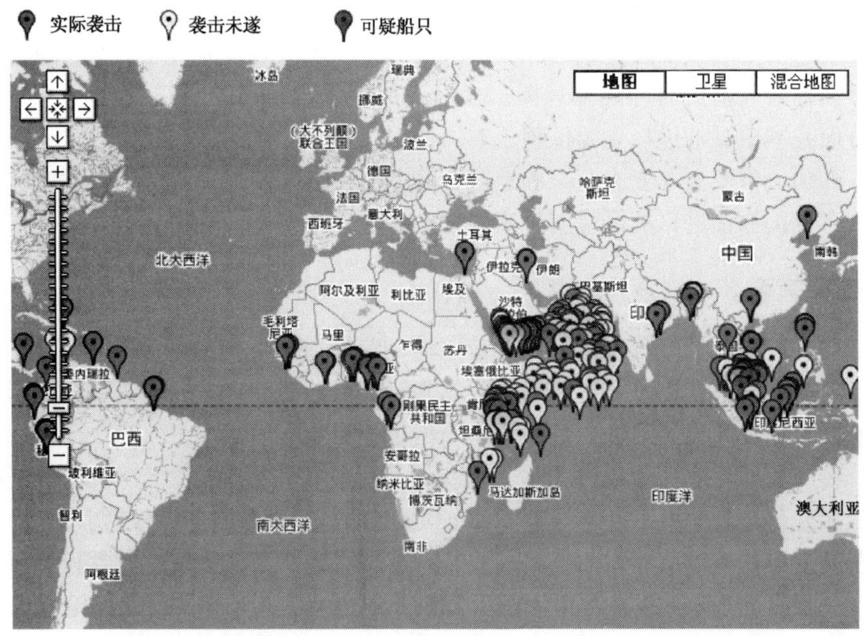

图 4-10　全球海盗袭击事件分布图（2010 年）（图片来源：国际海事局）

亚、菲律宾、马来西亚等海域活动，所以南海（印尼海域）的海盗袭击事件也呈快速上升趋势。中国从东南亚地区的原油进口份额正逐渐减少，所以这些区域海盗活动猖獗对中国运输风险影响不大。

（4）非洲东西部海域的海盗袭击事件增长也较快，海盗甚至多次袭击港口船只，尤其是西非的几内亚湾。西非地区海盗袭击对中美原油进口的运输风险都有一定的影响。

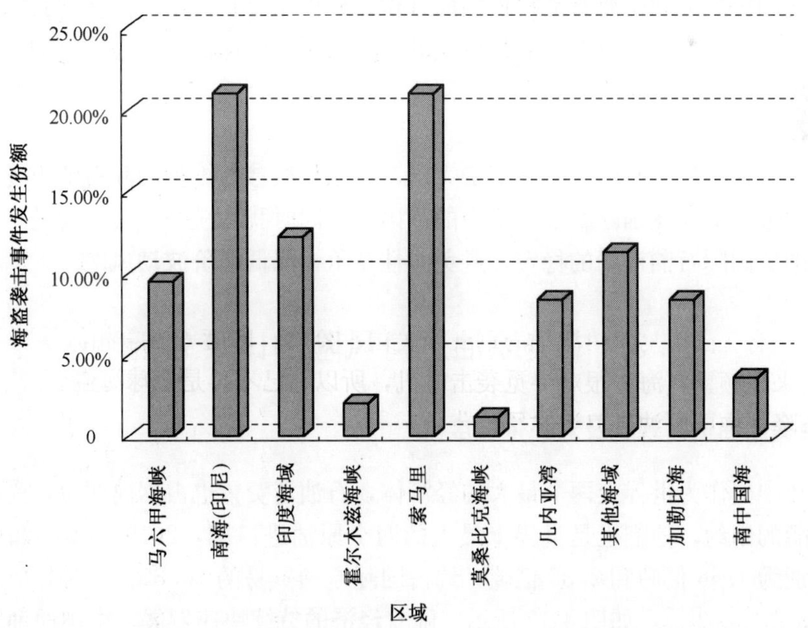

图 4-11　全球海盗袭击事件分布（2005～2010 年）

在印度洋上的诸多航线中，霍尔木兹海峡、马六甲海峡、莫桑比克海峡、曼德海峡、苏伊士运河等咽喉要道是我国原油进口船队必须经过的海上航运咽喉。因此，我国原油进口面临着较高的海洋运输风险。相对于原油我国成品油进口的运输风险要小得多，一方面我国成品油进口主要依赖于本国油轮；另一方面我国成品油进口主要来源于新加坡、韩国、俄罗斯等亚太国家和地区，海上运输风险较小。因此，从石油进口运输风险来看，我国原油进口的风险明显高于成品油。

4.2.5 主要结论

通过上述比较分析，我们发现相对于原油，我国成品油的海洋运输风险要低得多，而且成品油进口的收益率略高于原油，近年来，成品油进口的多元化程度又高于原油，所以总的来看，我国成品油进口的综合风险相对于原油进口要小。

(1) 我国原油和成品油进口的多元化指数均呈上升的趋势，2000 年以来，我国原油进口的多元化进展缓慢，基本维持 2000 年的水平，但成品油进口日趋多元化。因此，在规避石油进口的特定风险方面，我国成品油进口规避特定风险的能力要好于原油。

(2) 单从石油进口的运输风险来看，我国原油进口的几条主要海上运输航线都要穿越多个海盗袭击多发海峡或海域，而成品油进口的主要航线则不必穿越任何事故多发海域，所以相对于原油成品油进口的运输风险要小得多。

(3) 随着我国石油进口风险的波动上升，为了规避和降低石油进口风险，我国应完善原油和成品油定价机制，尽可能实现与国际油价同步，加强石油进口策略的改革和优化，从根本上消除“买涨不买落”和“量价齐增”的非市场行为，同时应加强成品油出口管制，避免由于成品油的无序出口，造成经济和安全的双重损失。

(4) 我国应加强同主要石油出口国的合作，允许主要石油出口国参与我国石油市场的加工和销售，共享市场以保证原油供应的稳定；同时应加强同周边国家的石油进口合作，保证海上石油运输航线的安全，共同建立石油炼化企业，分散原油进口风险，实现互惠双赢。

(5) 我国作为世界石油生产和消费大国，应该积极参与维护国际石油市场稳定与透明的运作中去，提高在国际石油定价中的话语权。同时我国应与主要石油进口国保持沟通，共同维护国际石油市场的稳定，避免恶性竞争，降低油价波动风险。

4.3 中美原油进口风险的比较分析

4.3.1 中美原油进口现状及对外依存度

美国和中国作为世界上两个最大的经济体，石油消费量也占据前两位，受国内石油储量和产能的制约，他们也是世界上最大的两个原油进口国，2010 年美国和中国原油进口量分别为 4.56 亿吨和 2.35 亿吨，约占国际原油贸易的 36.82%，对外依存度分别为 57.37%和 53.79%，如图 4-12 所示。随着经济的持续快速发展，中国原油进口量也增长迅速，1996 年仅进口 0.23 亿吨原油，2010 年原油进口量为 2.35 亿吨，15 年的时间增长了 9.4 倍（BP，2011）。相对于中国，美国原油进口增长相对缓慢，2004 年以前基本保持年均 4.0%左右的速度增长，2004～2007 年基本保持不变，2008 年以后受经济危机的影响，美国原油进口量大幅降低，2009 年原油进口量相对于 2008 年下降了 8.1%，不过 2010 年原油进口量又开始缓慢增长。

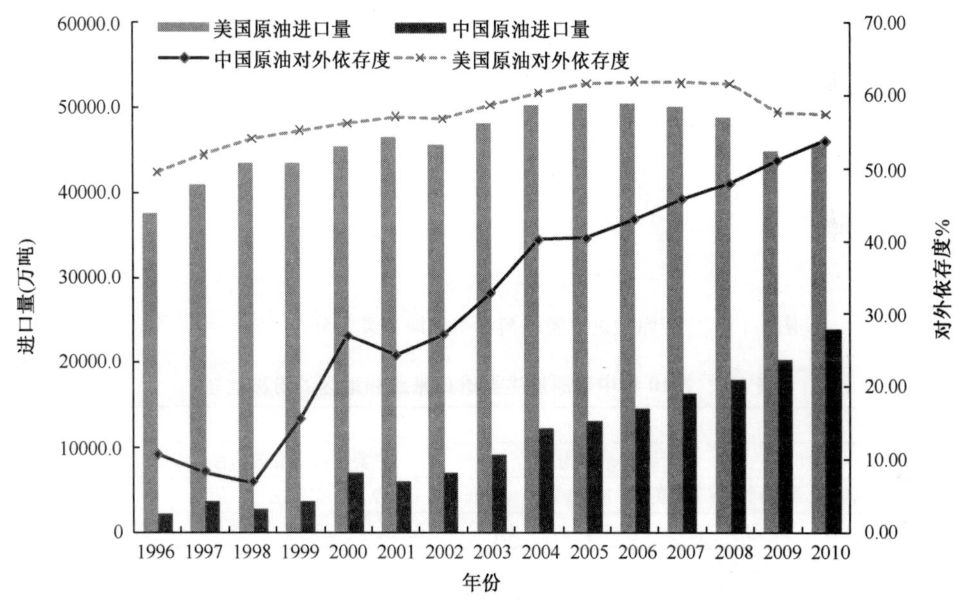

图 4-12　中美原油进口量和对外依存度（1996～2010 年）

作为世界最大的两个石油进口国，由于价格机制、贸易方式、地缘政治、进口策略等方面的差异，使得中美两国原油进口在来源、多元化、运输、贸易方面存在明显不同。那么中美原油进口贸易存在哪些差距？本节将围绕进口来源、运输、多元化、进口策略等问题，对中美原油进口贸易进行了系统的比较，并进一步探讨了进口策略差异造成的外汇损失。

4.3.2　中美原油进口来源和多元化差异

4.3.2.1　中美原油进口来源的差异

2010 年中美两国原油进口量约占世界原油贸易的 36%，由于地缘政治和地理位置等原因，中美两国原油进口来源差异明显（如图 4-13 和表 4-3 所示）。

总的来看，中国原油进口主要依赖地缘政治复杂的中东和北非地区，约占进口总量的 76.72%（中国海关统计，2011），而且需要长距离海上油轮运输，面临较大的运输风险；而美国原油进口主要依赖于与之毗邻且地缘政治单一的北美和中南美地区，约占进口总量的 53.68%（EIA，2011），运输线路较短，且远离海盗袭击，运输方式多样，部分通过石油管线运输，所以整体运输风险较小。因此，美国的原油进口来源相对于中国风险低，地缘政治风险也更低。

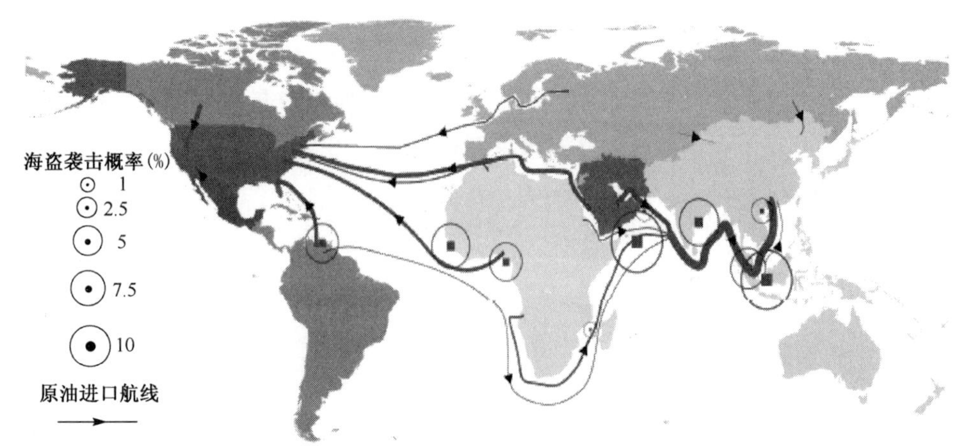

图 4-13 中美原油进口贸易流和全球海盗袭击分布（2010 年）

表 4-3 2010 年中美原油主要进口来源和地区的份额比较

美国						中国				
主要进口来源的份额			地区份额			主要进口来源的份额			地区份额	
加拿大	墨西哥	沙特	北美	中南美	非洲	沙特	安哥拉	伊朗	中东	非洲
21.52%	12.44%	11.78%	33.96%	19.72%	21.77%	18.61%	16.52%	8.89%	47.12%	29.60%

4.3.2.2 中美原油进口运输风险的差异

从图 4-13 可以看出，我国的原油进口必须经过索马里、亚丁湾、马六甲、几内亚湾等海盗袭击高发海域，而美国原油进口除了中东和西北非的航线较长之外，主要进口来源都依赖北美的两大邻国，完全远离海盗袭击高发海域。根据国际海事局和国际海事组织公布的数据进行整理，我们得到了全球主要事故海域的 2005～2010 年海盗袭击的平均事故率（如图 4-11 所示）。

无论是索马里、亚丁湾还是马六甲和东南亚海域，上述这些海盗袭击事件高发海域恰恰是中国原油进口运输航线的主要通道。为了打击海盗，降低海洋运输风险，2008 年年底中国首次派舰队赴亚丁湾和索马里海域执行护航任务。此外，中国原油进口航线长、80%依赖油轮运输，其中 90%由外籍船运公司承担运输任务，所以中国原油进口的运输风险相对较高。因为美国原油进口主要来源于北美、中南美和西非地区，虽然几内亚湾和加勒比海也是全球海盗比较活跃的区域之一，但是其海盗袭击事件远低于索马里、亚丁湾和马六甲等高发区。总的来看，美国原油进口航程短，而且远离海盗袭击高发海域，所以其运输风险远低于中国原油进口的运输风险。

4.3.2.3 中美原油进口多元化的差异

（1）中国原油进口的多元化指数呈快速上升趋势。为了降低石油进口风险，中国政府加紧实施了石油进口多元化策略，逐步分散石油进口风险，图 4-14 的结果表明，1996～2010 年中国原油进口的多元化指数总体呈上升趋势，1996～1999 年多元化程度上升较快，主要因为原油进口国家的数量由 1996 年的 17 个增加到 1999 年的 27 个，而且每个国家的进口量相对分散，1999 年中国原油进口量为 3621 万吨，比 1996 年增加了 1360 万吨，但进口来源的数量增加了 10 个，而且中东地区的进口份额从 1996 年的 53% 下降到 1999 年的 46.4%，减少了 6.6 百分点，所以 1999 年中国的原油进口多元化指数较高。2000 年中国原油进口量为 7026 万吨，相对于 1999 年进口量增加了 3405 万吨，而进口国家仅增加了 4 个，且中东地区的份额达到了 53.6%，所以 2000 年中国的原油进口多元化指数相对于 1999 年明显下降。随着中国原油进口多元化策略的逐步完善，2000～2009 年虽然原油进口量增长很快，但是进口来源的数量也不断增加，对中东地区的依赖也呈下降趋势，所以多元化指数基本维持 2000 年的水平（如图 4-14 所示）。

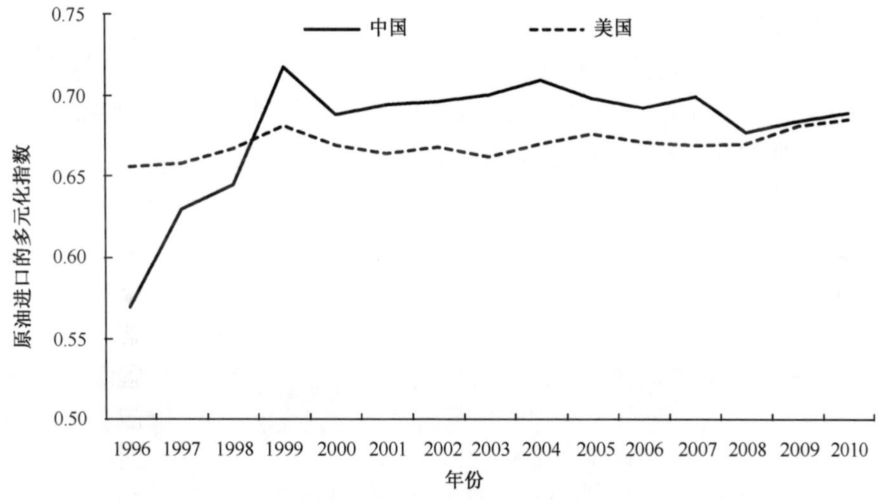

图 4-14　中美原油进口的多元化指数（1996～2010 年）

（2）美国原油进口的多元化指数呈小幅波动上升趋势。1973～1974 年阿拉伯国家对西方工业化国家的石油禁运，引发了第一次世界石油危机，危机之后美国开始逐步减少中东地区的进口份额，采取多元化的原油进口策略，原油进口来源于 38 个国家，所以 1996 年美国原油进口多元化程度已经达到较高的水平。1996～2010 年美国原油进口主要来自于 60 多个国家，但是每年的进口来源会有一些变化，所以这期间美国原油进口的多元化指数呈波动上升趋势。虽然美国原油进口的多元化指数上升幅度不是很大，但是其多元化效果比较好，即增加风险较小地区的进口来源和份额，减少风险较大地区的来源和份额。如风险较小的加拿大的份额从 1996 年的 14.32%增加到 2010 年的 21.52%，虽然不利于多元化指数的上升，但是却很大程度上降低了原油进口风险；风险相对较高的沙特的份额从 1996 年的 16.62%下降到 2010 年 11.78%；委内瑞拉和墨西哥的份额也从 1996 年的 17.35%和 16.07%下降到 2010 年的 12.44%（如表 4-3 所示）。因此，除了加拿大之外，美国主要的几个原油进口来源国的份额都呈下降趋势，有利于原油进口的多元化。

（3）虽然 1999 年以后中国原油进口的多元化指数普遍高于美国的多元化指数，但是其多元化效果明显低于美国。这主要是因为中国原油进口来源于 40 多个国家，而美国来源于 60 多个国家，进口来源数量明显少于美国。虽然中国各主要原油进口来源的份额相对均衡，有利于多元化指数的提高，但是风险相对较小的来源国份额相对较低，不利于进口风险的下降。虽然美国各主要原油进口来源的份额差距较大，不利于其多元化指数的提高，但是除了沙特之外，其他几个份额较高的进口来源都是与之毗邻的国家，且地缘政治风险和运输风险都相对较小，如加拿大、墨西哥等，所以美国原油进口的多元化效果要好于中国。

4.3.3 中美原油进口的策略差异

4.3.3.1 中国原油进口习惯于“买涨不买落”，而美国则不然

1996 年之后，中国原油进口量增长迅速，多方面的原因致使中国原油进口出现了“买涨不买落”和“量价齐增”的现象（如图 4-15 所示），使石油进口贸易蒙受了巨大的经济损失，表 4-4 给出了一些年份中国原油进口“买涨不买落”等现象的实际数据，以及同期美国原油进口量的变化。

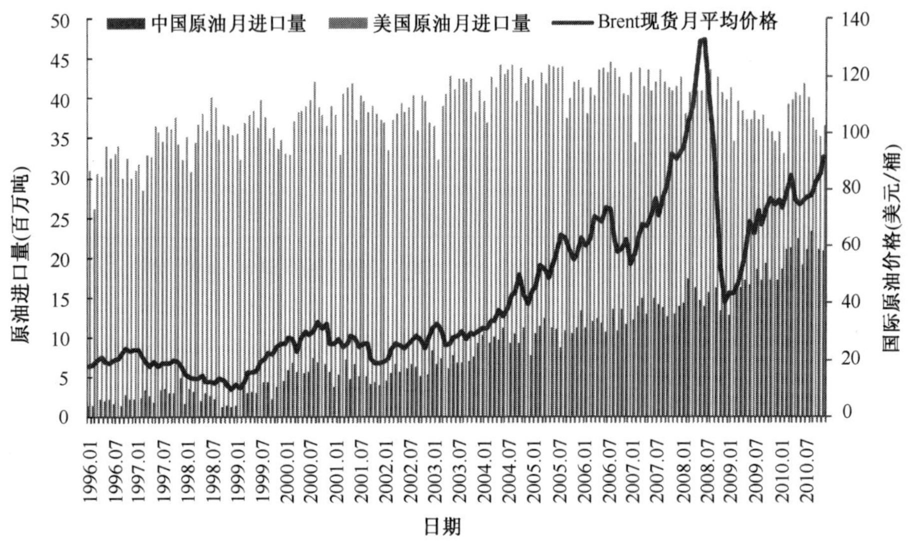

图 4-15 中国原油月进口量和 Brent 现货月平均价格（1996～2010 年）

（1）1997～1998 亚洲金融危机期间，国际油价暴跌，中国原油进口量相应减少。1998 年 9 月国际 Brent 现货月平均价格从年初的 15.19 美元/桶降到 13.34 美元/桶，当月中国原油进口量为 216 万吨，略低于当年原油月平均进口量的 223 万吨；12 月油价跌到 9.82 美元/桶，中国当月原油进口量也跌至 129 万吨，减少了 87 万吨，仅相当于月平均进口量的 57.8%。而同期美国原油进口则恰相反，9 月份美国进口量为 3479 万吨，12 月份为 3533 万吨，增加了 54 万吨。

（2）1999 年亚洲金融危机过后，国际油价开始一路上涨，中国原油进口量也相应增加。7 月当油价涨到 19.08 美元/桶时，中国当月原油进口量 232 万吨，低于当年月平均进口量的 305 万吨；8 月油价继续上涨达到 20.22 美元/桶，进口量增加为 419 万

吨，同比增加了 187 万吨；9 月油价进一步涨到 22.54 美元/桶，进口量也增加到 429 万吨；11 月当油价涨到 24.58 美元/桶时，进口量为 367 万吨，虽然相对于 9 月份有所下降，但仍比 7 月份多了 135 万吨，且比当年月平均进口量仍高 20%。而同期美国原油进口量却随着国际油价的上涨而下降，11 月份的进口量比 7 月份少了 606 万吨（如表 4-4 所示）。

表 4-4　中国和美国各月原油进口量与国际油价变化的比较（单位：百万吨）

时间	油价（美元/桶）	中国原油月进口量	中国各月平均进口量	美国原油月进口量	美国各月平均进口量
1998.09	13.34	2.16	2.23	34.79	36.12
1998.12	9.82	1.29	2.23	35.33	36.12
1999.07	19.08	2.32	3.05	39.71	36.22
1999.08	20.22	4.19	3.05	37.67	36.22
1999.09	22.54	4.29	3.05	34.89	36.22
1999.11	24.58	3.67	3.05	33.65	36.22
2001.01	25.62	3.7	5.01	37.78	38.71
2001.02	27.50	5.19	5.01	32.88	38.71
2001.03	24.50	4.69	5.01	40.61	38.71
2001.04	25.66	7.13	5.01	41.38	38.71
2001.06	27.85	6.54	5.01	37.26	38.71
2001.10	20.54	4.01	5.01	38.96	38.71
2008.01	92.18	13.94	14.91	42.64	40.70
2008.03	103.64	17.30	14.91	40.75	40.70
2008.06	132.32	14.57	14.91	40.66	40.70
2008.11	52.45	13.36	14.91	40.70	40.70
2009.01	43.44	12.82	16.98	41.36	37.39
2010.03	78.83	21.06	19.94	39.29	38.02
2010.04	84.82	21.17	19.94	39.86	38.02
2010.05	75.95	17.84	19.94	40.69	38.02
2010.09	77.84	23.28	19.94	37.52	38.02
2010.12	91.45	20.85	19.94	36.56	38.02

(3) 2001 年国际油价波动相对稳定，基本徘徊于 24～28 美元/桶，中国各月原油进口量也随着国际油价的波动而增减。1 月份油价为 25.62 美元/桶，进口量为 370 万吨，低于当年月平均进口量的 501 万吨；2 月油价涨到 27.50 美元/桶，进口量也增加到 519 万吨；3 月当油价跌至 24.50 美元/桶时，进口量也减少到 469 万吨；4 月油价又涨到 25.66 美元/桶，进口量也戏剧性的增加到 713 万吨；6 月油价继续攀升到 27.85 美元/桶，进口量为 654 万吨；之后油价开始下降，进口量也相应减少，10 月油价跌至 20.54 美元/桶，进口量仅为 401 万吨，仅相当于 6 月份最高价时的 61%，远低于当年月平均进口量。而同期美国原油进口恰恰是随着国际油价上涨而减少，随着油价下降而增加。

(4) 2008 年国际油价经历了“过山车式”的暴涨暴跌，中国各月原油进口量也差异巨大。1 月份油价为 92.18 美元/桶，进口量为 1394 万吨，低于当年月平均进口量的 1491 万吨；之后油价开始飙升，3 月为 103.64 美元/桶，进口量也高达 1730 万吨；6 月油价涨到历史最高位 132.32 美元/桶，进口量为 1457 万吨；之后油价开始迅速回落，中国原油月进口量也快速减少，11 月油价跌至 52.45 美元/桶，进口量也降至 1336 万吨，远低于当年月平均进口量，仅相当于3月份的77%；2009年1月当油价跌至2005年以来的最低点时，中国原油进口量仅为1282万吨，仅相当于当年月平均进口量的75%。而同期美国原油进口又再一次随着国际油价的上涨而减少，随着油价的暴跌而增加，虽然其变化量都相对较小，但仍然非常值得中国石油贸易反思和借鉴。

(5) 2010年国际油价开始波动上涨，中国原油进口随着油价的变化亦步亦趋。3月份油价为78.83美元/桶，我国原油进口量为2106万吨，高于当年月平均进口量的1994万吨；4月油价涨到84.82美元/桶，进口量也增加到2117万吨；5月油价跌至75.95美元/桶，进口量也相应减少到1784万吨，同比下降16%；9月油价又回升到77.84美元/桶，进口量也猛增到2328万吨，比5月份增加了544万吨；12月当油价涨到91.45美元/桶时，进口量仍高达2085万吨，比5月份多了301万吨。同期美国原油进口量的变化，总是能够根据油价的波动，准确的调整各月原油进口量（如表4-4所示）。

4.3.3.2　中国原油进口出现“买涨不买落”现象的原因分析

如果说国际油价变化无常，而且很难预测其规律，为何美国原油进口很多时候都能随着油价的上涨而减少，随着油价的下跌而减少？为什么中国原油进口很多时候都是在重复“买涨不买落”和“量价齐增”的现象呢？本文认为主要原因有如下几点：

(1) 中国原油进口策略是风险偏好的，而不是风险中立的。历史数据表明，美国原油进口策略是风险中立的，虽然国际原油价格波动剧烈，但是美国各月原油进口量相对平均，1996～2010年约80%的月份其进口份额都在8.0%～9.0%之间，非常接近8.3%的月平均进口份额，所以各月原油进口量变化相对较小。相反，中国原油进口策略属于风险偏好的，各月原油进口量变化很大，有些年份最大月份进口量是最小月份进口量的3倍还要多，如1999年1月油价为11.11美元/桶时，中国原油进口量131万吨，9月油价涨到22.54美元/桶，进口量为429万吨，是1月份的3.27倍。虽然近年来各月进口量的差距在逐渐缩小，但是2010年最大进口量仍是最小进口量的1.42倍。如果能够非常准确的判断国际油价的走势，中国目前风险偏好型的原油进口策略会很大程度的降低进口成本，否则，导致巨大的贸易损失也是必然的。因此，当国际油价波动越来越难以预测的时候，采取风险中立的原油进口策略，能够有效避免甚至改变“买涨不买落”和“量价齐增”的现象，减少不必要的外汇损失。

(2) 中国原油和成品油价格变化的不同步，及定价机制的原因。虽然中国原油价格基本与国际同步，但是采用月末定价的方式，也就是说根据布伦特（Brent）、迪拜（Dubai）和米纳斯（Minas）三地原油的加权月平均价格作为当月国内原油贸易的参考价；在原油参考价的基础上，加上炼油成本和适当的利润空间以及国内关税、成品油流通费等，形成国内成品油零售基准价，而且只有当国际原油价格连续22个工作日的移动平均价格上涨或下跌超过4%时，国内成品油价格才会相应调整，否则，成品油价格将维持不变，这是2008年12月开始执行的最新成品油定价机制。

此前，中国成品油定价机制经过数次改革，1998年6月，国家计委出台了《原油成品油价格改革方案》，规定中石油和中石化两集团公司之间的原油贸易价格由双方协商确定，主要是原油基准价加贴水；2000年6月，中国成品油价格开始参考国际市场

(新加坡）价格变化相应调整；2001 年 11 月，国内成品油价格改为参照新加坡、鹿特丹、纽约三地市场价格相应调整，国际油价波动幅度在－8%～5%的范围内时，保持国内成品油价格不变，当超过这一范围时，由国家发改委调整成品油零售中准价；2007 年 1 月，国家发展改革委员会正式发布“原油加成本”的成品油定价方案，即以布伦特、迪拜和米纳斯三地原油价格的加权平均价为基准，加上炼油成本和适当的利润空间以及国内关税、成品油流通费等，形成国内成品油零售基准价。2008 年 12 月 19 日，国家出台并正式实施新的成品油价格形成机制，即 2007 年 1 月发布的“原油加成本”的成品油定价方案，在加工成本和税金保持基本稳定的条件下，国内成品油价格随国际市场原油价格变化，当国际原油价格连续 22 个工作日的移动平均价格上涨或下跌超过 4%时，国内成品油价格会相应调整，否则，成品油价格将维持不变。

由于中国原油和成品油定价机制的原因，虽然历经数次价格改革，但是仍未实现与国际石油市场的完全接轨和同步，往往是国际油价持续上涨，国内成品油价格会相应上调，而国际油价持续下跌，国内成品油价格却迟迟不下调，甚至还出现上调的现象。因为中国原油和成品油定价机制，很大程度上保护了石油企业的利润，国内原油基准价采用国际原油月平均价格，一定程度上规避了国际原油贸易的价格波动风险；虽然成品油价格改革从最初的油公司协商定价到参照国际油价定基准价，正逐步趋向于公平，但无论是－8%～5%调价机制（当国际油价上涨超过 5%时，国内油价就相应上调；而当国际油价下降超过 8%时，国内油价才相应下调），还是－4%～4%的新机制（如 2008 年年底，国际油价持续下跌，国内却上调成品油价格），都不同程度上维护了油企的利益，把石油贸易的价格风险直接转嫁给了国家和消费者，所以中国原油贸易“买涨不买落”和“量价齐增”现象才会一直存在，而石油企业的利润并未受贸易损失的影响。

此外，由于国内成品油价格与原油价格不同步，导致原油进口贸易的价格风险下降，而且 2008 年 12 月份之前当国际原油价格上涨超过 5%时，由于定价机制的原因，进口商知道未来国内会上调成品油价格，所以现在增加进口量是盈利的；当国际原油价格下跌超过 8%时，进口商往往会减少进口量，因为未来国内成品油价格会下调。

美国无论是原油价格还是成品油价格都采取与国际价格同步的政策，所以企业只能根据对未来国际油价变化的预测，来组织原油进口，以期实现进口利润的最大化。

(3) 对油价变化趋势的错误判断和缺乏国家战略石油储备，一定程度上加剧了“买涨不买落”现象。由于国际原油价格变化趋势很难预测，当油价上涨时，进口商预计未来会进一步上涨，所以增加当前进口量会降低成本，结果预测错误，油价掉头下降了；当油价下降时，进口商预计未来会进一步下降，所以减少当前进口量会降低成本，结果又预测错误，油价止跌上扬。因此，对国际油价未来走势判断的失误，也一定程度上加剧了“买涨不买落”的现象。

因为中国 2003 年正式批准建立国家战略石油储备，2004 年一期工程陆续启动，2008 年年底一期工程全部竣工并投入使用，所以 2008 年以前中国原油进口只有企业有限的商业库存可供调峰，一旦上个月进口量猛增达到满仓，即使这个月油价很低，由于库存限制也无法多进口。而美国则不然，因为有大规模国家战略石油储备库容，如1997～1998年亚洲金融危机期间，美国能源部曾向本国石油进口企业开放部分国家战略石油储备库容，鼓励他们趁油价低位时增加原油进口量。因此，由于缺乏国家战略石油储备，致使原油进口的调峰能力较弱，一定程度上加剧了中国原油进口“买涨不买落”的现象。

4.3.4　中美原油进口策略的比较

如何规避和减少中国原油进口的“买涨不买落”和“量价齐增”现象？我们尝试着用美国原油进口模式和完全平均的模式，重新分配1996～2010年中国各月原油进口量，以期探讨是否能够规避和减少“买涨不买落”和“量价齐增”现象，降低原油进口成本。

如前所述，美国原油进口采取风险中立的进口模式，各月进口量变化不大，而且能够根据国际油价的走势，合理调整原油进口策略，降低进口成本。研究结果表明，如果1996～2010年中国各月原油进口份额完全按照美国各月进口的份额，那么“买涨不买落”和“量价齐增”现象明显减少，而且原油进口成本会大大降低（如图4-16所示），累计节约32.55亿美元（按2010年汇率约合220.35亿人民币），平均每年节约2.17亿美元（约14.69亿人民币），也就是说相对于美国的原油进口策略，中国的原油进口策略使得每一位中国人每年为原油进口多支付了至少1元人民币。

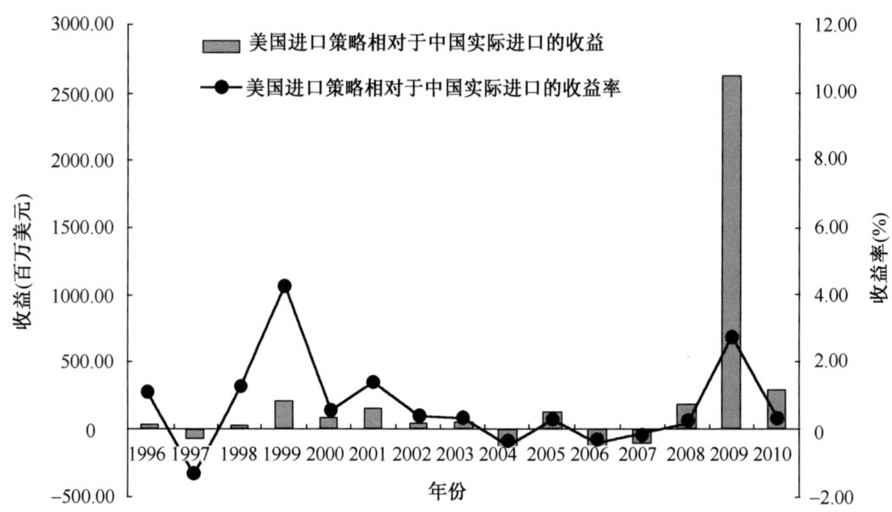

图4-16　美国原油进口策略相对于中国实际进口策略的收益和收益率

然而，并不是所有年份美国原油进口策略都优于中国的进口策略，有些年份恰好相反，如1997年、2004年、2006年和2007年（如图4-16所示）。主要是因为这些年份中国各月原油进口量变化不大，“买涨不买落”现象不明显，而且国际油价变化相对单调，所以有利于风险偏好型的进口策略，使得中国原油进口成本相对较低。不过，美国原油进口策略相对于中国实际进口的收益率呈下降趋势（忽略经济危机的影响如1997～1999年和2008～2009年），也就是说，中国实际原油进口策略正逐步改进。

4.3.5 主要结论

(1) 无论是从进口来源方面，还是运输风险、多元化、进口策略等方面，中国原油进口风险都明显高于美国原油进口风险，所以作为第二大石油进口国，降低石油进口风险任重道远。

(2) 研究结果表明，如果按美国的原油进口策略，重新组织中国原油进口，不仅有利于规避和减少中国原油进口的“买涨不买落”和“量价齐增”现象，而且很大程度上能降低中国原油进口成本，1996～2010 年将累计节约 32.55 亿美元。

因此，未来中国应尽快优化进口策略，各月原油进口份额也应该控制在 8.3%左右，然后再根据对未来国际油价走势的判断，适当增加和减少各月原油进口量，不仅能够很好的规避“买涨不买落”和“量价齐增”现象，而且能够大大降低原油进口成本。

4.4 中国煤炭贸易及运输风险分析

4.4.1 煤炭贸易的历史与现状

鸦片战争后，清政府被迫开通五个通商口岸，国外煤炭通过几个沿海城市流入中国，我国的煤炭贸易由此开始。19 世纪五六十年代，中国煤炭进口主要来自英国和澳洲。1866 年，日本煤炭首次出现在上海煤炭市场，进口量为 0.9 万吨，仅占到上海煤炭进口总量的 6.7%。随着日本煤炭产业的发展，日本煤炭开始大量销往以上海为主的中国沿海地区，1874 年上海进口日本煤炭约 6 万吨，占上海煤炭进口总量的 50.7%，日本逐渐成为中国煤炭进口的主要来源之一。1880～1910 年期间，上海 80%以上的煤炭进口来源于日本，日本煤炭完全垄断了上海市场（王力，2008)。

19 世纪末期，我国的近代煤炭产业开始出现并得到了较大发展，到 20 世纪 20 年代，我国煤炭已实现了大规模的出口。由于日本重工业的快速发展，煤炭需求增长迅速，中日煤炭贸易发生了巨大转变，我国由煤炭进口国变成了出口国，而且主要出口日本，约占出口总量的 50%～60%（王力，2008)。

2003 年之前，我国一度是全球第二大煤炭出口国。2007～2008 年，随着国内需求的增加，我国由煤炭出口国转变为进出口基本平衡的国家，根据中国能源统计年鉴 2007～2010 年、中国统计年鉴 2011 和我们的计算，从 2000 年至今，煤炭进口量基本保持了持续上涨趋势，而且上涨幅度不断增大，与此同时，煤炭出口量表现出明显的下跌态势。作为世界第一大煤炭生产国，2009 年之前，我国的煤炭贸易主要以出口为主，2009 年我国首次成为煤炭净进口国，当年累计进口煤炭 1.26 亿吨，同比增长 212%；出口煤炭 2240 万吨，下降 51%。

受国内煤炭需求旺盛和煤价走高的影响，2010 年我国煤炭进口继续保持快速增长，出口继续下降。据海关统计，全年进口煤炭 1.65 亿吨，同比增长 30.99%，其中炼焦煤 4727 万吨，同比增长 37.34%；出口煤炭 1903 万吨，下降 15.03%；净进口煤炭 1.46 亿吨，较 2009 年增加了 4237 万吨（如图 4-17 所示)。

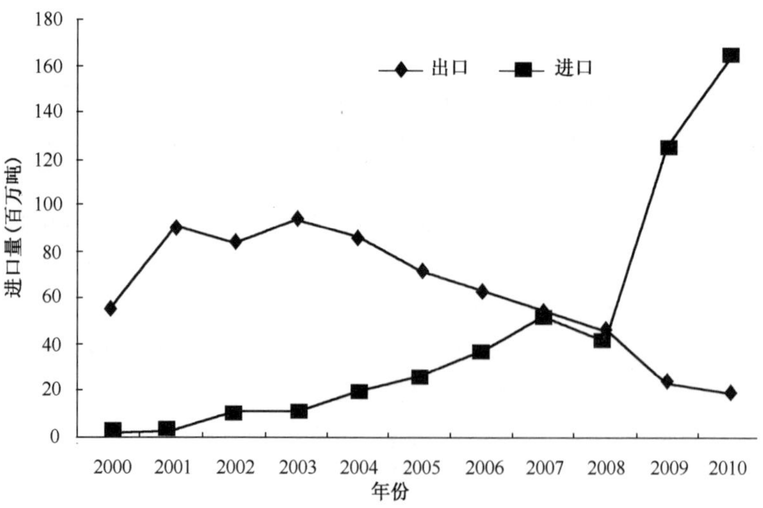

图 4-17　我国煤炭进出口情况（2000～2010 年）

煤炭进口主要来自于周边邻国，并呈多元化趋势。随着我国煤炭进口量逐年增加，其进口来源日趋多元。据海关统计，2010 年印度尼西亚取代澳大利亚成为我国最大煤炭来源国，约占我国煤炭进口总量的 33%，其次是澳大利亚、蒙古、越南、俄罗斯和南非等国（如图 4-18 所示）。除南非外，我国煤炭主要进口国都与我国毗邻。因此，我国煤炭进口的运输风险，相对于石油要小得多。

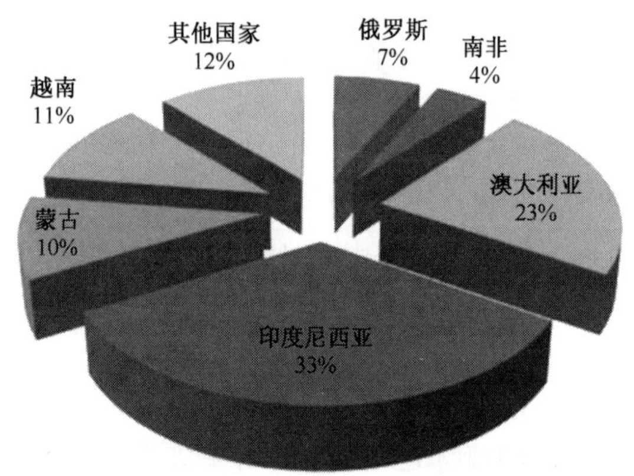

图 4-18　我国煤炭进口量（2010 年）

4.4.2　煤炭贸易与运输风险分析

4.4.2.1　价格风险

从 2006 年开始，我国政府开始对煤炭进口相关税费进行调节，旨在促进煤炭进口，缓解国内煤炭供需紧张局面。加之世界金融危机对国际煤价的打压，2008 年之后，我国煤炭进口量出现井喷式增长，虽然在 2011 年之后，这种增长有所减缓，甚至有回落趋势（才汝骏等，2011），但考虑到我国能源需求增长，特别是煤炭需求增长的不可逆趋势，以及我国煤炭较低的储采比（2011 年为 35.3），我国政府势必会坚持促进进口的政策，2011 年 6 月，发改委就曾透露正在研究调整煤炭进口相关税费和港口相关费用。鉴于此，我们认为，出于能源安全保护的角度以及能源消费的实际需要，在未来可预见的时间里，我国将保持煤炭进口国的身份，并有进一步扩大进口的可能。

随着对煤炭进口关卡的逐步放开，我国煤炭市场将不得不面对与世界煤炭市场深度接触的情境，国内煤炭价格将更多地受到国际煤炭价格的影响。在这样的情境下，我国应在全力促进国内煤炭定价机制不断完善的同时，吸取国际石油贸易的教训，积极主动的参与到区域煤炭贸易，以及区域定价权机制不断研究之中，力图在亚太这一国际最大的煤炭贸易区域内掌握一定的价格话语权，影响甚至左右国际煤炭贸易。

4.4.2.2　进口来源地供应风险

虽然在 2010 年，印尼取代澳大利亚成为我国最大的煤炭进口国，但作为世界最大的煤炭出口国的澳大利亚的煤炭产业状况，仍然是分析我国煤炭进口风险必不可少的因素。

根据 EIA 的数据，2010 年，澳大利亚煤炭出口占到世界煤炭出口的 27%，居世界第一位，煤炭出口逐年平稳增长，显示出良好的可持续性（见表 4-5）。另外，据 BP 数据和我们的计算，澳大利亚煤炭储量居世界第四位，总储量占世界的将近 9%，远远高于印度尼西亚（储量只占世界的 0.6%），储采比达到 180 年，出口潜力巨大。另外，煤炭行业是澳大利亚矿业中最大的行业，该国煤炭行业的劳动生产率高于美国，在世界中居于上等水平；而 2006 年每百万工作小时死亡人数不到 0.5 人，仅为同期美国的1/3（何金祥，2010），表明该国煤炭行业在技术方面相当成熟。

表 4-5　澳大利亚煤炭出口及储采比情况（2006～2010 年）

年份	2006	2007	2008	2009	2010
煤炭出口（亿吨）	2.31	2.44	2.52	2.62	2.98
煤炭储采比	200	195	191	185	180

当然，澳大利亚的煤炭行业也存在不少问题，最大的问题就在于煤炭行业对环境的破坏。煤炭开采对水土资源和环境都会带来不小的影响，而这些，越来越受到澳大利亚国内部分人士的重视。澳大利亚联邦议会反对党人士提出减少甚至放弃煤炭生产以保护环境的意见，而国际碳减排责任的履行，也会对澳大利亚国内煤炭行业造成很大的压力。另外一点，就是矿业平均劳动成本的增加。从 2001 年到 2007 年，澳大利亚矿业平均劳动力成本增加了 60%（何金祥，2010）。

相比于澳大利亚，我国煤炭进口的另一大来源地——印度尼西亚，问题就相对多了很多。近几年，由于地理和价格等方面的优势，我国从印尼进口的煤炭明显增多，2010 年，印度尼西亚超越澳大利亚，成为我国最大的煤炭进口国。与此同时，据 EIA 数据和我们的计算，印度尼西亚 2010 年煤炭出口量占到世界煤炭总出口量的 26%，居世界第二位。

然而，我们看到，尽管印度尼西亚在出口规模上保持了较快的增长速度，但其国内煤炭储量并不是很大，仅占世界煤炭储量的 0.6%，位居世界第 12 位。据 BP 数据和我们的计算，按照 2010 年产量情况，印度尼西亚煤炭储采比仅为 18（见表 4-6），可以说，印度尼西亚的煤炭生产处于一个恶性开采阶段。

表 4-6　印度尼西亚煤炭出口及储采比情况（2006～2010 年）

年份	2006	2007	2008	2009	2010
煤炭出口（亿吨）	1.74	2.01	2.10	2.37	2.87
煤炭储采比	29	25	23	22	18

与恶性开采相对的，是其煤炭行业的混乱局面。首先是质量问题，印尼煤炭行业，尤其是煤炭出口迅速发展的同时，并没有建立起完善的行业法规，煤炭出口市场鱼龙混杂，良莠不齐。近年来，我国从印尼进口的煤炭质量检查事故不断。据统计，2010 年我国福建省检验印尼进口煤炭不合格批次 137 批，不合格率达到六成（海之丰航运有限公司，2011）。其次，就是装运与储存问题。印尼商人信誉难以保证，经常出现延迟交货以至造成我方损失的情况。另外，由于成分问题，印尼煤炭具有很高的自燃倾向性，这给运输和储存带来了极大的风险。

4.5　中国天然气贸易与运输风险分析

4.5.1　天然气供需现状分析

近年来，随着我国经济的快速增长，天然气消费量也迅速增加。“十一五”期间，我国天然气消费量从 2005 年的 468 亿立方米上升至 2010 年的 1090 亿立方米，年均增速高达 18.5%（BP，2011）。同时，天然气在一次能源消费中的比重也不断攀升，从 2.5%上升至 4.0%（如图 4-19 所示）。根据“十二五”规划，到 2015 年我国天然气消费总量将达到 2600 亿立方米，占能源消费结构的比重将由现在的 4.0%提高到 8.0%。

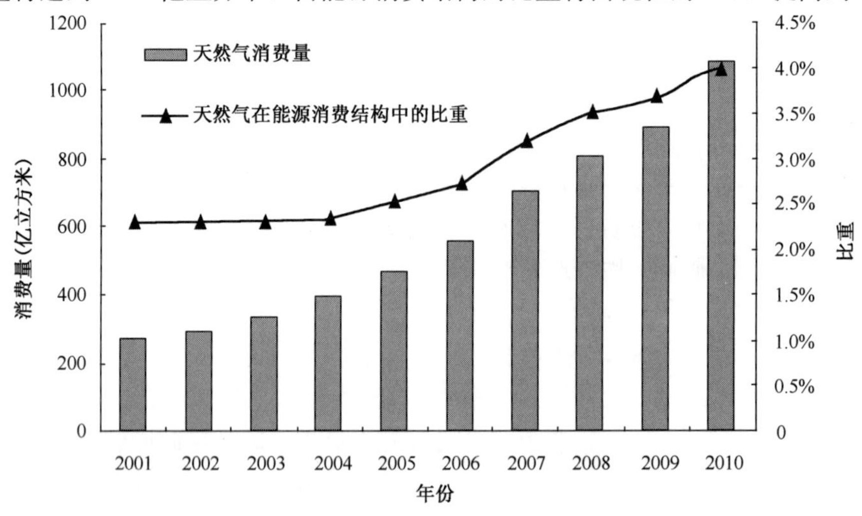

图 4-19　我国天然气消费量及其在能源消费中的比重（2001～2010 年）

天然气对外依存度快速上升，供应安全问题不容小视。我国自 2007 年成为天然气净进口国以来，对外依存度不断攀升，2010 年已上升至 11.3%（如图 4-20 所示）。根据“十二五发展规划”，未来五年我国的天然气消费量将会有更大幅度的增长，预计年均增速将达到 25%左右；而天然气产量在“十一五”期间的年均增速仅达到 14.4%，预计未来五年还将维持在 13%～15%的增长水平，与消费增速仍将保持较大差距，所以对外依存度还将继续上升，业内预计，2020 年我国天然气对外依存度将达到 40%。

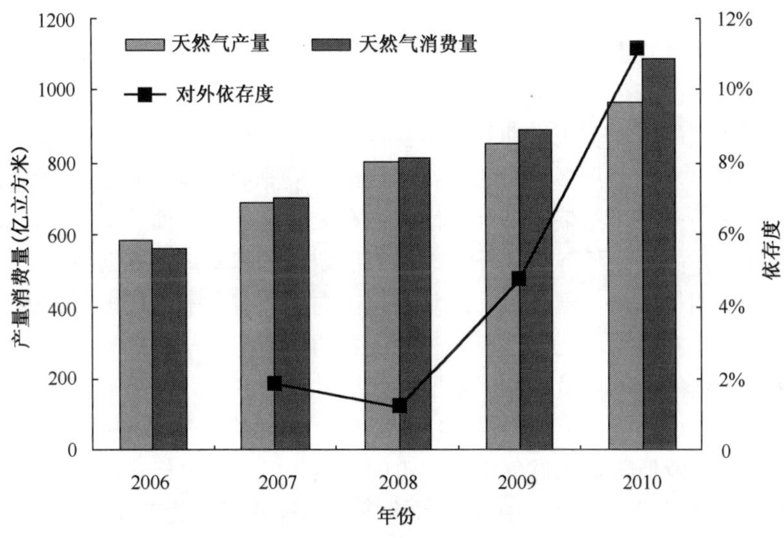

图 4-20　中国天然气产量、消费量及对外依存度（2006～2010 年）

4.5.2　天然气贸易与运输风险

随着天然气对外依存度的不断提高，我国天然气贸易与运输风险日益凸显，主要表现在以下两个方面（魏一鸣，2006）：一方面，我国天然气进口价格受制于人，面临较大的价格风险。与石油不同，天然气受运输手段和运输成本高的限制，进口渠道很难遍布全球。因此，面对天然气供应国的提价要求，进口国往往处于被动局面。如 2009 年底我国出现“气荒”时，LNG 出口国纷纷提价，使我国各大石油公司不得不高价购买 LNG 以应对天然气短缺局面。另一方面，天然气进口运输线路复杂，面临较高的地缘政治和供应中断风险。无论天然气管线还是 LNG 海运，我国天然气进口运输线路需途经多个国家和地区，鉴于欧盟时常受俄罗斯“断气”威胁，我国天然气进口的运输线路不仅面临复杂的地缘政治风险，而且还要承受复杂多变的海盗袭击干扰。因此，天然气进口和石油进口一样，面临着市场、地缘政治和运输等多重风险。

4.5.2.1　我国管道气贸易与运输现状及风险分析

天然气进口主要有管道运输和 LNG 海运两条途径。我国管道气进口主要集中在北方，来源国主要包括俄罗斯、哈萨克斯坦、乌兹别克斯坦和土库曼斯坦，未来每年 120 亿立方米的中缅天然气管道也是管道气进口的一大来源。我国 LNG 进口主要集中在南方地区，来源国主要包括澳大利亚、印度尼西亚、马来西亚以及中东和非洲的部分国家。

与LNG相比，现阶段我国管道气的进口量还很小，2010年我国进口天然气163.5亿立方米，其中管道气仅35.5亿立方米，全部来自土库曼斯坦，占进口天然气总量的22%（BP，2011a)。不过未来几年管道气的发展形势较为乐观，随着哈萨克斯坦和乌兹别克斯坦两国国内管道的完工，中国—中亚管道的年输气量至少可达450～500亿立方米，再加上中缅天然气管道，中国已落实的年管道输气量达到了600亿立方米左右。如果国内产量不能大幅提升，600亿立方米的进口量将很快被巨大的供需缺口所吞噬，要想少进口运输风险高且价格昂贵的LNG的话，寻找其他管道气源就必须尽早考虑。

拥有丰富天然气资源的俄罗斯被认为是我国最佳的合作伙伴，但双方在价格上的分歧似乎难以调和，由于俄罗斯坚持亚欧等值气价的原则，我国必然难以接受，因为高气价不仅会增加我国的进口费用，而且还会在很大程度上影响中亚天然气的稳定供应。因此，从国家整体出发，采用多种灵活方式，如给予俄罗斯其他贸易方面的优惠、拓展我国天然气进口渠道来施压给俄罗斯等，使双方在天然气价格方面达成一致，是现阶段我国天然气对外合作的首要任务。此外，近年来伊朗和巴基斯坦都有向我国出口天然气的意愿，但由于伊朗长期受美国制裁，巴基斯坦国内恐怖袭击事件较多等原因，我国现在暂未考虑与其合作。但随着我国在伊朗石油项目的不断推进，天然气合作应该只是时间的问题。伊朗天然气探明储量仅次于俄罗斯，居世界第二位，如果通过管道进口伊朗的天然气，不仅可以缓解我国天然气供应压力，还会对天然气进口多元化产生积极影响，同时也将有利于俄罗斯降低天然气价格。伊朗天然气可以通过修建巴基斯坦境内的管道输送到中国，也可以通过中国—中亚管道输送，多种选择也为管道运输安全增加了筹码。因此，中国在与伊朗进行石油项目合作的同时，可适当开展天然气合作对话，一旦时机成熟，可以最先获得与之合作的机会。此外，由于伊朗特殊的地理位置，中伊天然气管道一旦建成，中东天然气合作的大门将从此向中国敞开。

虽然可能向中国提供管道气的国家不少，但均存在一定的能源供应安全问题，其中以俄罗斯对未来中国天然气安全威胁最大，近期主要体现在价格上。由于俄罗斯与美国的历史宿怨，其对打破美国单极霸权的渴望超越了其他所有国家。因此，它对限制中国、印度等国的崛起并没有太大兴趣，相反还需经常借助这些国家的力量对抗美国。但在经济上俄罗斯处于相对弱势，从能源贸易中赚取最大利润成为了其对外合作的第一准则。2006年中俄签订天然气合作备忘录时，双方计划到2011年俄罗斯向中国供气，但双方在价格上发生了分歧，导致项目进展缓慢，2011年，俄方又宣布把对华供气时间推迟到2016年，其就是看到了中国天然气供需缺口的不断加大，想通过对峙让中国率先妥协，接受更高的天然气价格。在尚未实现供气之前，俄罗斯就已显露出了对高气价的渴望，我们不难想象，当中国全面用上来自西西伯利亚和萨哈林地区的天然气时，俄罗斯会摸准中国人的底线再次提价，最大限度地获取利益。俄罗斯与乌克兰、俄罗斯与白俄罗斯的“斗气”让世人看到了俄罗斯单方面切断对外能源供应并不是不可能，只要有一个说得过去的借口，俄罗斯同样可以对中国切断天然气供应。此外，从长远看，俄罗斯在经济得到大幅发展以后，能源外交的第一准则必定会转变为提升其大国地位及国际影响力。那时，如果中国正在大规模使用俄罗斯天然气的话，必定会在政治、经济等方面受其压制，否则很难保障天然气持续稳定的供应。

4.5.2.2 我国LNG贸易与运输现状及风险分析

2010年，我国LNG进口128亿立方米，约占天然气进口量的78%，主要来自澳大利亚、印度尼西亚、马来西亚和卡塔尔（如图4-21所示），我国从上述四国进口的LNG占到了LNG进口总量的86%（BP，2011）。

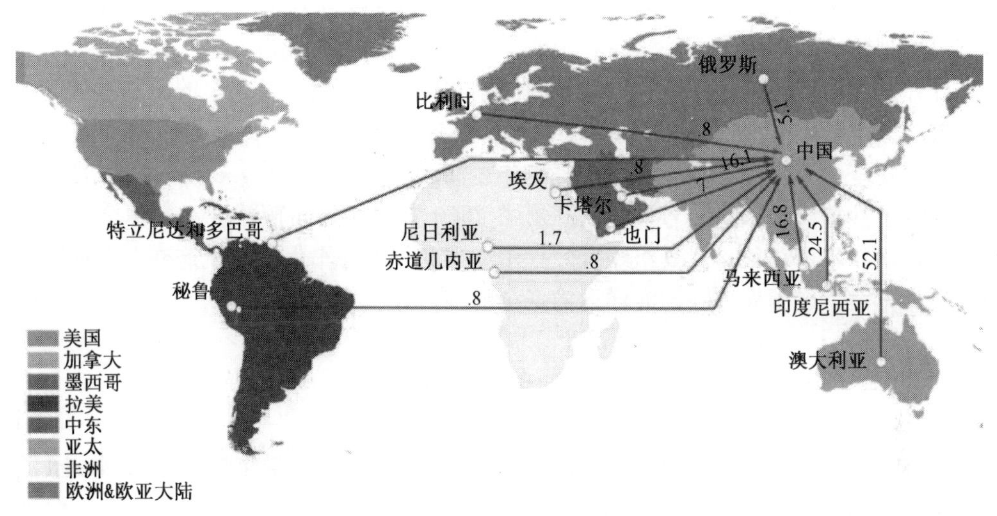

图4-21 我国LNG进口来源分布（2010年）

从长远看，澳大利亚和印度尼西亚的新增出口潜力不大，预计我国现阶段的LNG的进口格局将很快改变。虽然澳大利亚正在大力扩建天然气液化装置，但我们却并不看好澳大利亚LNG的出口前景。目前澳大利亚天然气消费量已趋于稳定，未来十年不会有太大增长，但其LNG出口合同已大量签订，受产量制约，新增合同空间已经很小，所以对我国新增出口难以大幅增长。而印尼对我国LNG出口减少几乎已成定局，受国内消费快速增长的影响，印尼的新增产量难以满足需求增长，已完全没有新增出口能力，相反再过数年，印尼很可能由LNG出口大国转变成净进口国。2000～2010年印尼天然气消费年均增速为3.1%，产量年均增速为2.3%，预计2010～2020年其消费年均增速将达到4.9%，产量年均增速仅为1.0（BMI，2011）。未来我国LNG进口增量将更多的来自中东，虽然目前卡塔尔对我国的LNG出口量已经很大，但未来仍有进一步上升的空间。由于北美地区非常规天然气的快速发展，近两年美国对卡塔尔的LNG进口合同将会逐步取消，预计2012年卡塔尔将出现140亿立方米产能剩余，这将是近期我国增加LNG进口的重要来源。此外，现阶段伊拉克由于缺乏投资，天然气产量很小，但其投资环境正在逐步好转，再加上中伊两国已有了较好的石油领域合作基础，未来与我国进行天然气合作的可能性很大，从长远看，伊拉克也将是我国进口LNG的一个重要渠道。

我国LNG进口中，海上运输风险对天然气供应安全威胁最大。海上运输风险主要包括两个方面：一是地缘政治的角逐，二是海盗问题。地缘政治问题主要表现在几个关键的航道上，由于从中东、非洲进口的LNG全部都要通过马六甲海峡，一旦马六甲被封锁，我国很大一部分LNG进口将被中断。马六甲海峡作为美国“两洋战略”中的一条必须掌握的海上要道，对美国抢占地缘优势、抑制大国崛起以及掌握世界能源流向意义重大。因此，美国在冷战之后一直着力强化对该区域的控制。2000年美国与新加坡政府签订协议，获得了使用新加坡樟宜基地军事设施的权利，此后，美军又以樟宜基地为中心，向周边东南亚国家辐射，通过签署军事合作协议，获得了在这些国家的基地和港口停泊军舰、起降飞机的权利。时至今日，部署在东南亚的美国军事力量在24小时内即可控制整个马六甲海峡，这对我国海洋运输形成了巨大威慑。

此外，在印度洋上，部署在波斯湾西侧的美国军事力量以及狭窄的霍尔木兹海峡也威胁着我国进口中东地区LNG的供应安全；南海争端的不断升级也严重威胁着我国南线的航道安全。海盗问题多年来一直是海洋运输无法根除的顽疾，2008年11月索马里海盗劫持了沙特“天狼星”号油轮，开出了2500万美元的高额赎金，震惊全球。由于海盗位置飘忽不定，很难对其组织有效打击。因此，派海军保驾护航这样一个耗财耗力的不得已方案，成了保障我国海洋运输安全的唯一办法。

4.6 本章小结

随着我国经济的快速发展，能源进口量增长迅速，1993年成为油品净进口国、1996年成为原油净进口国、2007年成为天然气净进口国、2009年又成为煤炭净进口国，作为世界第二大石油进口国，我国石油进口存在很多安全隐患，而且备受关注。受原油进口的现货交易和战略石油储备能力的制约，我国原油进口贸易习惯于“买涨不买落”和“量价齐增”，无形中给我国石油进口带来巨大的市场风险和经济损失。为此，我国政府采取了一系列政策措施，保障能源供应安全，与周边国家建设了多条油气运输管线，分散石油进口运输风险；建立国家战略石油储备，抵御石油供应中断和市场价格波动风险。

通过上述比较分析，我们发现单从石油进口的运输风险来看，我国原油进口的几条主要海上运输航线都要穿越多个海盗袭击多发海峡或海域，而成品油进口的主要航线则不必穿越任何事故多发海域，所以相对于原油成品油进口的运输风险要小得多。

随着我国石油进口风险的波动上升，为了规避和降低石油进口风险，我国应完善原油和成品油定价机制，尽可能实现与国际油价同步，加强石油进口策略的改革和优化，从根本上消除“买涨不买落”和“量价齐增”的非市场行为，同时应加强成品油出口管制，避免由于成品油的无序出口，造成经济和安全的双重损失。同时，我国应加强同主要石油出口国的合作，允许主要石油出口国参与我国石油市场的加工和销售，共享市场以保证原油供应的稳定；同时应加强同周边国家的石油进口合作，保证海上石油运输航线的安全，共同建立石油炼化企业，分散原油进口风险，实现互惠双赢。

因此，虽然近年来我国为保障能源供应安全，从外交、贸易、运输、储备、价格改革等很多方面，开展了一系列卓有成效的工作，但是通过比较研究，我国能源进口的贸易和运输风险相对于美国依然较高，所以我国能源进口贸易策略、进口方式的多元化、地缘政治和能源外交等还有待于进一步优化和提高。

第 5 章　中国能源储备策略研究

战略能源储备是国家应对突发能源供应短缺事件的重要措施之一，各主要能源进口国都建有较为完备的国家战略能源储备体系，截止 2010 年底，国际能源署各成员国的战略石油储备库存量达到 42 亿桶（约 5.7 亿吨）。作为世界第二大石油进口国，为了保障国家能源供应安全，我国正加紧建设国家战略石油储备，2011 年已批准建立煤炭应急储备，那么如何制定最优的储备补仓策略？当出现能源供应短缺事件时，如何释放战略能源储备化解危机？本章将从以下几个方面，探讨上述科学问题：

- **世界能源储备的历史、特点以及有哪些可借鉴的经验？**
- **未来不同发展阶段我国战略石油储备的最佳补仓时机和策略如何？**
- **突发事件下我国战略石油储备应如何释放？**
- **典型国家天然气储备特点及对我国有哪些启示？**
- **我国煤炭应急储备现状及其特点？**

5.1　全球能源储备现状及特点

5.1.1　全球能源储备历史与现状

1973～1974 年阿拉伯国家联合发起了石油禁运行动，引发了第一次世界石油危机，西方主要工业化国家蒙受了巨大的经济损失，所以为了保障能源供应安全，纷纷决定建立国家石油储备，并成立了国际能源署（IEA）。自从 1974 年国际能源署成立以来，其成员国不断扩大，由最初的 17 个，发展到现在的 28 个，IEA 的核心使命是对石油供应中断做出应急响应。其应急响应机制是根据 1974 年制定的《国际能源规划协定》设立的。《国际能源规划协定》要求国际能源署成员国持有的石油库存要相当于至少 90 天的石油净进口量，而且在出现重大石油供应中断时，如有必要，必须释放库存、抑制需求、转用其他燃料、增加国内生产或分享可用的石油（IEA，2011）。为补充《国际能源规划协定》中确定的机制，国际能源署已经做出灵活安排，协调使用应急石油储备、需求抑制措施和其他可以应对石油供应中断的措施。实际上，国际能源署的集体响应行动，旨在减轻突发性石油供应短缺的负面影响，具体方式就是通过综合利用应急响应措施来为全球市场提供额外的石油，包括增加供应和减少需求。

事实上，全球能源储备，主要集中在国际能源署各成员国，而且主要是石油储备，截止 2010 年 12 月底，国际能源署成员国的石油库存总量共计约 42 亿桶，其中，专门用于应急而持有的公共库存达到了 16 亿桶，工业库存 26 亿桶（包括商业库存和为履行政府的库存持有义务而持有的库存（IEA，2011））。

国际能源署的统计数据表明（IEA，2011），其成员国的石油库存发展大体经历了 5 个阶段：

(1) 成立伊始的快速补仓阶段（1974～1984 年）。虽然建设国家战略石油储备仓库需要 3 年左右的建设周期，而且中间又发生了第二次世界石油危机（1979～1980 年），但是各成员国为了提高应对石油危机的能力，同时达到 IEA 要求的最低储备库存标准，都最大限度地补充石油储备，所以 1984 年底各成员国的石油库存已达到 34 亿桶，增长非常快。

(2) 库存达到一定规模后的徘徊阶段（1985～1989 年）。由于石油库存高昂的运营维护成本，以及国际石油市场的相对稳定，使得各成员国达到 IEA 要求的最低库存标准后，继续提高储备库存的积极性越来越小，所以这一时期各成员国总的石油储备库存基本没有增加，维持在 34 亿桶左右，1985 年甚至出现了下滑。

(3) 海湾战争后的新一轮增长阶段（1990～1998 年）。1990 年爆发的海湾战争引发了第三次世界石油危机，为各成员国重新增加石油储备库存打了一针强心剂，总的石油储备库存从 1989 年的不足 35 亿桶，增加到 1998 年的 39.5 亿桶。

(4) 1997～1998 年亚洲金融危机后的快速下降阶段（1999～2002 年）。亚洲金融危机的爆发，使得世界石油需求锐减，国际油价暴跌，部分石油储备国在油价相对高位的时候选择了抛售石油储备的策略，所以 1999 年底各成员国总石油储备库存比 1998 年至少下降了 3 亿桶。亚洲金融危机的影响，使得 1999～2002 年期间国际能源署总石油库存维持在 37 亿桶左右。

(5)“9·11”事件后的快速增长阶段（2003～2010 年）。2001 年“9·11”事件后，美国大规模增加战略石油储备，而且国际原油价格自 2003 年年底开始持续上涨，所以 IEA 大多数成员国开始增加石油储备，其总石油储备库存平均每年增加约 1 亿桶，不过 2007 年出现了一次下滑。

按 IEA 的规定，每个成员国维持的总体石油库存水平必须相当于至少 90 天的净进口量，但是在满足这一要求方面存在灵活性，存储原油和成品油均可。由于各成员国石油储量、产量、消费量和对外依存度都存在较大差异，所以各成员国的石油储备规模差距较大，美国作为最大的储备国，2010 年底其战略石油储备库存约 7.3 亿桶，工业库存约 10 亿桶，总的石油储备库存约占 IEA 的 41%（IEA，2011）。其他成员国，如爱尔兰石油消费量很少，虽然其储备能力也相当于 100 天净进口量，但是总量上就相对很小了，图 5-1 给出了 IEA 各区域的石油储备库存分布情况。

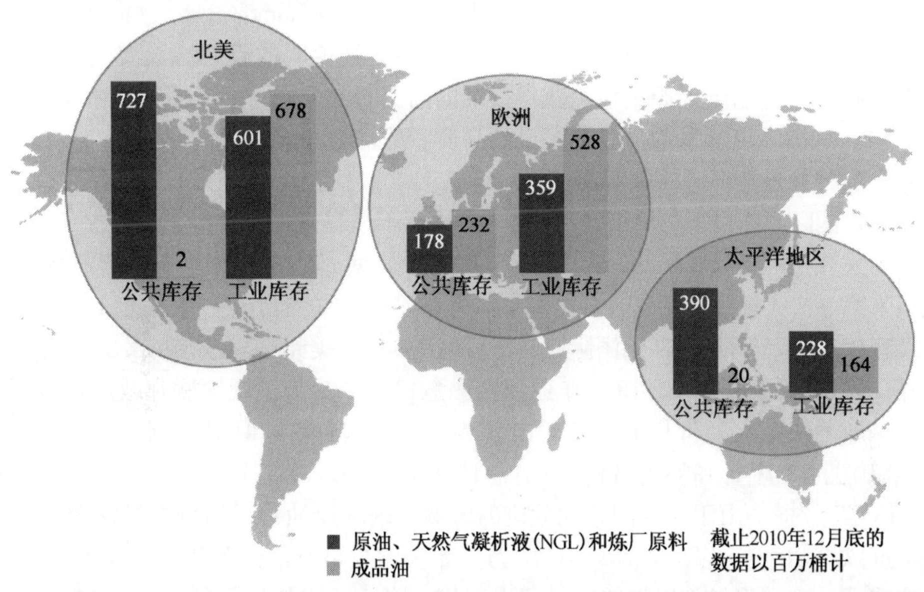

图 5-1 国际能源署 2010 年各区域的石油储备库存分布（图片来源：IEA，2011）

国际能源署成员国的石油储备库存主要集中在北美地区（重点是美国），高达 20 亿桶，约占总量的 48.89%，尤其是公共库存，北美的公共库存占总公共库存量的 47.06%，其中，原油公共库存约占 IEA 总原油公共储备量的 56.14%，这与各国采取的战略石油储备方式有很大关系，美国、日本和韩国都采取政府为主体的储备方式，所以公共库存量明显高于工业库存量，而欧洲很多国家都参考德国“储油于民”的方式，所以国家战略石油储备以工业库存为主（如图 5-1 所示）。由于成品油不宜长期储存，所以其储备方式主要是工业库存为主。

5.1.2 美国战略石油储备特点及策略

美国作为全球最大的战略石油储备国，是最早建立战略石油储备的国家之一，自20世纪70年代开始已逐步形成了一套比较完善的战略石油储备决策管理体系。EIA的统计数据表明，美国战略石油储备的几次释放和补仓时机都把握得很好，充分发挥了战略石油储备保障国家石油供应安全、平抑国际原油价格的作用。因此，美国的储备模式、储备策略和法律法规等非常值得其他储备国的借鉴和参考。

5.1.2.1 美国战略石油储备的五次主要释放

美国战略石油储备的释放有着严格的法律程序，必须总统授权才能生效。自1977年10月美国首次补充战略石油储备以来，大规模的释放战略石油储备总计有五次（如表5-1和图5-2)，主要是针对武装冲突、金融危机、突发自然灾害等严重影响石油供需和价格的事件。美国战略石油储备的释放主要可以概括为四种类型，即紧急释放(emergency drawdowns)、出售（sales)、协议交换（exchange agreements)、非紧急出售（Non-Emergency Sales)（EIA，2009)。需要特别说明的就是协议交换，指能源部从石油储备库中提取陈年原油借给获得批准的商业石油公司，后者要根据协议要求在规定期限内，从国际市场采购等量或多出的高质量原油返还能源部。

第一次释放是在海湾战争期间。1990年8月2日伊拉克入侵科威特，导致全球石油供应下降，国际原油月平均价格暴涨58%。8月7日美国老布什总统正式批准了采取针对伊拉克的大规模军事部署行动，为了保障美军战争期间充足的石油供应，布什总统签署了有史以来第一次大规模释放战略石油储备的命令，从1990年10月26日至1991年4月5日连续释放2114.1万桶，期间国际原油价格也从33.73美元/桶下降到18.35美元/桶。

第二次释放始于1997～1998**年亚洲金融危机前夕**。为了缓解联邦政府财政预算赤字，美国政府决定在油价相对高位时出售战略石油储备，同时降低储备成本，所以从1995年10月13日至1998年11月6日总计出售了2825.7万桶，期间国际油价一度高达25.18美元/桶。由于受亚洲金融危机的影响，国际原油月平均价格暴跌59%，1998年底一度跌至10美元以下，1998年12月开始美国战略石油储备陆续增加了800万桶，成功完成了一次“高抛低吸”策略，很大程度上降低了储备总成本。

第三次释放是缓解美国东北部冬季取暖用油。每到美国冬季取暖用油的高峰期，国际市场上原油价格往往大幅上升。为了缓解这个矛盾，2000年7月克林顿政府宣布建立东北部冬季取暖原油储备。为了更换战略石油储备库中的原油，能源部提出，取暖油不必是高质量的新开采的原油，可以从石油储备库中提取陈年原油3000万桶，然后择机从国际市场上采购等量的高质量原油填补，可谓“一石二鸟”。因此，从2000年9月22日至2001年3月30日共释放了2907.4万桶，国际原油价格也从31.59美元/桶下降到23.50美元/桶。

第四次释放是飓风袭击墨西哥湾之后。2005年8月底飓风卡特里娜袭击墨西哥湾，造成其附近三分之一以上油田被迫关闭，七座炼油厂和一座美国重要原油出口设施也不得不暂时停工。纽约商品交易所原油期货价格8月29日开盘时每桶飙升4.67美元，达

70.8 美元。8 月 31 日，布什政府同意动用战略石油储备，从 2005 年 9 月 2 日至 2006 年1 月 6 日共释放 1620.0 万桶，以缓解原油供应短缺，Brent 原油价格也从65.95 美元/桶一度降至 52.84 美元/桶。国际能源署 9 月 2 日宣布，所有 26 个成员国一致同意每天将向原油市场投放 200 万桶的战略储备，为期 30 天，以帮助解决因“卡特里娜”飓风造成的市场紧张局面。IEA 释放 6000 万桶战略石油储备的消息，使得纽约石油市场 WTI 原油期货价格当天应声大幅下跌。

表 5-1　美国战略石油储备的释放信息

释放时间	释放类型	规模（万桶）	释放原因
1990.10.26～1991.04.05	紧急释放	2114.1	海湾战争期间，补充美军石油供应的短缺
1995.10.13～1998.11.06	非紧急出售	2825.7	为减少财政预算赤字，降低储备成本，采用高抛策略
2000.09.22～2001.03.30	协议交换	2907.4	缓解美国东北部冬季取暖油的需求，建立取暖油储备，同时更换储备库中的陈年原油
2005.09.02～2006.01.06	紧急释放	1620.0	缓解飓风卡特里娜造成的石油供应短缺
2008.08.08～2008.12.26	出售	539.1	美国次贷危机引发全球金融危机导致油价暴跌，为降低储备成本，采用高抛策略

数据来源：美国能源部能源信息署（EIA/DOE，2011）。

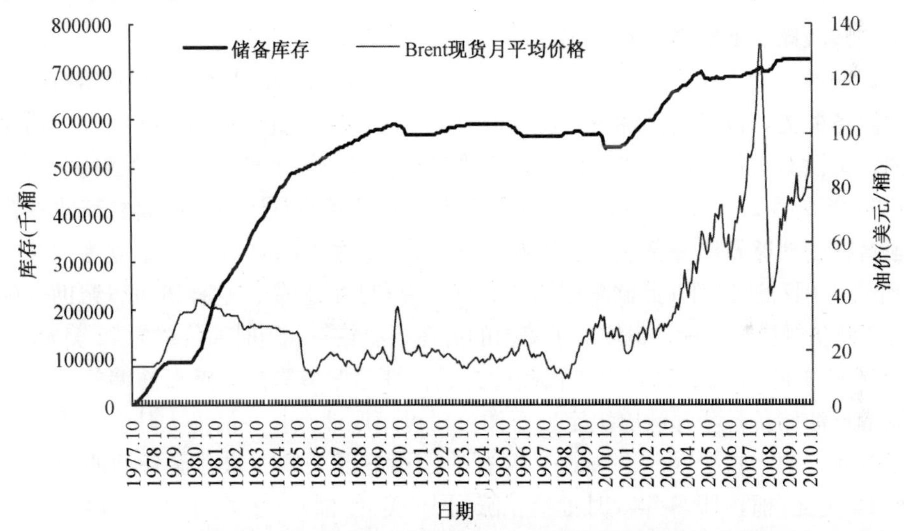

图 5-2　美国战略石油储备库存和国际原油价格的变化

数据来源：美国能源部能源信息署（EIA/DOE，2011）

第五次释放是美国次贷危机引发的全球金融危机期间。受投机等因素的影响，国际原油价格从 2007 年 1 月的 45.29 美元/桶一路攀升至 2008 年 7 月的 147.0 美元/桶，由于金融危机的影响，油价震荡下行。凭借敏锐的市场洞察力和快速决策能力，美国政府再次决定出售战略石油储备，从 2008 年 8 月 8 日至 12 月 26 日共出售了 539.1 万桶，国际原油价格也从 113.03 美元/桶暴跌至 33.73 美元/桶。当国际原油价格在 30～40 美元/桶徘徊的时候，2009 年 1 月 9 日，美国政府又开始趁油价低迷迅速补充战略石油储备，截止 2009 年 3 月 6 日，战略石油储备库存已高达 7.06 亿桶，相对于 1 月份库存增加了 400 万桶，再一次成功实施了战略石油储备的“高抛低吸”策略。

5.1.2.2　亚洲金融危机期间，美国战略石油储备的补仓时机和策略选择

美国充足的石油储备库容和较为完善的决策体系，使得其战略石油储备在不同历史阶段发挥着稳定市场和应对供应短缺等重要作用。统计数据表明，1994～1997 年美国一直没有进行石油储备补仓，而在 1997～1998 年亚洲金融危机期间，当国际原油价格从 25 美元/桶下降到 11 美元/桶的时候，美国启动了已尘封多年的补仓行动。事实表明，美国这次战略石油储备的释放和补仓时机把握得很好，非常成功地完成了一次“高抛低吸”策略（吴刚，魏一鸣，2009b）。以下是美国能源部不同时期签署的战略石油储备决策信息（EIA，2010）。

1998 年 5 月 11 日，停止释放联邦战略石油储备。为了降低油价下跌对战略石油储备成本的影响，美国 1995 年底开始陆续释放战略石油储备，推行“高抛策略”。当 1998 年 5 月油价从 1997 年初的 25 美元/桶降至 14 美元/桶时，考虑到亚洲金融危机的影响日益减退，加上对未来国际原油价格走势的判断，美国停止释放战略石油储备，并酝酿“油价低位的补仓策略”。

1998 年 8 月 11 日，允许本国石油公司借用联邦战略石油储备库建立商业库存，进而增加联邦战略石油储备规模。美国能源部决定给本国商业石油公司提供位于路易斯安那州的短期原油储备库容，希望在油价较低时（当时油价为 11 美元/桶）给石油公司提供石油储备能力，以备将来油价上涨获取利润。事实上，此举既吸引了石油公司储存部分石油，又没有增加政府开支，同时还实现了增加国家石油储备规模的目的。

1998 年 9 月 23 日，允许外国石油公司借用联邦战略石油储备库建立商业库存，增强美国潜在的战略石油储备能力。能源部宣布将德克萨斯州的储备基地划为“对外贸易区”，允许外国石油公司在此储藏原油，免收关税和其他税费。这样既可以帮助美国盟友完成石油储备规模的目标，也增加了美国的潜在石油储备（当时油价约为 12 美元/桶）。

1999 年 3 月 31 日，通过以货代款的方式，快速增加联邦战略石油储备。为了尽快增加战略石油储备，联邦政府决定，石油公司可用原油抵扣在沿海大陆架开采石油的租金；能源部与德士古公司（Texaco）等石油公司签订了增加联邦储备油的协议（当时油价约 12 美元/桶，1999 年 5 月油价就涨到 16 美元/桶），在最短的时间内筹集最多的石油，这使联邦石油储备大约每天增加了 3.86 万桶。

5.2　中国战略石油储备的最佳补仓时机和补仓策略

5.2.1　我国战略石油储备规划

国家战略石油储备是指用于国家战略之需的石油储备，是第一次世界石油危机之后，1974 年国际能源署首次提出的，其目的是应对石油供应短缺或中断，保障石油供应安全，同时减少因油价骤涨造成的宏观经济损失。很重要的一点就是要把战略石油储备与商业储备和投机储备区别开来，国家战略石油储备是在紧急或特殊情况下才动用的储备，主要是防止石油供应短缺的进一步恶化，保障短期的石油供应，为采取和制定解除石油危机的方

案赢得宝贵的时间，同时降低消费者的心理恐慌和油价暴涨的影响（Samouilidis，Berahas，1982）。由于石油供应短缺或中断的发生概率很低，所以国家战略石油储备仅仅是以备不时之需，而且其储备规模相对于国家石油消费量来说要小得多。

实际上，能源供应安全是一个不确定性问题，国家需要多大的储备规模才能感到供应安全，要看供应短缺事件的发生概率和经济可能受到的影响；另外，供应安全是相对的，任何国家不可能不惜一切代价来追求绝对供应安全，只能根据能源需求和经济的承受能力，找到合适的均衡点，选择最优的储备规模，使综合储备成本最小。因此，对于不同的国家，即使相同的石油供应短缺时间，造成的 GDP 损失也是不同的，所以各国最优的战略石油储备规模也是不等的。

自 1993 年我国再次成为成品油净进口国之后，为了保障国家能源安全，一些学者开始建议建立国家战略石油储备，经过长达十年的讨论和论证，2003 年我国政府正式批准建立国家战略石油储备，总储备能力计划为 6800 万吨（约 5 亿桶），预计总投资约 1000 亿人民币，准备用 15 年的时间分三期完成，各期的储备能力分别为 1200 万吨、2800 万吨、2800 万吨。一期储备工程于 2004 年 3 月启动，四个储备基地都集中在沿海地区，分别为宁波镇海、舟山岱山、青岛黄岛、大连新港，其中规模最大的镇海基地于 2006 年 8 月建成并收储原油，库容为 520 万立方米，其余三个基地于 2008 年年底竣工，一期总库容为 1640 万立方米。与美国战略石油储备方式不同，我国战略石油储备一期工程主要采用地上储罐的方式。虽然地上储罐具有建设周期短、选址比较灵活、使用方便等优点，但是其缺点是成本相对于地下岩洞要高、而且安全性低（Davis，1981）。因此，我国战略石油储备二期工程除了地上储罐外，还要建设一些地下岩洞的储备库，储备库的选址也由沿海逐渐过渡到内陆地区，如甘肃兰州、新疆鄯善、辽宁锦州等（如图 5-3所示）。2009 年新疆鄯善、天津滨海等二期战略石油储备工程已陆续启动，初步预计库容为 2680 万立方米。

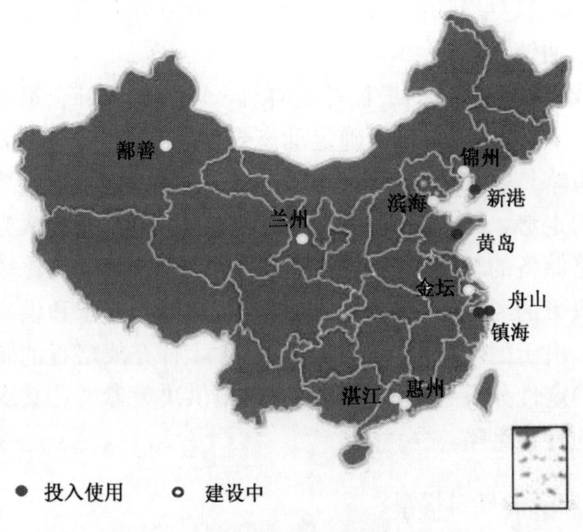

图 5-3　我国战略石油储备基地分布

5.2.2 我国战略石油储备的不确定动态规划模型

无论建立多大规模的战略石油储备，都要面临一个最现实、也是最重要的问题，就是如何选择最佳的补仓时机和补仓策略，进行战略石油储备补仓，实现总的补仓成本最小。由于建立国家战略石油储备需花费巨额资金，高油价背景下，如何选择最佳的补仓时机？如何制定总期望成本最小的补仓策略？成为决策者和研究人员共同关注的热点问题。

自20世纪80年代开始，一些学者建立了很多定量分析模型，研究战略石油储备的最优规模和最优策略问题，这些模型在研究内容的复杂程度、模型方法和模拟的政策等方面各不相同。其中一些模型侧重于讨论战略石油储备的最优规模，在这些研究中战略石油储备的补仓和释放是预先确定的，最优的战略石油储备规模由储备不同数量的石油在供应发生中断和没有中断情况下的成本-收益来决定，最优的战略石油储备规模方案是根据考虑不同中断概率情况下，使期望的净盈利最大化计算出来的。

代表性的研究工作主要有：Murphy等（1989）针对国家战略石油储备和民间储备对石油供应短缺的不同反应，应用动态Nash博弈模型再现并分析了国家战略石油储备和民间储备在动荡的国际能源市场中的相互作用，以期获得最优的战略石油储备规模和释放策略。Samouilidis和Berahas（1982）建立了一个包括储备获得成本、维护成本、短缺成本的成本函数，基于该成本函数，定量分析了不同情景下的最优战略储备规模。Samouilidis和Magirou（1985）基于Samouilidis和Berahas（1982）的研究，分析了小国战略石油储备的最优规模问题。Zweifel和Bonomo（1995）运用运筹学的线性规划理论研究处理复杂供应风险的最优石油、天然气战略储备问题，通过数学模型的理论推导，证明面对石油、天然气可能出现的供应中断，IEA各成员国均存在着最优的石油、天然气战略储备规模，而IEA规定的90天净进口量的储备规模并不是最优的。Wei等（2008）应用决策树模型定量研究了不同情景下，2010年和2020年适合中国经济发展和安全的最优战略石油储备规模。

关于未来中国战略石油储备的最佳补仓时机，以及最优补仓策略等问题的研究还处于探讨阶段，Wu等（2008b）应用不确定动态规划模型，定量研究中国战略石油储备的最佳补仓时机和策略。陈守海和郑仕敏（2006）定性分析了中国战略石油储备的迫切性和国际原油价格的走势，结合美国战略石油储备的经验，分析认为中国不应在高油价时期大规模进行战略储备的补仓。陈德胜和雷家骕（2006）综合比较了法、德、美、日四国战略石油储备政策的经验，分析了中国战略石油储备需求和供应情况。然而，对于决策者而言，首先，由于国际原油价格的不确定性，补充战略石油储备要担负巨大的经济风险，所以单纯的定性分析并不能为最终决策提供决策参考；其次，决策者很难通过直观判断做出科学的补仓策略。

5.2.2.1 不确定动态规划模型

因为国家战略石油储备规模巨大，补仓计划不可能一蹴而就，所以为了用最小的补仓成本实现既定的储备目标，需要每一阶段都要做出决策。由于未来国际原油价格的不确定性，各个阶段决策的选取不是任意确定的，它依赖于当前面临的油价，又会影响以后的战略石油储备补仓决策。当各个阶段决策确定后，就组成了一个决策序列，因而寻求最优决策的过程就是一个动态规划的过程。

作为石油生产和消费大国，我国的战略石油储备补仓问题不同于其他主要石油进口国，而且我国政府一再强调将尽量用本国石油产量和海外份额油来补充战略储备，尽可能降低中国补仓对国际原油价格的影响。

这里的国际石油价格是一个不确定变量，是按某种概率分布取值的，用动态规划方法处理，采购期限每年为一个阶段，将每年的国际原油价格看作该阶段的状态。因此，我国战略石油储备补仓策略的不确定动态规划模型为

$$f_k(y_k)=\min\{y_k,y_{kE}\}\quad y_k\in s_k \tag{5-1}$$

式中，y_k 为状态变量，表示第 k 年的实际油价；x_k 为决策变量，当 $x_k=1$，表示第 k 年的最优决策为补充战略石油储备，$x_k=0$ 时，表示第 k 年的最优决策为等待，即战略石油储备不发生变化；y_{kE} 表示第 k 年决定等待，而在以后采取最优决策时采购价格的期望值；$f_k(y_k)$ 表示第 k 年战略石油储备实际价格为 y_k 时，从第 k 年至第 $k-1$ 年采取最优决策所得的最小期望值。

由 y_{kE} 和 $f_k(y_k)$ 的定义可知：

$$y_{kE}=Ef_{k+1}(y_{k+1})=\sum p_i\times f_{k+1}(y_{k+1}) \tag{5-2}$$

这里 p_i 为国际石油市场不同油价的概率。

$$C'(E(t),A,I,t)=A\times P(A,I,t)+v\times[E(t)+A] \tag{5-3}$$

并且得出最优决策为

$$x_k=\begin{cases}1, & \text{当 } f_k(y_k)=y_k\\ 0, & \text{当 } f_k(y_k)=y_{kE}\end{cases} \tag{5-4}$$

$$M'(E(t),I,t)=\min_A\{C'(E(t),A,I,t)\} \tag{5-5}$$

由于未来油价的不确定性，导致决策者不能确切知道当前价格的相对高低，因而无法做出最优决策，所以利用不确定动态规划求解的目的是得到不同阶段我国战略石油储备的最优决策（是补仓还是等待），为决策者制定战略规划提供决策参考和信息支持。模型中的参变量如表5-2所示。

表5-2　模型中变量定义和说明

变量	变量定义和说明
y_k	状态变量，第 k 年的油价
s_k	油价的变化范围
x_k	为决策变量，当 $x_k=1$，表示第 k 年的最优决策为补充战略石油储备；$x_k=0$ 时，表示第 k 年的最优决策为等待
y_{kE}	第 k 年决定等待，而在以后采取最优决策时采购价格的期望值
$f_k(y_k)$	第 k 年战略石油储备实际价格为 y_k 时，从第 k 年至第 $k-1$ 年采取最优决策所得的最小期望值
p_i	不同油价的发生概率
$C'(E(t),A,I,t)$	战略石油储备的补仓成本
$E(t)$	t 时期的战略石油储备规模

续表

变量	变量定义和说明
A	战略石油储备的补仓量
I	国际石油市场的状态，正常还是中断
$P(A,I,t)$	t 时期补充战略石油储备的油价
v	单位战略石油储备的运营维护成本
$M'(E(t),I,t)$	战略石油储备补仓的最小成本

5.2.2.2 模型的基本假设

假设一：模型中假设我国补充战略石油储备对国际原油价格没有影响，因为我国政府一再强调主要通过本国产量和份额油来补充战略石油储备。我国战略石油储备一期工程的总储备能力约为 1200 万吨（约 8760 万桶）。如果都来自于国际原油市场，相当于每天多进口 6.0 万桶，仅占 2006 年每天原油进口量的 15.1%。另外，美国能源部能源信息署署长卡鲁索（Guy Caruso）表示：基于 EIA 已使用了多年的价格模型，日均约 10 万桶的采购量将只会对油价产生每桶 50 美分的影响，所以他认为补充战略石油储备对油价影响很小。因此，我们假设中国补充战略石油储备对国际油价没有影响。另外，在 Teisberg（1981）的研究中考虑了两种情景，即补仓影响油价和补仓不影响油价。本节中由于受不确定动态规划模型的局限，无法探讨补仓影响油价的情景，所以在 5.3 节中我们建立了动态规划模型来研究补仓影响油价的情景。

假设二：我们假设 2011～2020 年的国际原油价格可能会出现的价位分别为 70 美元/桶，90 美元/桶，110 美元/桶，130 美元/桶，分两种情景来讨论：一是假设高油价发生概率较低时，即油价的概率分别为 0.25，0.25，0.25，0.25；二是假设高油价发生概率较高时，即油价的概率分别为 0.1，0.1，0.4，0.4。

5.2.2.3 数据来源

2010 年和 2020 年中国战略石油储备的最优规模来源于 Wei 等（2008）的研究。因为我国目前刚刚补充国家石油战略储备，还没有单位储备成本数据，所以每年的单位储存成本我们假设等同于美国的储存成本 0.32 美元/桶（Teisberg，1981）。

5.2.3 我国战略石油储备的最佳补仓时机和策略

5.2.3.1 高油价的出现概率较低时，2011～2020 年的最优补仓策略

因为未来石油价格的不确定性，现在很难判断 2011～2020 年的国际原油价格，所以我们假设 2011～2020 年的油价分别为 70 美元/桶，90 美元/桶，110 美元/桶，130 美元/桶，其出现的概率分别为 0.25，0.25，0.25，0.25。那么当油价为多少时应该补充战略石油储备，当油价为多少时应该保持储备规模不变，等待合适的补仓时机。根据 Wei 等（2008）的研究结果，2020 年我国战略石油储备的最优规模为 60 天净进口量或 90 天净进口量的分别约为 2.4 亿桶和 3.6 亿桶，这里我们考虑的是满足最大储备规模的策略，所以模型中 2020 年的储备规模定为 3.5 亿桶，依据不确定动态规划模型，得到 2011～2020 年我国战略石油储备的最佳补仓时机（如表 5-3 所示）：

(1) 在 2011～2017 年当国际油价低于 85 美元/桶时，就补充战略储备，否则就保持规模不变，等待合适时机。

(2) 在 2018 年当国际油价低于 90 美元/桶时，就补充战略储备，否则就保持规模不变，等待合适时机。

(3) 在 2019 年当国际油价低于 100 美元/桶时，就补充战略储备，否则就保持规模不变，等待合适时机。

(4) 由于为了保障国家能源供应安全，2020 年必须实现规划的储备规模，所以无论 2020 年的油价处于什么价位，都应该补充战略储备，达到预期的储备规模。

表 5-3　高油价概率较低时，2011～2020 年战略石油储备最佳补仓时机和策略

年份	y_k (美元/桶)	x_k	A (百万桶)
2011～2017	≤85.0	1	≥25
	>85.0	0	0
2018	≤90.0	1	25～200
	>90.0	0	0
2019	≤100.0	1	25～225
	90.0～100.0	1	25
	>100.0	0	0
2020	当前油价	1	25～250

如果 2011～2020 年的不同阶段的最优补仓策略是购买，那么在不同阶段应该买多少才会使最终的总成本最小，我们应用不确定动态规划模型得到 2011～2020 年中国石油战略储备的最优补仓策略（Wu，et al，2008b），如图 5-4 所示：

(1) 在 2011～2017 年当国际油价低于 85 美元/桶时，每年应该买进 2500 万桶原油补充国家战略石油储备，如果上一年油价高于 85 美元/桶，那么下一年或下几年当油价低于 85 美元/桶时，应该在买进当年 2500 万桶的基础上，把上一年或几年欠缺的补仓量填补上。

(2) 在 2018 年当国际油价低于 90 美元/桶时，应该至少买进 2500 万桶原油使战略石油储备达到 3 亿桶的规模。

(3) 在 2019 年当国际油价低于 90 美元/桶时，应该至少买进 2500 万桶原油使战略石油储备达到 3.25 亿桶的规模；当油价在 90～100 美元/桶时，应该最多买进 2500 万桶原油。

(4) 在 2020 年无论油价处于什么价位，都应该至少买进 2500 万桶，使国家战略石油储备规模达到预期的 3.5 亿桶。

5.2.3.2　高油价出现概率较高时，2011～2020 年的最优补仓策略

我们假设在 2011～2020 年国际原油价格仍徘徊于高价位，即油价为 130 美元/桶，110 美元/桶，90 美元/桶，70 美元/桶的概率分别为 0.4，0.4，0.1，0.1。那么当油价为多少时应该补充石油战略储备，当油价为多少时应该保持储备规模不变，等待合适的补仓时机。依据不确定动态规划模型，得到 2011～2020 年我国战略石油储备的最佳补仓时机（如表 5-4 所示）：

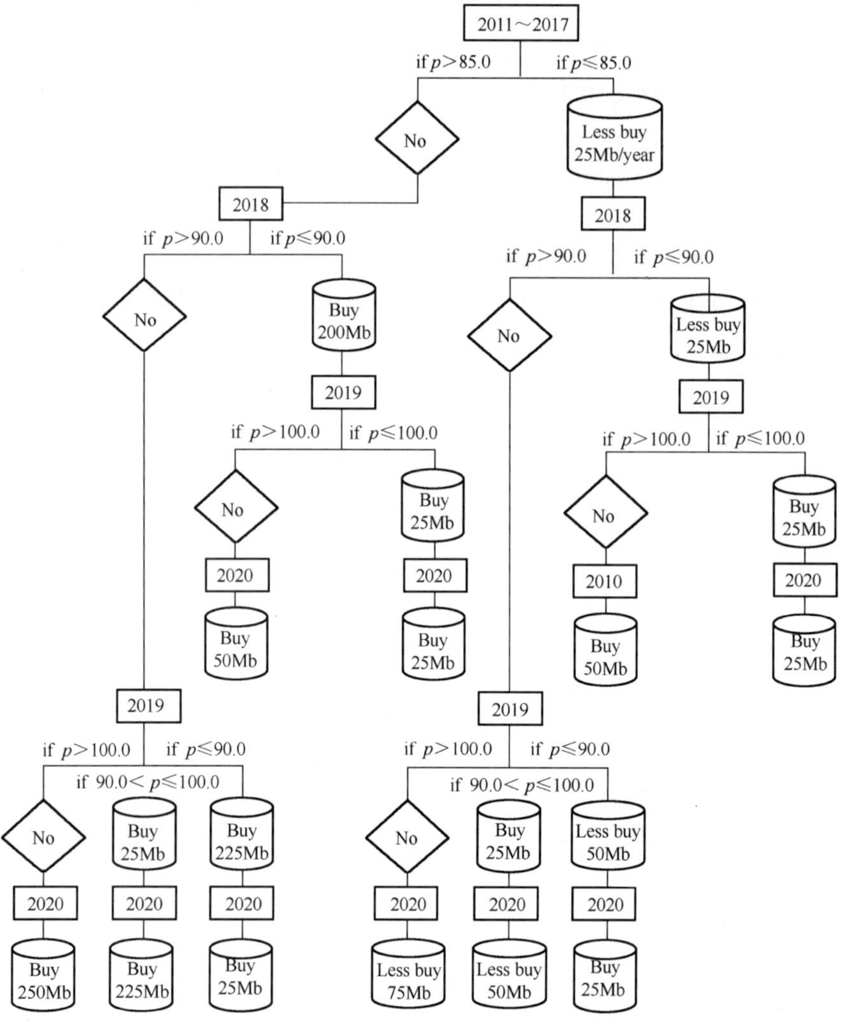

图 5-4 高油价概率较低时，2011～2020 年我国战略石油储备的最优补仓策略

表 5-4 高油价概率较高时，2011～2020 年战略石油储备最优补仓时机和策略

年份	y_k（美元/桶）	x_k	A（百万桶）
2011～2013	≤88.1	1	≥25
	>88.1	0	0
2014～2018	≤104.8	1	25～200
	88.1～104.8	1	25
	>104.8	0	0
2019	≤88.1	1	25～225
	88.1～104.8	1	25～50
	104.8～112.0	1	25
	>112.0	0	0
2020	当前油价	1	25～250

(1) 在 2011～2013 年当国际油价低于 88.1 美元/桶时，就补充战略储备，否则就保持规模不变，等待合适时机。

(2) 在 2014～2018 年当国际油价低于 104.8 美元/桶时，就补充战略储备，否则就保持规模不变，等待合适时机。

(3) 在 2019 年当国际油价低于 112.0 美元/桶时，就补充战略储备，否则就保持规模不变，等待合适时机。

(4) 由于为了保障国家能源供应安全，2020 年必须实现规划的储备规模，所以无论 2020 年的油价处于什么价位，都应该补充战略储备，达到预期的储备规模。

如果 2011～2020 年的不同阶段的最优补仓策略是购买，那么在不同阶段应该买多少才会使最终的总成本最小，应用不确定动态规划模型得到 2011～2020 年我国战略石油储备的最优补仓策略，如图 5-5 所示。

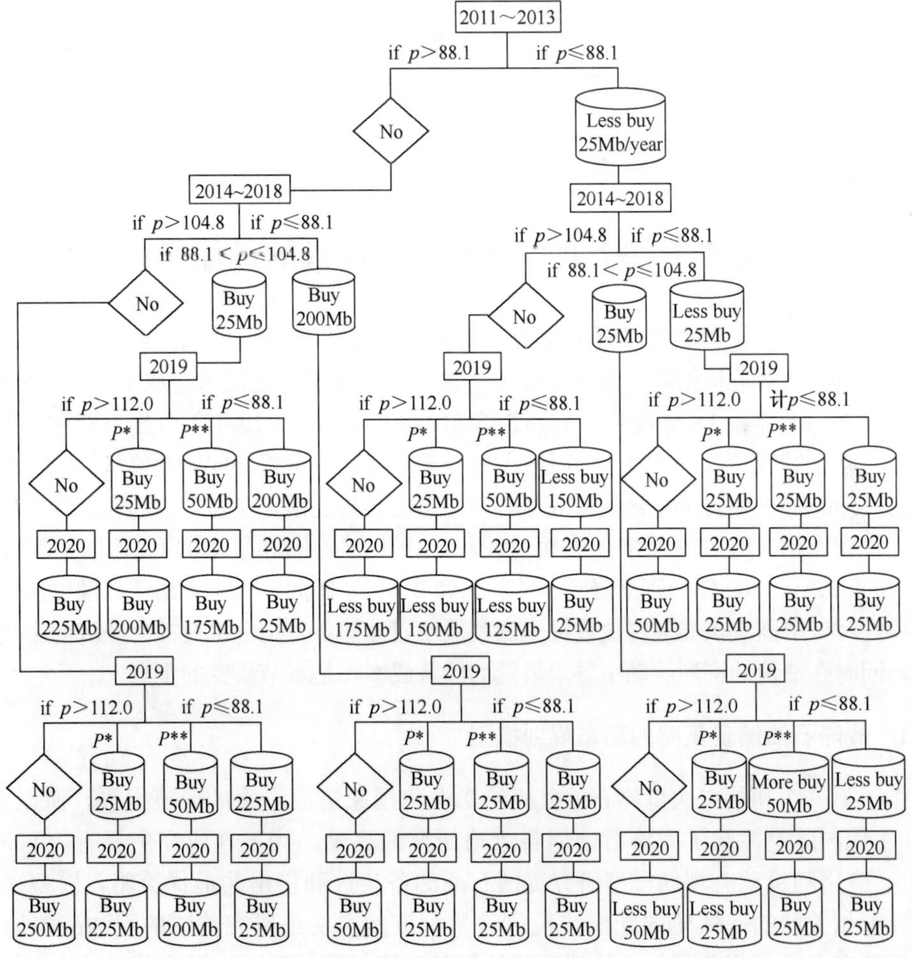

图 5-5　高油价出现概率较高时，2011～2020 年中国战略石油储备的最优补仓策略

P^* 是 104.8<P≤112.0，P^{**} 是 88.1<P≤104.8

(1) 在 2011～2013 年当国际油价低于 88.1 美元/桶时，每年应该买进 2500 万桶原

油补充国家战略石油储备；如果上一年油价高于 88.1 美元/桶，那么下一年或下几年当油价低于 88.1 美元/桶时，应该在买进当年 2500 万桶的基础上，把上一年或几年欠缺的补仓量填补上。

(2) 在 2014～2018 年当国际油价低于 88.1 美元/桶时，应该至少买进 2500 万桶原油使战略石油储备达到 3 亿桶的规模；当油价高于 88.1 美元/桶低于 104.8 美元/桶时，应该最多买进 2500 万桶原油。

(3) 在 2019 年当国际油价低于 88.1 美元/桶时，应该至少买进 2500 万桶原油使战略石油储备达到 3.25 亿桶的规模；当油价在 88.1～104.8 美元/桶时，应该最多买进 5000 万桶原油；当油价位于 104.8～112.0 美元/桶之间时，应该最多买进 2500 万桶原油。

(4) 在 2020 年无论油价处于什么价位，都应该至少买进 2500 万桶，使国家战略石油储备规模达到预期的 3.5 亿桶。

总的来看，由于未来油价的不确定性，各阶段的最优补仓价位随着未来高油价出现概率的变大而升高。在不同阶段最优补仓期望价位和补充量是不一样的，单从经济学的角度来考虑，在未发生供应中断的前提下，最大的储备规模越晚达到总成本越低，但是从国家能源安全的角度出发，最大储备规模越早实现越有利于能源供应安全。

5.3 突发事件下我国战略石油储备的最优释放策略

石油危机孕育了国家战略石油储备，石油储备有效减缓了危机的冲击。1973～1974 年第一次世界石油危机期间，油价上涨了 4 倍，给主要工业化国家造成了巨大经济损失，1972 年美国和日本的 GDP 增长率分别为 5.6%和 8.4%，而 1974 年分别下降到－0.47%和－1.2%（世界银行，2010）。1979～1980 年第二次石油危机期间，油价从 13 美元/桶飙升至 41 美元/桶。主要工业化国家战略石油储备已初具规模，在稳定市场和保障供应方面发挥了积极作用，造成的经济损失相对较小，1978 年美国和日本的 GDP 增长率分别为 5.6%和 5.3%，1980 年分别下降到－0.24%和 2.8%。因此，当未来出现石油供应短缺等突发事件时，中国应该如何释放或补充国家战略石油储备，把危机对社会经济的影响降到最低，同时在油价的剧烈波动中寻求最低的储备成本，是本节研究的重点。

5.3.1 战略石油储备策略的动态规划模型

由于第一次和第二次世界石油危机给工业化国家造成严重的经济损失，所以 20 世纪 80 年代国际上掀起了战略石油储备策略研究的高潮。代表性研究主要有：Teisberg (1981) 应用随机动态规划模型研究美国石油储备买进和售出的最优策略，模型采取与储备政策相关联的一体化的配额或税收政策，虽然主要是研究美国的石油战略储备政策，模型也考虑了相关联的石油消费国的储备政策，分析表明，石油供应对价格的响应程度对储备政策的效果发挥着重要作用。Hogan (1983) 在 Teisberg 的动态规划模型基础上，建立了美国战略石油储备补仓的 Stackelberg 模型，模拟两个消费国之间的相互作用，假设一个国家的储备策略会追随另外一个国家的决策。Chao 和 Manne (1983)

利用动态规划模型研究了美国石油进口需求对 OPEC 油价的影响和 OPEC 局势动荡导致的石油供应中断的持续时间和严重程度对美国储备政策（调整库存和关税）的影响。

近几年，关于我国战略石油储备策略的研究越来越多，代表性的研究有：Wu 等（2008b）应用不确定动态规划模型，定量研究了不同油价情景下中国战略石油储备的最优补仓策略。吴刚和魏一鸣（2011）应用动态规划模型探讨了不同石油供应短缺事件对国际原油价格的影响。Wu 等（2011a）应用动态规划模型研究了突发事件情景下我国战略石油储备的最优策略。

在石油供应出现重大短缺、中断以及原油价格暴涨的情况下，战略石油储备的释放能够在短期内填补市场短缺、平抑油价，从而缓和或化解可能发生的石油危机，降低石油供应短缺对宏观经济的影响。一旦发生石油危机，迅速、大量投放战略石油储备将有效减少危机造成的经济损失，遏制危机的蔓延，为制定解决危机的办法争取宝贵的时间。由于战略石油储备成本昂贵，各主要石油进口国的储备规模都相当有限，而在危机初期，决策者并不知道危机的严重程度和持续时间，所以如何利用有限的储备规模，科学合理地选择和分配战略石油储备的释放时机和释放规模，以期最大限度的发挥战略石油储备的作用，减少危机的负面影响是值得研究的问题。

5.3.1.1　动态规划模型

我们建立了中国战略石油储备最优策略的动态规划模型，模型的基本要素是石油市场的不安全成本函数和 GDP 损失，它依赖于时间 t 、t 时期石油市场的状态、t 时期的石油战略储备规模。接下来要讨论的就是石油市场的不安全成本函数。石油消费者的不安全成本简单概括为消费者需求的盈余损失，一是储备量的净盈余流，当 A 是正值时，为成本，A 为负值时，为盈余（利润）；二是出现石油供应短缺或中断造成的 GDP 损失；三是补仓和释放对油价冲击造成的额外盈余；最后是储备成本，假设每年的单位储备成本为 v，则全部的储备成本为 $v[E(t)+A]$，模型中的变量及参数如表 5-5和表 5-6 所示。

表 5-5　动态规划模型的变量说明

变量	变量说明
$A(t)$	t 时期战略石油储备的补仓和释放量
$P(A(t),I,t)$	国际原油月平均价格（外生）
$P(t)$	外生给定的预测油价（EIA 预测结果，2009）
β	国际原油价格的需求弹性，（IEA，2006）
$EGL_{(t)}$	t 时期石油供应短缺造成的 GDP 损失
I	t 时期石油市场的供应状态（$I=1$ 正常，$I=2$ 短缺或中断）
v	单位战略石油储备的月平均成本（0.026 美元/桶，Teisberg（1981）美国的单位储备成本 0.32 美元/桶）
$E(t)$	t 时期的战略石油储备规模
μ	中国石油需求占世界石油需求的比例（约 10%）
b	参量，1.1（Samouilidis and Berahas，1982）
R	石油供应短缺比例（rate of the Oil short）
c	参量，1.91（Samouilidis and Berahas，1982）
r	实际折现率，0.05

续表

变量	变量说明
n	储存问题的时间终点
R_i	第 i 年出现石油供应中断时的短缺量
$\mathrm{Pro}_{i,j}$	第 i 年第 j 个月份的石油产量
$\mathrm{Im}_{i,j}$	第 i 年第 j 个月份的石油进口量
C_i	第 i 年的石油消费量
m	石油供应短缺或中断持续的时间

表 5-6 动态规划模型中主要参数设置

参数	参数说明及参考来源
β	−0.15，(IEA，2006)
v	0.026 美元/桶，(Teisberg，1981)
μ	0.10，中国占世界石油消费的份额
b	1.1，(Samouilidis，Berahas，1982)
e	1.91 (Samouilidis，Berahas，1982)
$R_{\mathrm{Emergency}}$	5.27%，2005 年飓风卡特里娜对美国石油供应造成的短缺比例
R_{war}	5.70%，1990 年海湾战争对美国石油供应造成的短缺比例
r	0.05，(Teisberg，1981)

中国战略石油储备的成本函数为

$$C(E_{(t)},A_{(t)},I,t)=\mu\int_{P_0(t)}^{P(A_{(t)},I,t)}D(P,t)\mathrm{d}p+A_{(t)}P(A_{(t)},I,t)+EGL_{(t)}+v[E_{(t)}+A_{(t)}] \tag{5-6}$$

石油供应短缺或中断造成的 GDP 损失函数：

$$EGL_{(t)}=bGDP_{(t)}R_{(I)}^{e} \tag{5-7}$$

$$P(A_{(t)},I,t)=p_{(t)}+\beta A_{(t)} \tag{5-8}$$

因为对战略石油储备的补仓和释放是一个多阶段的动态过程，所以最优的战略石油储备补仓和释放策略可以转化成一个动态的总储备成本最小化的问题：

$$M(E_{(t)},I,t)=\min_{A}\left\{C(E_{(t)},A_{(t)},I,t)+\frac{1}{1+r}\left[\sum_{n-t}^{n}M(E_{(t)}+A_{(t)},I,t+1)\right]\right\} \tag{5-9}$$

动态规划起始于时间终点 n，逆推至时间起点，根据 $E(t),I,t$ 求出最优的石油战略储备补仓量 $A^*(E(t),I,t)$。

出现石油供应短缺或中断时的短缺量 R_i：

$$R_i=\left(\sum_{j=1}^{m}(\mathrm{Pro}_{i-1,j}-\mathrm{Pro}_{i,j})+\sum_{j=1}^{m}(\mathrm{Im}_{i-1,j}-\mathrm{Im}_{i,j})\right)/C_i \tag{5-10}$$

5.3.1.2 数据来源与预处理

美国战略石油储备补仓数据、Brent 原油月平均价格数据、2010～2020 年的国际原油价格预测数据来源于美国能源部能源信息署，由于 EIA 的油价预测数据是年度数据，而我们模型中用的是月度数据，所以我们把 2010～2020 年的数据分为两段（2010～2015 年和 2016～2020 年），应用小波模式匹配理论，从油价历史数据中分别找出波动趋势与预测结果相匹配的时间段，再按这个时期历史数据各月的变换规律来匹配预测数据各月的变换趋势，进而得到 2010～2020 年各月的国际原油价格的预测数据（如图 5-6 所示）。2010～

2020 年中国原油消费量和世界原油消费量数据来源于 WEO/IEA（2008），2010～2020 年中国 GDP 数据是假设在 2008 年的水平上按 7.0%的速率增长（李善同，2010）。

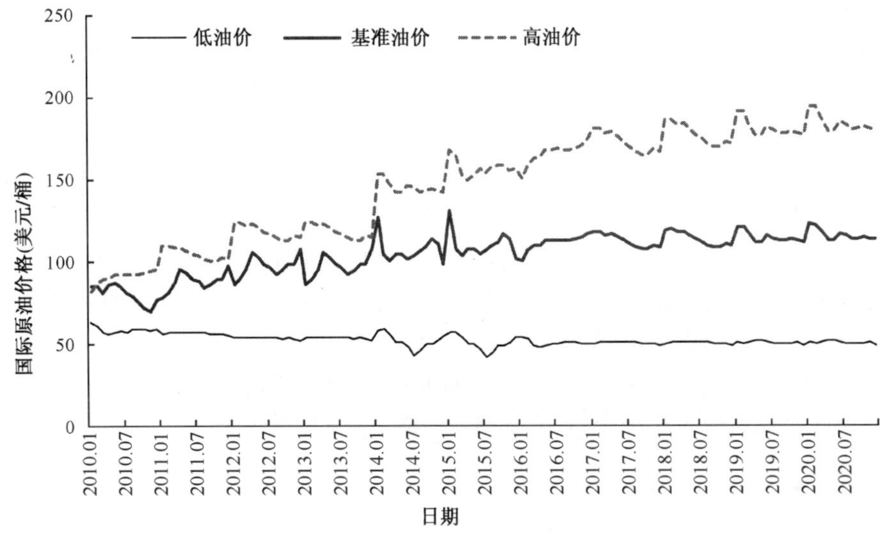

图 5-6　国际 Brent 原油月平均价格（2010～2020 年）

5.3.1.3　情景设置

通过对历史上石油供应短缺事件的分析，并结合美国战略石油储备的几次大规模的补仓和释放，我们从政治、经济和自然因素三个方面，来设置模拟情景，如表 5-7 所示。

表 5-7　不同突发事件的特征

情景	石油供应	特征
自然灾害	中断	不可预见性、非常紧急、破坏基础设施、石油供应短缺会影响油价
经济危机	正常	不可预见性，石油需求和价格会下降，对油价影响较长
局部武装冲突	中断	可预见性，非常紧急，可能会破坏基础实施，对油价影响较大

（1）突发自然灾害：2005 年 8 月底飓风卡特里娜袭击墨西哥湾，造成其附近三分之一以上油田被迫关闭，七座炼油厂和一座美国重要原油出口设施也不得不暂时停工。纽约商品交易所原油期货价格 8 月 29 日开盘时每桶飙升 4.67 美元，达 70.8 美元。8 月 31 日，布什政府同意动用战略石油储备，从 2005 年 9 月 2 日至 2006 年 1 月 6 日共释放 1620.0 万桶，以缓解原油供应短缺，Brent 原油价格也从 65.95 美元/桶一度降至 52.84 美元/桶。国际能源署（IEA）9 月 2 日宣布，所有 26 个成员国一致同意每天将向原油市场投放 200 万桶的战略储备，为期 30 天，以帮助解决因“卡特里娜”飓风造成的市场紧张局面。IEA 释放 6000 万桶战略石油储备的消息，使得纽约石油市场 WTI 原油期货价格当天应声大幅下跌。因此，我们假设如果未来再次发生类似的自然灾害，其对国际原油价格的影响等同于 2005 年飓风卡特里娜对油价造成的影响，那么我国战略石油储备的最优补仓和释放策略又会发生哪些变化。

（2）经济危机：为了缓解联邦政府财政预算赤字，美国政府决定在油价相对高位时出售战略石油储备，同时降低储备成本，所以从 1995 年 10 月 13 日至 1998 年 11 月 6

日总计出售了 2825.7 万桶，期间国际油价一度高达 25.18 美元/桶。由于受亚洲金融危机的影响，国际原油月平均价格暴跌 59%，1998 年底一度跌至 10 美元以下，1998 年 12 月开始美国陆续补充战略石油储备 800 万桶，成功完成了一次“高抛低吸”策略，很大程度上降低了储备总成本。因此，我们假设如果未来再次出现类似的金融危机，其对国际原油价格的影响等同于 1997～1998 年亚洲金融危机造成的影响，那么我国战略石油储备的最优补仓和释放策略又会发生哪些变化。

（3）局部武装冲突：1990 年 8 月 2 日伊拉克入侵科威特，导致全球石油供应下降，国际原油月平均价格暴涨 58%。8 月 7 日美国老布什总统正式批准了采取针对伊拉克的大规模军事部署行动，为了保障美军战争期间充足的石油供应，布什总统签署了有史以来第一次大规模释放战略石油储备的命令，从 1990 年 10 月 26 日至 1991 年 4 月 5 日连续释放 2114.1 万桶，期间国际原油价格也从 33.73 美元/桶下降到 18.35 美元/桶。因此，我们假设如果未来再次发生类似的局部武装冲突，其对国际原油价格的影响等同于 1990 年海湾战争造成的影响，那么我国战略石油储备的最优补仓和释放策略又会发生哪些变化。

5.3.2 不同突发事件对国际油价的冲击

5.3.2.1 突发自然灾害事件对油价的冲击

相对于经济危机和局部武装冲突事件，突发自然灾害对油价的冲击力最弱，持续的时间也最短。因为突发自然灾害往往是对局部石油生产设施造成破坏，所以它对整个国际石油市场的影响非常有限。基准油价情景下，灾害对油价的冲击力最强，最高为 29.23%，但在灾害发生后期，油价甚至会低于未发生灾害时的正常油价，最大冲击为－12.70%；高油价情景下，灾害对油价的冲击力最弱，最高为 11.46%，最低仅为 2.10%，平均约为 6.40%，所以油价上涨幅度最小；低油价情景下，灾害对油价的冲击力也相对较弱，最高为 25.24%，最低为 4.30%，平均约为 9.50%（如图 5-7 和表 5-8 所示）。

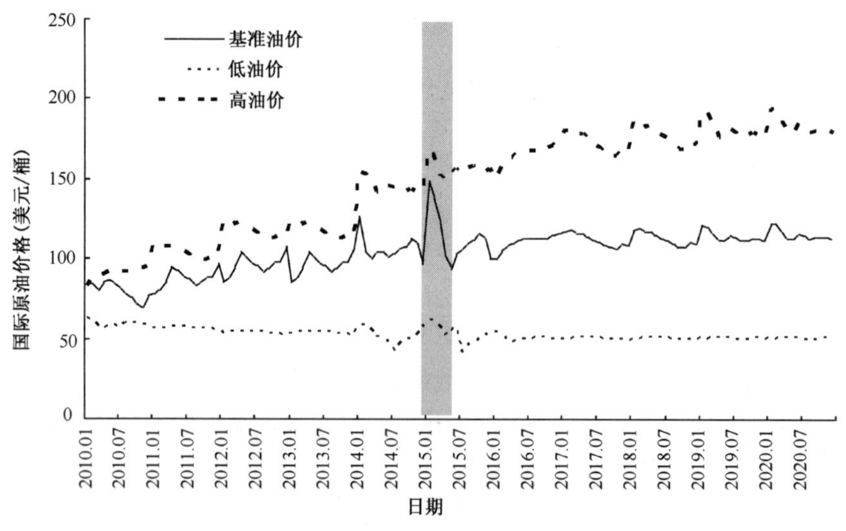

图 5-7 突发自然灾害对国际油价的冲击

表 5-8　不同突发事件对国际油价的冲击

情景	自然灾害（%）			经济危机（%）			局部武装冲突（%）		
	最大	最小	平均	最大	最小	平均	最大	最小	平均
高油价	11.46	2.10	6.40	−66.90	−10.79	−40.10	92.83	2.23	52.28
基准油价	29.23	−12.70	—	−66.10	−18.24	−41.50	88.14	1.50	42.14
低油价	25.24	4.30	9.50	−55.63	−0.12	−27.54	102.72	29.85	65.75

5.3.2.2　经济危机对油价的冲击

经济危机对油价的冲击持续时间最长，影响也相对较大。由于经济危机对实体经济产生影响，导致石油需求和投资下降，所以油价下跌。因为经济的复苏需要一定的时间，所以经济危机对油价的影响会持续较长时间。基准油价情景下，经济危机对油价的冲击力最高为−66.10%，最低为−18.24%，平均约为−41.50%；高油价情景下，经济危机对油价的冲击力也较大，最高为−66.90%，最低为−10.79%，平均约为−40.10%；低油价情景下，经济危机对油价的冲击相对较小，最高为−55.63%，最低仅为−0.12%，平均约为−27.54%（如图 5-8 和表 5-8 所示）。

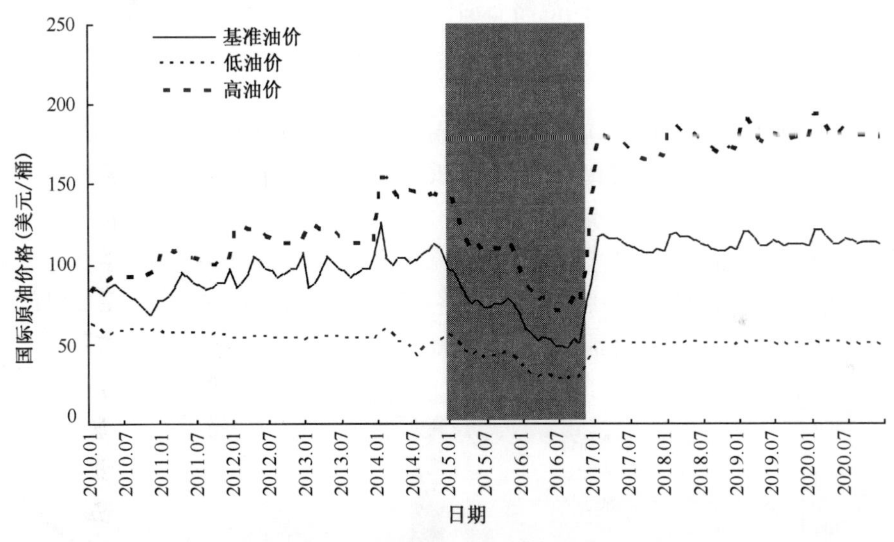

图 5-8　经济危机对国际油价的冲击

5.3.2.3　局部武装冲突事件对油价的冲击

局部武装冲突对油价的冲击最大，但持续的时间相对较短。主要是由于一旦发生局部武装冲突，势必造成国际石油市场的恐慌，同时由于战争使得石油需求增加，所以油价往往会出现跳跃式上涨，但不同油价情景下的涨幅有一定的差异。基准油价情景下，最高冲击为 88.14%，最低为 1.5%，平均约为 42.14%；高油价情景下，最高冲击为 92.83%，最低为 2.23%，平均约为 52.28%；低油价情景下，武装冲突对油价的冲击力最大，最高冲击甚至高达 102.72%，最低为 29.85%，平均约为 65.75%（如图 5-9 和表 5-8 所示）。

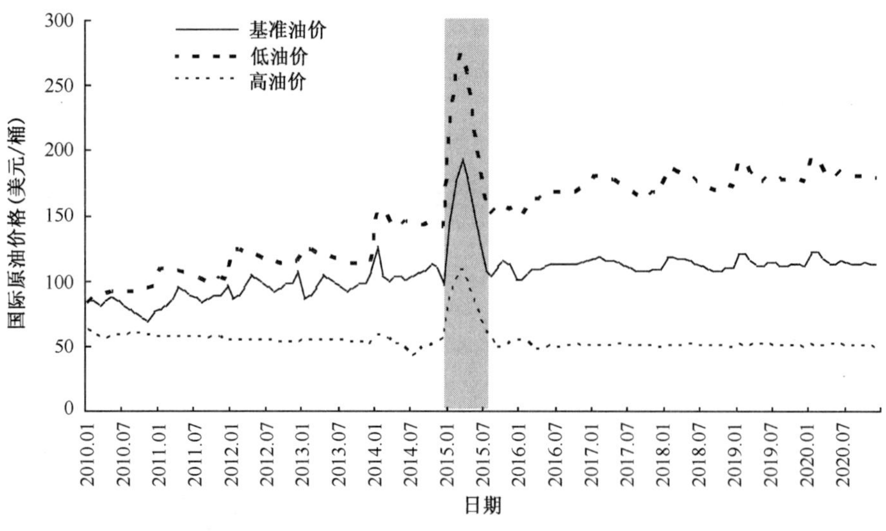

图 5-9　局部武装冲突对国际油价的冲击

5.3.3　不同突发事件情景下我国战略石油储备的最优策略

5.3.3.1　应对突发自然灾害的最优储备策略

当出现突发自然灾害时，应快速释放一定规模的原油约 12～36 百万桶（2005 年飓风卡特里娜袭击墨西哥湾，美国释放了 16.20 百万桶），弥补灾害造成的原油供应短缺，最大程度降低消费恐慌。由于突发自然灾害会给国际石油市场和消费者带来恐慌，给投机者创造了机会，油价会迅速上涨，但是突发自然灾害对原油供应短缺造成的影响很有限，所以油价在短期快速上升后，随着战略石油储备的释放，油价会逐步回落（Wu, et al, 2011a）。因此，这种情景下的最优策略是在快速释放一定规模的储备之后，应根据油价的波动情况，适时进行少量的补仓，总体仍以释放为主（如图 5-10 所示）。

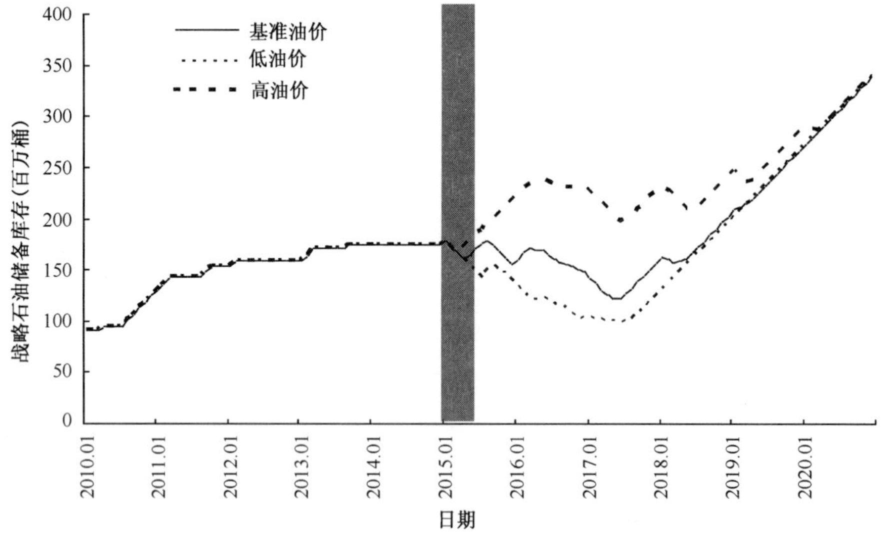

图 5-10　自然灾害情景下我国战略石油储备的最优策略

事实上，当发生突发自然灾害时，不同油价情景下的最优补仓和释放策略也略有差异。油价越高的情景，释放的战略石油储备量越少，释放的时间也越短；然而，其补仓量也越多，如图 5-10 所示。主要是因为不同油价情景下，灾害对国际油价的冲击存在较大差异（如表 5-8 所示），同时，释放战略石油储备对油价的抑制作用又有很大不同（如表 5-9 所示），所以导致最优补仓和释放策略略有差异。例如高油价情景下，突发自然灾害对油价的冲击最弱，平均仅为 6.4%。相反，此时释放战略石油储备对油价的抑制作用又最明显，平均每桶下降 3.78 美元，所以释放相对较少的战略石油储备就能使油价发生较大幅度的下降，从而达到缓解危机的目的，而未来油价又呈快速上升的趋势，所以高油价情景下，危机过后是进行战略石油储备快速补仓的最佳时机（如图 5-10 所示）。

5.3.3.2　应对经济危机的最优储备策略

未来发生经济危机时，应在危机发生的初期趁油价还相对高位，快速抛售一定规模的战略石油储备（约 6～18 百万桶），随着经济危机的蔓延，当油价下降到相对低位时，应迅速进行战略石油储备的补仓。在经济危机的初期阶段，决策者很难判断危机持续的时间和严重程度，所以在进行快速补仓时，不易满仓，因为未来油价有可能会进一步下降。随着经济危机影响程度的逐渐明朗，油价波动一段时间后会逐步回升。因此，这种情景下的最优策略应以适当的“高抛低吸”为主，以降低储备总成本（如图 5-11 所示）。

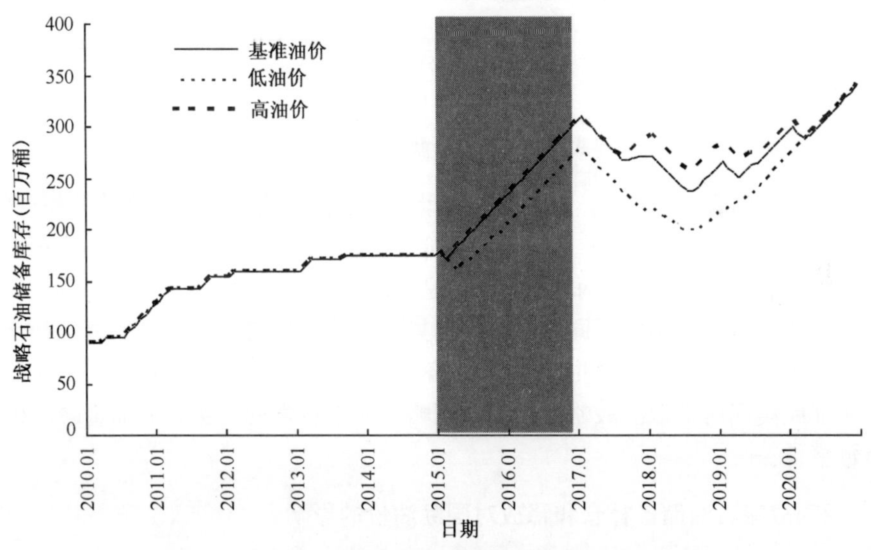

图 5-11　经济危机情景下我国战略石油储备的最优策略

高油价和基准油价情景下，金融危机对国际油价的冲击相对较大，在－41%左右，而低油价情景下，金融危机对油价的冲击相对较小，仅为－27.54%（如表 5-8 所示）。因此，模型结果表明，前两种情景抛售的战略石油储备量相对较少，而低油价时抛售的战略石油储备则相对较多，因为高油价时发生金融危机后国际油价会暴跌，就像 2008 年一样油价从 147 美元/桶暴跌到 60 美元/桶仅用了不到 4 个月的时间。然而，1997～1998 年亚洲金融危机期间，油价从 1997 年 1 月份的 23.02 美元/桶下跌到 9.39 美元/桶，用了 24 个月的时间。

5.3.3.3 应对局部武装冲突的最优储备策略

当发生局部武装冲突时，应快速释放国家战略石油储备。由于局部政治局势的紧张和需求增加，使得国际石油贸易可能被迫中断或出现恐慌，为了保证军事需求，应快速释放相当规模的原油（约 36～77 百万桶），1990～1991 年海湾战争期间，美国战略石油储备释放了 21.14 百万桶。因为局部武装冲突往往会导致油价的居高不下，所以这种情景下的最优策略以释放为主（如图 5-12 所示）。

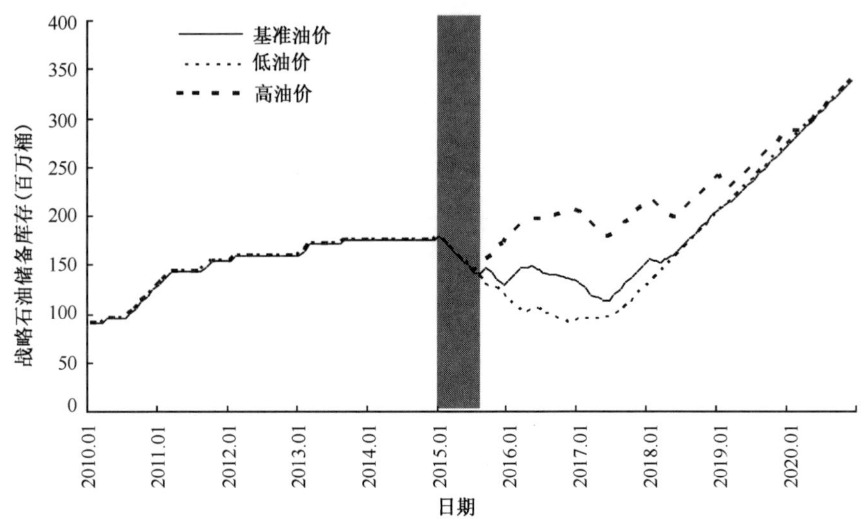

图 5-12 局部武装冲突情景下我国战略石油储备的最优策略

虽然发生局部武装冲突时，每种油价情景下的最优策略都是迅速释放大规模的原油，但是我们发现，高油价情景下，由于未来油价呈快速上升的趋势，所以在供应短缺得到缓和后，其最优策略不同于其他两种情景，而是适时进行快速补仓（如图 5-12 所示）。

总的来说，模型给出的不同突发事件情景下的我国战略石油储备的最优补仓和释放策略，与历史上发生类似事件时，美国战略石油储备所采取的补仓和释放策略基本吻合，事实证明美国所采取的战略石油储备策略是非常科学的，例如亚洲金融危机和飓风卡特里娜事件。

5.3.4 我国战略石油储备补仓和释放对国际油价的影响

（1）因为供需差额是影响国际原油价格变化的主要因素之一，所以当未来我国持续进行战略石油储备的补仓和释放时，由于石油供需的变化，必然会对国际油价产生一定的影响，尤其是当发生石油供应的突发事件时，我国战略石油储备的补仓和释放对国际油价的影响会变大。模型结果表明：突发事件情景下，我国战略石油储备补仓会导致国际油价的上涨，每桶涨幅约为 0.49～6.35 美元。其中，当发生局部武装冲突时，我国战略石油储备的补仓可使国际油价每桶最高上涨 6.35 美元，最低涨幅约为 1.05 美元；发生金融危机时，我国战略石油储备补仓对国际油价的冲击最小，每桶涨幅约为 0.49～4.15 美元，如表 5-9 所示。

(2) 突发事件情景下，释放我国战略石油储备会导致国际油价下跌，每桶跌幅约为－6.22～－0.48 美元。当发生金融危机时，由于需求的疲软油价下跌，所以此时释放我国战略石油储备会加速国际油价的下跌，每桶最大跌幅约为－5.18 美元；当发生局部武装冲突时，由于市场恐慌致使油价暴涨，所以释放我国战略石油储备会阻止油价的快速上涨。因此，此时释放储备对油价的作用最明显，最大跌幅约为－6.22 美元；当发生突发自然灾害时，由于灾害对石油供应的影响有限，虽然国际油价短期会出现跳跃式上涨，但涨幅很有限，所以我国战略石油储备的释放对油价的影响也相对较小，最大值仅为－4.08 美元（如表 5-9 所示）。

表 5-9　我国战略石油储备补仓和释放对国际油价的影响

情景	油价	对国际油价的影响（美元/桶）					
		补仓的影响			释放的影响		
		最大	最小	平均	最大	最小	平均
自然灾害	高油价	4.14	3.32	3.78	－4.08	－3.26	－3.69
	基准价	2.61	2.08	2.45	－2.56	－2.03	－2.40
	低油价	1.37	0.92	1.11	－1.34	－0.91	－1.08
金融危机	高油价	4.15	1.28	3.27	－4.07	－1.25	－3.21
	基准价	2.61	1.06	2.12	－5.18	－1.73	－4.20
	低油价	1.22	0.49	1.01	－1.19	－0.48	－0.97
武装冲突	高油价	6.35	3.33	3.92	－6.22	－3.26	－3.85
	基准价	4.36	2.23	2.56	－4.28	－2.10	－2.52
	低油价	2.45	1.05	1.18	－2.40	－1.02	－1.15

(3) 总体上，我国战略石油储备的补仓对国际油价的冲击略高于其释放对油价的影响，除了发生金融危机的基准油价情景之外，这也与实际相吻合。

针对国际原油价格的剧烈波动，与以往的研究不同，我们的模型中，各期的时间跨度用月代替了年，以期更真实的模拟各年的最优补仓和释放策略。在储备的成本函数中，我们加入了发生石油供应短缺造成的 GDP 损失，进而更真实地模拟发生石油供应短缺时的最优补仓和释放策略。模型中，我们把未来各期的国际原油价格作为外生变量来处理，使研究结果更具说服力。因为油价是影响最优储备策略的关键因素，由于油价受很多因素的影响，如果只是简单地用供需变化来决定油价，那么很难准确刻画未来的油价走势。因此，我们引用油价预测的国际权威机构发布的预测结果，作为模型中的参考油价，然后应用小波的模式匹配方法，把年度数据处理成我们需要的各月价格，使模拟结果更贴近实际。

5.3.5　我国成品油储备策略

5.3.5.1　成品油储备的必要性

1) 突发性自然灾害频发，我国成品油应急供应能力有待提高

从 2008 年初的南方冰雪灾害到 5 月的汶川地震，再到 2010 年 4 月的玉树地震，一次次突发性的自然灾害，都不同程度地破坏了当地成品油生产和供应体系，导致供应紧张和短缺，也不断拷问我国成品油应急供应能力。因为很多突发性自然灾害（如地震、

飓风等）都会直接破坏当地成品油生产和供应设施，导致供应中断，另一方面，社会救援工作的展开也会造成短期内成品油需求增加，进一步增加供给不足的压力，所以成品油应急储备能力至关重要。2008 年汶川地震发生后，占入川成品油运送总量 90%的兰成渝管道和宝成线铁路都受损严重，甚至一度中断，灾区发电、救灾抢险和物资运输等活动导致成品油消费快速增加，5、6 月份地震灾区的成品油消费量增加了 40%。由于当时中石油在四川的商业储备只有 14 万吨，大约仅够维持 2 周之需，所以成品油供应一度趋紧，然而重要运输线路兰成渝管道和宝成铁路都受损严重，只能紧急调用国家物资储备局在重庆和甘南的成品油战略储备，缓解灾区成品油供应危机。因此，构建成品油应急储备，对提高当地石油供应的应急能力是非常必要的。

2）局部地区“油荒”频频出现，成品油应急储备迫在眉睫

由于国内原油和成品油价格倒挂，导致局部地区成品油供应短缺现象（油荒）频繁出现，严重影响当地的经济发展和社会稳定。例如，2005 年 8 月，广州、深圳等地的“油荒”给当地的经济发展造成了严重的影响，从最初的排队加油到限量加油，进一步恶化到油站断油，很多私家车和办公用车被迫停驶。由于我国在成品油市场监测、供应预警、应急储备及措施等还不完善，所以广州、深圳等地的“油荒”才会持续较长时间，甚至迅速蔓延到周边很多地区，如珠三角地区、福建、上海等，成品油供应短缺带来了巨大负面影响。近年来，局部地区“油荒”频频出现，2011 年 10 月以来，江苏、安徽、浙江、成都、重庆、武汉、石家庄以及济南均爆出部分加油站无油可加的消息。主要是因为成品油定价机制的缺陷造成成品油价与市场不能完全对应，因而时常出现批零倒挂等现象。另外，电力供应紧张、拉闸限电等问题也会造成柴油紧张。如果拥有比较完善的成品油储备体系，便可在油品紧张时释放储备，从而缓解紧张局面。

5.3.5.2　我国成品油储备现状及储备策略

我国于 2009 年 5 月 19 日出台《石化调整和振兴规划》，首次提出要加快建设成品油储备体系，由于成品油比较容易变质，需要经常更新，所以 IEA 各成员国的成品油储备都以工业库存为主，目前，我国成品油储备的建设主体也依托于中石油和中石化两家国企。2011 年 11 月 14 日商务部发布的《关于“十二五”期间石油流通行业发展的指导意见》提出，要培育多元化石油市场投资与经营主体，鼓励中小企业做大做强；逐步探索建立全国联网的成品油库存监测网络，探索建立柴油地方储备。

目前，除中石油和中石化拥有一定规模的成品油储备外，地方成品油储备模式值得借鉴的就是“重庆模式”。2011 年 7 月 14 日，重庆市政府油气办与中石油、中石化、国家物资储备局、重庆城投 5 家相关单位签署《成品油应急储备协议》，确定年内储备 40 万吨汽柴油（可满足该市 30 天正常用油需求），建立“成品油政府应急储备”，让“油荒”远离重庆，这在全国省市尚属首创，非常值得经常出现成品油供应短缺的省市借鉴。

“重庆成品油储备模式”的核心是“政府委托、企业实施、互惠双赢”，储备资金主要由政府支付，依托成品油生产、销售企业和国有储备机构在营销体系中形成的仓储能

力，共同完成成品油应急储备，也就是成品油经营企业按市政府的要求履行保障供应责任而实施的“责任储备”。同时“利用国家储备物资的轮换操作，采取地方政府出资购买轮换权的操作模式”，实现中央机构与地方政府储备相结合的目的，所以也是一种“合作储备”。而重庆城投则是受该市政府委托实施的“委托储备”。

2011 年 10 月份在全国蔓延的“油荒”也在重庆出现，10 月 25 日，包括主城在内，重庆众多加油站前，出现排长队加柴油和部分加油站甚至限量加油的情况，给市民交通出行造成极大不便。面对全国范围内的季节性柴油荒，重庆市政府采取了果断措施，除了协调中石油、中石化加强油品供应外，充分利用全国首创的市级成品油应急储备机制，对市场进行调控，随着综合性措施逐步发挥作用，几天后，几乎所有的加油站已经做到了随到随加，“油荒”迎刃而解。

由于成品油储备的目的主要是保证供应的连续性和稳定性，从这一层面来说，成品油储备与煤炭储备有一定的相似性。对于成品油储备模式而言，国家层面的战略石油储备是必需的，但不能完全依赖于国家战略储备，或许，省市层面的商业储备模式更加具有实际操作意义。因此，“重庆模式”提供了很好的尝试和范例。

5.4　中国天然气储备策略

目前，我国的天然气管网已经初步形成，东南沿海的 LNG 接收站也已初具规模，但随着天然气消费量的不断提升，我国部分地区天然气供应仍比较紧张。而且我国已经成为天然气净进口国，随着天然气进口量、消费量的不断增加和对外依存度的提高，天然气的稳定供应对保证国家能源供应安全越来越重要，所以从国家能源供应的长远发展和安全考虑，建立国家天然气战略储备是非常必要的。

5.4.1　世界典型国家的天然气储备模式及特点

因为天然气在世界各主要能源进口国能源消费中的份额并不高，所以当前各国天然气储备主要用来调峰和应对小规模的突发紧急事件。近年来，全球气候保护备受关注，天然气作为清洁高效能源也大受追捧。因此，随着各主要能源消费国天然气消费量和对外依存度的持续增长，各进口国都在努力建立并扩大以调峰为主的工业储备，并逐步建立以国家为主体的战略天然气储备，以应对天然气供应短缺。

(1) 美国天然气储备依赖于工业库存。美国是天然气净进口国，其天然气储备以生产储备为主，主要是应对季节性供应短缺和突发性供应短缺事件，保障能源供应安全。另外，美国正在考虑建立类似于石油的天然气战略储备，以应对突发性天然气供应中断。美国天然气储备方式以地下储气库为主、LNG 储备为辅，尚未将现有气田作为战略储备。其天然气储备机制是以公司为主体建设、拥有和运营储气库，通过市场调节机制进行天然气储备，实现调峰功能，保障天然气稳定安全供应（马胜利，韩飞，2010）。

(2) 俄罗斯天然气储备完全依赖于 Gazprom 公司。俄罗斯是目前世界天然气第一大生产国和第二大消费国，天然气消费量占本国一次能源消费总量的 55%左右。俄罗斯的天然气储备方式以地下储气库为主，主要分布在天然气消费区。俄罗斯统一供气系统及配套地下储气库全部归俄罗斯天然气工业股份公司（Gazprom）所有，地下储气库的原有投资是前苏联国家直接划拨的。虽然俄罗斯在建设储气设施时，并没有明确提出战略储备的概念，但是部分地下储气库早就具有战略储备的功能。目前，俄罗斯有关研究机构已经提出了建设天然气战略储备问题，要求由国家来支付相应的投资，并建议由 Gazprom 公司负责运营管理（马胜利，韩飞，2010）。

（3）日本天然气储备采取工业储备和战略储备并重的模式。日本国内没有天然气资源，天然气消费完全依赖进口 LNG，所以日本政府格外重视天然气的供应安全，日本是当前唯一颁布《天然气储备法》的国家。日本天然气储备中，以应对季节性调峰的生产储备为主，以应对紧急突发事件的战略储备为辅，共同保障国家天然气供应安全。其中，国家财政投资建设的天然气储备具有约 30 天消费量的储备规模，而民间资本投资建设的天然气储备规模高达 50 天。

综合来看，世界各国的天然气储备具有如下共性之处：

（1）天然气储备模式多样化。受制于自身地理、供需等条件，不同国家形成了不同的天然气储备系统。天然气储备的方式，主要有地下储气库、气田储备和 LNG 储备，不同储备模式各有优劣（如表 5-10 所示）。地下储气库容量大，相对安全，有条件的国家正不断扩大地下储气库的规模，地下储气库可选择枯竭油气藏、盐穴等来建设。气田储备主要是针对天然气资源相对丰富的国家，在天然气管网附近选择合适的区块，勘探或建设投产之后，进行整体封闭储存，以备紧急情况下，迅速投产保障供应。LNG 储备成本相对较高，对于缺乏天然气管道运输来源，而且地质条件复杂、缺乏符合条件的枯竭油气藏和盐穴的国家来说，比如日本，只能选择 LNG 储备模式。

表 5-10　不同天然气储备模式的差异

储备方式	优点	缺点
地下储气库	容量大、储气压力高、成本较低、受气候影响小、安全性高	受限于地质构造、盐穴及含水层等自然条件，而且建库周期较长
气田储备	储备量大、安全性高	受资源分布限制、对处理设备、外输管网要求高、投资较高、气田生产不平稳、气田开发效率低
LNG 储备库	不受地质条件的限制、有限空间的天然气储备量大、动用周期短	投资大、能耗高、安全性差

（2）天然气储备管理模式单一化。尽管各国天然气的储备方式不同，但是均以企业管理的工业储备为主，政府直接管理的国家战略储备还很少，很多国家的政府管理部门只是根据实际情况对该行业进行不同程度的介入。大部分国家的储气设施运营均由 1、2 家公司负责，只有美国实现了天然气供应的高度商业化，以市场机制进行天然气储备、输送和供应。为了加强和规范天然气储备管理，很多国家都不同程度地针对天然气储气库建设和管理进行了立法，但只有日本正式颁布了《天然气储备法》。

5.4.2　我国天然气储备的现状及策略

截至 2011 年底，我国已建成的储气库有四个，分别为大港储气库群，京 58、京 51、永 22 储气库，苏南金坛储气库，苏北刘庄储气库。另外，河南平顶山、辽河、大庆、长春、河南文留、鄂尔多斯、河北雁翎、江苏淮安、湖北潜江、湖北应城、云南安宁 11 地已被列入国家油气储备库选址（见图 5-13）。

图 5-13　我国天然气储备库分布

国外储气库规模一般占天然气消费 10%以上，美国为 20%，俄罗斯为 16%，荷兰接近 40%，而我国只有 3%（王秀强，2010）。不像石油储备是为了应对供应短缺，天然气储备库建设的初衷主要是调峰功能。以北京为例，北京冬季高峰时天然气日消耗量超过 5000 万立方米，而在夏季低谷消耗量不足 400 万立方米/天，强大的峰谷差，挑战燃气供应的稳定性，所以建立工业储气库势在必行。

我国已经投入使用的大港储气库群是陕京管线输储配气系统的重要组成部分，由大张坨储气库、板 876 储气库、板中北储气库、板中南储气库、板 808 储气库、板 828 储气库组成。设计储备气量 30 亿立方米，调峰能力 14 亿立方米，用于保证京津冀天然气市场供应。已经部分投产的金坛储气库储气量约为 1.12 亿立方米。2011 年 11 月 9 日苏北刘庄储气库投产，该储气库是西气东输管道继金坛储气库后的第二座储气库，设计库容 4.55 亿立方米。苏北刘庄储气库属地下储气库性质，主要为冀宁线用户调峰服务。

除了调峰作用，保证长输管道正常运营也是储气库的重要功能。天然气储库是管道的配套设施，如果没有储气库调气、调压，天然气管道将难以正常运营。已列入规划的湖北潜江储气库、金坛储气库是为满足川气东送的安全供应；辽河、大庆、长春储气库为稳定东北管网稳定运行而建设；中原文留、鄂尔多斯、华北雁翎则是陕京管线的配套系统；河南平顶山、湖北应城是为配合西气东输二线投运后的储气需要。其中，就湖北潜江储气库而言，预计年储气规模 3 亿立方米，如果全部供应武汉市，可供全市近 6 个月的天然气消费。

与美国和俄罗斯等国家一样，我国天然气储备也主要由企业负责，储气库由中石油、中石化两大石油巨头掌管。规划的储气库建成后，能够很大程度缓解由于储气库不足、调峰能力弱而引发的天然气季节性供应紧张问题。

现阶段，我国天然气储备库基本都由天然气供应商建设和运营，天然气储备库建设推进缓慢的一个原因就是储气库建设无利可图。政府可考虑采取必要措施鼓励民间资本进入天然气储备库的建设和运营中来，最终形成由三大石油天然气公司、燃气运营商和其他独立投资公司组成的专业储气公司来负责天然气储备库的投资、选址、建设和运营，最大程度的将天然气储备市场化，减少成本，增大效益。与此同时，政府应保持对该类企业的必要控制，保证该类企业国家应急战略作用的发挥。

5.5 中国煤炭储备策略

2003年年底，“煤荒”首次在我国出现，煤炭工业协会建议国家尽快建立煤炭战略储备制度，其后陆续有官员和学者就建立国家战略煤炭储备之事发表言论；2008年南方罕见的雨雪冰冻灾害将我国煤炭供应的脆弱性展露无疑，国家煤炭储备问题再次被推上风口浪尖，并受到国家相关部门的重视。经过长达8年的讨论与论证，2011年3月，国务院批准通过了“国家煤炭应急储备方案”，5月，国家发改委和财政部联合印发《国家煤炭应急储备管理暂行办法》，标志着国家级别的煤炭应急储备体系开始建立。那么煤炭储备的现状如何？针对煤炭储备面临的种种问题，如何才能构建一个行之有效的储备机制？本节将围绕上述科学问题展开讨论。

5.5.1 煤炭储备的现状

2011年3月，国家煤炭应急储备方案被国务院批准通过，所谓国家煤炭应急储备，是指国家委托煤企、电企等在煤炭重要集散地、关键运输枢纽等地储备煤炭，用于应对煤炭供应中断和严重不足等紧急状况，增强在重大自然灾害和突发事件状态下的煤炭供应保障能力，保持经济社会平稳运行（张艳，2011)。与国家战略储备不同，应急储备点内的煤炭资源是可以买进卖出的，只要保证储备点内拥有国家规定的煤炭储备数量即可；一旦发生紧急情况，政府享有优先采购权。

根据第一批国家煤炭应急储备工作会议的部署，2011年国家第一批煤炭应急储备为500万吨，由神华等10家大型煤炭、电力企业和秦皇岛港、黄骅港、舟山港、广州港、武汉港、芜湖港、徐州港、珠海港8个港口（见图5-14）共同承担。其中，秦皇岛港作为世界最大的煤炭输出港和我国“北煤南运”、“西煤东运”大通道的主枢纽港，承担了130万吨的储备规模，在各大承储企业中规模最大。之所以确定上述国家级煤炭应急储备点，主要是这些储备点位于北煤南运的“咽喉”位置，尤其是港口要道，可以把煤炭应急中铁路运力的不确定性降到最低，又可对南方众多地区发挥强有力的辐射作用，增强在重大自然灾害和突然事件状态下的煤炭供应保障能力。另据中国煤炭运销协会透露，我国还会有第二批、第三批等应急煤炭储备点，我国总体的应急煤炭储备未来会达到2000多万吨。

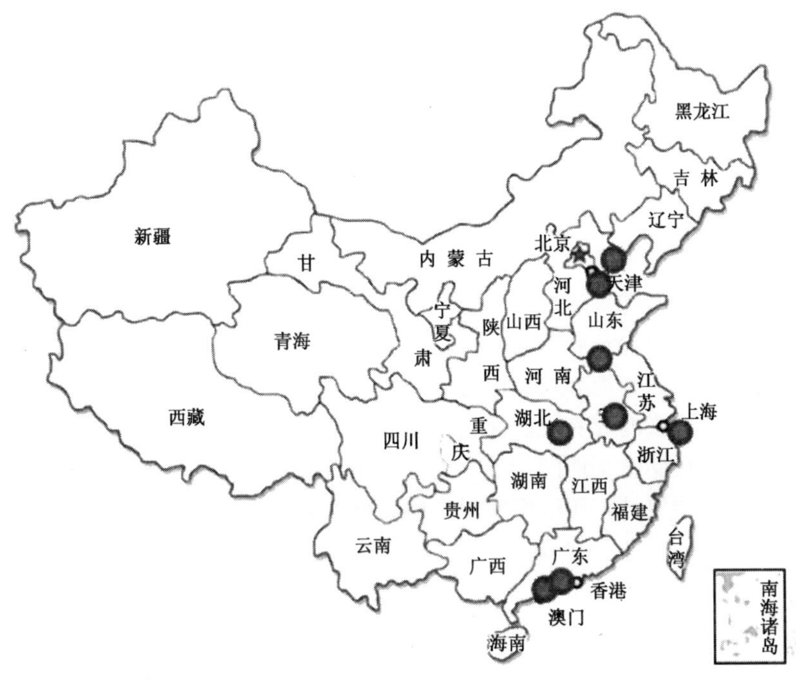

图 5-14　我国煤炭储备库分布

国家煤炭储备依托于大型企业和港口，对我国的煤炭储备网具有战略枢纽作用，但只有国家级别的煤炭储备还远远不够，贴近消费地的煤炭储备基地也是保证紧急情况下及时的煤炭供应的必要条件。目前，除了国家级别的煤炭应急储备外，各地正在酝酿建设区域性的煤炭储备基地。北京、江苏、山西、山东、湖北等地已经提出了建设规划，部分煤炭储备基地项目已开工建设或投入运营。

据江苏省发改委透露，为提升江苏省煤炭中转储备能力，将在沿海、沿江和沿大运河地区规划建设滨海、大丰、靖江、太仓、徐州、镇江 6 个煤炭中转储备基地，可形成 1.6 亿吨以上中转储备能力，其中沿海地区 5000 万吨，沿江 6000 万吨。

除江苏外，北京市发改委 2011 年 3 月 24 日也透露，将出台《北京煤炭储备基地规划方案》，初步确定将在昌平、房山、密云、大兴和顺义 5 处建设煤炭储备基地。按照北京市一年的煤炭使用量和产地到北京的时间周期考虑，储备规模按照 10%的年需求而制定，5 处基地总量为 300 万吨左右。

2010 年 12 月 28 日，山东省也发布了《关于推进山东省煤炭应急储备基地建设的意见》，山东省要求发挥市场配置资源的作用，加强省内煤炭应急储备基地规划指导，以企业为建设主体，实行市场化运作。根据山东省的规划，在 2011 年山东省要建成 4 个省级煤炭应急储备基地，煤炭应急储备能力将达到 300 万吨左右。到 2015 年，建成 6～8 个区位优势较强的省级煤炭应急储备基地，煤炭应急储备规模达到 600 万吨以上。从单个储备基地的规模来看，并不是十分大，但是作为一个完整的煤炭应急储备体系来说，这样似乎更实用更有效率，分散单个储备基地的储备能力而建设起一个有效的煤炭应急储备网络有利于紧急情况下就近供应。

5.5.2 煤炭储备策略建议

针对我国现在的煤炭储产销格局和基本国情，煤炭应急储备工作应稳扎稳打，逐步建立多层次的应急储备体系。在应急储备基地的建设中，国家应统筹好国家应急储备基地与地方储备基地之间的关系，对储备规模进行合理优化，对储备基地运营管理方式进行大胆探索，尽可能大地发挥储备基地的应急作用，并减少国家财政支出。同时，要立足长远，适当进行资源储备和产能储备，保证未来能源供应安全。

（1）合理布局国家和地方煤炭应急储备，逐步建立多层次的应急储备体系。目前我国采取国家和地方两级的煤炭应急储备方案，虽然国家层面的应急储备也是依托于大型企业和港口，但是在储备基地的选址、功能和运行模式等方面，都是围绕国家煤炭供需格局和运输网络而构建的，所以国家煤炭应急储备基地扮演着枢纽作用，主要位于"北煤南运"、"西煤东送"的关键节点和重要的产煤基地及消费地，也就是要实现"煤源储备、运输节点储备、消费终端储备"的目标。

地方应急煤炭储备主要是各省根据自身煤炭供需状况，因地制宜，构建灵活的应急储备体系。地方煤炭储备基地必须靠近主要煤炭用户，能够便利地为主要煤炭用户提供煤炭供应，并且能够对一定范围内的其他煤炭用户提供可能的服务，以便紧急情况下发挥应急救援职能，保障本地区的煤炭能源供应安全。

（2）实现煤炭储备方式的多样化，保障国家长远能源供应安全。鉴于煤炭存储占地多、污染重、易自燃、易变质等特点，仅仅建立国家煤炭应急现货储备是远远不够的，随着我国煤炭进口量的持续增长，煤炭储采比的快速下降，建立国家煤炭资源储备和产能储备迫在眉睫。

资源储备是指对已经探明的、可以开采的煤炭资源封存起来暂时不予开采，以备后用。对于那些地址结构稳定、生态环境脆弱、交通运输不够便利的煤炭区块，都可以作为资源储备，待时机和条件成熟再进行开采。

产能储备是对已经投资建设完成，可以投产的煤炭矿井暂缓开采，以便在煤炭短缺时开采利用（吕涛，聂锐，2008）。

现货储备、产能储备和资源储备在煤炭储备中具有不同的功能，现货储备能够随时调节煤炭市场供需，产能储备具有短期调整煤炭供需的作用，而资源储备主要考虑的是煤炭长期可持续供应能力的保障和避免资源的低效开发与浪费。因此，要保障我国能源及煤炭供应安全，构建多样化的煤炭储备方式和多元化的煤炭储备体系至关重要。

5.6 本章小结

无论是成立国际能源署还是各进口国纷纷投巨资建设国家战略能源储备，其目的只有一个，保障能源供应安全。我国作为世界第一大能源消费国和第二大石油进口国，能源储备规模非常有限，还远未达到国家能源署成员国的最低储备标准。因此，近几年我国能源储备建设如火如荼。

不管建立多大规模的能源储备，如何补仓实现总储备成本最小是各储备国共同关注的问题。另外，建立战略能源储备的目的是应对突发性能源供应短缺或中断，所以如何释放能源储备应对突发性事件是国家能源战略储备的核心。通过本章的研究，我们有如下几点发现：

（1）由于未来油价的不确定性，各阶段的最优补仓价位随着未来高油价出现概率的变大而升高。在不同阶段最优补仓期望价位和补充量是不一样的，单从经济学的角度来考虑，在未发生供应中断的前提下，最大的储备规模越晚达到总成本越低，但是从国家能源安全的角度出发，最大储备规模越早实现越有利于能源供应安全。

（2）不同的突发事件对国际油价的冲击差异较大。相对于经济危机和局部武装冲突事件，突发自然灾害对油价的冲击力最弱，平均仅为 6.40%～9.50%，持续的时间也最短。经济危机对油价的冲击持续时间最长，影响也相对较大，平均在－47.50%～－21.54%。局部武装冲突对油价的冲击最大，平均高达 42.14%～65.75%，但持续的时间相对较短。

（3）不同突发事件情景下，我国战略石油储备的最优补仓和释放策略有很大差异。突发自然灾害情景下，最优策略是先快速释放约 12～36 百万桶原油，来平抑油价、缓解供应短缺；金融危机情景下，最优策略是先趁油价高位抛售一定的储备（约 6～18 百万桶），然后当油价低位时快速补仓，最大补仓量最好不要超过总储备规模的 77%，来降低总的储备成本；局部武装冲突的情景下，最优策略是持续快速地释放约 36～77 百万桶原油，以保障石油供应安全。

（4）不同突发事件情景下，我国战略石油储备补仓和释放对国际油价的冲击也有较大差异，补仓对每桶油价的冲击是 0.49～6.35 美元，其中，当发生局部武装冲突时，我国战略石油储备的补仓可使国际油价每桶最高上涨 6.35 美元；发生金融危机时，我国战略石油储备补仓对国际油价的冲击相对较小，最小值仅为 0.49 美元。释放我国战略石油储备对每桶油价的冲击是－6.22～－0.48 美元，其中，局部武装冲突情景下，释放储备对油价的影响最大为－6.22 美元；金融危机情景下，释放我国战略石油储备对油价的影响也相对较小，最小值仅为－0.48 美元。因此，总体上，我国战略石油储备补仓对国际油价的冲击略高于其释放对油价的影响。

第6章　保障能源安全下的重点节能行业和地区

大幅度节约能源是减缓能源进口增速、保障国家能源安全的重要途径。在当前市场发育程度和节能管理环境难有根本改善的情况下，开展节能工作首先要确定重点节能行业和重点节能地区，进而设定有区别性的节能指标和采用有针对性的节能管理方式，尽可能以较低代价实现较多节能。现有的节能研究大多集中在全国层面（分行业），在地区节能方面的研究大多是宏观总量研究（至多细分到三大产业），这对于节能管理的可操作性还比较弱。

我国是一个区域发展不平衡的国家，各地区资源基础和经济社会发展水平存在较大差异，并且在短期内难有根本改观，各地区各部门边际节能成本不同，各个地区有不同的重点节能部门。各地区应当结合本地区的具体情况，还要通过横向比较分析与其他地区的差异，进而确定本地区的节能减排重点领域。

本章以地区为横向、部门（行业）为纵向（31地区×65部门），应用基尼系数、能耗占比等统计指标对各行业能耗进行比较，得到我国的重点节能领域。本章主要回答或解决以下问题：

- **各个部门能源强度的省际差异有多大？**
- **各地区有哪些重点节能部门（细分至65个部门）？**
- **各部门的节能重点在哪些地区？**
- **居民生活节能有哪些城乡和区域差异？**

6.1 引　　言

在当前和未来相当长一段时期内，中国能源消费总量将持续增长，能源对外依存度，特别是石油和天然气对外依存度也将持续增高，能源安全形势日益严峻。保障国家能源安全既要着眼于国际政治、国际贸易、军事等方面，也要综合考虑经济代价。已有不少国际组织和专家把节能称为“世界第五大能源”，与煤炭、石油、天然气和核能等能源并列。节约能源、大幅度降低能源强度是保障能源安全的首要途径。国际能源署（IEA，2010）认为，改善能源效率对于保障能源安全具有极其重要的作用①。如果国内能源供应规模保持不变，减少 1 亿吨标准煤能源量，意味着可以减少 1 亿吨标准煤能源进口量，可以降低能源对外依存度 3 个百分点。

中国是一个区域发展不平衡的国家，各地区资源基础和经济社会发展水平存在较大差异，由此导致各地区节能和碳减排潜力不尽相同。如图 6-1 和图 6-2 所示，依据国家统计局（2011）和国家统计局能源统计司（2011）的数据，我们绘制了能源与碳排放关系散点图，我国各地区能源消费量与碳排放量呈现显著正相关性，经济发展水平较落后的地区，能源强度往往较高。地区发展阶段和资源禀赋差异、产业结构和国家产业布局等因素也造成了各地区有不同的重点减排行业。统筹区域发展，充分调动各地区促进节能减排、推动低碳发展的积极性，是当前和未来中国区域发展政策的一项重要内容。“十二五”规划提出了新的节能减排指标：2010～2015 年间单位 GDP 能耗要下降 16%，单位 GDP 二氧化碳排放量要下降 17%，该指标还要分配到各个地区。目标的实现需要各地区的共同努力。为各地区合理设定节能和碳减排指标，既有助于体现公平，也有助于提升效率。如果指标设定不恰当，则不利于区域平衡发展。

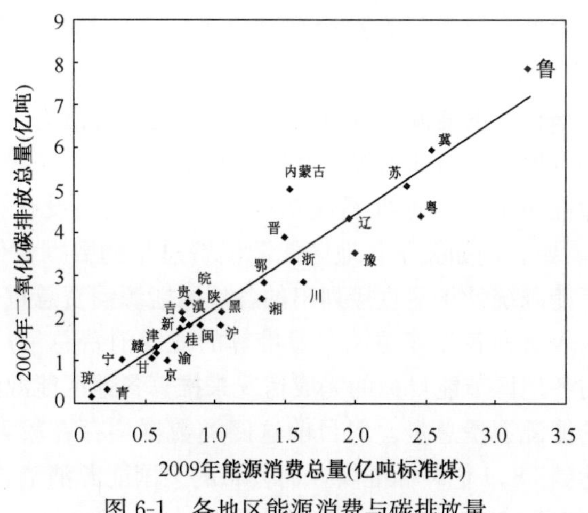

图 6-1　各地区能源消费与碳排放量

本章旨在地区比较的基础上确定今后一段时期内中国的重点节能行业和重点节能地

① “(IEA) is strongly committed to supporting the role of energy efficiency (EE) in improving energy security, contributing to economic development and mitigating climate change”

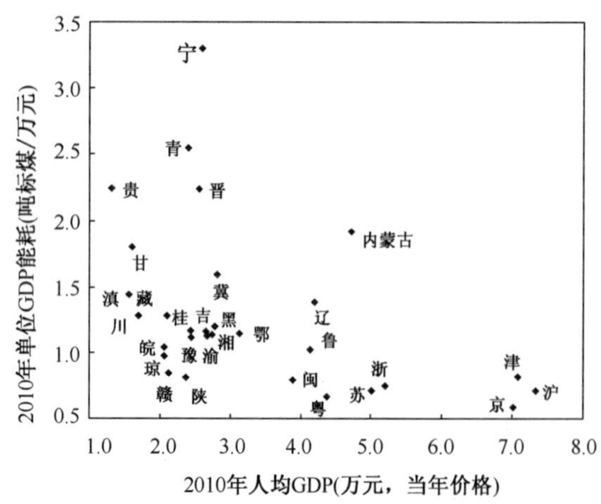

图 6-2　各地区人均 GDP 与单位 GDP 能耗

区。能源效率的测度指标较多（魏一鸣，廖华，2010），结合中国目前的政策和操作上的可行性，这里重点讨论能源宏观效率（单位增加值能耗或单位总产值能耗）。

6.2　研究思路和数据说明

各地区各行业节能潜力不尽相同。某些地区的某些行业，尽管能源强度较高，但其能源消耗规模非常小，故不属于重点节能地区或行业；某些地区的某些行业，尽管其能耗规模比较大，但是能源强度已经非常低、边际节能成本较高，这可能也不属于重点节能地区或行业。由于不同行业的产品结构、工艺结构差别较大，很难直接确定其节能潜力的绝对量有多大。为此，这里旨在结合各地区各行业的具体情况，以及与其他地区（同行业）的差异性来确定重点节能地区和行业。对于某一细分行业，如果其能源强度远高于其他行业，则该行业的能源强度可能存在较大的下降潜力。

长期以来，中国各地区分行业的经济和能耗基础数据不够完善。具体表现在：

（1）地区分行业能源消耗数据准确性相对较低（地区间没有海关等主客观因素造成），难以满足研究需要。例如关于各地区能源消费总量的数据大体有四个相对权威的来源或依据：①历年能源统计年鉴直接列出的各地区能源消费总量；②依据能源统计年鉴中各地区能源平衡表所列各类能源消费量推算的能源消费总量；③依据各地区 GDP 和国家发改委公布的各地区节能目标的完成情况来推算各地区能源消费总量；④各地区统计年鉴直接列出的能源消费总量。但目前这四类数据均存在较大差异。2010 年各地区能源消费量总和达到 38.9 亿吨标准煤，而公布的全国能源消费总量仅有 32.5 亿吨标准煤，前者比后者超出近 20%（国家统计局能源统计司，2012）。

（2）常规统计不公布各地区细分行业的能源消费数据。工业是中国的主要用能部门，不同的工业行业用能也存在较大差异；但是能源统计年鉴仅列出各地区整个工业的用能情况，没有对行业进一步细分（仅有个别省区公布了工业细分行业的能耗数据），导致难以对各地区分行业能源消费开展更深入的研究。

(3) 按行业大类分的各工业行业的数据口径仅仅是规模以上工业，这导致能耗口径与经济口径（增加值或总产值）不一致，也不利于开展节能潜力分析（廖华，魏一鸣，2011）。

略显幸运的是，2008 年第二次全国经济普查对中国的能源消耗情况做了重点统计，并于 2010 年下半年公布了各地区分行业的能源消费情况数据（国务院第二次全国经济普查领导小组办公室，2010），该数据的可靠性也大大增强。尽管 2009～2010 年各地区能源经济情况发生了一些变化，但变化幅度较小。为此，这里基于 2008 年第二次全国经济普查情况分析得到今后一段时期中国重点节能地区和行业。在行业深度方面，这里按工业大类进行了地区比较（以往的区域比较仅对整个工业整体进行比较），对于第三产业，也根据能耗情况进行了行业细分。对于更具体的产品能耗或工序能耗分析，则需要更具体的数据。

在政策实践中，节能潜力与绩效通常用单位 GDP 能耗的下降幅度来测度，碳减排潜力与绩效通常用单位 GDP 碳排放的下降幅度来测度。从能源核算过程来看，能源消耗总量等于三大产业用能和居民生活用能总和，这里以行业为纵向、以地区为横向开展分析。

由于不同的工业行业生产工艺存在较大差别，同一行业的可比性相对较大一些，为此我们将分析各地区各工业行业的用能情况，并对其比较，划分出重点节能地区和行业。鉴于分地区分行业的增加值数据不可获得，这里采用总产值数据测算了各地区各行业的单位总产值能耗。不同的行业，各地区的单位总产值能耗差异也比较大。为了更好地刻画每个行业能源强度的地区差异，这里采用常用的差异刻画指标“基尼系数”来度量。

第 j 行业的能源强度基尼系数：

$$G_j = \left(\sum_{i=1}^{n}\sum_{k=1}^{n} p_{ij}p_{kj}\,|e_{ij} - e_{kj}|\right) \Big/ (2\bar{e}_j) \tag{6-1}$$

式中，$\bar{e}_j$ 表示全国第 j 行业单位总产值能耗；e_{ij} 表示第 i 地区第 j 行业的单位总产值能耗；p_{ij} 是权重，表示第 i 地区第 j 行业能源消费量在全国第 j 行业能源消费量的比重。计算方法见徐宽（2003）。

各行业基尼系数计算结果如表 6-1 所示。大部分行业的基尼系数比较高，有些甚至超过 0.5。这与各地区该行业的具体产品结构有关，也与设备能效有关。基尼系数大于 0.4 的行业应当给予重视，其能效提升空间还比较大。

表 6-1　中国重点节能行业和地区

地区 X / 行业 Y	能源强度基尼系数	重点行业	京	津	冀	晋	内蒙古	辽	吉	黑	沪	苏	浙	皖	闽	赣	鲁	豫	鄂	湘	粤	桂	琼	渝	川	贵	滇	藏	陕	甘	青	宁	新
煤炭开采和洗选业	0.44	80%			★	★	★	★		★				★			★	★							★								
石油和天然气开采业	0.33	95%		★	★			★	★	★							★	★							★				★		★		★
黑色金属矿采选业	0.52																																
有色金属矿采选业	0.44																																

续表

地区 X / 行业 Y	能源强度基尼系数	重点行业	京	津	冀	晋	内蒙古	辽	吉	黑	沪	苏	浙	皖	闽	赣	鲁	豫	鄂	湘	粤	桂	琼	渝	川	贵	滇	藏	陕	甘	青	宁	新
非金属矿采选业	0.34																																
其他采矿业	—																																
农副食品加工业	0.48	80%			★		★	★	★	★		★					★	★			★	★			★								
食品制造业	0.45																																
饮料制造业	0.37																																
烟草制品业	0.45																																
纺织业	0.31	75%										★	★				★				★												
纺织服装、鞋、帽制造业	0.30																																
皮革、毛皮、羽毛（绒）及其制品业	0.33																																
木材加工及木、竹、藤、棕、草制品业	0.39																																
家具制造业	0.44																																
造纸及纸制品业	0.40	80%			★							★	★		★		★	★		★	1	★			★								
印刷业和记录媒介的复制	0.45																																
文教体育用品制造业	0.34																																
石油加工、炼焦及核燃料加工业	0.35	82%	★		★	★	★	★		★	★						★				★				★				★	★			★
化学原料及化学制品制造业	0.54	85%			★	★	★	★	★		★	★	★	★			★	★	★	★	★				★		★		★			★	
医药制造业	0.38																																
化学纤维制造业	0.53																																
橡胶制品业	0.46																																
塑料制品业	0.42																																
非金属矿物制品业	0.46	81%			★			★				★	★	★	★	★	★	★	★	★	★	★		★	★								
黑色金属冶炼及压延加工业	0.44	95%		★	★	★	★	★	★		★	★	★	★	★	★	★	★	★	★	★	★			★	★	★			★			
有色金属冶炼及压延加工业	0.39	95%				★	★	★				★				★	★	★	★	★	★	★			★	★	★		★	★	★	★	
金属制品业	0.41	90%		★	★			★			★	★	★				★	★	★	★	★				★	★							
通用设备制造业	0.40	82%			★			★			★	★	★				★	★	★		★				★								
专用设备制造业	0.40																																
交通运输设备制造业	0.31	83%		★	★			★	★		★	★	★				★	★	★		★			★	★				★				
电气机械及器材制造业	0.42																																
通信设备、计算机及其他电子设备制造业	0.39	92%	★	★							★	★	★				★	★		★	★				★				★				★
仪器仪表及文化、办公用机械制造业	0.44																																
工艺品及其他制造业	0.54																																
废弃资源和废旧材料回收加工业	—																																

续表

地区 X / 行业 Y	能源强度基尼系数	重点行业	京	津	冀	晋	内蒙古	辽	吉	黑	沪	苏	浙	皖	闽	赣	鲁	豫	鄂	湘	粤	桂	琼	渝	川	贵	滇	藏	陕	甘	青	宁	新
电力、热力的生产和供应业	0.35	85%			★	★	★	★	★	★	★	★	★	★	★	★	★	★	★	★	★				★	★			★	★			
燃气生产和供应业	0.32																																
水的生产和供应业	0.52																																

注：(1) 标注百分数的行业为重点耗能行业，其能源消耗规模大于 2000 万吨，这些行业能耗之和占全部工业总能耗的 90%以上。(2) 对于某个行业 i，标记★的方格所对应的地区表示其为该行业用能量较大的地区，该行业名称右侧的百分数表示前述主要耗能区耗能量之和占该行业全部耗能量的比重。(3) 在用灰色填充的方格中，表示该地区既是该行业的主要用能区，同时其单位增加值能耗比全国平均水平的 70%要高。这些地区和行业是工业节能领域的重中之重。

6.3　重点节能行业和地区

6.3.1　农业重点节能地区

农业在中国国民经济中的比重大约为 10%，不同地区有所差异，但绝大部分地区低于 15%。农业用能在全社会用能总量中的比重也比较低。尽管随着农业机械化和农田灌溉的发展，农业用油和用电均会有所增长，但增速缓慢。各地区农业部门单位增加值能耗的变化对全国总的能源强度下降的贡献很小。对于一些粮食主产区，以及农村用电量、农渔用柴油量比较高的地区，如图 6-3 所示，应当注意挖掘其农业部门的节能潜力，主要是通过提高农业机械和灌溉设备的能源效率来实现。要实现这一目标，重心在于生产这些设备的行业和企业。

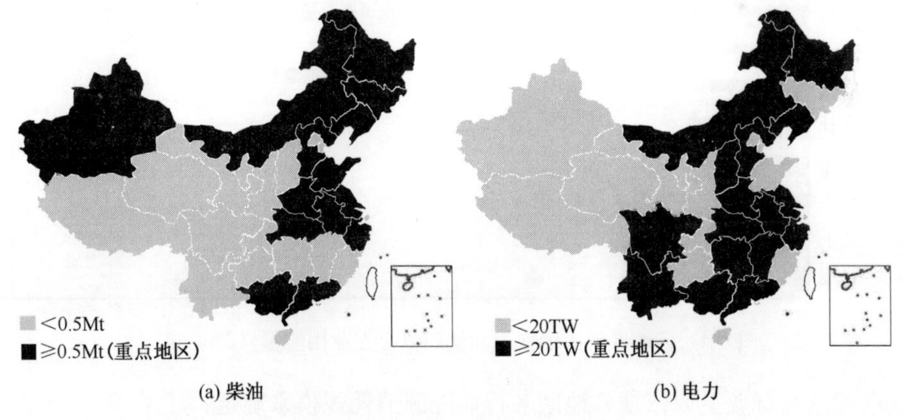

(a) 柴油　　(b) 电力

图 6-3　农业重点节油和节电地区

6.3.2　工业重点节能行业和地区

除了北京、海南、西藏以外，对于其他地区，工业部门的节能是重点，这对于能否实现该地区单位 GDP 能耗较快下降有举足轻重的影响。在工业部门中，重点是规模以上工业，其用能量占全部用能量的 65%，占工业用能量的 90%，如图 6-4 所示。

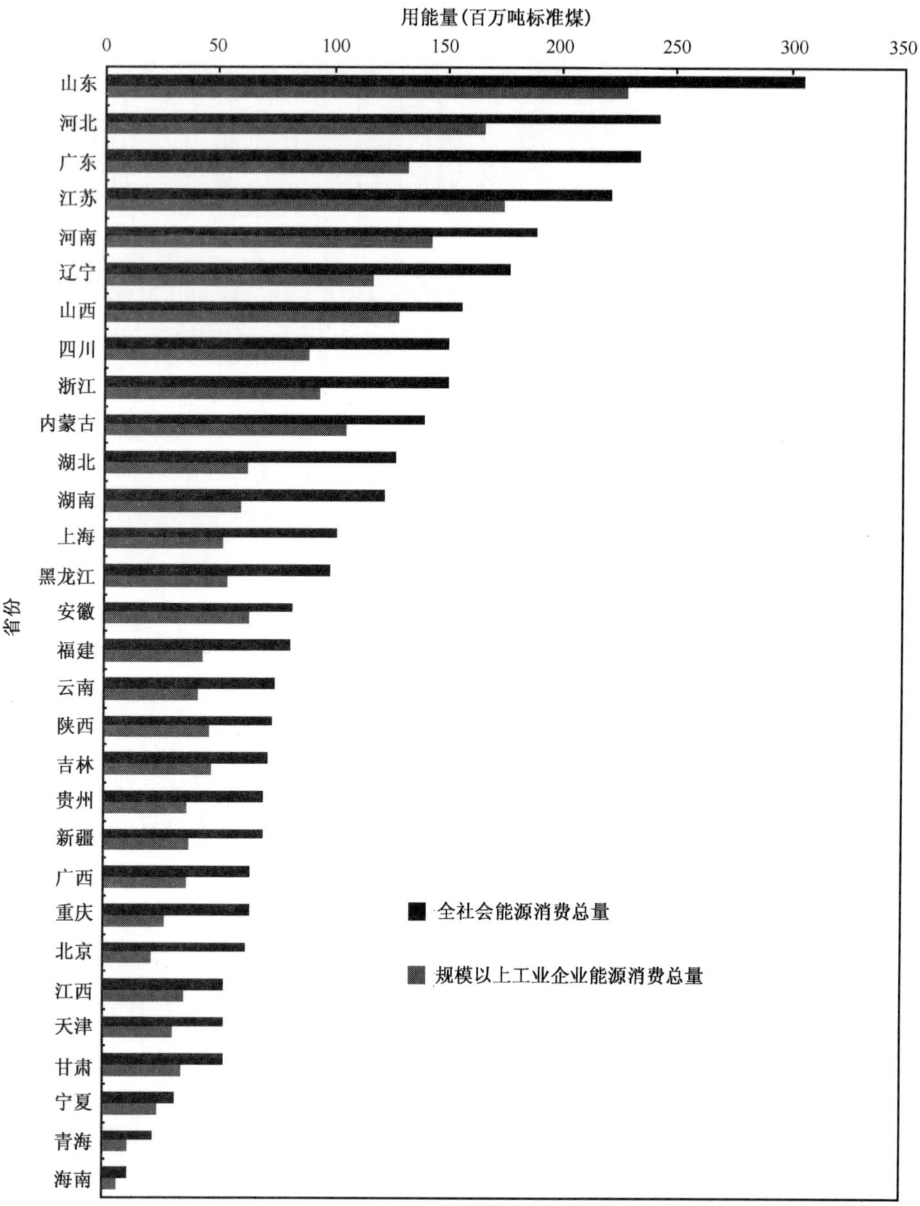

图 6-4 各地区能源消费量和规模以上工业用能量(2008 年)

重点地区和行业主要依据各地区各行业能源消耗规模来确定:

(1)在 39 个工业大类中,能源消耗规模大于 2000 万吨的行业(2008 年第二次全国经济普查数据)被列入重点行业,一共有 15 个行业,其能源消费合计量占全部工业用能的 90%。

(2)由于产业布局的差异,同一行业在不同地区的规模也有较大差异。为此,在上述 15 个行业中,对于某一具体行业,将地区用能量由高到低进行排序并累计计算其用能量。累计用能量在 75%~95%(不同行业有所区别)的地区作为重点用能地区和行业。

(3) 如果地区 i 的行业 j 的能源强度（ e_{ij} ）大于行业平均水平 $\bar{e}_j$ 的 70%，即 $e_{ij} > 0.7\bar{e}_j$，则地区 i 的行业 j 作为节能的重中之重，如表 6-1 所示。例如，对于天津，其重点节能行业为石油和天然气开采业、黑色金属冶炼及压延加工业、金属制品业、交通运输设备制造业、通信设备计算机及其他电子设备制造业，其中后四个行业是重中之重；对于煤炭开采和洗选业，其重点节能地区为河北、山西、内蒙古、辽宁、黑龙江、河南、山东、安徽，其中前七个省为重中之重。

从表 6-1 中可以看出，在工业节能中，北京应当重点考虑石油加工业的能源效率，海南和西藏基本不用考虑。河北、辽宁、江苏、浙江、山东、河南、广东、四川需要考虑的重点行业比较多，尽管其中部分地区的能源强度水平比较低，但其用能规模比较大，这对于全国的节能成效具有举足轻重的作用。宁夏的能源强度很高，但其重点节能行业只有两个：有色金属冶炼及加工业、化学原料及化学制品制造业。

6.3.3　建筑业用能

建筑业本身用能仅占全国总能耗的 1.3%，建筑业的节能主要体现在有关工程项目活动的优化环节方面。建筑物的结构和材质对今后建筑物使用时的能耗影响很大（主要是对公共部门和居民生活部门的用能影响很大）。建筑节能应贯穿到整个建筑物的生命周期内系统综合考虑，从城乡规划、城区规划、建筑设计等方面给予重视。不同的地区，由于地形地貌、质地结构、气候条件不同，应因地制宜，采取相适应的节能措施。

6.3.4　第三产业重点节能行业和地区

第三产业节能领域主要体现在交通、批发和零售业、住宿和餐饮业、房地产业、教育、公共管理和社会组织等行业，这几个行业占整个第三产业用能的 80%以上。交通领域主要是道路运输、水上运输、航空运输三大块（居民私人交通列入居民生活用能）。可以预见，随着各地区经济的快速发展，交通、住宿和餐饮等行业的用能需求将大幅增长。对于不同地区，在第三产业中，重点节能行业也有所不同。依据能源消耗规模和经济活动量，表 6-2 所示列出了“十二五”时期第三产业的重点节能行业和地区（部门）。

根据 2008 年第二次全国经济普查数据，我们计算了北京市第三产业用能情况，如表 6-3 所示。2008 年北京市公共交通用能为 146 万吨标准煤（包括出租车），83 千克标准煤/人，0.25 千克标准煤/人次。公共管理和社会组织单位用能 91 万吨标准煤，其中汽油和柴油 21 万吨标准煤，从业人员人均交通用油量（汽油和柴油）达到 390 千克标准煤/人。从用电量来看，公共管理和社会组织单位的从业人员人均用电量为 3430 千瓦时，是居民生活的人均用电量的五倍。发达地区或省会城市的文化、体育和娱乐业规模相对较大，用电量较多，考虑到管理上的便捷，我们将直辖市、省会城市和计划单列市的文化、体育和娱乐业列为重点节能行业，而其他地区的该行业不作为重点。

表 6-2　中国第三产业重点节能行业和地区（部门）

行业 \ 地区	铁	工	交	京	津	冀	晋	内蒙古	辽	吉	黑	沪	苏	浙	皖	闽	赣	鲁	豫	鄂	湘	粤	桂	琼	渝	川	贵	滇	藏	陕	甘	青	宁	新
铁路运输业	★																																	

续表

行业＼地区	铁	工	交	京	津	冀	晋	内蒙古	辽	吉	黑	沪	苏	浙	皖	闽	赣	鲁	豫	鄂	湘	粤	桂	琼	渝	川	贵	滇	藏	陕	甘	青	宁	新
道路运输业		★	★																															
城市公共交通业				★	★	★			★	★	★	★	★	★	★	★		★	★	★	★	★				★				★				
水上运输业		★	★																															
航空运输业		★	★																															
管道运输业																																		
装卸搬运及其他运输服务业																																		
仓储业																																		
邮政业																																		
批发和零售业				★		★	★		★			★	★	★				★	★	★	★	★				★		★		★				
住宿和餐饮业				★								★	★	★				★	★	★	★	★				★								
信息传输、计算机服务和软件业																																		
金融业																																		
房地产业				★	★				★			★	★	★	★			★		★	★	★			★	★								
租赁和商务服务业																																		
科学研究、技术服务和地质勘查业																																		
水利、环境和公共设施管理业																																		
居民服务和其他服务业																																		
教育				★	★	★	★	★	★	★	★	★	★	★	★	★	★	★	★	★	★	★	★	★	★	★				★				★
卫生、社会保障和社会福利业																																		
文化、体育和娱乐业				★（直辖市、省会城市和计划单列市）																														
公共管理和社会组织				★	★	★	★	★	★	★	★	★	★	★	★	★	★	★	★	★	★	★	★	★	★	★	★	★		★	★	★	★	★

注：铁：铁道部，工：工业和信息化部，交：交通运输部。

表 6-3　北京市部分第三产业和居民生活用能情况（2008 年）

项目	能源消费总量（发电煤耗法）（万吨标准煤）	从业人员人均用能量（吨标准煤/人）	从业人员人均用电量（千千瓦时/人）	从业人员人均用油量（吨/人）
金融业	38.2	1.52	2.85	0.14
房地产业	323.2	7.89	10.94	0.15
租赁和商务服务业	129.4	1.35	2.11	0.12
科学研究、技术服务和地质勘查业	98.1	1.74	2.50	0.14
水利、环境和公共设施管理业	25.8	2.78	4.39	0.50
居民服务和其他服务业	25.2	1.79	2.14	0.14
教育	151.2	3.51	4.34	0.11
卫生、社会保障和社会福利业	53.8	2.70	3.86	0.07
文化、体育和娱乐业	46.2	2.48	4.35	0.12
公共管理和社会组织	90.8	2.48	3.43	0.27
城市公共交通业	146.2	0.083*	—	—
居民生活	—	—	0.70*	—

* 北京市人均量（按全市 1755 万人口计算）；

数据来源：《北京市经济普查年鉴 2008》（北京市第二次全国经济普查领导小组办公室，2010）和作者计算。

6.3.5　居民生活用能

随着居民收入水平的增加，各地区居民生活用能将持续增长。未来城镇居民的用能增量主要集中在私人汽车用油方面。2009 年北京市人均居民私人交通用油接近 130 千克（不含出租车等运营车辆用油），是四川、河南、甘肃等不发达地区人均量的 40 倍甚至 60 倍。从图 6-5 可以看出，我国人均私人交通用油对城镇居民人均可支配收入的弹性为 2.31。这表明，按照目前的发展趋势，城镇居民人均收入增长 1%，则城镇人均私人交通用油将增长 2.3%。考虑到城镇化的推进，要减缓居民私人交通用油的增长，首先是要减缓居民私人汽车拥有量、大力发展公共交通，引导居民出行行为，减少私人汽车出行率。

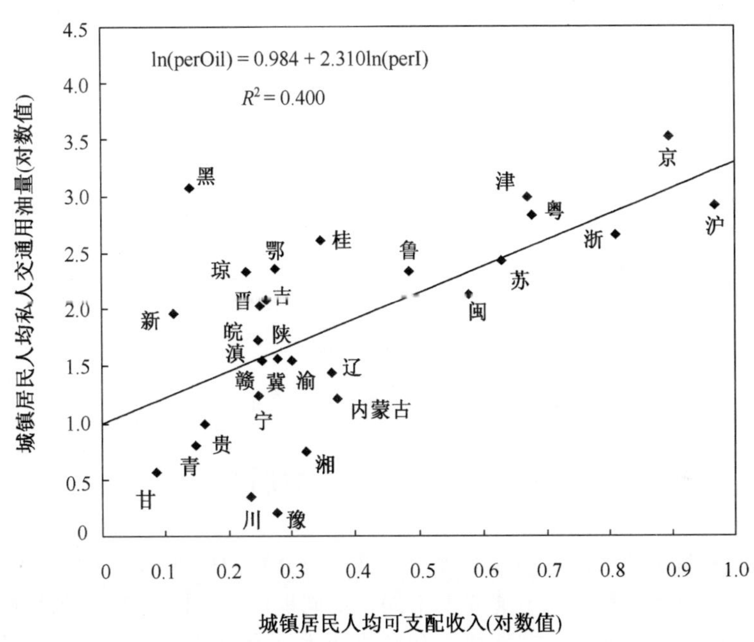

图 6-5　城镇居民收入与交通用油（2009 年）

由于目前城镇居民的空调、洗衣机、冰箱等耗能电器已接近饱和，地区间户均拥有量差异很小，未来高耗能电器保有量增速比较缓慢，其用电增速也较缓慢。但是农村地区居民生活用电刚性增长会比较快，主要是因为家用电器的增长空间还比较大，例如很多农村地区每百户空调器拥有量不足 1 台，而广东、上海的城镇地区已接近 200 台(图 6-6)。尽管绝大部分农村汽车拥有量比较低，但未来还是有可能快速增长。因此，城乡居民生活节能途径既有共性，也有差异。完善能源价格机制和能效标识制度等都对于促进生活节能有积极作用。未来对于城镇居民，还应注重对其进行有关节能科普教育和节能意识引导；而对于农村居民，可以通过有关财税手段激励其购置高能效电器。

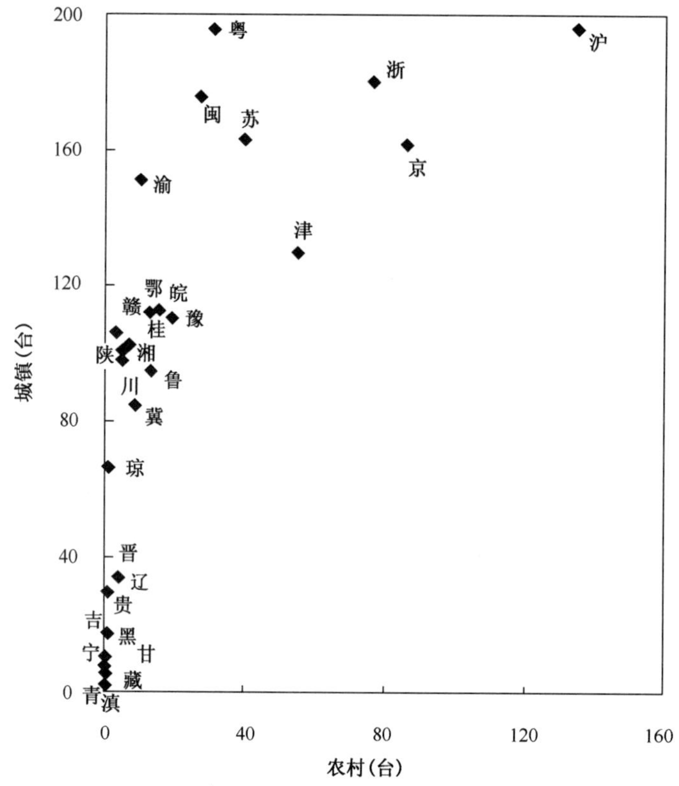

图 6-6　城乡居民每百户家庭空调拥有量（2009 年末）

6.4　结论与政策启示

节能和改善能效对于保障国家能源安全具有极其重要的作用。中国各地区发展极不平衡，各地区节能潜力和边际节能成本不同，不同地区有不同的重点节能领域。鉴于难以准确测算各地区各行业边际节能成本和减排成本，本章依据目前可获得的有限数据，根据地区间（同行业）的差异性来确定重点节能地区和行业。

（1）农业节能主要集中在柴油和灌溉用电比较多的产粮大省区，主要是通过提高农业机械和灌溉设备的能源效率来实现。

（2）工业主要集中在 15 个行业：煤炭开采和洗选业，石油和天然气开采业，农副食品加工业，纺织业，造纸及纸制品业，石油加工、炼焦及核燃料加工业，化学原料及化学制品制造业，非金属矿物制品业，黑色金属冶炼及压延加工业，有色金属冶炼及压延加工业，金属制品业，通用设备制造业，交通运输设备制造业，通信设备、计算机及其他电子设备制造业，电力、热力的生产和供应业，不同省区有所不同，详见表 6-1。在 31 地区×39 行业（=1209）中，我们遴选了 200 个重点节能地区行业，其用能总量为 17.6 亿吨标准煤，占全国各地区能源消费总量的 63.4%。在 200 个重点地区行业中，我们遴选了 58 个重中之重的节能地区行业，其用能总量为 11.2 亿吨标准煤，占全国各地区能源消费总量的 40.4%。

（3）建筑业本身用能量较低，但建筑物从形成到退役等整个生命周期内的用能不容忽视。

（4）对于第三产业的节能，大部分行业和地区节能潜力较小，应当抓住重点，主要在交通、批发和零售业、住宿和餐饮业、房地产业、教育、公共管理和社会组织等行业，这几个行业占整个第三产业用能的 80％以上，不同地区的节能重点也有所不同，详见表 6-2。

（5）对于城镇居民用能，应重视居民私人交通节能；对于农村居民，应重视家用电器节能。

第 7 章　清洁和可再生能源对国家能源安全的作用

随着全球化石能源储采比的快速下降，经济增长对化石能源的巨大需求，及化石能源使用对环境的负面效应日渐严重，能源供应安全和使用安全成为当今世界经济发展面临的重大挑战。大力发展清洁和可再生能源，降低对化石燃料的依赖，已成为发达国家提高国家能源安全的重要措施。因此，本章针对世界清洁和可再生能源的利用、我国清洁和可再生能源资源潜力及世界主要国家的清洁和可再生能源政策进行了分析。重点讨论如下科学问题：

- **世界清洁和可再生能源利用呈现怎样的特点？**
- **未来世界清洁和可再生能源的发展趋势如何？**
- **中国清洁和可再生能源现状特点及发展潜力怎样？**
- **世界典型国家针对可再生能源利用，制定哪些典型政策？**

7.1　世界清洁和可再生能源对化石能源的替代作用

自 20 世纪 70 年代石油危机以来，世界各国都把保障能源安全列入国家战略的首要领域。大力发展非化石能源，促使可再生能源的利用方式从传统的直接燃烧逐渐向现代科技利用转变，如风力发电、太阳能光伏发电以及生物质液体燃料等技术，已成为发达国家提高国家能源安全的重点措施。

7.1.1　清洁和可再生能源增长迅速

非化石能源在世界能源消耗中占有重要地位，根据 IEA 统计数据，自 1990 年以来，非化石能源占一次能源的比重以年均 1.8%的速度不断增长，略高于一次能源供应量的增长速度。根据国际能源署 2011 年发布的报告（IEA，2011），2009 年全球一次能源供应量为 121.69 亿吨标准油，其中可再生能源供应量为 15.89 亿吨标准油，占 13.1%；核能供应量 7.06 亿吨标准油，占 5.8%，非化石能源占 19.1%，世界一次能源供应组成如图 7-1 所示。

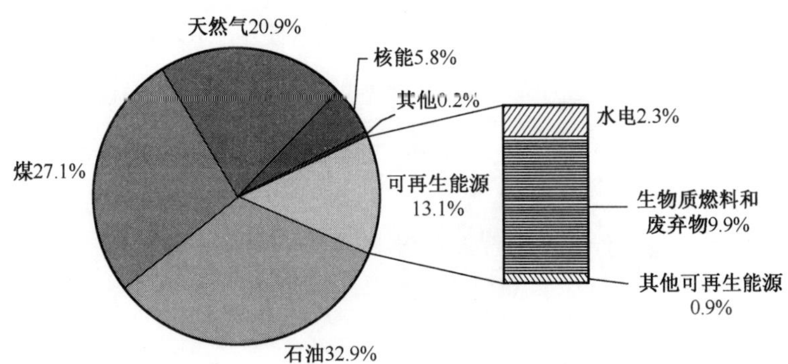

图 7-1　2009 年世界一次能源供应结构

在可再生能源中，固态生物质燃料比例最大，如图 7-2 所示，占全球可再生能源供应量的 70.2%和一次能源供应量的 9.2%；其次是水电，占可再生能源供应量的 17.7%和一次能源供应量的 2.3%；液态生物质燃料占可再生能源供应量的 3.4%和一

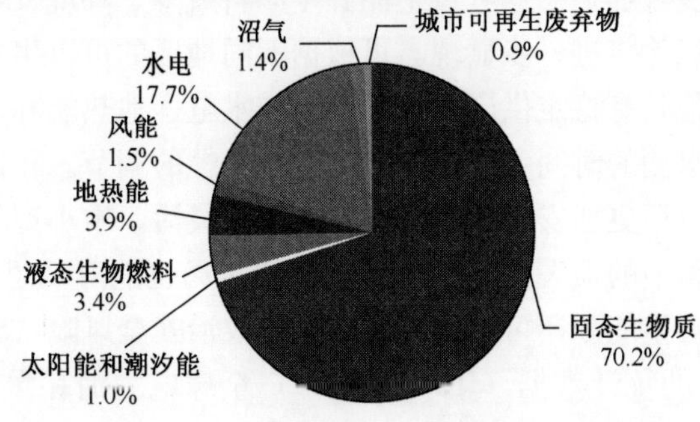

图 7-2　2009 年全球可再生能源供应结构

次能源供应量的 0.4%。尽管风能和太阳能在能源供应中的比例还非常小，两者之和占一次能源供应量的比例还不足 0.3%，占可再生能源供应量的比例小于 2.5%，但近年来发展迅速，自 1990 年以来的平均增速分别为 25.1%和 43.5%，如图 7-3 所示。

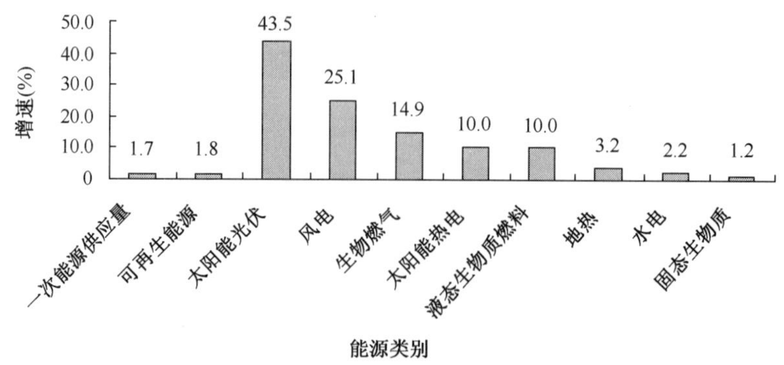

图 7-3　1990～2009 年各种能源供应量的年均增速

从世界终端能源消费数据来看：全球可再生能源供应量的 53.7%都用于家庭住宅、商业和公共服务领域，因为发展中国家的农村能源主要依赖生物质能源；25.6%的可再生能源用于电力生产；3.3%的可再生能源作为交通燃料使用（IEA，2011），如图 7-4 所示。

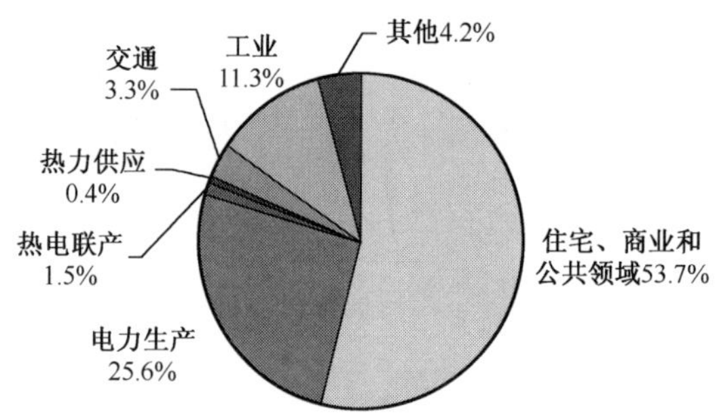

图 7-4　2009 年世界可再生能源在不同领域的消费情况

核能、水能、太阳能、风能、地热能和生物质能等形式的非化石能源，在电力生产中发挥的作用也越来越大。虽然目前很多可再生能源技术的发电成本高于常规化石能源，但随着技术的进步，加上一些可再生能源零原料成本、环境友好等因素，可再生电力的成本和发电规模优势将进一步显现。可依据不同地区的可再生资源情况，建立分散式的发电系统，与其他具有稳定供应能力的电厂如水电、地热能和燃煤电厂一起作为组合使用，根据电力需求侧的时间变化情况来进行互补性的调节。相比化石能源大型集中发电系统，分散式的电厂更加安全，规模和类型比较灵活，中小型的发电厂位于负载中心，可以减少输送过程中的损失。此外，分散式的布局也能降低恐怖袭击带来的危害。相对于化石能源，可再生能源还可降低燃料的地缘政治安全风险（Scot，2011）。

根据 IEA2009 年的统计数据（IEA，2011），全球电力消耗量的 19.3%来自可再生能源，可再生能源已经成为继煤（40.4%）和天然气（21.4%）之后的第三大电力来源，其中又以水电的贡献最大，占 16.3%。水电的开发大大节约了煤炭、石油等化石能源的消耗。截至2010年，全球水电发电量30448亿千瓦时/年，装机容量达到8.48亿千瓦，占世界总电力装机容量的17%，在可再生能源电力装机容量中所占的比例则达到了72%。目前世界上有55个国家50%以上的电力由水电提供，其中24个国家这一比重超过90%。核电占全球电力消耗量的13.4%，是世界第四大电力来源，如图7-5所示。

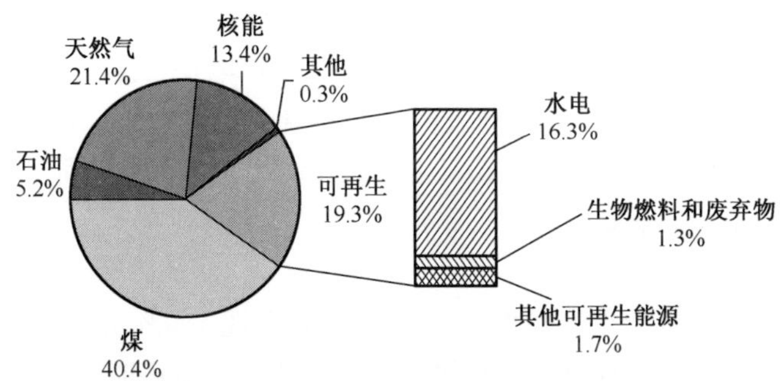

图7-5　2009年世界电力消费结构

热能是人类使用量最多的能源形式，在可再生热能生产中，以生物质能源和地热利用为主。IEA报告（IEA，2011）表明，生物质提供了9.9%的全球一次能源消费，最主要的利用形式是供热。这主要是由于大多数发展中国家的农村地区以传统的生物质燃烧为主，用来炊事和取暖。生物质能源现代商业化的利用，例如中型和大型区域集中供热相对较少，目前在欧洲一些国家如瑞典、丹麦、芬兰等国有一些应用。地源热泵是另一个主要的可再生热利用领域，在美国、瑞典、中国、丹麦等国已得到了较好的应用，除了可以用于家庭供暖外，一些大型项目还可满足区域性供暖。另外，太阳能热利用的形式也非常普遍，如家庭用太阳能热水器、太阳能供暖等。在热能生产方面，很多生物质能、太阳能热和地热应用已达到或接近化石燃料产热的竞争力。可再生能源热利用由于其分散灵活的分布式供应特点可以减少对传输过程中的损失。当可再生热能大规模分布式地利用时，其在能源安全方面的优势会更加明显。事实上，可再生能源热能在人们的日常生活中应用非常广泛，但是主要以家庭为单位，而在进行数据统计时，人们往往只把那些商业性的用于产热的能源和通过合同销售出去的热能生产统计在内，对于那些离网的分散热转换系统和地源热泵、太阳能热水器等很难统计，因此，统计得到的数值明显小于实际使用量。

液态生物燃料尽管在世界能源消费中所占比例极小，但对能源安全的作用逐渐增大，2010年，全球2.7%的交通燃料来自生物燃料。许多国家将生物燃料作为替代交通用石油、降低石油进口依存度的解决方案之一。与石油相比，生物燃料一般利用本国的资源进行生产，价格风险、地缘政治、运输和供应中断的风险几乎没有，而且使用对环境的影响也较小。更为重要的是，将生物燃料与石油燃料低比例混合时，对车辆基本没有影响，利用常规的石油加油设施就能满足汽车的加油需求。而且，生物液体燃料既可以大规模生产（受当地原料资源可获得性的限制），也可进行小规模的生产（燃料质量和高成本的限制）。

7.1.2 未来清洁和可再生能源比重将继续增加

未来随着世界经济增长对能源需求的进一步增加，以及减缓化石能源利用环境压力的增大，未来可再生能源和清洁能源将在现有基础上进一步增加，如表 7-1 所示。

IEA 在《世界能源展望》中提出，在新政策情景下，可再生能源占全球发电总量的比重将从 2008 年的 19%上升到 2035 年的几乎三分之一（这一比例将超过煤炭），如表 7-1 所示。这一增长主要来自风能和水能，尤其是水电将占据主导地位。太阳能光伏发电增长迅速，虽然到 2035 年占全球发电总量的比重仅为 2%。现代可再生能源在热利用和建筑业的比重将从 2008 年的 10%上升到 16%。从 2008 年到 2035 年，生物燃料使用增长将超过 4 倍，以满足 8%的公路运输燃料需求（现在这一比例为 3%）（IEA，2010）。

欧洲可再生能源理事会在《畅想 2050——欧盟实现 100%可再生能源替代的远景》提出 2050 年在欧盟 27 国实现完全的可再生能源替代不仅是可能的，而且是经济的。到 2020 年欧洲的可再生能源占总电力消费量的 39%，到 2030 年可达到 65%～67%，到 2050 年可再生能源可提供 100%的能源供应，并且 2030 年以后，风电和太阳能光伏发电的份额将大幅度提升（European Renewable Energy Council，2010）。

IPCC 在《可再生能源特别报告》中指出，全球可再生能源在未来能满足全球能源需求，在开发潜能、技术条件和成本控制等方面可再生能源均没有瓶颈，唯一的发展障碍就是缺乏政府的支持政策。在对多种情况进行评估后得出结论：可再生能源在能源市场中所占的份额会越来越大。根据最乐观的估计，到 2050 年可再生能源将能满足全球 77%的能源需求，远高于 2008 年的 13%；而在最悲观的情形下，这一比例将为 15%，如表 7-6 所示。报告认为，即使缺乏政策支持，可再生能源在能源市场所占比例也会增长，一部分技术已具备与传统能源竞争的能力，而且如果实施重视环境影响的政策，将有更多的可再生能源技术在经济上具备吸引力（IPCC，2011）。

世界自然基金会《能源报告——2050，100%的可再生能源》预测到 2050 年，可再生能源可满足我们所有的能源需求，并指出这一转变不仅是可能的，而且也是经济可行的。

未来可再生能源能否像预期那样发展，主要取决于三个方面：①可再生能源资源的潜力；②可再生能源利用技术的发展；③相关的鼓励与支持政策。

7.2 中国清洁和可再生能源对化石能源的替代作用

7.2.1 中国清洁和可再生能源发展迅速

在石油进口逐年增加、大气环境污染严重和二氧化碳排放控制的压力下，我国的化石能源安全面临较大的挑战，大力发展清洁和可再生能源已成为中国发展的战略选择。在市场的推动和国家政策的支持下，我国可再生能源得到了迅速发展。中国可再生能源资源丰富（李俊峰等，2011），如表 7-1 所示，水电可开发量居世界首位，太阳能、风能和生物质能资源也位居世界前列。经过近年来的发展，除了具有传统优势的水电外，中国在风电和太阳能热利用方面居世界首位（Renewable Energy Policy Network，2011）。我国清洁和可再生能源在一次能源消费中的结构如图 7-6 所示，水电的比例由 1980 年的 4%增加到 2009 年的 6.5%；核电的比例由 1993 年的 0.1%增加到 2009 年的 0.8%（国家统计局能源司，2010）。

表 7-1　中国可再生能源资源

种类		每年可再生能源资源可开发量	折合标准煤（亿标准煤）
太阳能		1000 亿千瓦	17000
风能		10 亿千瓦	2.46
水能		经济可开发 4.0 亿千瓦 技术可开发 5.4 亿千瓦	4.8～6.4
生物质能	生物质发电	3 亿吨秸秆＋3 亿吨林业废弃物	1.5＋2.0＝3.5
	液体燃料	5000 万吨	0.5
	沼气	800 亿立方米	0.6
	总计		4.6
地热能		33 亿标准煤	33（但适于发电的少）

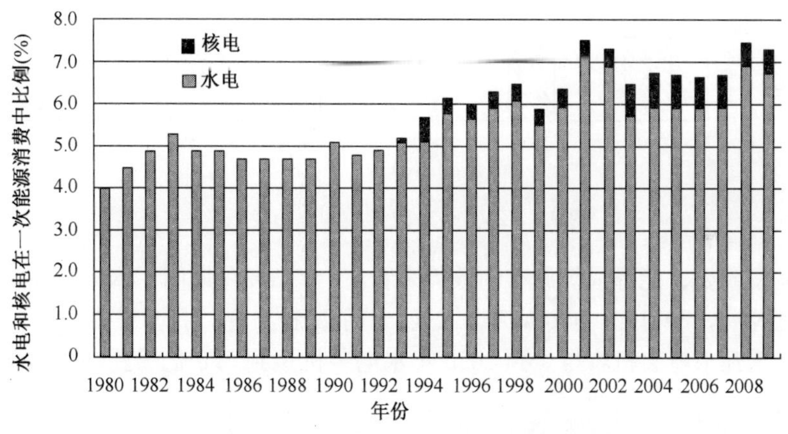

图 7-6　我国水电和核电在一次能源消费的比例

其他可再生能源近些年也实现了快速的发展。2010 年，中国风电装机容量从 2005 年的 126 万千瓦增长到 4473 万千瓦，居全球第一，全年发电量 501 亿千瓦时，比上年增长 81.4%。光伏发电装机规模由 2005 年的不到 10 万千瓦增加到 70 万千瓦，太阳能热水器安装使用总量达到 1.68 亿平方米，生物质发电装机约 500 万千瓦，沼气年利用量约 140 亿立方米，全国户用沼气达到 4000 万户左右，生物燃料乙醇利用量 180 万吨，各类生物质能源总贡献量合计约 1500 万吨标准煤（国务院新闻办公室，2011）。至 2010 年底，非化石能源装机比重合计占 26.5%，比上年提高 1.1 个百分点，累计发电量 7862 亿千瓦时，按发电煤耗折算约合 2.63 亿吨标准煤（国家能源局，2011）。

7.2.2　中国水能资源丰富

我国水能资源富甲天下，理论蕴藏量、技术可开发量、经济可开发量均居世界首位。根据国家发改委 2005 年公布的全国水力资源复查成果显示：全国水力资源理论蕴藏量为 6.94 亿千瓦，理论年发电量为 6.08 万亿千瓦时；技术可开发装机容量为 5.42 亿千瓦，技术可开发年发电量为 2.47 万亿千瓦时；经济可开发装机容量为 4.02 亿千瓦，经济可开发年发电量为 1.75 万亿千瓦时（国家发展和改革委员会，2011）。2010 年底水电装机为 2.13 亿千瓦，目前开发度只有 39%，远低于发达国家 60%～70%的开发度（中国华电集团公司，2011）。

我国水电在进入 21 世纪后发展加快，尤其是 2005 年至 2010 年间，新增装机量以年均 13%的速度增长，截至 2010 年底，我国建成大中小型水电站 45000 余座，总装机容量超过 2.1 亿千瓦，约占全国电力的 22.2%，年发电量从 2005 年的 3644 亿千瓦时增长到 6863 亿千瓦时（如图 7-7 所示），约占全国发电量的 16%。水电技术迈入世界先进行列，进入大电站、大机组、高电压、自动化、信息化的新时代。

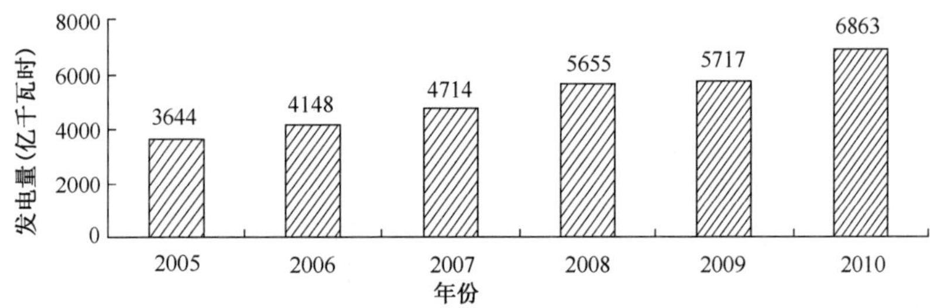

图 7-7　2005～2010 年我国水力发电量

从国家发改委、能源局等颁布的政策来看，“十二五”期间，水电仍将保持快速发展（国家能源局，2011）。为实现“十二五”节能减排目标，我国需要在 2015 年前开工建设约 1 亿千瓦水电装机容量，到 2020 年水电装机达到 3.8 亿千瓦（中国华电集团公司，2011）。

7.2.3　中国核电 2020 年有望占电力总装机的 4%～5%

1991 年 12 月 15 日我国第一座自行设计自主建设的核电站——秦山核电站并网发电成功，这标志着核电开始登上中国能源的舞台。目前已形成广东、浙江、江苏 3 个核电基地。截至 2009 年底，我国核电装机容量为 908 万千瓦，共 11 台机组，仅占全国发电装机总量的 1.04%，此外，全国核电建设施工规模已达到 20 台，2180 万千瓦。

《国家核电中长期发展规划（2005～2020 年）》明确到 2020 年我国核电运行装机容量达到 4000 万千瓦、在建 1800 万千瓦的发展目标，核电占全部电力装机容量的比重从现在不到 2%提高到 4%（国家发展和改革委员会，2007）。随着我国核电技术的进一步发展，国家能源局 2009 年指出要努力提高核电的装机比例，国家现正在调整核电中长期规划，加强沿海地区核电发展，科学规划内陆地区核电建设，力争 2020 年核电占电力总装机的比例达到 5%以上。

7.2.4　中国风电发展迅速

2010年，我国继续保持风电设备生产和风电场开发快速发展的强劲势头。据中国可再生能源学会风能专业委员会（中国可再生能源学会风能专业委员会，2011）的统计，自2009年以来我国风电保持全球新增装机容量第一的位置，2010年我国除台湾省外其他地区共新增风电装机12904台，装机容量达18.93吉瓦（如表7-2所示）。2010年底我国除台湾省外累计风电装机容量44.73吉瓦，在全球的累计装机排名由2008年的第四位、2009年的第二位上升到第一位。与2009年当年新增装机1380.3万千瓦、累计装机2580.5万千瓦相比，2010年新增装机增长率为37.1%，累计装机增长率为73.3%。目前我国有29个省、市、自治区（不含港、澳、台地区）有风电场，其中风电累计装机超过2吉瓦的省份有7个。内蒙古自治区以累计装机13.86吉瓦的成绩领跑我国风电发展，占全国风电装机总量超过30%，紧随其后的是甘肃（10%）、河北（10%）和辽宁（9%）（如图7-8所示）（Renewable Energy Policy Network，2011）。

表7-2　中国2003～2010年风电装机容量

年份	2003	2004	2005	2006	2007	2008	2009	2010
新增装机（兆瓦）	98.3	196.75	506.91	1287.6	3311.25	6153.73	13803.21	18927.99
累计装机（兆瓦）	563.35	760.1	1267.01	2554.61	5865.86	12019.59	25805.3	44733.29

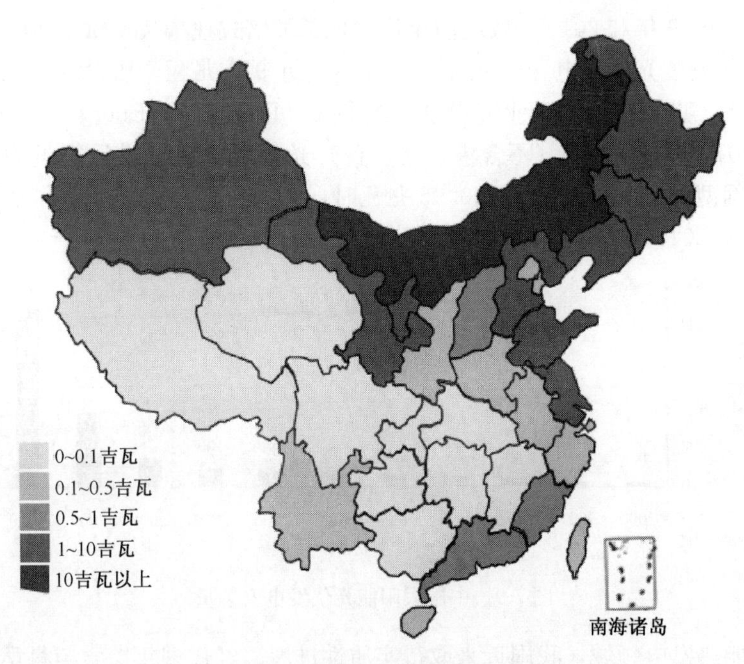

图7-8　2010年中国累计风电装机容量分布图

近两年来，我国海上风电也得到了迅速发展。自2007年起步以来，目前已建成海上风电13.8万千瓦，分别为东海大桥海上风电项目（10万千瓦）、如东潮间带示范项目（3万千瓦）、渤海绥中单机示范项目（1.5兆瓦）和江苏响水示范项目（6.5兆瓦），整体海上风电的装机容量占国内风电装机总容量的比例不到1%（李俊锋等，2011）。

我国的海上风电资源比较丰富，根据中国气象局详查初步成果，在我国 5 米到 25 米水深的海域内、50 米高度风电可装机容量约 2 亿千瓦，5 米到 50 米水深、70 米高度风电可装机容量约 5 亿千瓦，市场潜力巨大。海上风电的开发和建设，将为可再生能源的发展做出重要贡献。

正在制定的“十二五”能源发展规划和可再生能源专项规划初步提出，海上风电的发展目标为：2015 年建成 500 万千瓦，2020 年建成 3000 万千瓦。

7.2.5　中国太阳能利用前景广阔

中国蕴藏着丰富的太阳能资源，太阳能利用前景广阔。西藏西部太阳能资源最丰富，最高达 2333 千瓦时/平方米（日辐射量 6.4 千瓦时/平方米），居世界第二位，仅次于撒哈拉大沙漠。我国陆地每年接受的太阳能辐射能理论估算值为 1.47×10^8 亿千瓦时，约合标准煤 4.7 万亿吨。

我国太阳能产业规模已位居世界第一，是全球太阳能热水器生产量和使用量最大的国家。得益于欧洲市场的拉动，中国的光伏产业在 2004 年之后飞速发展，2007 年我国已成为世界最大的太阳能电池生产国，2010 年太阳能电池产量达到 13 吉瓦，电池组件产量上升到 10 吉瓦，占世界产量的 45%，太阳能电池产量连续五年居世界第一。

在光伏产业迅猛发展的带动下，我国的光伏发电市场发展更加迅速，光伏发电安装量增速明显。2009 年和 2010 年较之前年均出现了翻倍式地增长（BP，2011），如图 7-9 所示。2010 年安装光伏发电 500 兆瓦，累计达到近 900 兆瓦，居世界第八位。在市场需求的拉动下，我国的光伏产业链规模已经形成（Renewable Energy Policy Network，2011）。到 2010 年底，我国（不含港、澳、台）光伏发电累计投运容量为 86 万千瓦，其中累计并网型光伏发电容量为 700.96 兆瓦时，离网型光伏发电容量为 162.67 兆瓦时（国家能源局，2011）。

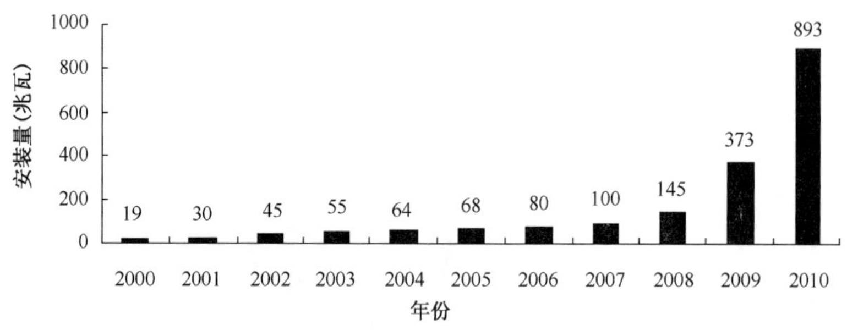

图 7-9　中国太阳能光伏发电安装量

在太阳能热发电领域，我国近来取得实质性进展。经过多年探索与科学实践，陆续建成了江宁 70 千瓦热发电系统与延庆 1 兆瓦塔式热发电系统等试验项目，为太阳能热发电技术的商业化应用储备了技术；2010 年我国成功组织了内蒙古鄂尔多斯 50 兆瓦槽式太阳能热发电特许权项目，成为我国太阳能热发电项目由小型科技示范项目向大型商业化项目跨越的重要里程碑。最终中标电价已经在 1 元/千瓦时以内，初步体现了热发电对光伏发电的竞争能力。

根据我国的可再生能源中长期发展规划，到2020年，太阳能发电总容量达到180万千瓦；太阳能热水器总集热面积达到3亿平方米。

7.2.6 生物质能发展现状与潜力

我国拥有丰富的生物质能资源，据测算，我国理论生物质能资源为50亿吨左右标准煤（王革华，2008）。在可收集的条件下，中国目前可利用的生物质能资源主要是传统生物质，包括农作物秸秆、薪柴、禽畜粪便、生活垃圾、工业有机废渣与废水等。我国的可开发生物质资源总量为7亿吨左右（农作物秸秆约3.5亿吨，占50%上），折合成标准煤约为3.5亿吨。中国农村经济社会发展水平较低，50%以上农户生活用能主要采用直接燃烧秸秆、薪柴等落后方式，同时大量人畜粪便得不到及时有效的处理，导致了疾病的发生和疫病的传播。发展生物质能不仅有利于我国的能源安全，还将极大改善农民生产生活环境，提高农村能源利用水平，逐步实现农民生活用能的现代化、优质化和清洁化，保障社会主义新农村建设顺利进行（王革华，2008）。

生物质发电是生物质能利用的重要形式。近年来，我国生物质发电取得了一定发展，装机容量逐年增加，自2006年12月1日国能生物发电集团有限公司（以下简称国能生物）单县生物发电项目正式并网发电以来，我国五大发电集团以及一些民营企业和外资企业纷纷投资生物质发电行业。2010年，我国生物质发电装机约500万千瓦，增长约25%，主要利用甘蔗渣、固体生物质能、有机废物和沼气（包括禽畜废物）发电。

燃料乙醇是我国生物燃料发展的重点。2008年我国燃料乙醇年产量达到了15.1亿升，但之后由于陈化粮消耗殆尽，加之世界范围内普遍认为以粮食为原料生产燃料乙醇存在很大的风险，我国政府持谨慎态度，燃料乙醇产业发展速度放缓，2010年的产量为20亿升，在2008年基础上略有增长。在这样的形势下，非粮乙醇作为未来的发展方向，是中国生物质能源的最终解决方案之一。于是在2007年，我国出台《生物燃料乙醇暨车用乙醇汽油中长期发展规划》，明确提出发展生物燃料产业必须坚持非粮原料路线。合理开发利用廉价、原料供应充足、发展潜力较大的生物资源，尤其是以非粮高淀粉、糖类、纤维质等原料来生产生燃料乙醇，成为一个兼顾能源安全、粮食安全，促进环保、助农增收等多重目标的解决方案。根据国家《可再生能源发展“十一五”规划》安排，计划在东北、山东等劣质土地资源丰富的地区集中种植甜高粱，发展以甜高粱茎秆为主要原料的燃料乙醇；在广西、重庆、四川等地重点种植薯类作物，发展以薯类作物为原料的燃料乙醇。

生物柴油销售至今未能进入公共加油站系统，产业发展缓慢。目前中国有数十家生物柴油企业，产能超过200万吨/年，但由于原料价格暴涨导致企业微利甚至亏本，实际开工项目较少，年产量仅不到十分之一产能。中国尚未制定促进生物柴油销售和使用的相关政策，在一定程度影响了生物柴油产业的发展。

根据已提交的可再生能源“十二五”发展规划，到2015年年底，生物质发电装机将达1300万千瓦，到2020年将达3000万千瓦，在2010年年底550万千瓦的基础上分别增长1.36倍和4.45倍；其中“十二五”末，农林生物质发电将达800万千瓦，沼气发电将达200万千瓦，垃圾焚烧发电将达300万千瓦。根据国家发改委能源研究所研究报告显示，我国以非食用粮糖类农作物为原料的燃料乙醇生产潜力近中期约为 1500 万吨，以废油为原料的生物柴油生产潜力近中期约为 200 万吨，以油料林为原料的生物柴油生产潜力在中长期约为数百万吨，以纤维素和藻类生物质为原料的先进生物燃料生产潜力在长期可达每年数千万吨。

7.3 清洁和可再生能源发展政策的国际比较

世界各国为了加强能源安全，促进可持续发展，积极推动可再生能源发展，分别实施了一系列优惠政策和法律法规，那么各国可再生能源政策有哪些异同呢?

7.3.1 目标引导

到 2010 年，已经有 96 个国家制定了可再生能源发展的政策目标，而 2006 年只有 45 个国家（Renewable Energy Policy Network，2011）。大多数国家最近的可再生能源发展目标都设定在 2020 年及以后，如表 7-3 所示。

表 7-3 主要国家的可再生能源发展目标

国家/地区	发展目标
欧盟	2020 年和 2050 年可再生能源比例分别达到 20%和 50%的基础上，同时部分欧盟国家又在探讨 2050 年实现 100%可再生能源的发展目标
丹麦	提出到 2050 年将完全摆脱对化石能源依赖的战略目标，其中 2020 年化石燃料消耗将比 2009 年降低 33%，一次能源消费量比 2006 年降低 4%，可再生能源在终端能源消费中的比重超过 30%，交通领域可再生能源消费比重达到 10%
美国	到 2030 年清洁能源达到能源消费的 30%的发展目标
日本	推出了绿色能源新政，提出了到 2050 年依靠提高能源效率和发展可再生能源减排温室气体 80%以上
澳大利亚	投入资金总额将达到 200 亿澳元，可再生能源满足 20%的电力需求
巴西	到 2030 年可再生能源占电力的 75%
印度	到 2022 年实现 2000 万千瓦的太阳能装机容量
肯尼亚	到 2030 年实现 400 万千瓦的地热装机容量
中国	到 2015 年，非化石能源占一次能源消费比重达到 11.4%；到 2020 年，非化石能源占一次能源消费比重达到 15%左右

7.3.2 政策激励

为了确保可再生能源发展目标的实现，许多国家制定了支持可再生能源发展的法规和政策。可再生能源发电的政策目前至少存在于 83 个国家，主要包括固定电价收购可再生能源发电量政策、可再生能源发电配额证、直接投资补贴、信贷补贴、投资税收抵免和减税，以及对可再生能源发电容量的竞争性招标等。

固定上网电价的政策最为常见。如德国、丹麦、法国、西班牙等国采取优惠的固定电价收购可再生能源发电量。2010 年，至少有 50 个国家和 25 个州/省份实行固定上网电价政策，而超过半数的地区引入这一政策不到 5 年。对于固定上网电价政策的支持持续增长，且越来越多地在国家和省一级区域得到采纳。

从全球来看，可再生能源发电配额制（RPS）政策，目前也已得到了 10 个国家政府和 46 个州/省政府的支持。大多数可再生能源发电配额制（RPS）政策要求可再生能源的比例达到 5%～20%，且一直持续到 2020 年以后。如英国、澳大利亚、日本等国实行可再生能源强制性市场配额政策。可再生能源支持政策往往与经济激励手段相组合，包括直接投资补贴、信贷补贴等。其他税收优惠政策也很常见，如投资税收抵免和减税。对可再生能源发电容量的竞争性招标也是现在通行的做法，而分布式发电净计量法已经在至少 10 个国家和美国的 43 个州获得通过（Renewable Energy Policy Network，2011）。

7.3.3　产业扶持

为促进可再生能源技术进步和产业化发展，许多国家十分重视可再生能源人才培养、研究开发、产业体系建设，建立了专门的研发机构，支持开展可再生能源科学研究、技术开发和产业服务等工作。发达国家不仅支持可再生能源技术研究和开发活动，而且特别重视新技术的试验、示范和推广，经过多年的发展，产业体系已经形成，有力地支持了可再生能源的发展。

（1）信贷扶持。德国 1990 年起对投资可再生能源的企业提供长达 12 年的低于市场利率 1%～2%，相当于设备投资成本 75%的优惠贷款，还为中小风电场提供总投资额 80%的融资（国家电力监管委员会，2008）。巴西国家经济社会开发银行设立专项信贷，为生物柴油企业提供 90%的融资信贷，联邦政府也设立了 1 亿雷亚尔（约合 3400 万美元）的信贷资金，提供给生物柴油原料种植户（王威，2007）。

（2）投资补贴。英国政府为投资成本较高的海上风电项目提供 40%的补贴（满香忠，王珊珊，2007）。德国为投资风电的企业提供 20%～60%额度不等的投资补贴，还实行分阶段补偿机制（徐波，张单玲，2007）。加拿大对可再生能源项目投资的补贴额度从 30%逐步过渡到 50%，为可再生能源设备购置费和设备安装费提供 25%～100%额度不等的补贴（杨少军，2008）。日本在"新阳光计划"中对本土居民安装太阳能光伏发电系统提供投资补贴，补贴额度起初为 100%，随着太阳能光伏产业的逐渐成熟和市场化，补贴额度逐渐降低，并于 2005 年取消了该项补贴，以此来激励太阳能发电产业实现完全市场化运作（发改委能源局，2007）。印度政府为风电提供 10%～15%的投资补贴额度（李俊峰，时璟丽，2006）。我国政府也对可再生能源项目和企业实施投资补贴，补贴额度由地方政府根据当地情况制定（发改委能源局，2008）。相比之下，发达国家的投资补贴额度远大于发展中国家，其可再生能源的整体发展也比发展中国家具有优势。

7.3.4　资金支持

为了加快可再生能源的发展，许多国家为可再生能源发展提供了强有力的资金支持，对技术研发、项目建设、产品销售和最终用户提供补贴。美国 2005 年的能源法令明确规定了支持可再生能源技术研发及其产业化发展的年度财政预算资金。德国对用户安装太阳能热水器提供 40%的补贴。许多国家还采取了产品补贴和用户补助方式扩大可再生能源市场，引导社会资金投向可再生能源，有力地推动了可再生能源的规模化发展。我国开设了可再生能源专项基金，为可再生能源的发展提供了专门的资金支持。

（1）用户补贴。德国的太阳能安装用户可获得 50%～60%电池费用的补贴。从 2000 年起，德国政府对于家用太阳能系统采取一次性补贴 400 欧元的办法；对用木材作为取暖能源，每年提供 150 欧元的补贴（徐波，张单玲，2007）。我国政府 2008 年实施了可再生能源原料基地补助，规定林业原料基地补助标准为 200 元/亩，农业原料基地补助标准原则上核定为 180 元/亩。

（2）产品补贴。在德国，风电企业每生产 1 度风电可获得 0.06～0.08 马克的津贴（徐波，张单玲，2007）。丹麦政府对可再生电力实行 0.17 克朗/度的产品补贴（邬雁忠，2008）。加拿大采取每度风电补贴 1 美分左右的政策，补贴期限为 10 年，还按 1 美分/度的额度返还投资资金（中国风力电力网，2008）。我国政府 2008 年出台的措施规定，对纳入补贴范围内的秸秆直燃发电亏损项目按上网电量给予 0.1 元/度的临时电价补贴。

7.4 本章小结

清洁和可再生能源不仅能够提供电力，还可以以固态、液态和气态三种形式提供人们生产生活所需的燃料，能够很好地降低和替代传统化石能源的使用，其对能源安全的作用非常巨大。近年来，在世界各国的各项政策的鼓励和推动下，世界非化石能源快速发展，预计在 2010～2020 年间，大多数可再生能源技术可具有市场竞争力，在 2020 年以后将会有更快的发展，对化石能源的替代作用进一步加大，在能源供应中占更高的份额。

我国清洁和可再生能源发展也较为迅速，水电可开发量居世界首位，太阳能、风能和生物质能资源也位居世界前列，对于替代化石能源、缓解我国化石能源增速起到了一定的积极作用。未来随着我国各项清洁和可再生能源目标的实现，将进一步提高我国能源供应和使用安全程度，有效缓解经济增长导致的化石能源需求增速，和化石能源开采利用引发的环境问题。

第 8 章　能源贫困与能源使用安全

能源消费品种的不可获得性、不安全性和不可持续性加重了能源贫困现状。能源贫困又是制约各国特别是发展中国家的可持续发展、阻碍社会公平体系的建立、加重社会环境压力、危害居民身体健康的不安因素。能源贫困影响能源消费的安全氛围。能源贫困与能源使用安全存在着相互制约、相互影响的紧密联系，减缓能源贫困工作将最终有益于提高能源使用安全。

围绕能源贫困与能源使用安全之间的关系，本章从以下几个方面展开讨论：

- **能源贫困与能源使用安全之间有何关系?**
- **能源贫困的主要影响因素是什么?**
- **如何基于能源贫困指数对中国区域能源贫困状况进行评价?**

8.1 能源贫困与能源使用安全的关系

持续存在的能源贫困是全世界能源体系面临的三大挑战之一（Birol，2007），能源贫困的广泛存在，制约着各国特别是发展中国家的可持续发展，阻碍社会公平体系的建立，加重社会环境压力，危害居民身体健康，进而影响能源消费的安全。而能源消费品种的不可获得性、不安全性和不可持续性又加重了能源贫困现状。能源贫困与能源消费安全存在着相互制约、相互影响的紧密联系，减缓能源贫困工作最终有益于保障能源消费安全。

8.1.1 能源贫困及其国际现状

能源贫困概念起源于1982年英国燃料使用权运动，Lewis（1982）将能源贫困人群定义为无力维持足够家中温暖的人群；Boardman（1991）将这一概念扩展为该人群居住的房屋能源效率较低。随着研究者将更多的目标转向发展中国家，能源贫困概念被赋予了新的含义。Vijay（2005）将贫穷和无法获得现代能源的人群称为能源贫困人群；国际能源署认为该人群的特征是，主要依靠传统生物质能或无法获取和使用电力（IEA，2002，2010），其中传统生物质能包括薪柴、秸秆、稻草、稻壳及其他农业生产的废弃物和畜禽粪便等。

国际能源署关于能源贫困的定义在研究工作中得到最广泛的认同与应用，因此，本章将发展中国家的能源贫困人群界定为无法获取和使用电力或生活上主要依赖传统生物质能的人群。世界能源展望系列报告（IEA，2002，2004，2007，2010）长期关注发展中国家能源贫困问题及其造成的危害，认为目前全球承受着巨大的能源贫困造成的经济、环境、发展压力，且这一压力在未来20年内不会有本质上的改变，能源贫困已成为经济与社会发展的桎梏，并阻碍了联合国千年发展目标的实现。

非洲和亚洲的部分发展中国家是能源贫困人群的聚集区域，且能源贫困人群主要生活在农村地区，图8-1反映了发展中国家能源贫困人群分布（IEA，2010）。目前，全球约14

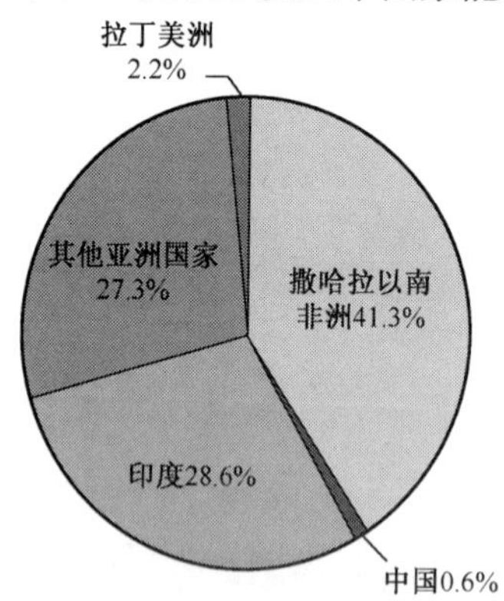

(a) 无法获取及使用电力人群地区分布

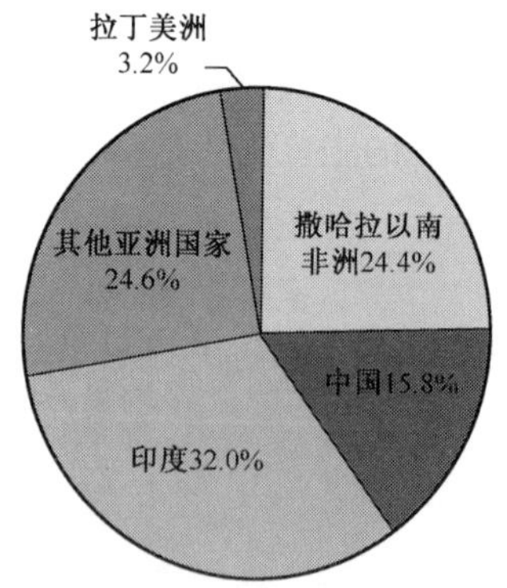

(b) 依赖传统生物质能人群地区分布

图8-1 全球能源贫困人口区域分布（2009年）

亿人口无法获取及使用电力，其中 41%生活在撒哈拉以南非洲，29%聚集在印度。在没有专项政策支持的情况下，2030 年无法获取和使用电力的人群可下降至 12 亿，但仍占全球人口总量的 15%。当前全球炊事上依赖传统生物质能的人数达 27 亿，主要集中在印度、撒哈拉以南非洲、亚洲地区，其中约 87%生活在农村，IEA 预计到 2030 年该人群可上升至 28 亿。在全球范围内，撒哈拉以南非洲面临着最严峻的能源贫困挑战，该地区仅 31%的人口可获取电力资源，为全球最低水平，并且 80%居民依赖传统生物质能生活（IEA，2010）。

8.1.2　我国能源贫困现状

8.1.2.1　我国能源贫困人群主要是依赖传统生物质能的农村居民

我国是能源贫困人群聚集国家之一，但与其他国家相比，能源贫困人群构成具有一定的特殊性。首先因为我国城乡二元化属性明显，城镇、农村居民能源消费结构存在较大差异，而使两者面临的能源贫困问题不尽相同；其次由于我国政府重视城镇及农村的电网改造工程，投入较大人力物力并取得显著的成绩，而使我国与其他发展中国家面临的能源贫困问题不尽相同。

目前，无法获取及使用电力已不是我国面临的能源贫困的主要特征。其中，我国城镇早已不存在无法获取及使用电力的现象。而农村地区，到 2006 年已有平均 98.7%的村庄实现通电，北京、天津、辽宁、吉林、上海、江苏、浙江、安徽、山东、宁夏 10 个省市实现农村地区全部通电（NBS，2009），而西藏、青海、新疆三地享有电力服务的村庄比例相对较低，分别为 40%、85%和 94%。IEA 估计中国目前约有 800 万农村居民无法获取及使用稳定的电力服务，无法获取及使用电力服务人口比例远低于其他能源贫困聚集国家。

我国约 4.23 亿人口依赖传统生物质能生活，是我国能源贫困人群的主体构成，其中约 3.77 亿生活在农村，约占农村人口的 40%，而这一比例在城镇地区仅为 8%（IEA，2010）。我国农村能源贫困人群消费大量的传统生物质能以满足家庭炊事、取暖等生活需求。2004 年我国农村平均每天消耗 57.8 万吨薪柴，高于整个非洲地区每天的薪柴消耗量（约 50 万吨）（Schirnding 等，2002）。

因此，本研究认为，我国能源贫困人群主要是指依赖传统生物质能的农村居民，这也是我国能源贫困问题的主要研究对象。

8.1.2.2　东北和西部农村地区是我国能源贫困人口的主要聚集区域

我国各省农村家庭炊事能源消费结构差异较大，但整体以固体能源为主，生活依赖传统生物质能现象较为普遍，平均 60%的农村家庭将传统生物质能作为主要炊事能源，26%的农村家庭炊事以消费煤炭为主。图 8-2 为 2010 年各省市农村家庭按主要炊事能源划分的比例图，数据来源于《中国第二次全国农业普查资料汇编（综合卷）》（NBS，2010）。吉林 93%的农户炊事依赖传统生物质能，海南、黑龙江、广西、辽宁、安徽、湖北、四川、内蒙古等 20 个省市区能源贫困农户比例均超过 50%。按地区划分，我国东部、中部、西部、东北地区分别有 53%、57%、66%、88%依赖传统生物质能的农户，相比较而言，东北、西部省份农村地区能源贫困人群比例较高。

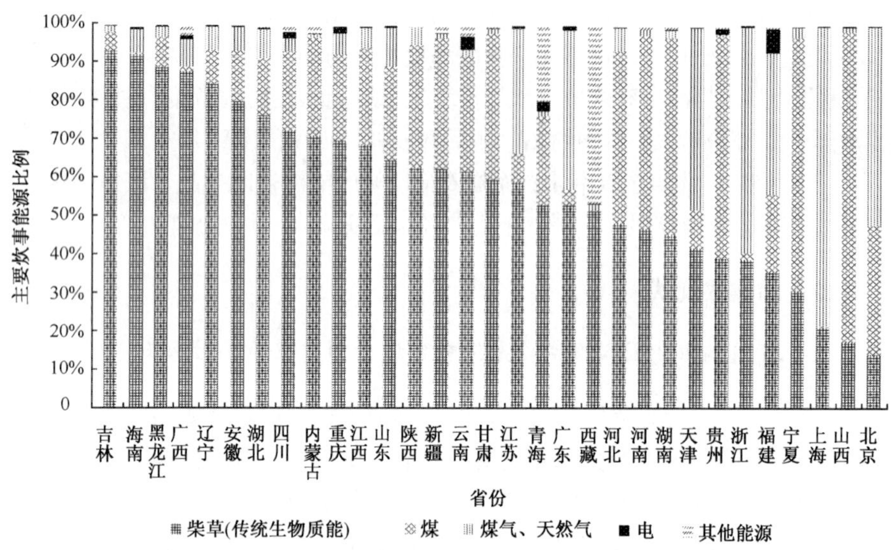

图 8-2　中国各省市区农村家庭按主要炊事能源划分的比例图（2010 年）

目前，我国将煤气、天然气、电力及包含沼气、太阳能在内的其他能源等非固体能源作为主要炊事能源的农村家庭仅为全国总量的 14%，上海、浙江、北京地区分别有 78%、59%、52%农户炊事主要消费非固体能源，这一比例在吉林、山西省不足 2%。就我国整体而言，清洁能源在农村的发展利用仍处于起步阶段。以沼气为例，尽管其作为清洁生活能源的重要性已得到了认同，并且我国从 20 世纪 70 年代开始在农村大力推广家用沼气池，但截止 2008 年全国仅有 11.9%的农户拥有并使用家庭沼气池，清洁能源在农村地区的普及工作需要继续推动。

8.1.2.3　我国能源贫困人群受教育程度较低

教育可促使人们更关注环境变化，有利于推广保护环境的技术，从而督促人们消费更清洁的家庭能源品种，改善能源贫困。图 8-3 为 2010 年我国农村能源贫困人群学历

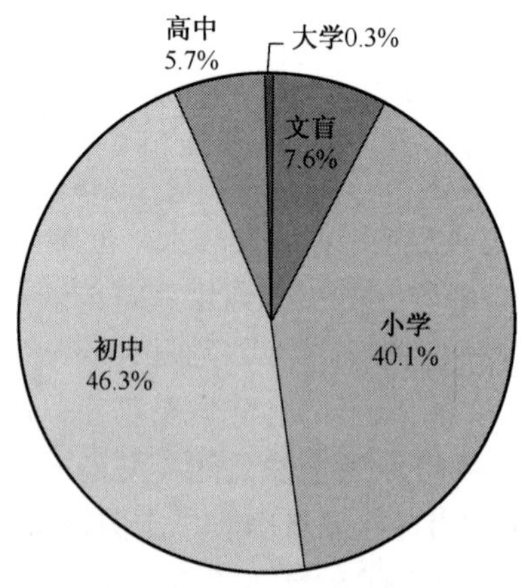

图 8-3　我国农村能源贫困人群受教育程度分布（2010 年）

分布，数据来源于《中国第二次全国农业普查资料汇编（综合卷）》（NBS，2010），其中 94%为初中及以下学历，可见我国能源贫困人群的学历处于较低层次。学历层次高的农户倾向于并有能力消费煤气、天然气等相对清洁的炊事能源，因此该人群在能源贫困人口中的比例相对较低，只有 33%的大学学历农户属于能源贫困人群，而这一比例在文盲学历农户中高达 67.7%。我国能源贫困人群学历层次已经成为阻碍清洁能源推广、加重能源贫困的因素之一。

8.1.2.4　能源贫困导致严重的健康损失

以低效的方式燃烧传统生物质能会释放高浓度的可吸入颗粒物，可吸入颗粒物恶化室内空气质量的同时，也危害公众的身体健康，特别是依赖传统生物质能生活的能源贫困人群的健康。传统生物质能燃烧释放的烟雾中含有一氧化碳、二氧化氮、甲醛及一些致癌物质（苯、苯并芘等）（Smith 等，2004），人体吸收这些颗粒物后，易患急性下呼吸道感染、肺炎、慢性支气管炎、慢性阻塞性肺病、肺癌等呼吸类疾病（Schirnding 等，2002；Smith，2006；Almond 等，2009），一些学者认为新生儿出生体重低、产期死亡、哮喘、中耳炎、鼻咽癌、肺结核、白内障等疾病也与之相关（Boy 等，2002；Schei 等，2004；McCracken 等，2007）。固体燃料（包括传统生物质能和煤炭，以传统生物质能为主）燃烧导致的室内空气污染已成为全球十大健康风险之一。

非洲、亚洲、拉丁美洲能源贫困家庭室内可吸入颗粒物浓度在 300～3000 $\mu g/m^3$之间，炊事时可达峰值 10000 $\mu g/m^3$，远超过其危险上限 150 $\mu g/m^3$。全球每年因燃烧传统生物质能产生的室内空气污染而死亡的人数约 127 万，长时间在室内活动的妇女及 5 岁以下儿童为主要受害人，每年约 80 万儿童的下呼吸道感染是由室内空气污染引起的（WHO，2006）。

我国每年因燃烧固体燃料导致的室内空气污染而死亡人数约 42 万（Mestl 等，2007）。表 8-1 展示了 2000 至 2009 年间我国农村居民呼吸道疾病死亡占疾病死亡的比例及这一比例的排名，数据来源于《中国统计年鉴》（2001～2010 年）（NBS，2001～2010）。呼吸类疾病长期为导致我国农村居民死亡的前 4 位主要疾病之一，每年约造成 18%的农村居民疾病死亡。倘若我国农村炊事炉灶效率达到城市水平，则死亡率可下降 23%，若我国农村居民放弃传统生物质能而消费清洁能源，每年农村儿童、成人患慢性支气管病的概率可分别下降 80%和 45%（Mestl 等，2006）。

表 8-1　呼吸类疾病造成我国农村居民疾病死亡比例及排名（2000～2009 年）

年份	2000	2001	2002	2003	2004	2005	2006	2007	2008	2009
占疾病死亡比（%）	23.1	22.5	15.6	18.7	13.3	23.5	16.4	17.2	16.9	15.0
排名	1	1	3	3	3	1	3	3	3	4

8.1.2.5　家庭经济条件改善与能源贫困不存在简单线性关系

能源阶梯理论认为随着家庭收入上升，居民会选择更清洁的生活能源。我国可否仅通过改善家庭经济条件实现减缓能源贫困的目的？本研究通过对我国农村能源贫困状况和农村家庭经济条件的比较研究发现，家庭经济条件改善仅是缓解能源贫困的必要条件。

图 8-4 展示了 1998 到 2007 年全国农户薪柴消费与家庭人均纯收入变化情况，其中薪柴消费数据来源于《中国能源统计年鉴》(1997～2008 年)(NBS-DITS，2001，2004～2007；NBS-DE，2000～2008)，且现有的农户薪柴消费数据仅统计到 2007 年，家庭人均收入数据来源于《中国统计年鉴》(1999～2008 年)(NBS，1999～2008)，均采用当年价。我国农户薪柴消费在 2004 年达到峰值，全国农村平均每天消耗 57.8 万吨薪柴，而整个非洲每天约消耗 50 万吨薪柴(Schirnding 等，2002)。2007 年农户薪柴消费比 1998 年上升 23.8%，大多数省份农户薪柴消费呈现明显上升趋势，10 年间海南、甘肃、新疆、贵州的薪柴消费量增幅均超过 100%，仅浙江、江西、福建、湖南实现了 10%以上的薪柴消费量下降。全国农村人均纯收入日益提高，10 年间增长了 91.5%。各省农村人均收入均呈现持续增加的趋势，但地区间的差异仍然明显，贵州、甘肃、陕西、青海等西部省份农户 2007 年的收入水平与山东、河北、吉林等省份 1998 年的收入水平相近，2007 年北京农户收入水平是贵州农户的近 4 倍。

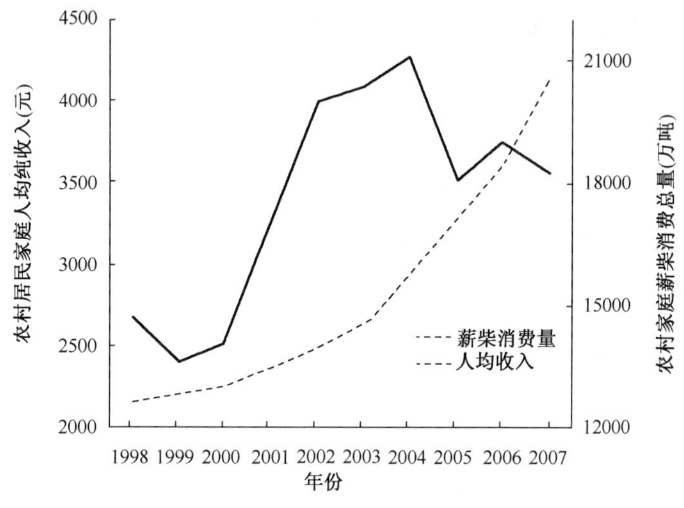

图 8-4 中国农户薪柴消费量与人均纯收入变化图(1998～2007 年)

图 8-5 展示了各省 1998 年和 2007 年农村居民薪柴人均消费与农户人均收入的关系变化情况，其中数据来源于《中国能源统计年鉴》(1997～2008 年)(NBS-DITS，2001，2004～2007；NBS-DE，2000～2008)、《中国统计年鉴》(1999～2008 年)(NBS，1999～2008)、《改革开放三十年农业统计资料汇编》(NBS-农村社会经济调查司，2009)及笔者计算，通过分析全国 28 个省区市(除上海、西藏、宁夏)农村居民人均薪柴消费与人均收入的关系发现，改善能源消费结构并非经济水平较低时农村居民的首要选择，但清洁能源发展水平可左右农村居民消费清洁能源的积极性。

(1) 部分省份农村地区家庭经济条件改善可减缓能源贫困，如浙江、湖南、江西、北京、江苏、山东六省市。浙江、湖南、江西三省农户随着收入上升逐渐选择非传统生物质能的替代能源满足家庭所需，薪柴人均消费量下降趋势明显；北京、江苏、山东三省市非能源贫困人群聚集区域，农户倾向于维持原有的低消费水平。上述六个省市农村整体经济发展水平较高且清洁能源发展进程较快。北京、浙江、江苏分别有 29%、

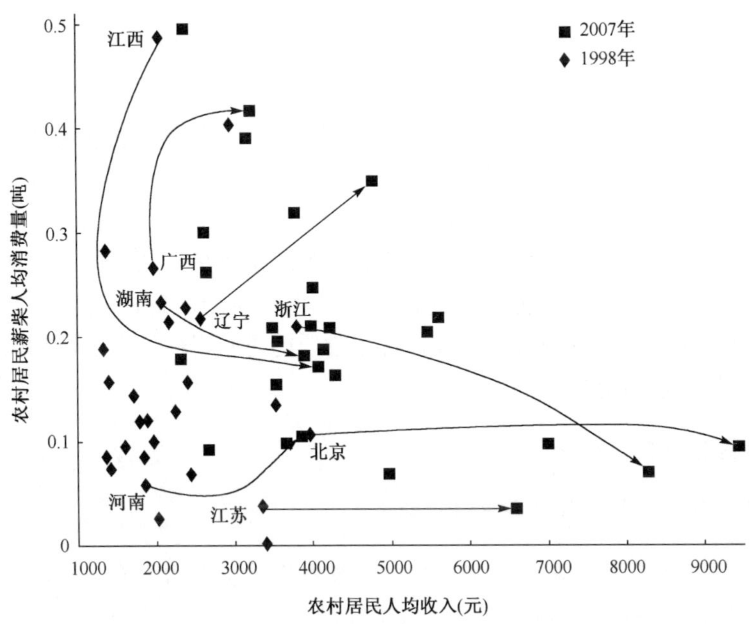

图 8-5　各省市农村居民薪柴人均消费与农户人均收入关系变化图（1998 和 2007 年）

22%、13.6%的农村居民人均年收入超过 1 万，农户几乎已全部脱离贫困。当收入可满足基本生存需求时，建设更好的生活环境、改善能源消费结构就成为农村居民能源消费的重心，家庭收入上升为改善能源消费结构提供可能，为清洁能源替代传统生物质能提供资金支持；清洁能源发展方面，湖南、浙江两省分别有 5553 处、5205 处用于处理农业废弃物的沼气工程，限制传统生物质能的家庭易获得性的同时推进了清洁能源的发展，浙江、江苏、湖南、山东、北京电力燃气及水的生产和供应业投资额均大于 24 亿，6 省市各项数值均为全国首位，为农村居民改善能源消费结构提供可能，为建设社会主义新农村提供有力支撑（NBS，2010）。

（2）我国其他 22 个省份农村家庭传统生物质能消费并未随经济条件改善而下降，且消费量增加趋势明显。这些省份农户未利用新增收入改善能源消费结构，反而消费更多的薪柴以满足家庭新增需求。首先，部分省份农户收入的绝对量不高，特别是西部省份农村居民仍处于贫困边缘。如贵州有 108 个村庄人均年收入低于 500 元，云南、甘肃、山西三省有 9.2%、6.5%、4.2%的农户人均年收入低于 1000 元。在整体经济水平较低时，农村居民会将满足家庭生存需求摆在首位，利用新增收入继续消费传统生物质能。其次，在经济条件改善的情况下，部分省份对清洁能源发展重视程度不够。甘肃、陕西、新疆等地用于处理农业废弃物的沼气工程分别仅有 4、3、2 处；内蒙古、陕西、甘肃等西部省份电力燃气及水的生产和供应业投资额仅 2 亿元；吉林、西藏、青海等地长期缺失乡级农村能源管理推广机构。清洁能源消费基础设施建设水平低、清洁能源难获得、清洁能源售价高、使用清洁能源的技术投入成本高、清洁能源消费知识普及面窄等这些可能存在的不利于清洁能源发展的因素，会在经济条件有所改善的情况下打击居民消费清洁能源的积极性，迫使人们继续消费传统生物质能以满足家庭用能所需（NBS，2010）。

8.2 能源贫困的主要影响因素研究

8.1 节对我国能源贫困现状进行了分析，可以发现，我国有数量众多的农村居民承受着能源贫困带来的不便，成为我国能源消费安全中的隐患，分析影响我国农村居民能源贫困的主要因素，可为寻求减缓我国能源贫困现状的有效途径提供理论支持，为消除能源消费安全中的不安因素提供可能。基于我国的基本国情，农村能源消费结构及我国能源贫困的特点，本节选取可能对农村居民传统生物质能消费造成影响的农村人口数量、农户收入水平、农户受教育水平及传统生物质能可获得性为主要影响因素，构建不同的实证分析模型进行分析。

8.2.1 影响因素分析

8.2.1.1 传统生物质能消费量

本研究选用农户薪柴、秸秆消费量之和表征农户传统生物质能消费量。其中，各省市农户薪柴、秸秆消费量数据来源于《中国能源统计年鉴》(1999～2008 年)，上海、西藏、宁夏地区农户薪柴消费量数据缺失，上海、西藏两地农户秸秆消费量数据缺失，故在本文分析中将上海、西藏、宁夏三省市剔除。图 8-6 和图 8-7 按区域展示了 1998 至

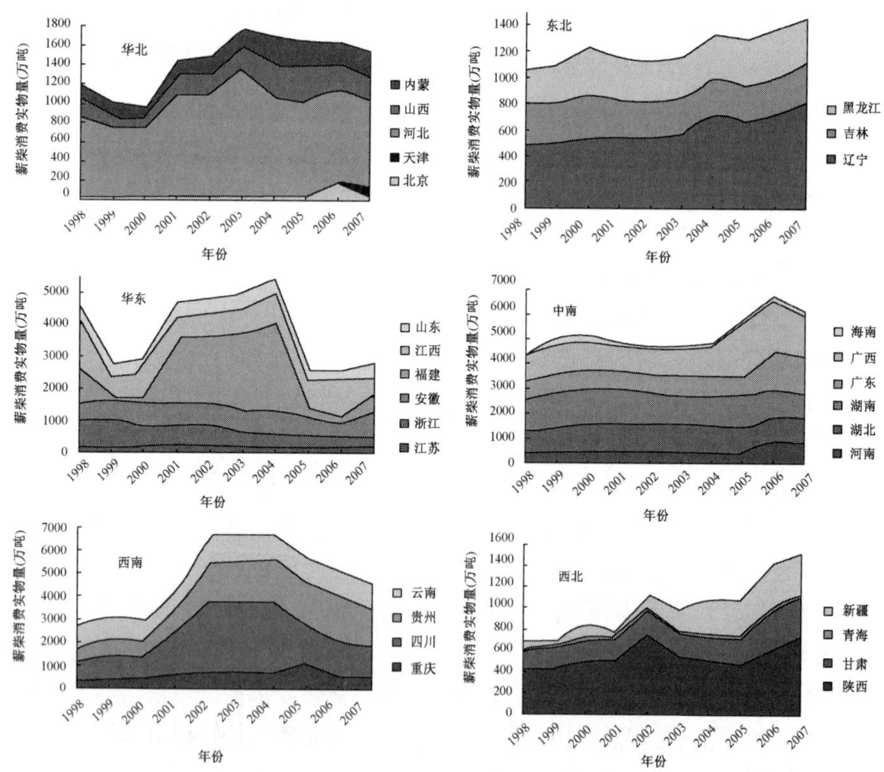

图 8-6 各地区农户薪柴消费实物量变化图（1998～2007 年）

2007 年我国各省区市农户薪柴、秸秆消费实物量的变化情况。大多省区市农户薪柴消费量在波动中逐步上升，只有少数东部沿海地区实现消费量下降。天津、海南、甘肃、新疆、贵州等省份 2007 年农户薪柴消费量与 1998 年相比增幅均超过 100%，浙江、江西、福建、湖南四省则实现农户薪柴消费量 10%以上的减少。我国有 10 个省市的农户秸秆消费量呈现稳步下降趋势，其中北京农户秸秆消费量降幅达 75%。中西部省市农户秸秆消费量则逐年上升，其中云南、广西、四川和陕西四省农户秸秆消费量增幅均超过 100%。

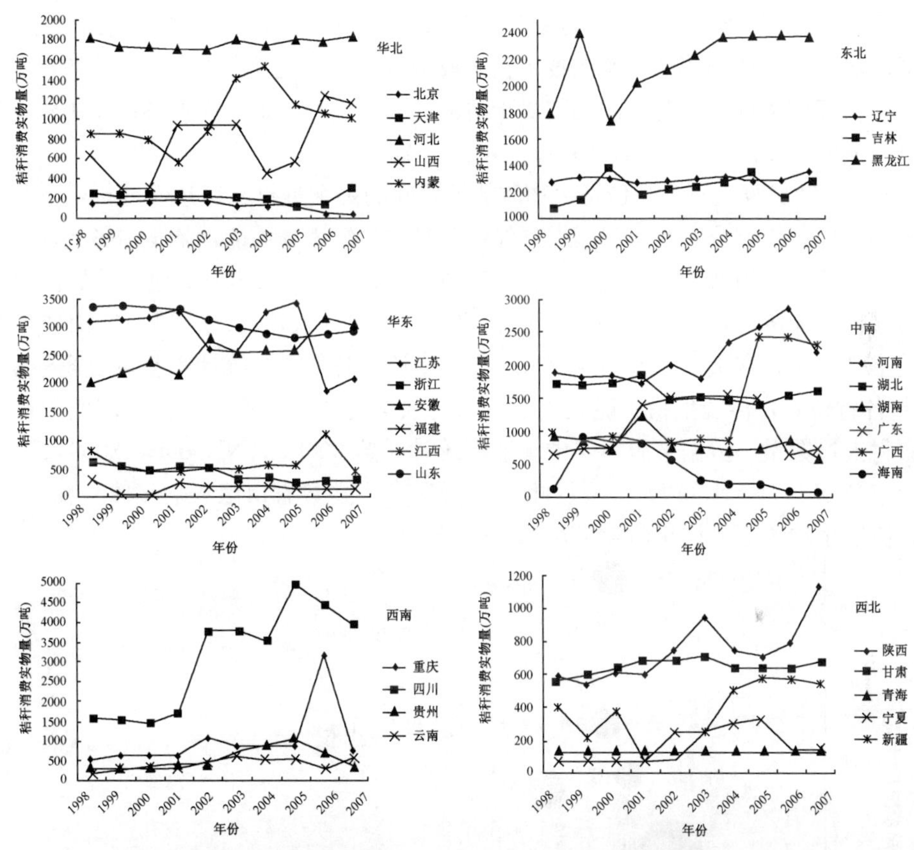

图 8-7　各地区农户秸秆消费总量变化图（1998～2007 年）

8.2.1.2　人口

由于短期内无法从根本上改善农村居民生活能源消费结构，所以现阶段我国庞大的农村人口数量对农户传统生物质能消费量的影响势必非常显著。根据《改革开放三十年农业统计资料汇编》中统计记载的农村人口数量可知，我国从 20 世纪 90 年代起农村人口增速开始因计划生育政策的全面实施而逐步放缓，但人口数量仍稳步上升，1998～2007 年间，全国农村人口数量平均每年新增 350 万。各地区农村人口数量 10 年间均未呈现大幅度变动趋势，仅广东、海南、新疆、宁夏、贵州和青海省份年均增长率超过 1%。为分析农村人口数量对传统生物质能消费量的影响，本研究引入人口指标，采用

1998～2007 年各省区市农村人口数量，数据来源于《改革开放三十年农业统计资料汇编》（NBS-农村社会经济调查司，2009）。

8.2.1.3　收入水平

经济水平的高低可能影响传统生物质能消费量。家庭人均纯收入上升为改善生活能源消费结构提供了可能，为清洁能源替代传统生物质能提供了资金支持，有助于实现减少传统生物质能消费量的目标。但我国农村以传统生物质能为主要炊事用能源的住户有75%生活在老区（NBS，2010），而老区基础设施建设水平较低、清洁能源较难获得、清洁能源售价高、使用清洁能源的技术投入成本较高等可能存在的对清洁能源消费不利的因素会在经济条件较好时限制人们对于清洁能源的选择，迫使人们继续使用传统生物质能（Adeoti，et al，2001；Demurger，et al，2010）。

8.1 节中针对收入水平与传统生物质能消费间的关系进行了综述性分析，本节引入收入水平指标，量化分析当前我国农户经济水平对传统生物质能消费量的影响，并间接评估农村清洁能源消费环境建设水平。多数研究应用人均 GDP 表征地区的居民收入水平，但某地区经济总量的增长并不能很好的解释该地区农户传统生物质能消费量的变化，故本文采用各省市农户人均纯收入，数据来源于各年中国统计年鉴。图 8-8 为我国2007 年各省份农户传统生物质能人均消费量与人均纯收入气泡图，其中圆面积代表各省市农村人口数量，数据来源于《中国能源统计年鉴 2008》（NBS-DE，2009）、《中国统计年鉴 2008》（NBS，2009）。通过图 8-8 发现，大多数省市区人均年收入在 5000 元以下，传统生物质能人均年消耗量在 0.2～0.8 吨。

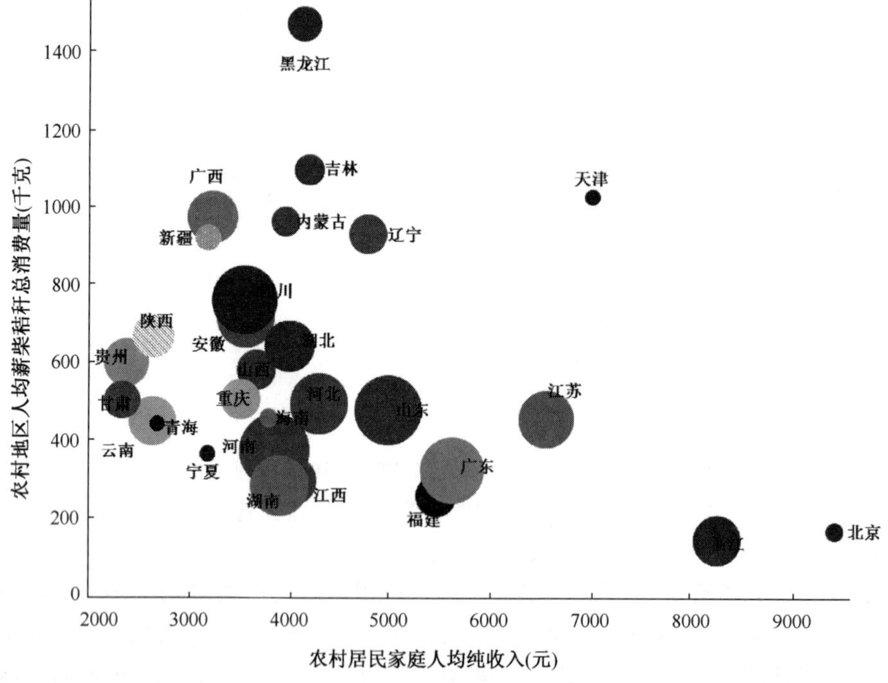

图 8-8　各省市区农村地区薪柴秸秆人均消费量与家庭人均纯收入气泡图（2007 年）

我国农户收入水平有明显的地区差异性。部分西部省份农户人均收入较低，其中，贵州省有 108 个村庄居民人均年收入低于 500 元，云南、甘肃、山西省分别有 9.2%、6.5%、4.2%的农户人均年收入低于 1000 元，而东部省份经济较为发达，农户人均收入与西部相比有较大优势，北京、浙江、江苏三地分别有 29%、22%、13.6%的农户人均年收入超过 1 万元，比例居全国前三位。传统生物质能人均消费大户则集中在东北地区及南方部分省份，2007 年黑龙江省农户人均年消费传统生物质能达 1.5 吨，消费量居各省之首。

8.2.1.4　学历教育水平

教育是着眼于提高人的素质、能力而进行的活动，教育可以促使人们更加关注环境变化，有利于推广保护环境的技术（Wolfensohn，2002），从而促使人们改善生活能源消费环境，使用更加清洁高效的家庭能源品种。对于改善能源贫困有益的教育不仅应包括基础知识教育，即学历教育，还应包括关于能源消费知识的专项教育。本研究着重分析我国农户学历教育水平对于改善能源贫困的作用。

本研究使用各省份农村居民家庭中初中及以下文化水平人数表征学历教育水平。我国农户受学历教育程度并不乐观，且存在着明显的区域性差异，2008 年我国近 85%的农村家庭劳动力为初中及以下文化水平，这一比例在云南省高达 92.5%。部分省份在农村能源专项教育方面的投入严重不足，天津、吉林、西藏、青海等地区长期缺失乡级农村能源管理推广机构，这无疑削弱了各级农村能源管理推广机构的工作能力。本节主要分析农村居民学历教育水平对农户传统生物质能消费量的影响，由于我国以传统生物质能为主要炊事能源的农村人口中有 92.6%为初中及以下学历教育水平（NBS，2010），故本研究使用各省份农村居民家庭中初中及以下文化水平人数表征学历教育水平，数据来源于《中国农村统计年鉴》（NBS-农村社会经济调查司，1999～2008）。

8.2.1.5　资源可获得性

资源指标是用于分析资源可获得性对农户传统生物质能消费的影响的指标。由于本研究中的传统生物质能指薪柴和秸秆，而这两种燃料的来源并不相同，故分别利用各自的资源指标分析资源可获得性对两者消费量的影响。

本研究使用每年各省市区谷物、豆类、薯类、油料及麻类作物播种面积表征秸秆资源的可获得性。因为我国农户使用的秸秆燃料通常是小麦、水稻、玉米、薯类、油料、棉花、甘蔗等农作物在收获籽实后的剩余部分（韩鲁佳，2002），且考虑到作物中可作为秸秆燃料使用的部分相对不受丰年、歉年的影响，因此使用各类作物的种植面积之和表征农户对于秸秆资源的可获得性，数据来源于《中国农村统计年鉴》（NBS-农村社会经济调查司，1999～2008）。

本研究首先使用各省份森林覆盖率表征农户薪柴资源可获得性。我国早期使用的薪柴燃料主要来源于薪炭林，居民通过采伐的方式获取家用薪柴（黄鹤羽，1982），所以森林覆盖率较高的地区居民更易获得薪柴燃料。Top 等（2004）通过分析柬埔寨部分地区家庭薪柴消费模式，得出森林可获得性低的地区居民薪柴消费量也相对较低的结论。

为分析森林资源可获得性对农户薪柴消费量的影响，将各地森林覆盖率以哑变量形式引入，覆盖率大于30%的省份设变量为1，小于30%的设变量为0，图8-9展示了2010年我国各省市区森林覆盖率，数据来源于《中国统计年鉴2011》(NBS，2012)。

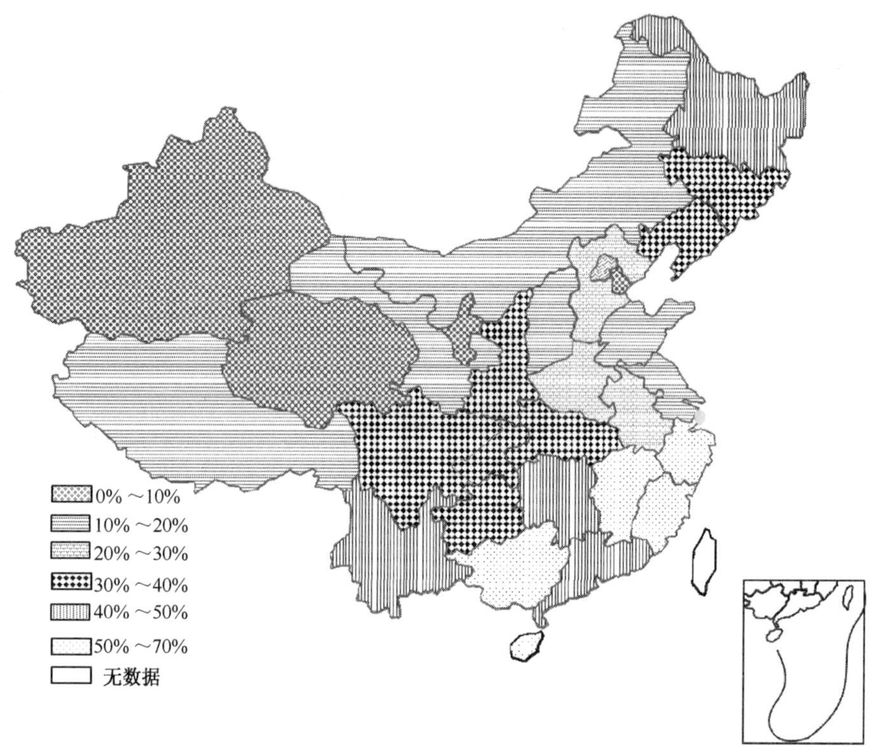

图8-9 中国各省市区森林覆盖率（2010年）

本研究其次使用农村果园种植面积表征农户薪柴资源可获得性。随着《中华人民共和国森林法》的颁布，政府开始对森林资源实行封山育林政策，且近十几年来大幅度降低人造薪炭林面积，因而农户果园中的树木生长过程中修剪下的树枝逐步成为我国农户生活用薪柴燃料的主要来源之一。故本研究再使用10年间各省市农村果园种植面积表征薪柴资源可获得性，进而分析其对农户薪柴消费量的影响，数据来源于《中国农村统计年鉴》(NBS-农村社会经济调查司，1999～2008)。

8.2.2 方法介绍

面板数据是用来描述一个总体中给定样本在一段时间内的情况，并对样本中每一个样本单位都进行多重观察的数据集。这种多重观察既包括对样本单位在某一时期上多个特性进行观察，也包括对该样本单位的这些特性在一段时间的连续观察。面板数据被广泛应用于多个经济领域。这里利用面板数据对我国各地区农村能源贫困的影响因素进行回归分析，其公式如下：

$$\ln I_i^n = a + b\ln(P_i) + c\ln(A_i) + d\ln(E_i) + f\ln(S_i^n) + e \tag{8-1}$$

式中，I_i^n 表示第 i 个地区第 n 种传统生物质能消费量；P_i表示第 i 个地区农村常住人口数量；A_i表示第 i 个地区农村居民人均纯收入；E_i表示第 i 个地区农村居民受教育水平；S_i^n 表示第 i 个地区第 n 种资源的可获得量。由弹性系数概念及公式可知，在其他条件不变的情况下，P、A、E、S 每变化 1%将分别引起 b%、c%、d%、f%的I的变化。

这里所用数据的截面个数大于时序数，且考虑到不同地区样本截面异方差问题的存在，而采用截面加权的最小二乘法对模型进行估计。模型Ⅰ为基础模型，仅考虑人口、收入因素对我国农户传统生物质能消费量的影响；模型Ⅱ在模型Ⅰ的基础上添加学历教育水平因素，以农村家庭劳动力中初中及以下文化水平人数表征学历教育水平；模型Ⅲ、Ⅳ、Ⅴ分析资源可获得性对农户传统生物质能消费的影响，其中模型Ⅲ、Ⅳ的因变量为薪柴消费量，模型Ⅲ分析森林可获得性对于农户薪柴消费量的影响，模型Ⅳ以农村果园种植面积表征薪柴可获得性，分析其对农户薪柴消费量的影响；模型Ⅴ以农户秸秆消费量为因变量，以粮食作物种植面积表征资源可获得性，分析其对农户秸秆消费量的影响。

8.2.3 模型结果与分析

8.2.3.1 人口数量为传统生物质能消费量的主要影响因素之一

表 8-2 描述了实证分析的结果。通过模型Ⅰ可发现，农村人口数与农户传统生物质能消费量呈正向关系，在其他条件不变的情况下，农村人口数量增加 1%会导致农户传统生物质能消费量增加 1.75%，其增长速度超过人口本身的增长速度。农户人均纯收入的提高也正向影响传统生物质能消费量，在其他条件不变的情况下，农户人均纯收入提高 1%，传统生物质能消费量将相应增长 0.21%。

表 8-2 我国农户能源贫困影响因素分析

类别	模型Ⅰ（总量）	模型Ⅱ（总量）	模型Ⅲ（薪柴）	模型Ⅳ（薪柴）	模型Ⅴ（秸秆）
常数项	−8.20* (3.59)	−8.56* (3.62)	−0.04 (0.11)	−25.02** (5.53)	−18.02* (6.30)
人口	1.75** (0.47)	1.55* (0.70)	1.12** (52.35)	3.49** (0.74)	1.69* (0.77)
收入水平	0.21** (0.03)	0.22** (0.04)	−0.49** (9.13)	0.13* (0.05)	0.24** (0.05)
教育水平		0.24 (0.56)			
森林覆盖			0.72** (17.21)		
果园面积				0.37** (0.07)	
作物面积					1.07** (0.19)
样本数	280	280	280	280	290

* t 检验在 0.05 的水平上显著；** t 检验在 0.01 水平上显著。

注：表中括号内是标准误差。

8.2.3.2 收入水平对各省市区传统生物质能消费影响程度不同

模型Ⅰ的结果显示，提高农户人均纯收入，未能实现改善家庭能源消费结构，降低传统生物质能消费的目的，其原因可能是较差的清洁能源消费环境限制了农户对于清洁能源的选择。而各省市在清洁能源消费环境建设方面重视程度，存在一定的差异。湖南、浙江分别有 5553 处、5205 处用于处理农业废弃物的沼气工程，数量全国领先，而陕西、甘肃、新疆等地的这一数值仅为个位数；海南省农户消费的非固体商品能占用能总量的 98.8%，这一比例在贵州省仅为 13.3%；北京、浙江、广东农村居民人均用电量远高于其他地区；部分省市区如河北、山东在推广高效燃柴设备方面取得了不错的成绩（NBS，2010）。

为具体分析各省市农户人均纯收入对传统生物质能消费量的影响，本文在模型Ⅰ的基础上使用变系数模型，得到各地区农户人均纯收入对传统生物质能消费量的影响系数。通过表 8-3 可发现，北京、江苏、浙江、山东、湖南、海南 6 个省市可通过提高农户人均纯收入的方式实现减少农户传统生物质能消费量的目的，在现有条件不变的前提下，提高山西、内蒙古、辽宁、黑龙江、河南、广西、重庆、四川、贵州、陕西、甘肃及新疆等省市区农户人均纯收入会刺激农户传统生物质能消费量的上升。

表 8-3　各省市区农户人均纯收入对传统生物质能消费的影响系数

地区	系数	地区	系数	地区	系数	地区	系数
北京	−1.02*	天津	−0.29	河北	−0.01	山西	1.08*
内蒙古	0.91*	辽宁	0.24**	吉林	−0.02	黑龙江	0.33*
江苏	−0.35*	浙江	−1.60**	安徽	0.11	福建	0.86
江西	−0.38	山东	−0.23**	河南	0.46*	湖北	−0.23
湖南	−0.66**	广东	−0.24	广西	1.64**	海南	−2.30*
重庆	1.05*	四川	1.38*	贵州	1.15*	云南	0.05
陕西	0.65*	甘肃	0.26*	青海	−0.30	新疆	1.43*

* t 检验在 0.05 的水平上显著；** t 检验在 0.01 水平上显著。

8.2.3.3　仅依靠提高学历教育不足以减缓能源贫困

模型Ⅱ以各省份初中及以下学历水平的农村劳动力人数表征受学历教育水平，表 8-2中模型估计结果表明，提高学历教育水平对减少农户传统生物质能消费量无直接作用，对改善能源贫困无有效帮助。当然，这一结果并不否定居民认知水平、环境保护意识高低可对农户传统生物质能消费造成影响，此结果在于说明在其他条件不变的情况下，仅提高农户学历教育水平不足以缓解我国农村能源贫困现状。

8.2.3.4　资源获得性高带来传统生物质能的高消费

模型Ⅲ结果表明，尽管我国颁布了《森林法》并对森林资源实行封山育林政策，但森林资源的可获得性仍对我国农户薪柴消费量有一定的正向影响。表 8-2 中森林指标的影响系数为 0.72 且在 0.01 的水平上显著，其逆对数为 2.10，故森林覆盖率大于 30％的省市农户薪柴消费量比小于 30％的地区高 110％。因此平均而言，森林资源正向影响农户薪柴消费量。模型Ⅳ、Ⅴ的估计结果表明，农户可获得的果园中树木生长过程中修剪下的树枝数量同家庭消费的薪柴量成正向关系，农户秸秆消费量也会随着农户可获得的作物废弃部分数量的增加而增长，且在其他条件不变的情况下，作物种植面积每增加 1％，会导致农户秸秆消费量上涨 1.07％。模型Ⅲ、Ⅳ、Ⅴ的结果共同表明，资源可获得性高的地区，农户消费更多的传统生物质能。

8.3　中国区域能源贫困评估

8.3.1　发展中国家能源发展指数

国际能源署（IEA）为更好的评价能源在人类发展中承担的责任，更细致的衡量发展中国家能源贫困程度而设计了能源发展指数（energy development index，EDI）。能源发展指数是基于人类发展指数而设计的简单易行的评价方法，主要用于评估一个地区或国家由传统能源向现代能源转化的进度及能源消费终端的成熟度，通过覆盖能源服务的数量及质量的对比来评估地区或国家的能源消费情况。国际能源署希望通过能源发展指数的发布与对比，加强国际社会对于能源贫困问题的重视，并协助部分国家推动消费现代能源的进程。

能源发展指数在《世界能源展望》系列报告中被多次应用。2004 年发布的能源发展指数评估体系使用了三个指标：人均商业能源消费、商品能在能源消费总量中所占的比重及有电力供应的人口比重，并利用 2002 年的数据对 75 个发展中国家的能源发展进行了对比分析。被称为海湾地区银行和金融中心的巴林排名首位，能源发展进程良好，该国拥有丰富的石油、天然气资源，商品能消费所占比重达到 100%，且国内 99.9%的民众可获取稳定的电力服务；排名末位的埃塞俄比亚深处能源贫困之中，国家居民能源消费安全面临严峻的挑战，埃塞俄比亚仅有 2.6%的民众能获取电力，且非商品能消费占总量的 92%；我国排名第 34 位，在发展中国家处于中等位置（IEA，2004）。

2007 年发布的评估报告中使用人均电力生产、清洁能源在炊事取暖用能中占比及有电力供应的人口比例三个指标构建评估体系，对 44 个发展中国家的能源发展进程进行了对比分析。坦桑尼亚位列末位，该国 91%的居民能源消费为生物质能，9%的民众可以获取电力服务，两个指标值均为被评估国家中的最低值；中国位列第 6，其中 99%的电力可获得性为评估各国的最高值（IEA，2007）。

2010 年，国际能源署的能源发展指数指标体系扩展为四项：人均商品能源消费量、居民部门人均用电量、商品能源在居民消费中占比、有电力供应的人口比例（IEA，2010）。并具体表明指标体系中的人均商品能源消费量表征国家整体经济发展水平，居民部门人均用电量是表征该国电力服务可靠性和居民对于电力服务支付能力的指标，商品能源在居民消费中所占比例则是表明清洁的炊事用具普及水平的指标。在此次评估分析中，利比亚的人均商品能源消费量达到 2.88 吨油当量，综合能源发展排名在 64 个发展中国家中位列第一；刚果民主共和国各项指标均位于各国尾段，其中该国仅 11%的公民能够获取电力服务；中国排名第 21 位。

国际能源署的能源发展指数的指标并非一成不变，其指标在概念相关性、数据可得性原则的基础上可进行合理的变更。并可在每个指标内部利用最大值和最小值（称为“区间标杆”）做效益型标准进行 0—1 变换（朱成章，2006）。使得每个国家在该指标内可得到介于 0 与 1 之间的一个数值，进而通过式（8-2）最终计算得到该地区的能源发展指数。

$$\mathrm{EDI}=\sum_{i=1}^{n} w_i I_i,\ \sum_{i=1}^{n} w_i=1 \quad (w_1+w_2+w_3+\cdots+w_i=1) \tag{8-2}$$

式中，I_i表示第i 个指标，而w_i表示指标I_i 的权重，指标个数没有明确界定，可根据具体情况进行调整，指标权重由该指标在能源贫困中的重要程度决定，而国际能源署对各个指标采取了等权平均的方式，通过比较排名，分析各国能源发展水平。

8.3.2　中国区域能源贫困指数

为评估我国各省区市能源贫困状况，本节基于国际能源署针对发展中国家设计的能源发展指数构建我国能源贫困指数（energy poverty index，EPI）。

8.3.2.1 指标构建

本研究在国际能源署能源发展指数指标体系的基础上，充分考虑了我国的特殊国情，以构建我国能源贫困指数。由于我国城镇已不存在无法获取及使用电力的现象，而农村地区，在我国进行大范围电网改造后，除青海、新疆以外，其他省市区 96%以上的村庄可获得电力服务，因此我国无法获得电力的人群比重甚微，故指标构建时不考虑国际能源发展指数中的“有电力供应的人口比例”指标。本章应用以下三个指标构建我国区域能源贫困指数：人均电力消费量、人均商品能源消费量、非固体能源在商品能源消费中占比，并对三个指标取相同权重，即

$$\mathrm{EPI} = 1 - \mathrm{EDI} = 1 - (w_1 I_1 + w_2 I_2 + w_3 I_3) \quad (w_1 = w_2 = w_3 = \frac{1}{3}) \tag{8-3}$$

人均电力消费水平是能源贫困问题关注的焦点，更是衡量居民能源消费水平的标准之一。完善的能源供应体系，不仅应满足人人可获取电力服务，更应保障人人有足够的电力可满足生活所需。我国能源发展指数中使用人均电力消费量指标表示电力服务水平，从而反映各地区因电力服务不公平而造成的能源贫困。数据来源于《中国能源统计年鉴 2011》(NBS-DE，2012)、《中国统计年鉴 2011》(NBS，2012)。

人均商品能源消费量指标选自 2004 年国际能源署的能源发展指数。这里商品能源主要包括原煤、洗精煤、其他洗煤、型煤、焦炭、焦炉煤气、汽油、煤油、柴油、液化石油气、天然气、其他石油制品、热力、电力和其他能源，而消费大量非商品能源，即薪柴、秸秆等传统生物质能、人畜粪便等就地利用的能源，则为该省市能源贫困严重的表象之一。在假设各地区居民满足个人生活所需能源量相同的前提下，消费更多的商品能源意味着放弃消费非商品能源，因此应用此指标代表居民能源消费品种的选择，从而反映该地区因消费传统生物质能而造成的能源贫困。数据来源于《中国能源统计年鉴 2011》(NBS-DE，2012)、《中国统计年鉴 2011》(NBS，2012)。

非固体能源在商品能源消费中占比表征居民能源消费的清洁程度。在这里非固体能是指焦炉煤气、汽油、煤油、柴油、液化石油气、天然气、其他石油制品、热力、电力。在商品能源中，非固体能源是较为清洁的能源，而固体商品能源在居民中的广泛应用，加剧空气污染的同时，危害居民身体健康。由于西藏和港澳台地区数据的缺失，所以排名中不包含上述地区。数据来源于《中国能源统计年鉴 2011》(NBS-DE，2012)。

8.3.2.2 结果分析

2010 年我国区域能源贫困指数极值选择见表 8-4，由表可知，上海人均生活用电为各地区最高值，约 734 千瓦时，而甘肃人均生活用电量仅有 209 千瓦时，由此表征上海市居民比甘肃居民可以获得和消费更充足的电力服务，即甘肃省在电力服务方面承受一定程度的能源贫困，两个最极之间的悬殊差距也表明我国区域间人均电力消费存在严重的不公平性；内蒙古居民人均年消费 0.7 吨标准煤的商品能源，而江西人均年商品能源消费量仅为 0.2 吨标准煤，意味着更多的内蒙古居民选择消费商品能源满足个人生活所

需用能，而江西居民则更多的消费非商品能源，说明内蒙古相对于其他地区而言，摆脱了由消费非商品能源导致的能源贫困；海南消费的商品能源中约 100％为非固体能源，而甘肃的这一比例仅为 45.5％，由此表明甘肃相对于其他地区而言，消费的商品能源较不清洁，仍处于依赖固体能源满足生活所需的状态。后两个指标极值间的差距表明我国区域间能源消费安全性仍有巨大差距。

表 8-4　2010 年我国能源贫困指数极值（2010 年）

指标	最小值	最大值
人均电力消费（千瓦时）	209.1（甘肃）	733.7（上海）
人均商品能源消费（吨标准煤）	0.2（江西）	0.7（内蒙古）
非固体能源在商品能源消费中占比（％）	45.5（甘肃）	100（海南）

图 8-10 展示了 2010 年我国 30 个省市区在 3 个能源贫困指标评估下的能源贫困状态，其中北京、上海两市位居末端，说明与其他省市区相比较而言，北京和上海居民已基本摆脱能源贫困的束缚，生活能源向高效、清洁的方向发展，且居民能获得和享受到相对充足的电力服务，较其他省份有一定的优势，北京人均年用电量达到 710 千瓦时，人均年消费商品能源 0.66 吨标准煤，且其中非固体能源占 85％。甘肃则位于 30 个省份评价的首位，甘肃居民正经受着多方面因素导致的能源贫困，居民尚未能享有充足的电力服务，人均年用电量为各省最低值，生活能源倾向于消费非商品能源，且消费的商品能源中以固体能源为主，甘肃省居民人均消费 0.25 吨标准煤的商品能源，其中非固体能源仅占 45.5％。能源贫困指数对各省市能源贫困状态做出了综合评价，如内蒙古，尽管其人均商品能源消费量高于其他省份，说明该省居民基本摆脱了由消费传统生物质

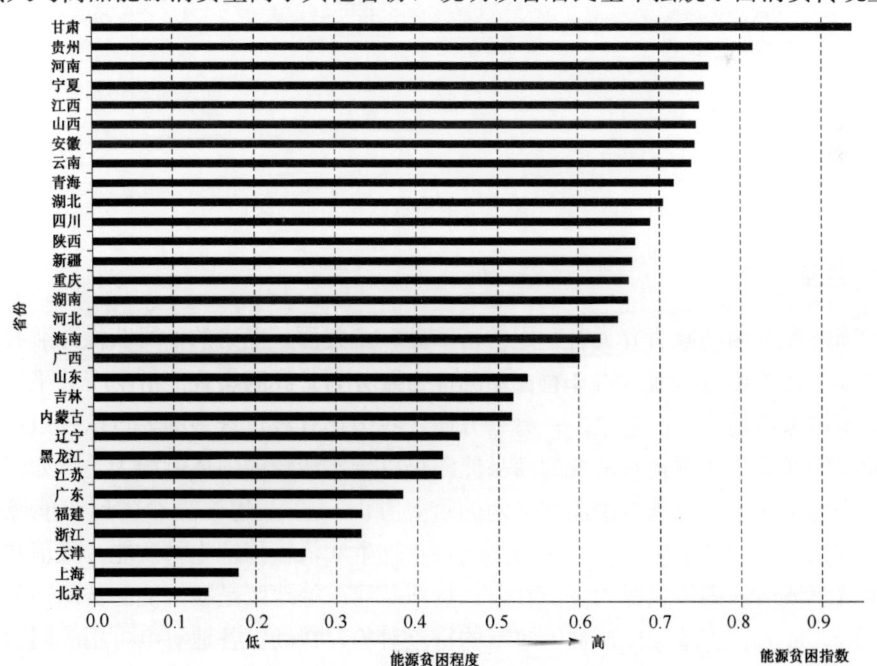

图 8-10　中国区域能源贫困指数（2010 年）

能导致的能源贫困，但该省人均年消费电力 319 千瓦时且消费的商品能中仅有 59%为非固体能源，由此说明内蒙古省居民尚未能充分享有电力服务且生活用能主要依赖并不清洁的固体能源，因此，其能源贫困指数排名 21 位，并未完全摆脱能源贫困。

我国能源贫困状态具有一定的地域性特征。图 8-11 为我国能源贫困指数的区域分布图，由图可见，与其他区域相比，基本不受能源贫困束缚的省份多位于我国东部沿海，而中西部则聚集着我国能源发展落后，能源贫困严重的省份，除西藏外的 9 个西部省份全部位于能源贫困排名的中前段，且青海、云南、宁夏、贵州及甘肃五省区均位于排名的前十位之中。

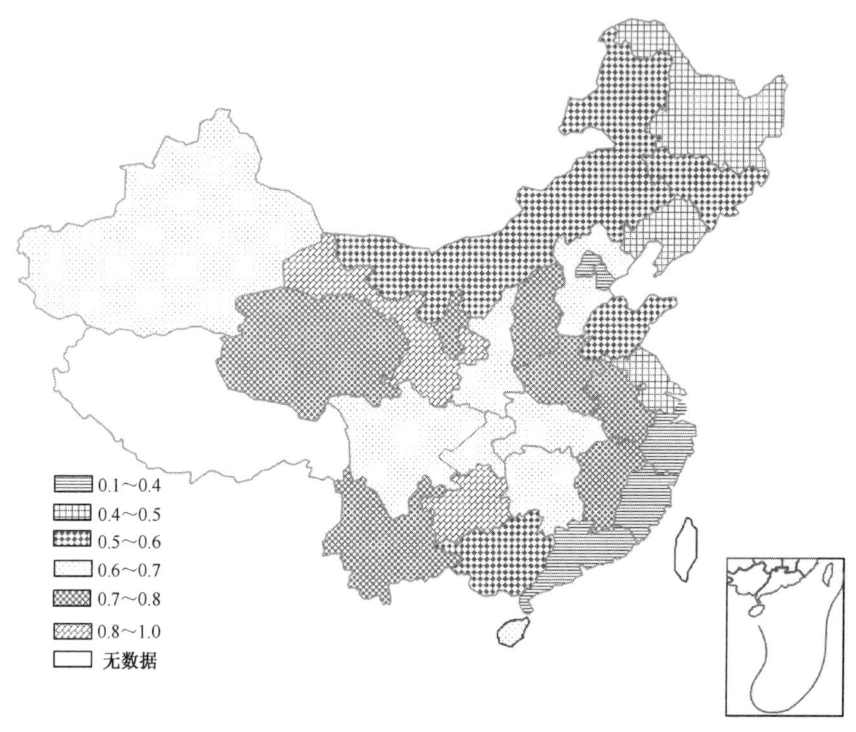

图 8-11　我国能源贫困指数区域分布（2010 年）

8.3.3　主要结论

我国能源贫困问题研究具有一定的特殊性。一方面，电力的不可获性并非我国减缓能源贫困工作的重点，而能否享有充足的电力服务则是我国实现能源消费公平、减缓能源贫困所需考虑的重要问题之一；另一方面，我国仍有数量众多的人口依赖以传统生物质能为主的非商品能源，且消费的商品能源仍以较不清洁的固体能源为主，如何缓解能源消费中的不安全性也是减缓能源贫困的重要方面。通过我国 30 个省区市能源贫困指数评价可知：①能源贫困显著地区的共同特点是生活依赖传统生物质能，且消费的商品能源中以不清洁的固体能源为主。甘肃、贵州及河南等地区是我国能源贫困现象较为严重的地区，应为实施减缓能源贫困政策的重点对象，在确保各地有电可用的同时，也应保障电力服务可满足各地区居民日益高涨的生活用电需求，调整能源贫困地区居民的能源消费品种，逐步向清洁的商品能源转变。②能源贫困指数排名位于中间的地区可根据其具体问题重点突破，如海南省，尽管该省居民消费的商品能源几乎全部为非固体能源，但海南省居民仍依赖大量非商品能源满足生活所需。③当前能源贫困指数排名位于尾段的地区可适当排除在我国减缓能源贫困政策范围之内，从而保障政策实施的力度及重点性。另外，我国能源贫困发展状态具有一定的地域性特征，为制定区域管理政策提供了可能，在提高政策及时性的同时也实现了有效减缓能源贫困的目的。

逐步解决生活能源消费中的不公平问题，消减因消费传统生物质能及固体能源带来的不安全问题，在满足生存所需的前提下提高商品能源消费比例，减缓能源贫困现状，实现能源消费的可持续性是维护和提升我国能源消费安全的必要选择。

8.4　本章小结

本章围绕能源贫困的概念、国内外现状、主要影响因素及我国各地区能源贫困对比等问题展开研究。

(1) 我国农村聚集着大量以消费传统生物质能为主的能源贫困人群，西部和东北的农村地区为能源贫困最密集区域，能源贫困导致我国严重的健康损失。我国能源贫困人群学历层次低、家庭经济收入水平低、各地区农村清洁能源发展缓慢等因素在一定程度上限制了能源贫困人群对清洁能源的选择，给缓解能源贫困设置了障碍。为更好地建设社会主义新农村，全面改善我国能源贫困现状，本研究建议一方面应帮助农村居民摆脱经济上的贫困，政府部门应继续致力于农户收入的提高，使各地区农户收入满足基本生存所需，从而促进农户消费清洁能源的需求；另一方面应加快农村地区清洁能源发展，在农村地区提高清洁能源可获得性、维持清洁能源消费稳定性、降低清洁能源价格、普及清洁能源消费知识等，从而实现清洁能源在农村地区的高速发展，为农村居民在经济条件改善的情况下改变能源消费品种提供可能，为清洁能源真正走入农村铺平道路。

(2) 通过实证分析研究影响我国能源贫困的主要因素发现，在其他条件不变的情况下，我国农村地区人口数量增长可促使农户传统生物质能消费增加，且增加速度超过人口本身的增长速度；农户人均纯收入的增加并不一定能起到促使人们改变生活能源消费品种、改善家庭能源消费结构的目的；农户能源消费结构的改善并不能单纯依靠提高农村居民学历教育水平而实现；薪柴、秸秆等传统生物质能的可获得性会正向影响农户对传统生物质能的消费，从而加重能源贫困现状。

(3) 在国际能源署能源发展指数的基础上构建了我国区域能源贫困指数，对我国能源贫困进行区域对比分析。分析发现，在是否享有充足的电力服务、能否消费商品能源及消费商品能源的清洁度方面，我国区域间存在巨大差异，能源消费的不公平性显著；能源贫困状态具有一定的地域性特征，部分西部地区是能源贫困的重灾区，相对而言，东部沿海地区则基本摆脱了能源贫困的束缚；能源贫困显著地区居民生活依赖传统生物质能，且消费的商品能源中以不清洁的固体能源为主，而传统生物质能和固体能源的不安全性和不可持续性又可能使得能源贫困走入一个恶性循环。按区域特色制定减缓能源贫困的相应政策，促使居民能源消费结构不断优化，确保能源消费的可获得性、安全性和可持续性将是减缓能源贫困工作的重点。

第 9 章　中国能源消费与公众健康

我国多数城市大气污染以煤烟型为主，污染物主要来自于化石能源消费。严重的城市大气污染在危害城市居民身体健康和加重国家医疗负担的同时，也影响了能源使用安全，进而成为威胁社会可持续发展的不安因素。本章着眼于能源使用的外部性问题，探讨化石能源消费对公众健康造成的影响。分别从城市、部门及能源消费品种的角度定量分析能源消费与公众健康间的关系，研究识别我国受能源消费外部性影响最为严重的地区，以及造成能源消费外部性的重点部门和能源品种。

针对这些问题，本章主要围绕以下几个方面展开讨论：

- **能源消费对环境及公众健康的影响有多大?**
- **如何对城市大气污染与公众健康效应进行经济评估?**
- **如何对部门污染物排放与公众健康效应进行经济评估?**

9.1　能源消费对环境和公众健康的影响综述

我国一次能源结构以煤炭为主，而以煤炭为主的化石能源消费造成了严重的大气污染，由此产生的城市环境问题和公众健康问题受到广泛的关注（Wilkinson 等，2007）。城市环境恶化、公众健康受到威胁，成为制约我国能源使用安全的重要因素。

9.1.1　能源消费对环境影响综述

根据2010年《中国环境状况公报》（环境保护部，2011），全国城市空气质量总体良好，但部分城市大气污染和酸雨污染仍较重。地级及以上城市中，空气质量达到国家一级标准的城市只占3.7%，达到二级标准的占75.9%，达到三级标准的占18.8%；颗粒物年均浓度达到二级标准的城市占84.3%；二氧化硫年均浓度达到二级标准的城市占91.6%。2009年，113个环境保护重点城市空气质量保持稳定，空气质量达到二级标准的城市占66.4%，达到三级标准的占32.7%。与往年的环境质量相比，空气质量改善的城市日益增多，整体空气质量也有一定程度的改善。

以煤为主的化石能源支撑了过去30年中国经济的高速发展，然而，大量的煤炭消费也带来了严重的环境问题。从世界范围来看，由于环境污染问题显著，我国甚至被称为污染之都（Watts，2005）。2001年，我国的SO_2排放为1950万吨，到2006年，SO_2的排放量达到近10年来的峰值2590万吨，2009年降至2210万吨。到2007年我国依然是世界上最大的SO_2排放国（World Bank，SEPA，2007），但“十一五”时期以来，随着更加严格的污染物减排目标的制定和实施，我国SO_2排放总量略微有所下降（NBS，2011a），但我国主要城市的颗粒物浓度远远超过了世界卫生组织和我国国内环境标准，环境污染也进一步带来了严重的疾病和健康问题（Wilkinson et al，2007）。

根据世界银行的估算，2003年，我国空气和水资源污染造成的环境损失占到当年GDP的3.5%～8%（World Bank，SEPA，2007）。2006年，国家环保总局（即现在的环保部）和国家统计局联合发布的《中国绿色GDP核算报告》（国家环保总局和NBS，2006）指出，2004年，我国SO_2排放量达到2450万吨。当年SO_2等空气污染物的直接治理成本为478.2亿元，占当年行业合计GDP的0.29%；间接治理成本为922.3亿元，占GDP的0.55%。2004年，SO_2等大气污染造成的环境退化成本为2198.0亿元，占当年地方GDP的1.31%。根据统计年鉴数据，呼吸系统疾病和心脑血管疾病的死亡率在我国城市居民主要疾病中一直高居前列（NBS，2011b）。世界银行的研究报告也显示，2003年我国由于二氧化硫、可吸入颗粒物等空气污染物造成的早死和疾病等损失占当年GDP的1.16%，该报告还指出酸雨造成的农作物损失达到300亿元人民币，同时也造成了70亿元的其他物质财产损失（World Bank，SEPA，2007）。

2010年我国能源消费总量是20世纪90年代的两倍多，达到了32.5亿吨标准煤。如果我国经济在未来数十年内继续保持高速增长的势头，我国巨大的能源需求还将持续，并进一步带来一系列的环境、经济、政治和社会问题，大量化石能源消费带来的环境污染将持续，公众健康和社会生产将面临严重的环境威胁，并造成巨大的经济及人员损失，能源消费安全也将受到严重威胁。

9.1.2 环境污染造成公众健康效应研究综述

空气污染和居民健康之间存在密切的关联：空气污染物浓度和呼吸道疾病、肺功能损失、慢性支气管炎和过早死亡之间存在正向关系（World Bank，SEPA，2007）。

高军和徐希平（1993）研究了北京 1989 年大气污染与每日居民死亡数的关系，分析发现，大气 SO_2浓度增加一倍，人群总死亡率、慢性阻塞性肺疾病（COPD）死亡率分别增加 4%和 8%。徐肇翊等（1996）研究了 1992 年沈阳市 TSP（总悬浮颗粒物）、SO_2等浓度与该市日死亡人数的关系，指出 TSP 每增加 $100\mu g/m^3$，人口总死亡率、COPD 死亡率和心脑血管死亡率分别增加 2%、3%和 2%；SO_2浓度每上升 $100\mu g/m^3$，这三类疾病造成的过早死亡率分别增加 2%、7%、2%。马洪宝和洪传洁（1992）以及陈小琳等（1993）研究表明，上海市咳嗽、气急、慢性支气管炎和肺气肿等疾病发生的危险度随着 TSP 浓度增大而增加。井力彬等（2000）研究了本溪市大气污染与居民急慢性呼吸系统疾病的关系，发现咳痰、气短、喘息症状等急慢性呼吸道疾病发病率增长显著。Xu 和 DW（1995）还研究发现，北京每日非外科医院门诊病人数和大气污染浓度呈正相关。Kan 等（2009）研究发现，大气污染会造成我国大陆心血管疾病发病率的增加。Cao 等（2009）和 Chen 等（2010）等对上海的分析也得到类似结论：随着 PM_{10}、SO_2等污染物浓度的增加，上海市急诊率有明显上升。Chen 和 Pan（2010）研究发现大气污染会造成鞍山市民的心血管疾病发病率和过早死亡率增加。

对大气污染的健康影响开展定量化研究，并评估相关的经济损失，能为政府相关部门制定相应的能源环境和公众健康政策，以及对各项政策进行成本—收益分析，提供科学依据和决策参考。此外，通过评估大气污染的健康效应，还可以提高政府和公众的环境保护意识，从而有利于相关政策的实施。

9.1.3 区域污染与行业排放造成公众健康效应综述

目前，国内外学者和研究机构从区域和行业等角度开展了中国大气污染物对公众健康影响的评估研究。例如，1997 年世界银行（1997）系统地研究了我国环境污染（包括大气污染、水污染）造成的健康效应；10 年之后的 2007 年，世界银行（2007）又更新了该评估，其中估算了 2004 年我国环境污染带来的健康经济损失。Zhang 等（2008）估算了 2004 年我国 111 个城市由于 PM_{10}造成的健康经济总损失约为 292 亿美元。陈仁杰等（2010）估算了 2006 年大气 PM_{10}污染对我国 113 个城市的居民造成的健康问题，可引起了 29.97 万例过早死亡，9.26 万例慢性支气管炎，762.51 万例内科门诊，6.59 万例血管疾病住院和 8.9 万例呼吸系统疾病住院，相应的总健康经济损失为 3414.03 亿元，其中过早死亡造成的损失占到了 87.79%。此外，还有许多具体针对某个地区的开展的环境污染造的健康效应评估研究，例如具体针对兰州（付铁，袁九毅，2004）、北京（Zhang，Song，et al，2007），上海（Kan，Chen，2004）、江苏（王舒曼，曲福田，2002）、福建（林钦，张少杨，1999）和山东（王艳等，2005）的研究。

在分析行业污染物排放造成的健康经济损失时普遍采用了吸入因子分析方法，该方法能够简单、透明、综合地反映出污染物排放和公众暴露程度之间的关系（Bennett 等，2002）。该方法目前已经广泛地应用于电厂环境健康效益评估（Zhou 等，2003；Zhou 等，2006；Hao 等，2007），工业污染环境影响评估（Wang 等，2006），室内污染评估（Nazaroff，2008；Russo 等，2010），交通排放的环境健康效应评估（应高翔等，2002；Marshall 等，2003；Marshall 等，2005；金陶胜等，2006；Luo 等，2010），以及一些区域性环境健康效应评估（伏晴艳，阚海东，2004；Stevens 等，2007；Humbert 等，2009；Tainio 等，2010）。其中，应高翔等（2002）利用网格化的方法计算了 1999 年北京市电厂、采暖、交通等产业部门的大气污染物吸入因子，研究表明，不同行业污染源导致 SO_2 吸入因子在 $2\times10^{-6}\sim20\times10^{-6}$，$PM_{10}$ 和 NO_2 的吸入因子在 $2\times10^{-6}\sim50\times10^{-6}$。伏晴艳和阚海东（2004）对上海市 2000 年的 SO_2 和 PM_{10} 的吸入因子进行了计算，研究表明，上海 SO_2 的人口加权平均污染暴露水平显著高出各网格的算术平均值，反映出上海市人口密度与 SO_2 污染浓度分布有较大的相关性；但 PM_{10} 的污染暴露水平分布在空间上较为平均，与人口密度的空间分布没有显著一致性。李继等（2003）基于吸入因子概念，建立了污染物排放造成的人体暴露的计算方法，分析湖南省 17 个电厂细颗粒、SO_2 和 NO_x 的吸入因子，研究表明，在半径 500km 范围内，$PM_{2.5}$、SO_2 和 NO_x 的平均吸入因子分别为 9.73×10^{-6}、2.39×10^{-6} 和 2.47×10^{-6}。

9.2　城市大气污染与公众健康效应的经济评估

9.2.1　研究背景

大气污染物种类繁多，目前公认的大气污染物主要为颗粒物，如 TSP（总悬浮颗粒物）、可吸入颗粒物（PM_{10}）、细微颗粒物（$PM_{2.5}$），以及二氧化硫（SO_2）和二氧化氮（NO_2）等（於方等，2007），其中可吸入颗粒物是指悬浮在空气中，空气动力学当量直径不高于 10 微米的颗粒物，而总悬浮颗粒物指空气动力学当量直径不高于 100 微米的颗粒物。由于我国一次能源消费结构以煤为主，煤燃烧后产生的悬浮颗粒物和 SO_2 是我国主要的大气污染物（阚海东和陈秉衡，2002）。关于城市大气污染造成的健康效应研究由来已久，虽然目前的流行病学和医学统计研究结果不足以把大气污染造成的健康效应确切的归因于某种大气污染物（阚海东和陈秉衡，2002），但仍有不少研究致力于环境污染与健康效应的关系，其中以 SO_2 和 TSP 或者 PM_{10} 污染物为主。此外，许多研究表明，我国农村居民主要暴露于室内空气污染和水资源污染，受大气污染的影响较小，城市人群是大气污染最主要的暴露人群，因此目前流行病学研究一般以城市居民作为暴露人群。

“十一五”时期我国明确提出了主要污染物浓度下降 10%的目标，该目标在“十一五”时期结束前均得以超额完成。主要城市 SO_2 浓度有所降低，颗粒物污染状况有所好转。为了定量化估算我国控制污染物排放后的综合效益，本研究以 2007 年数据为基础，分析主要城市大气污染造成的健康问题和相应的经济损失。

目前，学术界对大气环境污染造成的健康效应估算有两种观点：①分别估算每种污染物带来的健康危害和经济损失，为避免重复计算，选其高者作为最后的评估结果；②将不同污染物带来的健康效应相加，作为总的损失。这两种观点各有利弊，前者在一定程度上能避免重复计算，但是也会忽略其他污染物带来的损失；后者则不可避免地出现一些重复计算的问题。本研究借鉴国际上一些对中国健康经济损失评估的思路和方法（Wang，Smith，1999；Ho，Nielsen，2007），分别估算 PM_{10} 和 SO_2 造成的城市居民的健康效应，并将其加总作为总损失。

由于我国目前大气环境监测数据只覆盖了 113 个主要城市的 PM_{10} 和 SO_2 数据，因此本研究只考虑这 113 个城市的常住人口作为大气污染的暴露人群，暂不包括市郊区和农村地区的人口。2007 年这 113 个城市的城市常住人口共计 2.2 亿人，约占全国总城镇人口的 37.3%。

9.2.2 健康效应经济评估方法及数据来源

要开展健康效应的经济评估，首先需要考虑大气污染造成的健康效应类型，并建立大气污染物浓度与各种疾病发病率等健康效应之间的关系，即剂量-反应关系（dose-response）。在相关研究中，不同研究人员选取的健康效应类型和剂量-反应关系并不完全相同。本研究拟采用世界银行提出的中国大气污染造成的健康效应指标，包括由可吸入颗粒物导致的过早死亡、呼吸道疾病入院、急诊、因可吸入颗粒物污染造成的健康问题而导致的限制活动天数、下呼吸道感染及儿童哮喘、哮喘发作、慢性支气管炎、呼吸道症状；还包括由二氧化硫导致的过早死亡、胸部不适和下呼吸道感染/儿童哮喘。同时，本研究采用哈佛大学 Ho 和 Jorgenson（2007）在世界银行研究的基础上修正后的剂量-反应关系表达式，如式（9-1）所示：

$$HE_{xrh} = DR_{xh} \times C_{rx} \times POP_r \tag{9-1}$$

式中，HE_{xrh} 为 r 地区由于污染物 x（SO_2，PM_{10}）导致的第 h 类型健康效应；DR_{xh} 为污染物 x 与第 h 种健康效应的剂量-反应关系系数；C_{rx} 为 r 地区大气污染物 x 的浓度；POP_r 则为 r 地区的人口数。

本研究利用剂量-反应关系来估算 SO_2、PM_{10} 对城市居民健康影响的假设前提是该城市全部市区人口暴露于这两种污染物的年均浓度下。但是由于个人暴露水平存在较大的时间和空间差异，不同人群对污染物的敏感程度也有所不同，因此基于剂量-反应关系测算仅仅是一种较为粗略的估算。

健康效应的经济损失则通过对每种健康经济损失的估值加总得到。Hammitt 和 Zhou（2006）以及 Ho 和 Jorgenson（2007）利用实地调研数据，通过支付意愿方法（willingness to pay）估算出中国居民多种健康效应造成的经济损失。由于其调研数据是 2002 获得的，因此本研究在 Ho 和 Jorgenson（2007）的调研数据基础上，用价格指数加以修正，如表 9-1 所示。总的经济损失通过对 113 个地区的各类健康效应经济损失加总可获得，计算方法如式（9-2）和式（9-3）所示：

$$HEV_{xrh} = V_{xh} \times HE_{xrh} \tag{9-2}$$

$$THEV = \sum_{r} \sum_{x} \sum_{h} HEV_{xrh} \tag{9-3}$$

式中，HEV_{xrh} 代表 r 地区由于污染物 x（SO_2，PM_{10}）导致的第 h 类型健康效应造成的经济损失；V_{xh} 表示污染物 x 导致的第 h 类型健康效应的单位损失估值；THEV 表征我国大气污染导致居民健康效应的总经济损失。

表 9-1 剂量-反应关系和健康效应的估值

	剂量—反应关系系数（污染物浓度增加 1μg/m³，百万人发生数）	损失估值（元，2007 年价格）	
PM_{10}的健康效应		Ho（2007）估算	修正后估算
过早死亡	1.95	370000	413272
呼吸道疾病入院	12	1751	1956
急诊	235	142	159
受限活动天数	57500	14	16
下呼吸道感染及儿童哮喘	23	80	89
哮喘	2608	2.5	2.8
慢性支气管炎	61	48000	53614
呼吸道症状	183000	3.7	4
SO_2的健康效应			
过早死亡	1.95	370000	413272
胸部不适	10000	6.2	7
下呼吸道感染及儿童哮喘	5	6.2	7

2007 年 113 个重点城市的环境监测数据来自《中国环境年鉴 2008》（环境保护部，2008），主要包括 SO_2 和 PM_{10} 的日平均浓度。该 113 个城市的 2007 年市区人口（不包括郊区和农村人口）以及市辖区 GDP（不包括郊区和农村 GDP）数据来自《中国城市统计年鉴 2008》（NBS，2009）。相关数据汇总如表 9-2 所示。

表 9-2 中国 113 个环境重点监测城市大气污染物浓度和人口数据（2007 年）

城市	SO_2 (μg/m³)	PM_{10} (μg/m³)	人口（百万）	城市	SO_2 (μg/m³)	PM_{10} (μg/m³)	人口（百万）	城市	SO_2 (μg/m³)	PM_{10} (μg/m³)	人口（百万）
安阳	53	112	1.06	九江	49	79	0.60	泰安	48	80	1.60
鞍山	69	131	1.47	开封	69	109	0.84	唐山	82	94	3.04
包头	74	135	1.39	克拉玛依	15	66	0.35	天津	62	94	7.86
宝鸡	24	101	1.06	昆明	68	75	2.33	铜川	73	107	0.75
保定	59	106	0.87	拉萨	7	57	0.62	潍坊	58	87	1.54
北海	13	38	0.58	兰州	60	129	2.08	渭南	66	123	0.94
北京	47	148	11.42	连云港	49	95	0.72	温州	37	80	1.42
本溪	47	108	0.96	临汾	72	113	0.81	乌鲁木齐	88	136	2.22
长春	30	99	3.58	柳州	72	39	1.02	无锡	65	83	2.36
长沙	65	104	2.19	洛阳	52	114	1.55	芜湖	22	72	1.05
长治	30	106	0.68	马鞍山	20	92	0.62	武汉	61	123	5.10
常德	60	104	1.41	绵阳	46	84	1.19	西安	53	135	5.49
常州	29	104	2.25	牡丹江	32	83	0.80	西宁	28	115	1.07
成都	62	111	5.03	南昌	54	83	2.24	厦门	28	74	1.67
赤峰	78	110	1.19	南充	49	63	1.91	咸阳	35	121	0.88

续表

城市	SO_2 (μg/m³)	PM_{10} (μg/m³)	人口(百万)	城市	SO_2 (μg/m³)	PM_{10} (μg/m³)	人口(百万)	城市	SO_2 (μg/m³)	PM_{10} (μg/m³)	人口(百万)
大连	49	87	2.93	南京	58	107	5.34	湘潭	90	130	0.86
大同	75	110	1.51	南宁	59	64	2.60	徐州	52	115	1.83
德阳	65	72	0.65	南通	42	88	0.87	烟台	46	70	1.80
福州	27	65	1.86	宁波	47	90	2.18	延安	59	112	0.43
抚顺	56	111	1.40	攀枝花	73	108	0.69	扬州	34	100	1.18
广州	51	77	6.37	平顶山	74	116	0.99	阳泉	89	86	0.79
贵阳	55	85	2.14	齐齐哈尔	38	79	1.43	宜宾	61	90	1.24
桂林	40	35	0.76	秦皇岛	50	80	0.81	宜昌	47	84	0.86
哈尔滨	48	102	4.75	青岛	54	99	2.76	银川	49	92	0.41
海口	9	43	1.53	曲靖	65	89	0.68	玉溪	39	65	0.80
邯郸	65	104	1.46	泉州	28	67	1.02	岳阳	65	125	2.15
杭州	60	107	4.20	日照	23	60	1.22	枣庄	70	102	1.48
合肥	23	116	1.98	三门峡	65	102	0.29	湛江	13	48	1.48
呼和浩特	66	84	1.14	汕头	20	67	4.94	张家界	55	71	0.48
湖州	35	89	1.08	上海	55	88	13.09	镇江	34	89	1.03
泸州	68	118	1.44	韶关	53	67	0.91	郑州	69	105	2.70
吉林	25	100	1.82	绍兴	47	94	0.65	重庆	65	108	1.26
济南	56	118	3.53	深圳	23	64	2.12	株洲	74	103	0.80
济宁	57	107	1.09	沈阳	54	119	5.05	珠海	16	48	0.96
焦作	68	99	0.82	石家庄	43	128	2.38	淄博	51	93	2.77
金昌	84	103	0.21	石嘴山	70	97	0.45	自贡	66	82	1.48
锦州	34	98	0.92	苏州	46	93	2.35	遵义	130	89	0.84
荆州	34	79	1.13	太原	76	124	2.77				

2007 年，该 113 个城市的 SO_2 和 PM_{10} 日平均浓度分别为 52μg/m³ 和 94μg/m³；市区平均人口规模为 193 万人。SO_2 日平均浓度最高的三个城市分别为遵义、湘潭和阳泉市；可吸入颗粒物日平均浓度最高的三个城市分别为北京、乌鲁木齐和包头；市区人口最多的三个城市分别是上海、北京和天津。

9.2.3 城市大气污染物健康效应及其经济损失

基于剂量-反应关系，本研究估算了 2007 年我国 113 个环境重点监测城市由于 SO_2 和 PM_{10} 造成的健康效应，如表 9-3 所示。2007 年，受这两种大气污染物影响，这 113 个城市中，约有 64242 例过早死亡，其中 PM_{10} 和 SO_2 污染分别导致 42069 和 22173 例。从表 9-3 中，还可以看出，PM_{10} 已成为影响公众健康的最主要的污染物，会造成约 26 万次的因呼吸道疾病的入院，507 万例急诊、超过 12 亿天受限活动。此外，PM_{10} 污染还能造成近 50 万例下呼吸道感染和儿童哮喘病发作，132 万例慢性支气管炎发作以及超过 39 亿例的呼吸道疾病症状。与之相比，SO_2 污染造成的其他健康效应相对较小，除过早死亡外，还会带来 1.1 亿例胸部不适症状和 5.7 万例下呼吸道感染及儿童哮喘病发作。

受 PM_{10} 污染影响最严重的五个城市分别为北京、上海、西安、天津和武汉，而北京是 113 个城市中 PM_{10} 日平均浓度最高的城市，达到 148μg/m³。2007 年，北京市由 PM_{10} 造成的过早死亡数达到 3297 人，约占 PM_{10} 造成的总过早死亡数的 7.8%。受 SO_2 污染影响最为严重的五个城市则为上海、北京、天津、广州和成都。2007 年，SO_2 污染给上海造成的过早死亡数为 1404 人，约占 SO_2 污染造成的过早死亡总数的 6.3%。总体来看，我国大城市的人口是大气污染物最主要的受害者。

表 9-3　大气污染的健康效应和经济损失（2007 年）

	病例数（例）	经济损失（百万元）
PM_{10}导致的健康效应		
过早死亡	42069	17385.96
呼吸道疾病入院	258886	506.33
急诊	5069856	804.12
受限活动天数	1240496778	19398.06
下呼吸道感染及儿童哮喘	496199	44.34
哮喘	56264619	1571.12
慢性支气管炎	1316005	70555.92
呼吸道症状	3948015831	16316.06
PM_{10}导致的健康效应经济损失合计		110265.85
SO_2导致的健康效应		
过早死亡	22173	9163.48
胸部不适	113707603	787.44
下呼吸道感染及儿童哮喘	56854	0.39
SO_2导致的健康效应经济损失合计		9951.31
健康经济损失合计		136533.21
113 城市 GDP 合计		11255978.54
健康经济损失合计占 GDP 比重		1.21%

一般而言，可吸入颗粒物的形成主要有两个途径：其一，各种工业过程（燃煤、冶金、化工、内燃机等）直接排放的超细颗粒物；其二，大气中二次形成的超细颗粒物与气溶胶等（阚海东和陈秉衡，2002）。其中，第一种途径是可吸入颗粒物的最主要来源，也是可吸入颗粒物污染控制的优先对象。因此，优化城市区域的能源结构尤其是工业用能结构、提高用能效率、优化产业结构、调整工业布局、限制高能耗、高排放产业是有效降低 PM_{10} 等可吸入颗粒物浓度的重要途径。

由上述计算结果来看，影响环境健康效应的因素除了污染物浓度之外，城市人口尤其是市区人口数也是重要的影响因素。上海市 SO_2 浓度只有 $55\mu g/m^3$，但 SO_2 对上海造成的健康效应影响规模最为显著，这与上海拥有 1300 多万市区人口基数密切相关。因此，适度控制大都市的人口过快增长在一定程度上也能有效降低大气污染的健康效应。鉴于上述估算只涵盖了 113 个城市，占我国城市人口的 37.3%，如果将主要结论简单的线性扩展，可以认为，大气污染对我国城市人口的健康影响是巨大的。

在估算出大气污染对城市居民的健康效应之后，本研究还利用支付意愿数据，测算出各大气污染物造成的城市居民健康效应的经济损失，如表 9-3 所示。经测算，2007 年，SO_2 和 PM_{10} 造成的 113 个城市居民健康效应的总经济损失约为 1365.3 亿元人民币，约占当年这些城市市辖区 GDP 总和的 1.21%。其中，PM_{10} 健康效应的经济损失达 1102.7 亿元，占总损失的 92.70%。所有健康效应中，由于 PM_{10} 造成的慢性支气管炎的损失最大，约为 705.6 亿元，约占总损失的 51.70%。

从经济损失大小来看，我国主要大城市和特大城市承受的绝对健康经济损失最大，如图 9-1 所示。健康经济损失最大的为北京，其受 PM_{10} 和 SO_2 污染造成的城区人口健康效应经济损失约为 103.9 亿元，约占总损失的 7.61%；上海次之，所承受的损失约为 73.9 亿元，约占总损失的 5.41%。其他健康效应经济损失比较大的城市包括天津、西安、武汉、沈阳、南京、成都、广州、哈尔滨等。

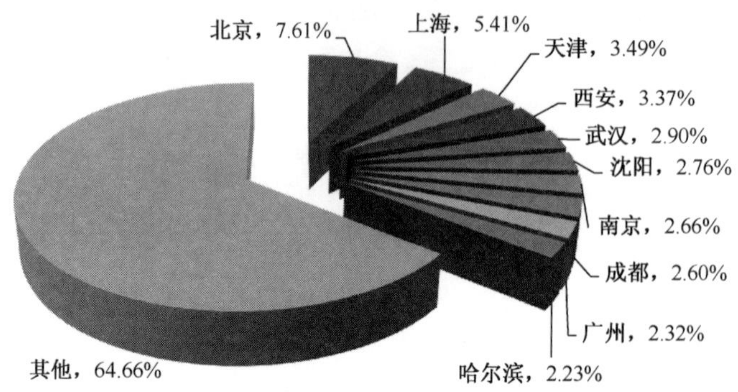

图 9-1　主要城市大气污染物健康效应经济损失比重（2007 年）

为了更好地衡量大气污染造成的健康效应的相对经济损失，本研究还计算了各城市所遭受健康效应经济损失占其当年市辖区 GDP 的比重。从图 9-2 中我们可以看到，西安的健康经济损失占其当年 GDP 的比重最高，高达 34.6%。西安所遭受的健康效应经济损失约为 46 亿元，在健康效应经济损失绝对量排名中排第四，仅次于北京、上海和天津，而且是排名前十中唯一的西北城市。而 2007 年，西安市辖区 GDP 只有约 133 亿元，远远低于东部主要城市，因此其健康效应经济损失占其 GDP 比重最高。排名第二的成都和西安的情况相类似，健康效应经济损失占其当年 GDP 的比重也较高。而健康效应经济损失绝对量最大的几个城市如北京、上海、天津等，由于其经济发达，GDP 总量很高，这三个城市的健康效应经济损失相对比重很小，分别只有 1.13%，1.01%和 0.61%。2007 年，深圳市健康效应经济损失占其 GDP 比重最低，只有约 0.12%。从地理分布来看，东部和华南地区的沿海发达城市的健康效应经济损失占其 GDP 比重均非常低，而东北和中西部很多城市的相应比重则较高。

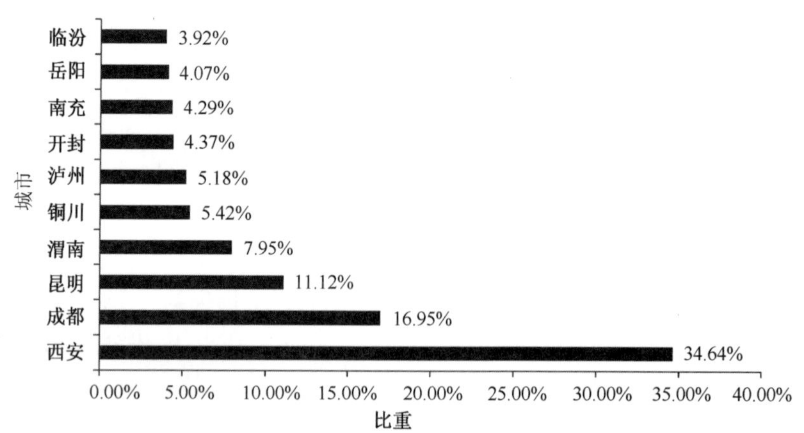

图 9-2　主要城市健康效应经济损失占其市辖区 GDP 比重（2007 年）

9.2.4　情景分析

如前所述，不同地区、不同时间大气污染物与公众健康效应之间的剂量—反应有不同的关系，并且这些健康效应的损失估值也不相同。本研究采用 Ho 和 Jorgenson (2007) 所提供的剂量—反应关系和健康效应经济损失的估值下限和估值上限作为两种不同的情景参数，如表 9-4 所示，考虑到价格变化因素，本研究同样对 Ho 和 Jorgenson (2007) 的数据利用价格指数进行了修正。

表 9-4　大气污染的健康效应和经济损失的估值

	剂量-反应关系系数（污染物浓度增加 1μg/m³，百万人发生数）		损失估值（元，2007 年价格）	
PM_{10}的健康效应	下限	上限	下限	上限
过早死亡	1.3	2.6	145204	1061105
呼吸道疾病入院	12	12	1956	3093
急诊	235	235	159	250
受限活动天数	18400	57500	16	26
下呼吸道感染及儿童哮喘病	23	23	89	142
哮喘	1770	2608	28	44
慢性支气管炎	61	61	22071	87122
呼吸道症状	49820	183000	4	7
SO_2的健康效应	下限	上限	下限	上限
过早死亡	1	2.6	145204	1061105
胸部不适	10000	10000	7	11
下呼吸道感染及儿童哮喘	5	5	7	11

表 9-5 和表 9-6 分别列出了在两个估值参数情景下，对应的大气污染物的健康效应和相应的经济损失估算。在估值下限情景下，PM_{10} 和 SO_2 污染对这 113 个城市的影响要远远小于本研究之前的估算，比如，总的过早死亡人数只有之前估算的 2/3，约为 42828 例。相应健康效应经济损失只有之前估算的约 36%，只占当年 GDP 的 0.39%，并且无论是各城市健康效应经济损失绝对量的排名还是相对于各自当年 GDP 的比重都没有显著变化。在估值上限情景下，健康效应有明显的增长，比之前的估计高出约 30%，达到 85656 例，而且总的健康效应经济损失要高出约 1 倍，占到了当年 GDP 的 2.2%。

表 9-5　估值下限情景下的健康效应和经济损失（2007 年）

	病例数	经济损失（百万元）
PM_{10} 导致的健康效应		
过早死亡	28046	4072.39
呼吸道疾病入院	258886	506.33
急诊	5069856	804.12
受限活动天数	396958969	6207.38
下呼吸道感染及儿童哮喘	496199	44.34
哮喘	38185727	1066.29
慢性支气管炎	1316005	29045.52
呼吸道症状	1074809556	4441.89
PM_{10} 导致的健康效应经济损失　合计		46188.25

续表

	病例数	经济损失（百万元）
SO_2导致的健康效应		
过早死亡	14782	2146.40
胸部不适	113707603	787.44
下呼吸道感染及儿童哮喘	56854	0.39
SO_2导致的健康效应经济损失　合计		2934.23
健康经济损失合计		49122.48
113 城市 GDP 合计		11255978.54
健康经济损失合计占 GDP 比重		0.44%

表 9-6　估值上限情景下的健康效应和经济损失（2007 年）

	病例数	经济损失（百万元）
PM_{10}导致的健康效应		
过早死亡	56092	59519.51
呼吸道疾病入院	258886	800.69
急诊	5069856	1268.46
受限活动天数	1240496778	31868.24
下呼吸道感染及儿童哮喘	496199	70.39
哮喘	56264619	2450.95
慢性支气管炎	1316005	114653.37
呼吸道症状	3948015831	26017.50
PM_{10}导致的健康效应经济损失　合计		236649.12
SO_2导致的健康效应		
过早死亡	29564	31370.47
胸部不适	113707603	1270.06
下呼吸道感染及儿童哮喘	56854	0.64
SO_2导致的健康效应经济损失　合计		32641.17
健康经济损失合计		269290.29
113 城市 GDP 合计		11255978.54
健康经济损失合计占 GDP 比重		2.39%

9.3　部门污染物排放对公众健康效应的经济评估

为了衡量真实发展水平，制定具体、切实、可行的能源环境政策，并评估这些政策对环境和公众健康的影响，有必要从不同行业的角度研究中国各部门能源消费产生的排放对环境和公众健康的影响。考虑到数据的可获得性和研究的一致性，本节重点考察各部门排放的 PM_{10}和 SO_2对城市居民的影响。

9.3.1　部门污染物排放对公众健康评估方法及数据来源

9.3.1.1　城市居民健康经济损失评估框架

从部门和能源消费的角度来评估污染物排放的健康效应和相应的经济损失研究的原因是要评估具体的能源环境政策的实际效果。因此，本研究需要估算各特定部门能源消费产生的污染物排放，基于污染物的剂量-反应关系和暴露人群以及各污染物的吸入因子，得到每个部门由于能源消费带来的排放以及相应的健康效应。结合在 9.2 节中的所使用的各健康效应对应的经济损失，本研究能够得到各部门能源消费排放造成的公众健康损失，进而得到部门产出的边际健康效应和能源消费边际健康效应。具体评估框架如图 9-3 所示（Ho，Jorgenson，2007）。

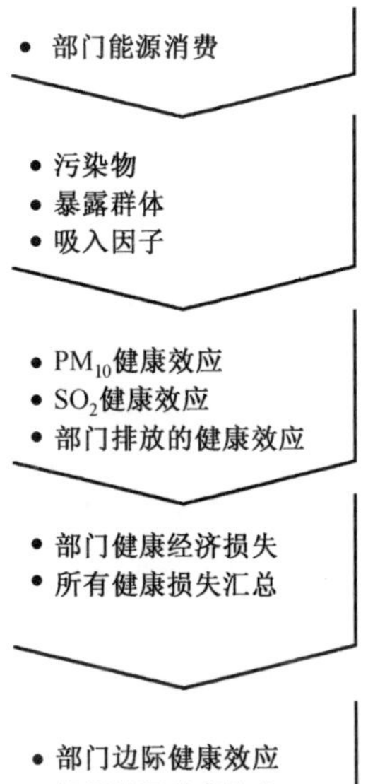

图 9-3　基于吸入因子的城市居民健康效应经济损失评估框架

基于各部门的能源消费数据和环境统计年鉴的排放数据，本研究分别估算 24 部门的 PM_{10} 和 SO_2 的排放水平。在排放数据的基础上，本研究参考已有研究得到吸入因子，并利用 2007 年的城市人口数据对原有的吸入因子进行了修正，从而估算出各部门污染物排放带来的健康效应。然后，运用 9.2 节中使用的健康效应经济估值得到各部门排放造成健康经济损失以及总损失。最后，本研究进一步测算出部门产出和能源消费对应的边际健康效应。此外，本研究还对上述估算进行了情景分析。

9.3.1.2　吸入因子的概念和修正

吸入因子（iF，intake fraction）也被称为暴露效率（exposure efficiency）或暴露因子（exposure factor），其能够描述污染物排放和暴露人群污染物吸入量之间的数量关系。最早用来评估放射性物质释放后通过各种途径进入人体的比例，后来用于确定控制有害化学物质排放的优先顺序。Smith 和 Ahuja（1990）认为，暴露因子不仅能够确定这种优先顺序，还能成为不同环境评价的重要工具。Bennett 等（2002）统一了相关概念，进一步将吸入因子定义为：某些特定排放源或某类排放源排放的污染物浓度增加，在暴露时间内，所有暴露人群所吸收的污染物量占总排放量的比例，对特定的排放源而言，其对应的吸入因子（Ho，Nielsen，2007）可以表达为式（9-4）：

$$iF = \frac{\sum_{d=1}^{n} \mathrm{POP}_d \times C_d \times \mathrm{BR}}{\mathrm{EM}} \tag{9-4}$$

式中，POP_d指区域 d 的人口数；C_d为 d 区域的暴露浓度；BR 则表示暴露人群的平均呼吸率，通常为 20 立方米/日；EM 为特定排放源的总排放量。

吸入因子能够简单、透明、综合地反映出污染物排放和公众暴露程度之间的关系（Bennett et al，2002）。与其他污染的健康效应评价方法相比，吸入因子是一个相对较新的评估工具，但是已经得到广泛应用。尽管对将吸入因子运用到大区域的分析仍存在一些争议，但是 Ho 和 Nielsen（2007）研究指出：稳健的气象模型表明可以将吸入因子扩展到大范围的健康评估分析中。此外，由于城市居民是空气污染的主要暴露群体，因此，我们仍然关注部门排放导致的空气污染对城市居民健康的影响。

根据式（9-4），暴露人口是影响吸入因子的因素之一。现有研究（Zhou，et al，2003；Wang，et al，2006）对我国城市空气污染吸入因子的测算主要是基于 1999 年的人口数据。2000 年以来，我国城镇化进程明显加快，城市人口增长迅速，到 2007 年我国城市化率已经到 44.9%，而 1999 年城市化率只有 34.8%，增长了 10%左右。更高的城市化率意味着暴露于城市大气污染中的人群更为庞大，因此，本研究利用城市化率的变化修正原有的吸入因子数据，修正数据如表 9-7 所示。

表 9-7 修正后的一次和二次污染物的吸入因子

行业	全域的吸入因子		二次颗粒物
	TSP	SO_2	SO_2/SO_4
农业	1.99E-06	4.29E-07	5.69E-06
煤炭生产	1.36E-05	2.14E-05	5.69E-06
石油生产	1.36E-05	2.14E-05	5.69E-06
天然气生产	1.36E-05	2.14E-05	5.69E-06
铁矿开采	1.36E-05	2.14E-05	5.69E-06
有色开采	1.36E-05	2.14E-05	5.69E-06
建筑材料	1.34E-05	1.55E-05	5.69E-06
食品加工	1.36E-05	2.14E-05	5.69E-06
纺织业	1.36E-05	2.14E-05	5.69E-06
服装业	1.36E-05	2.14E-05	5.69E-06
木材加工	1.36E-05	2.14E-05	5.69E-06
造纸业	1.36E-05	2.14E-05	5.69E-06
成品油	1.36E-05	2.14E-05	5.69E-06
炼焦业	1.36E-05	2.14E-05	5.69E-06
化学工业	1.27E-05	2.56E-05	5.69E-06
金属加工	1.46E-05	2.34E-05	5.69E-06
机械生产	1.36E-05	2.14E-05	5.69E-06
其他制造业	1.46E-05	2.34E-05	5.69E-06
电力生产	5.58E-06	6.15E-06	5.69E-06
城市燃气	1.36E-05	2.14E-05	5.69E-06
水生产	1.36E-05	2.14E-05	5.69E-06
建筑业	7.48E-05	2.14E-05	5.69E-06
交通运输	4.86E-05	2.14E-05	5.69E-06
服务业	4.99E-05	2.14E-05	5.69E-06

9.3.1.3 部门污染物排放评估及数据处理

本研究采用如下方法估算了 24 部门污染物排放（如表 9-8 所示），式（9-5）给出了部门污染物排放的计算方法：

$$\mathrm{EM}_{jx} = \mathrm{EM}_{jx}^{NC} + \mathrm{EM}_{jx}^{C} \tag{9-5}$$

式中，EM_{jx} 表示部门 j 对于污染物 x 的排放，其中 x 可分别表示为 TSP 和 SO_2，污染物排放包括燃烧排放 EM_{jx}^{C} 和工业过程排放 EM_{jx}^{NC}（非燃烧排放）。

为了从能源消费的角度获得部门污染物排放的信息并估算缺乏统计数据的部门排放信息，我们将能源消费的实物量转化为油当量。过程排放的计算如式（9-6）所示：

$$\mathrm{EM}_{jx}^{NC} = \delta_{jx}\mathrm{OP}_j \tag{9-6}$$

式中，δ_{jx} 表示过程排放率，单位为千吨/10 亿元和 OP_j 表示部门 j 的产出。燃烧排放 EM_{jx}^{C} 则通过式（9-7）计算：

$$EM_{jx}^{C} = \sum_{f} (\psi_{jxf} F_{jf}) \tag{9-7}$$

式中，ψ_{jxf} 代表化石能源 f 的排放因子，单位为千吨/10 亿吨油当量和 F_{jf} 为部门 j 化石能源 f 消费量，f 分别为用油当量表示的煤炭、石油、天然气。

表 9-8 展示了我国 24 部门 SO_2 和 TSP 排放、部门产出及能源消费数据，其中，大部分第二产业部门排放数据主要来自《中国环境统计年鉴 2008》（NBS，2008）。能源消费数据则来自《中国能源统计年鉴 2008》（NBS 和国家能源局，2008）以及 2007 年中国投入产出表（彭志龙，2009）中对应的能源消费的价值量。部分没有排放统计数据的部门（如第一产业和第三产业部门）的排放因子则来自于其他相关研究（Ho，Nielsen，2007）。通过这些部门的能源消费量以及部门排放因子，从而估算出相应的 SO_2 和 TSP 的排放。由于 Ho 和 Nielsen（2007）提供的排放因子是基于标准油当量数据，因此本研究利用投入产出表所对应的能源消费的价值量和中国能源统计年鉴上能源消费实物量数据，进行了转换，其中假设各部门购买同一种能源所支付的价格是相同的。

表 9-8　中国 24 部门 SO_2 和 TSP 排放、部门产出及能源消费数据（2007 年）

行业	TSP/（万吨）		SO_2/（万吨）		产出	能源/（百万吨标准油）		
	燃烧排放	过程排放	燃烧排放	过程排放	（亿元）	煤炭	石油	天然气
农业	8.16	0.00	13.80	0.00	48935.89	3.28	0.03	0.01
煤炭生产	9.20	13.91	16.51	1.02	9654.91	127.65	0.21	0.04
石油生产	0.71	0.21	1.69	0.40	6556.65	2.04	2.09	0.37
天然气生产	0.32	0.09	0.77	0.18	2978.24	0.93	0.96	0.17
铁矿开采	1.98	3.52	2.93	2.44	3622.98	1.79	1.41	0.25
有色开采	2.62	1.34	2.19	16.05	2526.45	1.59	0.24	0.04
建筑材料	113.30	452.64	107.01	82.46	26758.47	151.28	4.65	0.82
食品加工	26.95	1.01	42.10	0.38	41861.08	11.03	0.96	0.17
纺织业	12.73	0.15	27.50	0.09	25403.94	12.96	0.56	0.10
服装业	1.58	0.04	2.99	0.00	18866.78	5.39	0.37	0.07
木材加工	3.68	2.99	4.33	0.26	11037.39	7.10	0.08	0.01
造纸业	23.77	0.80	49.04	0.47	14960.47	10.07	0.17	0.03
成品油	7.83	17.71	9.01	33.43	17915.04	5.70	279.64	49.48
炼焦业	33.19	3.12	17.10	5.90	3161.49	142.87	2.77	0.49
化学工业	59.86	14.02	114.97	23.61	62380.54	103.03	33.30	5.89
金属加工	86.01	113.82	91.83	144.20	79218.09	162.92	4.85	0.86
机械生产	7.55	5.75	9.91	0.72	73864.55	20.93	1.44	0.25
其他制造业	1.54	1.43	3.10	0.42	85907.03	8.69	0.77	0.14
电力生产	297.39	1.19	1146.90	0.22	31490.01	441.31	8.65	1.53
城市燃气	1.41	0.46	1.90	0.69	1108.29	9.16	13.08	2.31
水生产	0.05	0.00	0.03	0.00	1178.83	0.16	0.05	0.01
建筑业	5.61	1.35	7.31	0.21	62721.74	7.53	0.00	0.00
交通运输	21.75	0.00	38.51	0.00	31700.11	8.74	1.78	0.32
服务业	60.18	0.00	102.75	0.00	160685.00	24.21	1.17	0.21

9.3.1.4 健康效应和经济损失估算方法

本节研究中所涉及的健康效应和 9.2 节中的定义一致，如表 9-1 所示。部门排放产生的健康效应仍通过剂量-反应关系得到。然而，和 9.2 节不同，由于缺乏部门排放的浓度数据，需要通过吸入因子将部门的污染物排放转化为浓度，具体转化计算如式（9-8）所示：

$$\mathrm{DOSE}_{jx} = iF_{jx}^{N} \times \mathrm{EM}_{jx} = \mathrm{BR}\sum_{d} C_{jdx}\,\mathrm{POP}_d \tag{9-8}$$

式中，DOSE_{jx} 为部门 j 排放污染物 x 的浓度，iF_{jx}^{N} 为部门 j 排放的污染 x 的吸入因子，BR 则表示暴露人群的平均呼吸率，通常为 $20\mathrm{m}^3$/日，C_{jdx} 为部门 j 在地区 d 内排放的污染物 x 浓度，POP_d 为地区 d 的暴露人口。进而可以通过式（9-9）得到污染物 x 的健康效应：

$$\mathrm{HE}_h = \mathrm{DR}_{hx} \times C_x \times \mathrm{POP} \tag{9-9}$$

式中，HE_h 为污染物 SO_2 或 PM_{10} 导致的第 h 类型的健康效应；DR_{hx} 为第 h 种健康效应的剂量-反应关系系数；C_x 为全国范围内大气污染物 x 的平均浓度；POP 则为全国暴露人口数。部门 j 排放产生的污染物 x 造成的第 h 种健康效应 HE_{xhj} 通过式（9-10）表达：

$$\mathrm{HE}_{xhj} = \sum_{x}(\mathrm{DR}_{hx} \times \frac{\mathrm{DOSE}_{jx}}{\mathrm{BR}}) = \sum_{x}\left(\mathrm{DR}_{hx} \times \frac{iF_{jx}^{N} \times \mathrm{EM}_{jx}}{\mathrm{BR}}\right) \tag{9-10}$$

由于本研究测算的各部门的污染物排放主要是 SO_2 和 TSP，但是在评估健康效应时则是从 PM_{10} 和 SO_2 的角度。因此需要把 TSP 转化为 PM_{10}。参考 Ho 和 Jorgenson（2007）对历史数据的研究和分析，本研究提出 PM_{10} 排放和 TSP 排放之间可以用式（9-11）表示：

$$\mathrm{EM}_{j,PM10} = 0.54 \times \mathrm{EM}_{j,TSP} \tag{9-11}$$

式中，$\mathrm{EM}_{j,PM10}$，$\mathrm{EM}_{j,TSP}$ 分别为部门 j 排放污染物 PM_{10} 和 TSP 的排放量。

此外，由于 SO_2 以及一次颗粒物还会产生反应，形成二次颗粒物，而这些二次颗粒物也会转化为 PM_{10}，因此，最终的 PM_{10} 的浓度可以通过式（9-12）表示：

$$\mathrm{DOSE}_{j,PM10} = \mathrm{DOSE}_{j,primaryPM10} + \mathrm{DOSE}_{j,sulfates} \tag{9-12}$$

式中，$\mathrm{DOSE}_{j,PM10}$ 表示部门 j 最终排放的 PM_{10} 的浓度，$\mathrm{DOSE}_{j,primaryPM10}$ 代表部门 j 初始排放 PM_{10} 的浓度，$\mathrm{DOSE}_{j,sulfates}$ 代表部门 j 中二次颗粒物转化成的 PM_{10} 的浓度。在测算出 SO_2 和 PM_{10} 的基础上，根据 9.2 节中所使用的健康效应的剂量-反应关系，本研究进一步测算出各部门对应的大气污染物健康效应。部门 j 排放导致的所有健康效应的经济损失由式（9-13）计算：

$$D_j = \sum_{x}\sum_{h} V_{xh} \times \mathrm{HE}_{xhj} \tag{9-13}$$

式中，V_{xh} 为污染物 x 的第 h 种健康效应所对应的经济损失系数。

9.3.2 部门排放的健康效应和经济损失评估

本研究首先汇总各部门的所有影响，得到全国层面居民由于大气污染造成的健康效应及其经济损失。然后，为了考察特定部门排放和能源消费的影响，本研究引入了边际健康效应的概念，从部门和能源消费的角度分别开展分析。

如表 9-9 所示，受各部门排放的大气污染物的影响，产生最多健康效应的是 PM_{10} 污染带来的呼吸道症状，只考虑燃烧排放的情况下为 151 亿例，考虑到工业过程排放，此影响达到 195 亿例。其次为 PM_{10} 污染导致的活动受限天数，只考虑燃烧排放的情况下高达 47.5 亿天，如果加上工业过程排放，该影响上升到 61.1 亿天。SO_2 和 PM_{10} 污染还会造成一定的过早死亡，各部门燃烧排放导致的过早死亡人数约 36.5 万人，加上过程排放，过早死亡人数达到近 47.7 万人。

表 9-9　全部门大气污染物排放的健康效应和经济损失（2007 年）

	燃烧排放		燃烧排放和工业过程排放	
	病例数	损失/（亿元）	病例数	损失/（亿元）
PM_{10} 导致的健康效应				
过早死亡	161258	666.44	207298	856.71
呼吸道疾病入院	992358	19.41	1275682	24.95
急诊	19433676	30.82	24982097	39.62
受限活动天数	4755048371	743.56	6112640684	955.85
下呼吸道感染及儿童哮喘	1902019	1.70	2445056	2.18
哮喘	215672455	60.22	277248120	77.42
慢性支气管炎	5044486	2704.54	6484714	3476.70
呼吸道症状	15133458293	625.42	19454143394	803.99
SO_2 导致的健康效应				
过早死亡	205723	850.20	270086	1116.19
胸部不适	1054991366	73.06	1385054295	95.92
下呼吸道感染及儿童哮喘	527496	0.04	692527	0.05
PM_{10} 导致的健康效应经济损失　合计		4852.11		6237.42
SO_2 导致的健康效应经济损失　合计		923.29		1212.15
总计		5775.41		7449.57
占当年全国 GDP 比重		2.31%		2.99%

从经济损失的角度来看，2007 年，只考虑燃烧排放情况下，各部门污染物排放带来的城市居民健康效应造成的经济损失约为 5775.4 亿，约占当年全国 GDP 的 2.31%。其中，PM_{10} 和 SO_2 污染分别造成的健康经济损失达 4852.1 亿元和 923.3 亿元。从健康效应的类型来看，慢性支气管炎造成的健康效应经济损失最高，达到 2704.5 亿元，约占总损失的 46.8%。其次为过早死亡人数，PM_{10} 和 SO_2 污染造成的过早死亡人数带来的经济损失约为 1346.5 亿元，约占总损失的 26.3%。如果加上工业过程排放，部门污染物排放带来的健康效应总经济损失高达 7449.6 亿元，约占当年全国 GDP 的 2.99%。由于大气污染造成的过早死亡带来的经济损失也增加到 1972.9 亿元，而慢性支气管炎带来的健康效应经济损失则达到 3476.7 亿元。

由于相关研究在估算效应经济健康损失时所涵括地理范围、健康效应类型和对应的健康效应经济评估的数值都不一样，因此不同研究的结果并没有直接的可比性。同时，尽管目前国家对主要污染物排放有所控制，但是污染物造成的健康效应经济损失在国民经济中所占的比重有所提高，表明环境形势依然严峻，需要采取更为切实有效的减排行为，降低各类污染物排放，改善环境，提供公众健康水平，实现真正的可持续发展和科学发展。

9.3.3 部门边际健康效应的经济损失评估

为了从部门层面上分析其排放带来的健康效应和健康效应经济损失，本研究首先引入部门边际健康效应经济损失（marginal damage）的概念。部门 j 排放的污染物 x 的边际健康效应经济损失 MDX_{jx}^{O} 是指部门 j 最后一单位产出所造成的健康效应经济损失（Ho，Jorgenson，2007），结合吸入因子的概念和式（9-6）可知，部门 j 的边际排放率等于其平均排放率。因此，其对应的污染物 x 的边际健康效应经济损失可以表示为式（9-14）：

$$\mathrm{MDX}_{jx}^{O} = \sum_{x}\sum_{h} V_{xh}\,\mathrm{DR}_{hx}\, iF_{jx}^{N}/\mathrm{BR} \times \frac{\mathrm{EM}_{jx}}{\mathrm{OP}_{j}} \tag{9-14}$$

部门 j 总的边际健康效应经济损失 MDO_j 为其排放的所有污染物的边际健康效应经济损失之和，在计算各部门的边际健康经济损失时不包括过程排放，只包括能源消费产生的燃烧排放如式（9-15）所示：

$$\mathrm{MDO}_{j} = \sum_{x} \mathrm{MDX}_{jx}^{O} \tag{9-15}$$

从健康效应经济损失来看，电热生产部门污染物排放造成的健康效应经济损失最大（如表 9-10 和图 9-4），约为 2484.6 亿元，占所有部门造成的总经济损失的 43.0%左右。服务业也是污染物排放大户，其排放带来的健康效应经济损失仅次于电热生产部门，约占总损失的 12.9%，约为 743.3 亿元。与传统制造业和能源部门相比，人们通常认为服务业相对清洁，耗能和排放较少，但是从中国目前的实际情况来看，部分服务业耗能并不少，而且造成的健康效应也不低。这提醒政府决策部门在调整产业结构时需要综合考察相关部门的综合经济和社会效益，有所取舍。同时在进行传统技术升级时，也要对服务业中能耗较高的部门开展技术改造，提高能源效率，降低污染物排放。从图 9-4 看，其他传统的高能耗高排放部门带来的健康效应经济损失也基本都在损失最大的 10 个部门中，如建筑材料、金属加工、化学工业、交通运输、造纸、炼焦等。

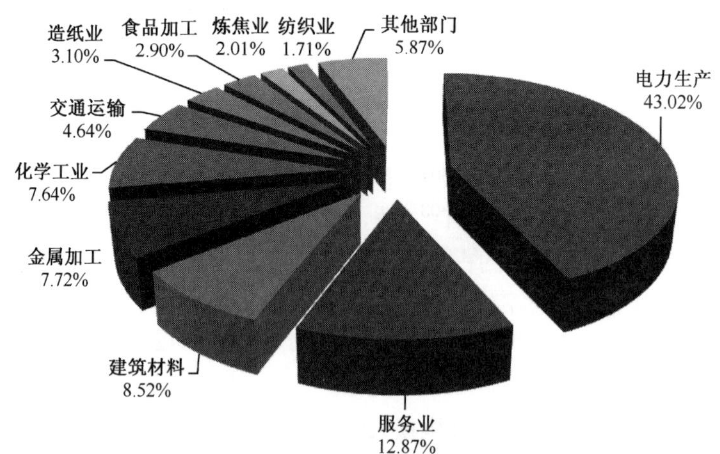

图 9-4 各部门排放造成的健康效应经济损失比重（2007 年）

从边际健康效应经济损失的角度来看（如表 9-10 和图 9-5），同样，电热生产部门的边际健康效应经济损失最大，约为 0.14，意味着电热生产部门每生产 1 元的电热，就会带来约 0.14 元的健康效应经济损失。其次为建筑材料，对应的边际健康效应经济损失约为 0.13，即每生产 1 元的建筑材料，带来的健康效应经济损失约为 0.13 元。

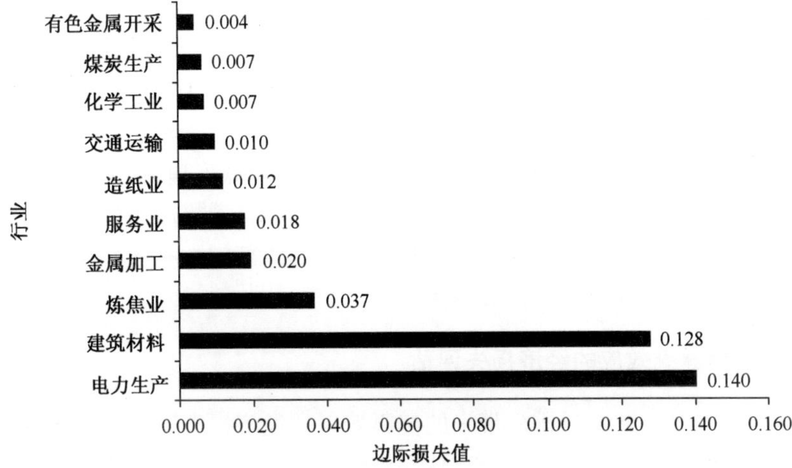

图 9-5　总边际健康效应经济损失最大的十个部门（2007 年）

表 9-10　各部门对应的 PM_{10} 和 SO_2 及总的边际健康效应经济损失（2007 年）

行业	$MDPM_{10}$（元/元）	$MDSO_2$（元/元）	MDO（元/元）	经济损失（亿元）	占全部损失比重
农业	5.23E-04	5.30E-06	5.29E-04	25.85	0.45%
煤炭生产	4.91E-03	1.61E-03	6.51E-03	62.81	1.09%
石油生产	6.61E-04	2.41E-04	9.02E-04	5.91	0.10%
天然气生产	6.67E-04	2.44E-04	9.10E-04	2.71	0.05%
铁矿开采	2.52E-03	7.59E-04	3.28E-03	11.89	0.21%
有色开采	3.67E-03	8.14E-04	4.49E-03	11.34	0.20%
建筑材料	1.09E-01	1.89E-02	1.28E-01	492.29	8.52%
食品加工	3.07E-03	9.46E-04	4.01E-03	167.66	2.90%
纺织业	2.91E-03	1.02E-03	3.93E-03	99.04	1.71%
服装业	4.64E-04	1.55E-04	6.19E-04	11.19	0.19%
木材加工	1.38E-03	3.70E-04	1.75E-03	19.20	0.33%
造纸业	8.90E-03	3.08E-03	1.20E-02	178.91	3.10%
成品油	1.78E-03	4.72E-04	2.25E-03	40.30	0.70%
炼焦业	3.16E-02	5.08E-03	3.67E-02	115.92	2.01%
化学工业	5.04E-03	2.08E-03	7.11E-03	441.04	7.64%
金属加工	1.54E-02	4.12E-03	1.96E-02	446.09	7.72%
机械生产	8.06E-04	2.29E-04	1.03E-03	42.06	0.73%
其他制造业	4.27E-04	1.55E-04	5.82E-04	11.91	0.21%
电力生产	1.23E-01	1.74E-02	1.40E-01	2484.57	43.02%
城市燃气	2.39E-04	6.89E-05	3.08E-04	7.98	0.14%
水生产	1.16E-05	2.07E-06	1.37E-05	0.19	0.00%
建筑业	2.39E-03	2.08E-04	2.59E-03	85.54	1.48%
交通运输	8.53E-03	1.33E-03	9.86E-03	267.75	4.64%
服务业	1.57E-02	2.34E-03	1.80E-02	743.28	12.87%

其他高能耗、高排放部门对应的边际健康效应经济损失也都比较高，如炼焦业、金属加工、服务业、造纸业、交通运输等传统部门。这也意味着，如果我国现有经济结构不进行优化调整和技术升级，还过度依赖于资源型、高能耗、高排放型产业的发展，环境压力将持续增大，公众健康面临的威胁也会与日俱增，而带来的经济损失也将进一步降低真实的 GDP 发展水平。这里所谓真实的 GDP，即名义 GDP 扣除环境破坏、资源减少、健康损失等之后的值，也就是通常提到的绿色 GDP。对发电部门而言，优化发电结构，增加可再生等新能源的发电比重，将能显著降低发电部门的能耗和污染物排放，从而降低健康效应，减少经济损失。对用能部门而言，提高用能效率，降低不必要的能耗，也有助于降低整体能源需求，降低一次用能源部门的排放，从而改善环境，增加社会长远效益，为实现可持续发展尽力。

9.3.4 能源边际健康效应的经济损失评估

本研究不仅需要了解部门排放带来的健康效应和经济损失，还需要通过测算，为相关能源环境政策的制定、政策模拟及评估提供数据基础。因此，本研究还引入能源边际健康效应经济损失概念，为研究不同的能源环境政策奠定基础。能源边际健康效应经济损失的计算如式（9-16）所示。各类型一次能源的平均边际健康效应经济损失则是各部门对应的能源边际健康效应经济损失的平均。

$$\mathrm{MDF}_{fj} = \sum_{x} \mathrm{MDX}_{jx} \psi_{jxf} \theta_{f} \qquad (9\text{-}16)$$

式中，MDF_{fj} 是指 j 部门单位能源 f 消费造成的健康效应经济损失；MDX_{jx} 为部门 j 排放的污染物 x 的边际健康效应经济损失；ψ_{jxf} 代表化石能源 f 的排放因子，单位为千吨/10 亿吨油当量；θ_f 为能源 f 的折油当量系数。

从表 9-11 可以看出，煤炭带来污染和环境的边际健康效应经济损失为最严重。不包括过程排放的情况下，仅从实物量角度看，每消费一吨煤炭，将会造成 220 元的健康效应经济损失，而石油则小一些，每消费一吨石油，造成 23.3 元的健康效应经济损失，而天然气最为洁净，每消费 1000 立方米带来的健康效应经济损失只有 0.03 元。如果包括过程排放，消费煤炭、石油和天然气对应的边际健康效应经济损失分别为 283.8 元/吨、30.2 元/吨和 0.03 元/千立方米。为了在政策评估时得到更好的评估结果，本研究还从价值量的角度测算了各能源的边际健康效应经济损失，如表 9-11 所示。

表 9-11 能源边际健康经济损失

能源	燃烧排放		燃烧排放＋过程排放	
	实物量	价值量（损失价值元/能源价值元）	实物量	价值量（损失价值元/能源价值元）
煤炭	220.00 元/吨	0.60	283.75 元/吨	0.78
石油	23.31 元/吨	0.01	30.17 元/吨	0.01
天然气	0.03 元/千立方米	5.83E-05	0.03 元/千立方米	7.50E-05

9.3.5 情景分析

为了放宽估算结果的适用性，本研究也对部门排放造成的健康效应经济损失进行了不同的情景分析，分别基于估值下限和估值上限参数（参考表 9-4），进行了分析，如表 9-12 和表 9-13 所示。

表 9-12　估值下限情景下 2007 年全部门大气污染物排放的健康效应和经济损失

健康效应	燃烧排放		燃烧排放和工业过程排放	
	病例数	损失（亿元）	病例数	损失（亿元）
PM_{10} 导致的健康效应				
过早死亡	107505	156.10	138199	200.67
呼吸道疾病入院	992358	19.41	1275682	24.95
急诊	19433676	30.82	24982097	39.62
受限活动天数	1521615479	237.94	1956045019	305.87
下呼吸道感染及儿童哮喘	1902019	1.70	2445056	2.18
哮喘	146372793	40.87	188163026	52.54
慢性支气管炎	5044486	1113.37	6484714	1431.24
呼吸道症状	4119939301	170.27	5296204502	218.88
SO_2 导致的健康效应				
过早死亡	137149	199.15	180057	261.45
胸部不适	1054991366	73.06	1385054295	95.92
下呼吸道感染及儿童哮喘	527496	0.04	692527	0.05
PM_{10} 导致的健康效应经济损失　合计		1770.48		2275.96
SO_2 导致的健康效应经济损失　合计		272.24		357.41
总计		2042.72		2633.37
占当年全国 GDP 比重		0.82%		1.06%

表 9-13　估值上限情景下 2007 年全部门大气污染物排放的健康效应和经济损失

健康效应	燃烧排放		燃烧排放和工业过程排放	
	病例数	损失（亿元）	病例数	损失（亿元）
PM_{10} 导致的健康效应				
过早死亡	215011	1615.55	276398	2266.79
呼吸道疾病入院	992358	21.73	1275682	30.49
急诊	19433676	34.43	24982097	48.31
受限活动天数	4755048371	865.01	6112640684	1213.70
下呼吸道感染及儿童哮喘	1902019	1.91	2445056	2.68
哮喘	215672455	66.53	277248120	93.34
慢性支气管炎	5044486	3112.06	6484714	4366.56
呼吸道症状	15133458293	706.20	19454143394	990.87
SO_2 导致的健康效应				
过早死亡	274298	2994.11	360114	3905.31
胸部不适	1054991366	121.22	1385054295	158.11
下呼吸道感染及儿童哮喘	527496	0.06	692527	0.08
PM_{10} 导致的健康效应经济损失　合计		9071.19		11661.06
SO_2 导致的健康效应经济损失　合计		3028.48		3975.97
总计		12099.67		15637.03
占当年全国 GDP 比重		4.85%		6.27%

根据估算，在估值下限情景中，2007 年全国各部门因燃烧排放的大气污染物带来的健康效应经济损失总计约为 2042.7 亿元，约占当年 GDP 的 0.82%，其中由于 PM_{10} 和 SO_2 污染分别会造成 10.7 万和 13.7 万例过早死亡，而且两者造成的健康效应经济总损失分别约为 1770.5 亿和 272.4 亿元。如果加上工业过程排放，总的健康效应经济损失将达到约 2633.4 亿元，约占当年 GDP 的 1.06%。

在估值上限情景中，燃烧排放导致的健康效应经济总损失约为 12099.7 亿元，占 2007 年 GDP 的 4.85%，如果加上工业过程排放，损失值高达 15637 亿元，占当年 GDP 的 6.27%。此外，本研究还列出了低估和高估情景下各部门排放造成的健康效应经济损失，如表 9-14 所示。

表 9-14 部门灵敏度分析结果表

行业	低估值情景	占总损失比例	高估值情景	占总损失比例
农业	9.41	0.46%	48.68	0.40%
煤炭生产	21.83	1.07%	139.28	1.15%
石油生产	2.05	0.10%	13.29	0.11%
天然气生产	0.94	0.05%	6.09	0.05%
铁矿开采	4.15	0.20%	26.11	0.22%
有色开采	3.99	0.20%	24.10	0.20%
建筑材料	174.54	8.54%	1022.76	8.45%
食品加工	58.41	2.86%	369.18	3.05%
纺织业	34.33	1.68%	221.56	1.83%
服装业	3.89	0.19%	24.88	0.21%
木材加工	6.72	0.33%	41.62	0.34%
造纸业	62.06	3.04%	399.41	3.30%
成品油	14.11	0.69%	87.27	0.72%
炼焦业	41.17	2.02%	239.36	1.98%
化学工业	151.92	7.44%	1006.09	8.32%
金属加工	156.19	7.65%	966.54	7.99%
机械生产	14.69	0.72%	91.75	0.76%
其他制造业	4.12	0.20%	26.73	0.22%
电力生产	884.97	43.32%	5080.38	41.99%
城市燃气	2.79	0.14%	17.44	0.14%
水生产	0.07	0.00%	0.39	0.00%
建筑业	30.73	1.50%	169.60	1.40%
交通运输	95.17	4.66%	551.55	4.56%
服务业	264.46	12.95%	1525.62	12.61%

注：本表只包括燃烧排放的结果。

9.4 主要结论与建议

城市空气质量的恶化严重危害着城市居民的身体健康，并不断加重健康损失的经济成本，我国的城市空气污染已经成为影响国家能源消费安全、社会可持续发展的重要隐患。我国自 20 世纪 70 年代以来颁布实施了一系列空气污染治理政策，取得了一定的成效，但整体而言环境污染并没有得到根本性控制，污染的根源也未受到完全的扼制，城市大气污染形势仍十分严峻。我国大气污染因机动车尾气排放增加而逐步向多元化污染转变，但多数城市污染仍以煤烟型为主，污染物主要来自于化石能源消费，特别是煤炭的消费。我国工业化、城市化进程加快了能源消费的增长速度，煤炭在我国能源生产和消费结构中所占比重最大，燃煤产生的大量二氧化硫、可吸入颗粒物扩散到空气中，加重了大气污染的同时，对居民的身体健康也造成了巨大的负面影响。

2007 年我国主要 113 个城市大气污染物 PM_{10} 和 SO_2 导致 64242 例过早死亡以及其他健康效应，这些健康效应所造成的经济损失达 1365.3 亿元人民币，约占当年 113 个城市市辖区总 GDP 的 1.21%。PM_{10} 已成为影响公众健康的主要大气污染物。在 113 个城市中，北京、上海、天津、西安、武汉等大都市所遭受的健康效应最为显著，相应的健康效应经济损失也最大。尽管北京等大型都市经济损失绝对值较高，但因其经济总量大，所以经济损失占其 GDP 的比重较低。而西安、成都等西部城市，一方面大气污染比较严重，健康效应经济损失绝对量较高，另一方面其经济总量相对较小，其健康效应经济损失占 GDP 比重很高。通过优化能源结构、提高能源使用效率、调整产业结构、改善产业布局、降低化石能源消费及其造成的污染物排放，将是各地改善城市环境、降低健康效应经济损失的主要途径。此外，控制大城市人口过快增长，也是改善城市环境和公众健康水平的重要方式。

从部门视角出发，2007 年我国 24 部门在只考虑燃烧排放情况下污染物排放带来的城市居民健康效应经济损失约为 5775.4 亿，加上工业过程排放，部门污染物排放带来的健康效应总经济损失高达 7449.6 亿元。其中，电热生产部门污染物排放造成的健康效应经济损失最大，其他传统的高能耗高排放部门如建筑材料、金属加工、化学工业、交通运输、造纸、炼焦等也排放大量污染物，造成严重的健康效应经济损失。电热生产部门、建筑材料生产加工业及其他高能耗、高排放部门的边际健康效应经济损失较大。

就能源消费种类而言，煤炭污染带来的健康效应经济损失为最严重。不包括过程排放的情形下，每消费一吨煤炭，将会造成 220 元的健康效应经济损失；每消费一吨石油，造成 23.3 元的健康效应经济损失；而每消费 1000 立方米的天然气带来的健康效应经济损失只有 0.03 元。

高能耗、高排放部门的排放对我国环境质量和城市居民健康造成严重危害。需要优化调整产业结构和技术升级，逐步降低资源型、高能耗、高排放型产业的发展。电力部门是排放大户，需要调整发电结构，增加可再生能源的发电比重，降低发电部门的能耗和污染物排放。对用能部门而言，提高用能效率，降低不必要的能耗，也有助于降低整体能源需求，从而改善环境，增加社会长远效益，实现可持续发展。另外服务业通常被认为相对清洁，其耗能和排放较少，但是从中国目前的实际情况来看，部分服务业耗能并不少，而且造成的健康效应也不低。这提醒政府决策部门在调整产业结构时需要综合考察相关部门的综合经济和社会效益，有所取舍。同时在进行传统技术升级时，也要对服务业中能耗较高的部门开展技术改造，提高能源使用效率，降低污染物排放。

第 10 章 能源供应危机与经济安全研究

能源危机指的是由于某一种能源供应的短缺或价格的上涨对经济发展造成的显著障碍。由于能源在经济发展中的基础性和支撑性作用，其对社会经济发展会产生牵一发而动全身的影响。20 世纪 70 年代以来的三次能源危机对世界经济增长、通货膨胀、就业等都造成了明显冲击。第一次能源危机期间，世界经济增长率平均下降了 5 个百分点，通货膨胀率上升至近 40 年来的历史最高位。我国作为世界最大的能源消费国和第二大石油进口国，能源对外依存度越来越高，因此有必要探讨未来可能出现的能源危机对我国经济的潜在影响。本章重点讨论如下科学问题：

- **历次能源危机对世界主要发达国家的宏观经济造成了什么影响?**
- **原油供应短缺对我国宏观经济的影响如何?**
- **国际原油价格上涨对我国宏观经济的影响如何?**
- **不同应急措施对缓解成品油供应短缺的效果有哪些差异?**

10.1　世界能源危机的历史及影响分析

能源危机对经济发展的潜在冲击一直是能源安全中的一个重要议题。作为几乎在各种生产和生活活动中都会使用的基础性关键投入要素之一，能源的供应短缺或价格暴涨不仅会对经济系统造成直接冲击，而且这种冲击还会具有扩散性和持续性。另一方面，为争夺能源资源尤其是石油资源的争端不断被挑起（安尼瓦尔·阿木提等，2003），所以自发现石油以来，世界油库中东地区的局部纷争不断。

10.1.1　世界能源危机历史回顾

能源危机主要是通过能源供应短缺、能源价格高涨等形式影响世界各国的经济发展，进而影响国际社会的稳定。为了加强对能源（特别是石油）安全的管理与控制，1960 年 9 月石油输出国组织（OPEC）成立，主要成员包括沙特阿拉伯、伊拉克、伊朗、科威特和南美洲的委内瑞拉等国，从此石油输出国组织也成为世界上控制石油产量和价格的关键组织。20 世纪共发生了三次较大规模的石油危机：

第一次危机（1973～1974 年）：1973 年 10 月第四次中东战争爆发，为打击以色列及其支持者，石油输出国组织的阿拉伯成员国当年 12 月宣布收回石油标价权，并将各成员国出产的原油价格从每桶 3.011 美元提高到 10.651 美元，使油价猛然上涨了两倍多，从而触发了第二次世界大战之后最严重的全球经济危机。第一次石油危机对美国等发达国家的经济造成了严重的冲击。

第二次危机（1978～1979 年）：1978 年 11 月，作为世界第二大石油出口国的伊朗政局发生剧烈变化。伊朗亲美的温和派国王巴列维下台。由于在此期间石油工人罢工，使得伊朗的石油产量和出口量下降，造成石油市场供应短缺，引发第二次石油危机。此后又爆发了两伊战争。两伊战争期间，伊朗的石油出口减少，而伊拉克则几乎停止了石油出口，全球石油产量受到影响，从每天 580 万桶骤降到 100 万桶以下。随着产量的剧减，油价在 1979 年开始暴涨，从每桶 13 美元猛增至 1980 年的 34 美元。这种状态持续了半年多，此次危机沉重打击了西方工业国家经济，使其石油进口费用大增，国际收支恶化，通货膨胀和失业率增加。

第三次危机（1990～1991 年）：1990 年 8 月初，伊拉克攻占科威特而遭受国际经济制裁，使得伊拉克的原油供应中断，国际油价因而急升至 42 美元的高点。美国、英国经济加速陷入衰退，全球 GDP 增长率在 1991 年跌破 2%。国际能源机构启动了紧急计划，每天将 250 万桶的储备原油投放市场，以沙特阿拉伯为首的 OPEC 也迅速增加产量，很快稳定了世界石油价格（文天尧，2010）。

此外，2003 年由于以色列与巴勒斯坦发生暴力冲突，中东局势紧张，国际油价也曾发生过暴涨。2007 年底到 2008 年中，石油价格暴涨到 145.16 美元/桶，有人将其称为“第四次石油危机”。不过这几次能源紧张是否能称为石油危机并无一致的结论，因此本节以下部分将聚焦前三次石油危机。

从前三次被公认的石油危机的历史来看，局部战争与动荡引起石油供应短缺是石油危机发生的主要原因。如图 10-1 所示，阿以战争（Arab-Israeli War，1973～1974 年）期间，世界石油出现 430 万桶/天的短缺峰值；伊朗革命（Iranian Revolution，1978～1979 年）使世界石油生产出现 560 万桶/天的短缺；两伊战争（Iran-Iraq War，1980～1981 年），世界石油缺口达到 410 万桶/天；海湾战争（Gulf Crisis，1990～1991 年）期间则产生 430 万桶/天的石油缺口。

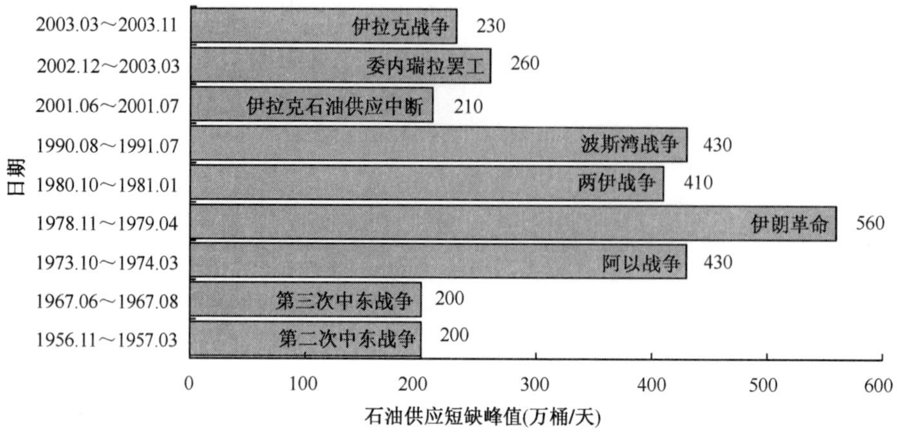

图 10-1　历次世界石油供应短缺量对比

资料来源：World Economic Forum，2006

面对石油供应短缺及由此造成的油价上涨，IEA 于海湾战争期间第一次动用战略石油储备，有效抑制了油价上涨，起到了稳定石油市场的作用。2005 年 8～9 月，美国墨西哥湾原油生产以及炼化设备受“卡特里娜”和“丽塔”飓风影响，石油出现较为严重的供应中断。为应对此次中断，IEA 于 2005 年 9 月 2 日宣布此后 30 天每天将释出 200 万桶原油、汽油和其他燃料供应国际市场。IEA 第二次的石油储备动用也收到了良好的效果：国际油价从高位迅速下跌了 3%～4%，油价上涨态势得到了有效抑制。2011 年 6 月，IEA 为了缓解利比亚局势对于石油供应的影响，于 6 月 23 日宣布在接下来的 30 天每天释放 200 万桶原油，共 6000 万桶的原油储备，抑制油价上涨，保障世界经济复苏。

10.1.2　石油危机对世界宏观经济的影响分析

石油危机对世界宏观经济的影响，主要是通过石油的供求和石油价格的波动这两个途径来实现的，而石油的供求与价格两者之间是紧密相连的。一般来说，石油危机首先从石油供应短缺开始，伴随着石油价格的跌宕起伏，对世界经济产生重要影响，进而波及世界各国的政治、军事、外交等多个方面，影响国际社会的和平与稳定。石油危机对世界宏观经济的影响包含很多方面，下面将从 GDP 增长、社会通货膨胀、就业三个方面对其进行分析。

10.1.2.1　*石油危机对经济发展的影响*

历史上的三次石油危机对世界经济造成了重大影响，依据 World Bank（2011）、

EIA（2011）的数据，石油价格波动与世界经济增长联动关系如图 10-2 所示。第一次石油危机期间，世界经济增长率从 1973 年的 6.61%分别下降到了 1974 年的 1.61%和 1975 年的 1.09%；第二次石油危机期间，世界经济增长率由 1978 年的 4.38%下降到 1980 年 1.95%；第三次石油危机期间，世界经济增长率从 1989 年的 3.76%下降到 1991 年的 1.56%。另外，2001 年的伊拉克石油供应中断（世界石油年供应量下降 2.1%）也对世界经济造成了一定的影响。从历史数据中可以看出，第二次、第三次石油危机对世界经济增速的影响明显小于第一次石油危机的影响，主要原因包括第一次石油危机后，石油税收政策的调整、IEA 调控作用凸显、各主要进口国战略石油储备的建立，以及天然气等其他能源的替代作用显现等。

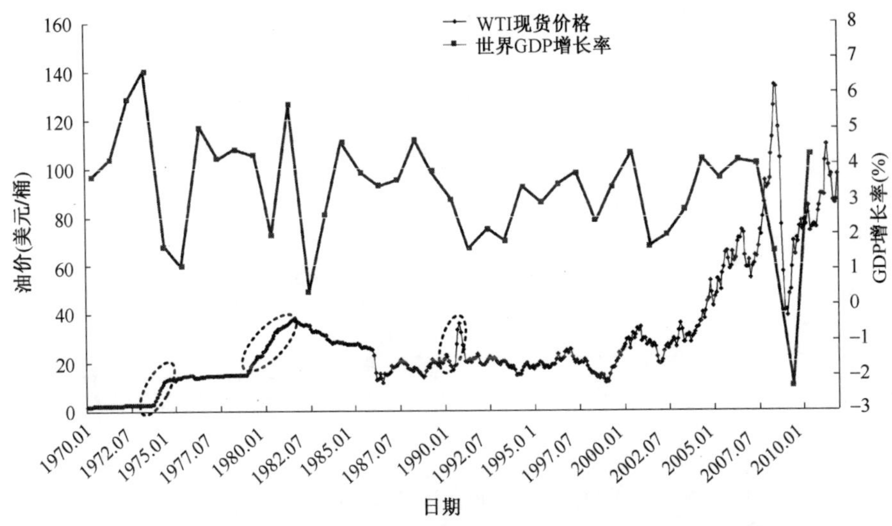

图 10-2 石油价格波动与世界经济增长联动关系（1970～2011 年）

美国、日本、英国作为老牌工业化国家，是主要的石油的消费国，据 BP 世界能源统计回顾发布的数据（BP，2011），2010 年美国、日本和英国石油日消费量分别为 1915 万桶/日、445 万桶/日和 159 万桶/日。这些国家由于石油在其能源消费中具有较高的份额，且大量依赖进口，所以历次世界石油危机对美国、日本和英国经济发展的影响都相对较高，据 World Bank（2011）的数据，石油危机与主要石油消费国经济增长关系如图 10-3 所示。

从图 10-3 可以看出，美、日、英三国 1970 年以来的经济增长曲线波动规律基本一致，三次石油危机以及 2007～2008 年的高油价对以上三个主要发达国家经济的影响十分显著，都导致其经济增速下降或经济出现负增长，特别是 2007 年的高油价加上美国的次贷危机和欧洲的债务危机共同导致了美、日、英三国出现近 40 年来最严重的经济负增长。

据 World Bank（2011）的数据，能源危机与 OECD 和欧盟的经济增长关系图如图 10-4所示，OECD 与 EU 两大国家集团经济变化趋势基本相同：石油危机期间经济呈现出明显增长减缓甚至负增长。然而，从图 10-4 还可看出，与第一次石油危机相比，

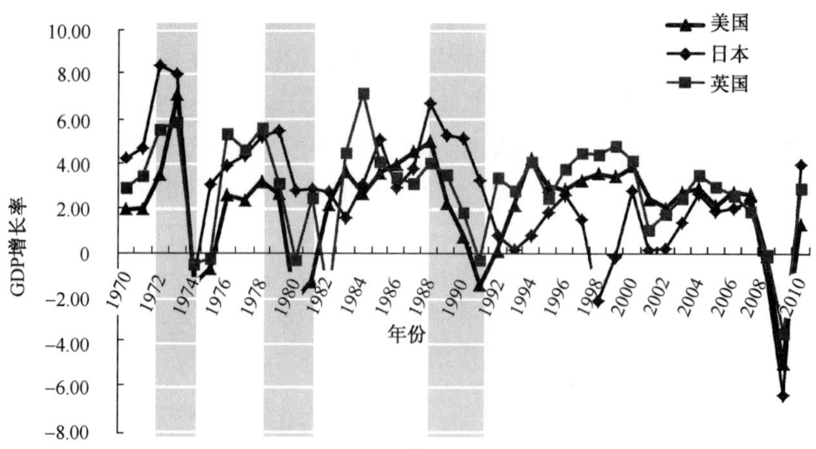

图 10-3 石油危机与主要石油消费国经济增长（1970～2011 年）

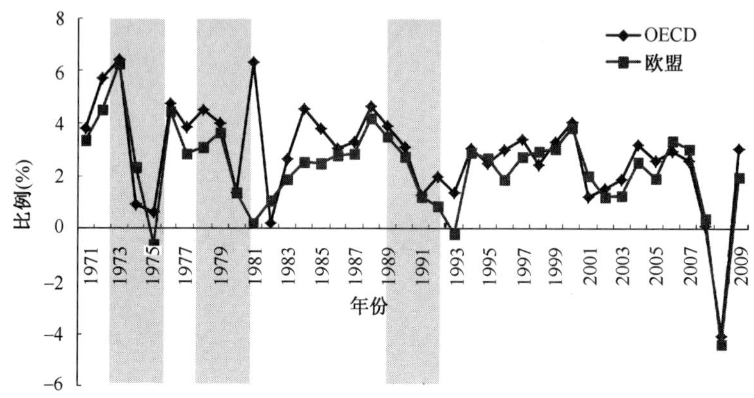

图 10-4 能源危机与大国集团经济增长（1971～2010 年）

第二次和第三次石油危机对两大经济体的影响有所减小，OECD 的经济增长受能源危机的影响小于欧盟国家。

图 10-5 显示了石油危机与主要的石油输出国经济增长之间的关系，图中数据（World Bank，2011）表明，石油输出国在历次的石油危机中也并不全是赢家，其经济同样受石油危机的影响，四国经济增长率呈现波浪式变化趋势，因为石油出口是沙特、伊朗等中东石油输出国经济的主体，石油危机导致出口减少、价格暴涨暴跌，以及局部地区政治经济环境动荡不安，进而影响其经济发展。在石油危机发生后的两年内，沙特等四国经济增速明显下降或是出现负增长。因此，石油输出国也很难从石油危机期间的高油价中获取暴利，往往适得其反，经济也会出现下滑。

10.1.2.2 石油危机对社会通货膨胀的影响

石油危机往往伴随着油价上涨，世界各国贸易支出状况恶化，与石油相关的大多数产品价格上升，进而导致通货膨胀压力加大。据 World Bank（2011）数据，石油危机与世界通货膨胀的协同关系如图 10-6 所示。

从图 10-6 可以分析得出，作为主要的大宗交易商品，石油供求关系和石油价格波

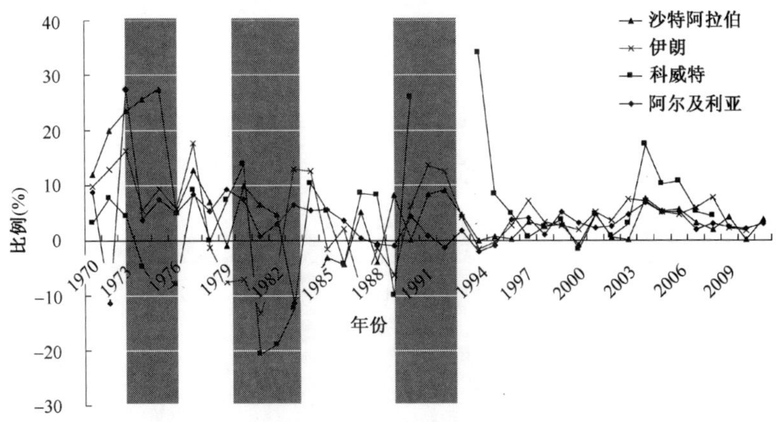

图 10-5　石油危机与主要石油输出国的经济增长（1970～2010 年）

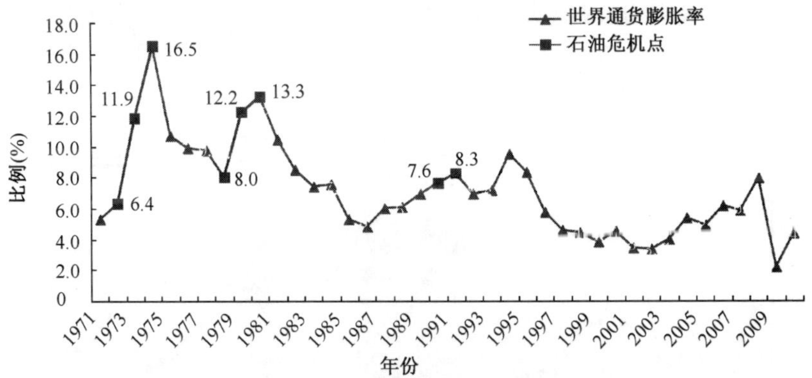

图 10-6　石油危机与世界通货膨胀（1971～2010 年）

动可能引起社会通货膨胀。20 世纪后半段的三次石油危机都在世界范围内造成了一定的通货膨胀，三次石油危机中对通货膨胀影响最大的是第一次石油危机，世界通货膨胀率从 1973 年的 6.4%上升到 1975 年的 16.5%，其后，由于各国政府社会调控能力的提高以及石油进口税收的增加，第二次和第三次石油危机对通货膨胀的影响明显低于第一次石油危机。此外，由于布雷顿森林体系的崩溃，发达国家产能过剩趋于严重，加上第一、二次石油危机的冲击，1970～1980 年世界经济发展出现了经济增长停滞与通货膨胀共存的现象，进入“低增长、高膨胀”时期。

据 World Bank（2011）数据，图 10-7 显示了美国、日本、英国 1961～2009 年的社会通货膨胀率。从图 10-7 可以看出，三次能源危机期间，美、日、英三国社会通货膨胀率出现明显上升，但后两次石油危机期间其社会通货膨胀率的上升幅度要小于第一次能源危机，这得益于第一次石油危机后各国能源战略的调整。

10.1.2.3　石油危机对美国社会就业的影响

石油危机对于美国的社会就业也产生了重要影响。图 10-8 是据美国 Bureau of Labor Statistics（2011）的失业率数据，作者经加权平均得到年失业率变化趋势图。从

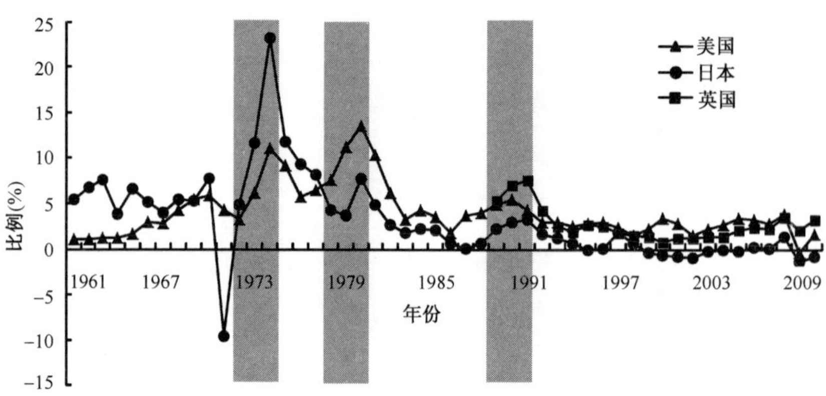

图 10-7　主要石油消费国的社会通货膨胀率（1961～2009 年）

图 10-8可以看出，美国的失业大致滞后石油危机 1 年的时间。三次石油危机及 2008 年的高油价与危机发生期间的失业率的增长息息相关。此外，2001～2003 年，美国受“9·11”恐怖袭击和伊拉克战争影响，其失业率也出现明显增加。

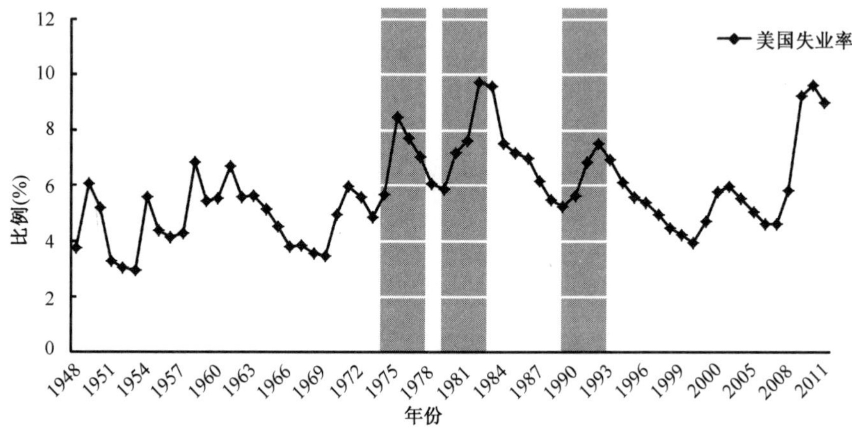

图 10-8　石油危机对美国就业的影响（1948～2011 年）

10.2　中国能源供应短缺事件分析

10.2.1　近年来中国能源供应短缺的典型事件

20 世纪 50 年代，随着工业化进程的加快，世界能源消费水平大幅度提高，西方工业化国家的能源消费结构发生了重大改变，石油在这些国家能源消费中所占比例有了很大提高。70 年代初第四次中东战争爆发，引发了石油危机，并成为第二次世界大战后最严重的全球经济危机的主要诱因，世界各国开始认识并重视能源安全问题。

改革开放后，我国进入了经济快速发展的时期，能源的需求量有了较大增长，尤其是进入 21 世纪以来，能源消费量迅猛增长，年平均增长速度高达 12.8%。快速增长的能源需求，使能源稳定供应的压力越来越大，一旦出现影响能源供应的突发事件，能源短缺或中断在所难免。近年来，我国局部地区能源供应短缺（油荒、电荒和煤荒）事件时有发生，给当地社会经济稳定发展造成了较大的负面影响。

2005 年 8 月初，由于受消费旺季和台风阻碍运输等多方面因素的影响，广东珠三角地区出现大面积的“缺油”现象。广州、东莞、佛山、中山等城市相继出现了不同程度的成品油供应紧张的局面。大部分社会加油站出现了各类标号汽油和柴油脱销的现象，尤其是汽油。等待加油的车辆在加油站外排起了长龙。面对“供不应求”的局面，大部分加油站采用了“限量供应”等策略，但这仅仅是全国性的成品油缺货的开端，继广东省成品油短缺后，油荒逐渐波及上海、南京、武汉、昆明、青岛和黑龙江等省市。在以上省市地区出现了不同类型标号汽油和柴油短期断档的现象。此次油荒对珠三角和长三角地区的经济发展产生了较为严重的负面影响，直接和间接经济损失巨大。

2008 年初，一场罕见的雨雪冰冻灾害突袭我国南方广大地区，电力供应设施遭受重创，湖南、湖北、贵州、四川等省份公路运输基本瘫痪，很多供电设施被雨雪压塌，多个城市出现缺煤、断电等能源供应短缺，经济发展和居民日常生活受到严重影响。因电煤储备不足，煤炭运输线路受阻，部分地区的燃煤电厂不得不停止发电，长沙、郴州等部分城市供水也受到严重影响。据新华网发布的消息，南方雨雪冰冻灾害造成的直接经济损失高达 1516.5 亿元。

2009 年底到 2010 年初，由于京冀晋等地突降暴雪，全国多数地区遭遇罕见的寒潮袭击，煤炭运输受到严重影响，山西、河南、河北等煤产地煤炭外运困难。急速降温导致煤炭需求量大幅上涨，原本季节性的煤炭供应不畅更加显得雪上加霜。我国多地出现电煤短缺，造成电厂电煤储量急剧下降，华东、华北等地电厂的存煤仅可维持 7 天，华中地区为 10 天，将要触及煤储量警戒线。作为全国煤炭“风向标”的秦皇岛港煤炭内外贸库存一度接近 500 万吨的库存警戒线。上海、江苏、湖北、河南和湖南等多个省市的供电厂实行了拉闸限电的措施。这次由于突发的天气异常变化引发的大规模持续时间较长的煤炭短缺，造成电力行业的供电紧张，制约了工业制造业尤其是高耗电企业的发展，影响了各地经济发展，同时也给各地人民生活造成了一定的负面影响。

2009 年 11 月，由于受到中石油西南油气田公司老气田综合递减率增高、新气田产量不足以及需求日益增大的影响，重庆出现了较为严重的天然气供应不足，出租车在加气站外排起长队等候加气，居民用气受限，重庆市政府采用错峰加气、限制加气，加收出租车燃油附加费等措施来缓解供气不足。同时，在其他城市，如武汉、杭州等城市也出现供气不足的现象。这次的天然气供气不足导致部分工业企业停气甚至停产。采暖用户及车用燃气供应受到较大影响。

接连不断的局部地区电煤供应短缺、突发性和季节性油荒、电荒等能源供应短缺事件，不断冲击我国脆弱的能源供应体系，一次次验证我国能源安全预警和应急预案的不足。因此，系统开展我国能源供应安全预警与应急预案研究迫在眉睫。

10.2.2　中国能源供应短缺的影响因素分析

分析我国近些年来遭遇的能源供应短缺事件，可以将影响能源供应的因素归结为以下几点：

(1) 突发的自然灾害是能源供应短缺的“导火索”。

自然灾害对能源供应的影响主要体现在对能源运输和能源储备设施的影响上。2005年8月份，广东珠三角地区受到台风接二连三的影响，使得从东北往南输送成品油的油轮难以靠岸，令广东市场的成品油供应紧张进一步加剧。2008年出现的“煤荒”、“电荒”是因为一场突如其来的雨雪天气造成了交通运输的瘫痪和多处供电设施的损坏。2009年底出现的煤荒，主要的原因就是突如其来的降雪和寒潮阻碍了煤炭运输，煤炭公路、铁路运输均受到严重影响。加上北方沿海地区出现了罕见的大风、大雾等恶劣天气，受此影响，秦皇岛、唐山、天津、黄骅等主力煤炭运发港持续多天封航。封航造成北方方口船舶无法正常进出港口，煤炭运发量下降。寒潮突袭造成气温骤降，人民生火取暖需求明显增加，能源消耗增大，也造成了能源供给的相对短缺。

突发的自然灾害导致能源运输不畅，从而导致能源供应链条断裂，成为各类能源荒的导火索。自然灾害虽然是不可避免的，但是以目前预测技术的发展水平，大多数自然灾害在发生前是能够得到一些预报信息的，如果能够根据预报信息提前采取防范措施，如及时补充库存，加强能源基础设施保护，可以在一定程度上降低自然灾害对能源供应的影响。

(2) 能源战略储备和商业储备不足无法应对能源的供需变动。

上述几次典型的能源供应短缺事件暴露了我国能源供应体系中亟待解决的一个重要问题——能源储备体系不完善。

当遭遇突发自然灾害或其他影响导致能源供应不足时，不能及时地进行能源储备调用。在此能源储备不足一方面是我国能源战略储备不足，一方面是当地销售公司的商业储备量不足。能源储备是能源危机的缓冲器，能够起到维持能源供应稳定，缓解能源供应危机的重要性，无论是国家战略能源储备，还是商业储备均应达到一定的标准。

以石油储备为例，欧盟要求各成员国到2012年底战略石油储备应达到90天的净进口量（The Council of the European Union，2009)，美国的战略石油储备量则更多，我国的战略石油储备政策启动较晚，因而储备量大大低于欧美等发达国家。我国的成品油地区销售以中石油、中石化和中海油为主，由于原油价格波动加大、成品油储备条件复杂、储备成本较高等多因素影响，销售公司缺乏成品油储备的动力，因而造成有些地区成品油储备不足，2005年“油荒”以及成品油消耗旺季出现的供应不足，均与当地成品油储备体制不完善，成品油库存不足有关。

2008年和2009年出现的“煤、电荒”，各电厂煤炭储备不足推动了电、煤短缺态势的扩大。由于煤炭价格的波动和煤炭储存时间过长会导致热值下降等原因，电厂多数不愿意大量囤煤。在美国，电厂的存煤天数一般都在50天以上，日本和欧盟等地区的存煤可用天数一般也在一个月以上，而我国部分地区的电厂储煤量仅仅为7～15天，当遭遇极端天气时，煤炭运输困难，这些存煤量远远不能满足需求，导致煤荒影响扩大。

(3) 能源供应预警监控和应急预案的不完善降低了处置能源突发事件的效率。

防患胜于抢险，如果能在供应短缺事件发生前，或者在短缺事件初露苗头时能够发现并采取一定的措施进行控制，那么短缺事件波及的范围有可能缩小，不良影响将会降低。但是，从近些年来出现的能源短缺事件中可以看出，能源短缺事件爆发后，波及范围不断扩大，对当地经济和人民生活造成了极大的不良影响，能源供应预警监控系统没有起到相应的预警作用，因而在短缺事件爆发前并没有采取有效的控制措施，各级政府及能源供应销售企业均是在短缺事件已经发生后才开始进行能源紧急调拨等一系列的补救措施，可见至少从地方政府和成品油销售企业的角度来看能源供应预警监控体系并没有发挥作用。能源短缺事件爆发后，虽然应急体系也给予响应，但是各涉及主体间行为缺乏协同，导致国家、地方政府、能源主管部门、能源供应链企业以及其主管部门的应急责任和义务不清晰，应急响应滞后，同时也增加了应急响应成本（吕涛，2011），降低了处置能源突发事件的效率。

从目前的国际和国内能源发展状况来看，出现能源供应短缺事件在未来是不可避免的事情，因此如何在出现紧急情况时采取有效措施控制事态恶化是非常重要的，因此我国需要建立和完善能源安全预警体系和应急预案，并进行应急预案的演练，这样当短缺事件真正发生时，才能够真正做到从容不迫，有条不紊。

10.3 原油供应中断的社会经济影响研究

本节将应用北京理工大学能源与环境政策研究中心开发的中国能源与环境政策分析模型（China Energy & Environmental Policy Analysis Model，CEEPA）对发生原油供应中断时中国的宏观经济可能受到的影响进行分析。CEEPA 的核心是一个多部门递归动态可计算一般均衡模型。目前 CEEPA 已经被成功运用于评估在中国实施不同的节能或减排措施的影响，例如碳税（Liang，et al，2007）、终端能源使用效率的提高（Liang et al，2009）等。相应的软件系统也已成功开发并获得软件著作权（著作权号 2012SR023208）。关于 CEEPA 模型更详细的介绍和相应的方程、参数及变量列表、数据来源等参见 Liang 等（2007，2009）。

10.3.1 原油供应中断情景设置

对应历史上三次石油危机，本研究相应设置了三个原油供应中断情景，如表 10-1 所示。在各情景中分别用历史上三次石油危机发生时全球原油供应的平均减少比例，来研究中国当前的原油进口总量也减少相同比例的情况下，对当前中国社会经济的影响。这里值得注意的是，第三次石油危机发生时由于 IEA 释放了石油储备，大大弥补了危机造成的原油供应的缺口，所以第三次石油危机导致的全球原油供应中断比例明显小于前两次危机。

表 10-1 全球原油供应中断情景

情景	简称	描述
第一次石油危机情景	Ocris-1	全球原油供应中断 4.9%
第二次石油危机情景	Ocris-2	全球原油供应中断 4.5%
第三次石油危机情景	Ocris-3	全球原油供应中断 0.31%

10.3.2 原油供应中断对中国的社会经济影响

本研究首先运行一个没有发生任何形式能源危机的基准情景，然后运行各原油供应中断情景，得到这些不同的干扰情景下的各项经济运行指标值，并与基准情景进行比较，各项主要结果以各指标相对于基准情景下相应值的偏移百分比表示。表 10-2 显示了不同原油供应中断情景下各主要宏观社会经济指标的变化。

表 10-2 三种原油供应中断情景下各宏观变量的变化（%）

指标	Ocris-1	Ocris-2	Ocris-3
实际 GDP	−0.123	−0.113	−0.007
总投资	0.020	0.020	0.002
总消费	−0.168	−0.154	−0.010
CPI	0.077	0.070	0.005
就业	−0.218	−0.200	−0.013
农村居民福利	−0.255	−0.234	−0.015
城镇居民福利	−0.220	−0.202	−0.013

10.3.2.1 原油供应中断对宏观经济发展的影响

原油供应中断会对 GDP 造成负面冲击，冲击幅度随中断量而增大。由表 10-2 可见，在三种原油供应中断情景下，中国的 GDP 相对于未发生中断的基准情景值均出现损失，且中断幅度越大损失幅度越大。

原油供应中断对 GDP 的冲击主要源于其对总消费的负面影响。这里所分析的 GDP 是用支出法描述的实际 GDP，由总消费、总投资和净出口构成。由于本模型在国际贸易平衡中采用的是国外储蓄外生给定的闭合法则，因而各方案下的净出口值都固定在基准情景下的相应值，而通过对总消费和总投资的影响来影响 GDP。

由表 10-2 可知，三种中断情景对总投资的影响都是正向的，对总消费的影响都是负向的，且三种情景下总消费下降的比例明显大于总投资增加的比例，综合影响是导致实际 GDP 的下降。

原油供应中断对总投资的正面影响主要源于特别收益金收入拉动政府储蓄的提高。根据本模型的储蓄-投资闭合法则，总投资完全由总储蓄内生转化得到。总储蓄的主要组成部分为企业储蓄、居民储蓄和政府储蓄，在基准情景下这三部分的比重分别为居民储蓄 43.9%，企业储蓄 39.2%和政府储蓄 16.9%。表 10-3 显示了三种原油供应中断情景下三种储蓄的变动情况。三种情景下，资本回报率和劳动需求量都是降低的，从而使得这三种情景下的企业储蓄和居民储蓄相对于基准情景都有明显下降。在三种情景下，全球原油供应中断造成国内油价上涨，而这种国内外的油价差额作为石油特别收益金全部归入政府收入，能使得政府储蓄相对于基准情景有大幅提高，以至能抵消掉另外两种储蓄的减少而使得总投资有所上升。

表 10-3 各情景下三种储蓄的变动情况（%）

储蓄（%）	Ocris-1	Ocris-2	Ocris-3
企业储蓄	−0.279	−0.255	−0.016
居民储蓄	−0.157	−0.143	−0.009
政府储蓄	1.1495	1.057	0.072

原油供应中断对总消费的负面影响主要源于物价上涨和可支配收入下降双重冲击。在总消费方面，由于本模型采用的是政府消费量外生的闭合法则，加之居民消费在总消费中占据主导地位（基准情景下居民消费占总消费的比例为 73.5%），因此各情景对于总消费的影响主要是通过其对居民消费的影响进行的。

居民消费主要由居民可支配收入和物价水平决定，与居民可支配收入正相关，而与物价水平负相关。模型结果显示，三种情景下，由于原油供应中断，造成国内原油和成品油价格上涨，进而导致劳动力需求和企业利润减少，城乡居民可支配收入相对于基准情景都有明显下降。从 CPI 的变动来看，三种情景下 CPI 均有不同幅度的上升，再加上居民收入的减少，从而使得三种情景下的城乡居民消费都是下降的，进而导致总消费的下降。

10.3.2.2　原油供应中断对 CPI 的影响

原油供应中断会抬高 CPI，且城镇居民消费品价格指数涨幅高于农村。由表 10-2 可见，三种原油供应中断情景下中国的 CPI 相对于未发生中断的基准情景值均会出现上升，且上升幅度随着中断幅度的增加而增加。

模型结果还显示，城乡居民消费品价格指数受原油供应中断冲击的程度不同：在 Ocris-1 情景下，城镇和农村居民 CPI 的上涨幅度分别为 0.080%和 0.066%；在 Ocris-2 情景下，城镇和农村居民 CPI 的上涨幅度分别为 0.074%和 0.061%；在 Ocris-3 情景下，城镇和农村居民 CPI 的上涨幅度分别为 0.005%和 0.004%。

原油供应中断对 CPI 的冲击主要源于成品油、交通、服装和食品价格的上涨。CPI 的水平主要由各种消费品的价格以及居民的消费结构两大因素决定。其中，居民的消费结构指的是各种消费品占居民总消费的比例关系。

模型结果显示，在三种情景下，原油供应中断都会导致除其他重工业部门外所有部门产品价格的上涨。其他重工业产品的价格虽然总体略有下降，但这类商品在居民消费中所占比例比较低（基准情景下在农村和城镇居民消费中所占比例分别约为 0.8%和 1.7%），因此在 CPI 变动中的贡献很小，不足以抵消其他部门商品价格上涨的影响。

在价格上涨的各类生活消费品中，对全国总体 CPI 拉动作用最大的是成品油价格的上涨，其后依次是交通、服装和食品价格的上涨。在三种情景下，这四类商品价格的上涨在全国 CPI 涨幅中所贡献的比重之和均超过了 50%，达到约 60%。

成品油价格上涨对 CPI 涨幅的贡献比例在各情景下都超过了 20%，主要源于其明显较高的价格涨幅：成品油消费支出在居民总消费中所占比例很小（基准情景下约为 0.8%），但在三种情景下，成品油价格的涨幅均明显高于其他各类居民消费品（各情景下均约为涨幅第二位的商品的 5 倍）。

食品价格上涨对 CPI 涨幅的贡献比例在各情景下都超过了 10%，主要源于其在居民消费结构中的重要地位：在三种情景下，食品价格的涨幅在各类价格上涨的消费品中都是倒数第三小的，但食品消费支出在居民总消费中所占比例却是第二大的（基准情景下约为 17.7%）。

交通和服装价格上涨对 CPI 涨幅的贡献比例在各情景下分别约为 14%和 13.5%，

既有这两类商品价格涨幅较高的原因（在各情景下交通和服装价格的涨幅均分别是第二大和第四大的），也有居民消费结构的原因（基准情景下交通和服装消费支出分别约为2.5%和6%）。

10.3.2.3　原油供应中断对就业的影响

如表10-2所示，原油供应中断对全国就业量的总体影响是负面的。图10-10显示了各情景下各部门劳动力需求的变动幅度。由图10-9可见，在三种原油供应中断情景下，除了石油开采、天然气开采和交通运输部门外，各部门的劳动力需求都是下降的。劳动力需求下降幅度超过全国平均水平的部门包括石油加工、纺织、电力、服装、其他重工业、设备制造、造纸、食品、金属制品、农业、水的生产和供应等部门。在三种情景下石油加工部门的就业所受负面冲击都是最大的。在Ocris-1、Ocris-2和Ocris-3情景下该部门劳动力需求分别下降1.82、1.67和0.11百分点。

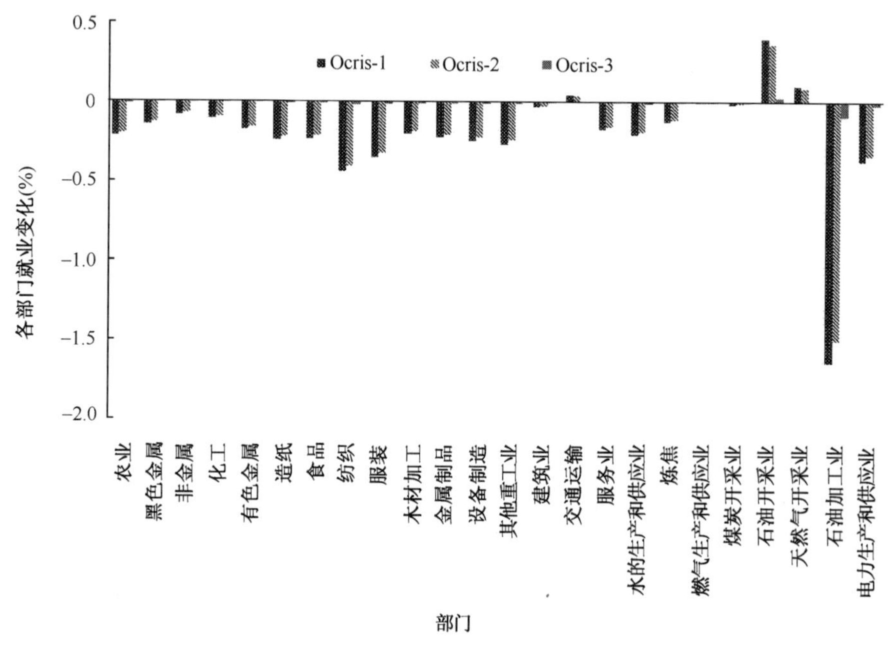

图10-9　三种原油供应中断情景对各部门就业的影响

10.3.2.4　原油供应中断对居民福利的影响

福利刻画了居民通过对各项物品和劳务的消费所获得的满足程度。这里旨在用福利指标体现原油供应中断对居民的实际购买力的影响。

由表10-2可知，三种原油供应中断情景下，城乡居民福利均出现损失。这是由于原油供应中断一方面会造成国内总体消费品价格水平的上涨，另一方面会导致居民收入的下降。

从表10-2中还可以看出，在相同的原油供应中断情景下，农村居民的福利损失幅度要大于城镇居民。产生这一结果的主要原因在于：在各情景下，农村消费者价格指数的上涨幅度都要小于城镇，但农村居民可支配收入的下降幅度都要大于城镇居民，而由于城乡居民消费者价格指数的波动幅度都要明显小于相应的城乡居民可支配收入变动幅度，因此城乡福利指标变动之间的关系与可支配收入指标变动之间的关系相一致，即农村福利损失要大于城镇。

各情景下农村居民可支配收入的下降幅度都要大于城镇居民的主要原因在于：城镇居民的收入很大一部分来自于转移支付，而转移支付是不受原油供应中断影响的，这就相当于对原油供应中断导致的总收入的减少可以起到一定的缓冲作用，因此农村居民收入对于原油供应中断更加敏感，下降的幅度更大。

10.3.2.5　原油供应中断对各部门生产的影响

图 10-10 显示了不同原油供应中断情景下各部门的利润所受的影响。结果显示，原油供应中断会造成大多数部门的利润损失。在 Ocris-1、Ocris-2 和 Ocris-3 情景下全国平均利润损失幅度分别为 0.19%、0.17%和 0.01%。

各情景下利润损失幅度均超过全国平均的部门有石油加工、纺织、服装、电力、其他重工业、设备制造、食品、造纸、金属制品、木材加工、水的生产和供应、服务业，以及农业。

在原油供应中断时利润反而会增大的部门有燃气生产和供应业、建筑业、化学工业、天然气开采业、交通运输业，以及石油开采业。

原油供应中断在 Ocris-2 和 Ocris-3 情景下不会对煤炭开采业的利润造成损失，但若中断幅度继续增大，则有可能导致煤炭开采业利润的下降，如 Ocris-1 情景所示。

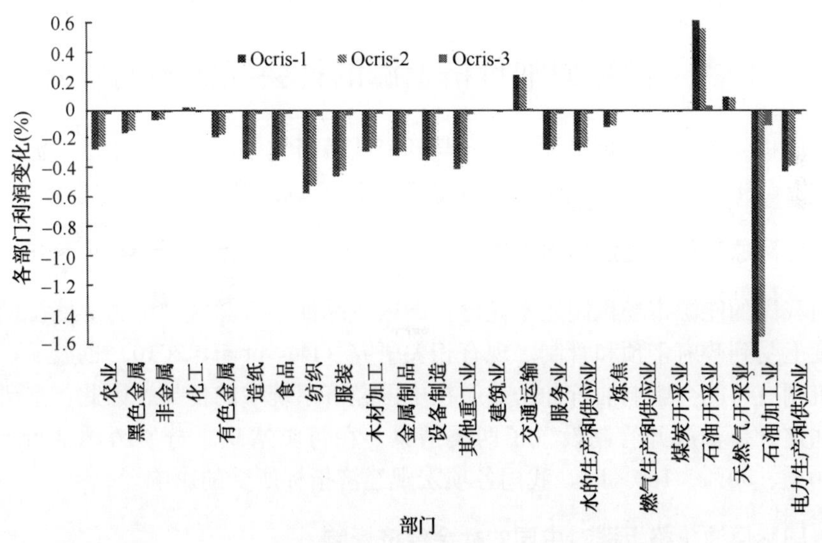

图 10-10　三种原油供应中断情景下各部门利润的变化

图 10-11 显示了不同原油供应中断情景下各部门出口所受的影响。结果显示，原油供应中断会导致所有部门出口的下降。在 Ocris-1、Ocris-2 和 Ocris-3 情景下全国出口总量分别下降 0.40%、0.36%和 0.02%。

各情景下出口下降幅度均大于全国平均水平的部门包括石油加工、化学工业、电力、纺织、服装、交通运输、炼焦。尤其是石油加工业的出口下降幅度要明显大于其他部门。不过，石油加工、电力和炼焦在我国出口结构中并不占重要地位，这三个部门的出口损失之和占我国总出口损失的比重较小部门，在各情景下均约为7%。

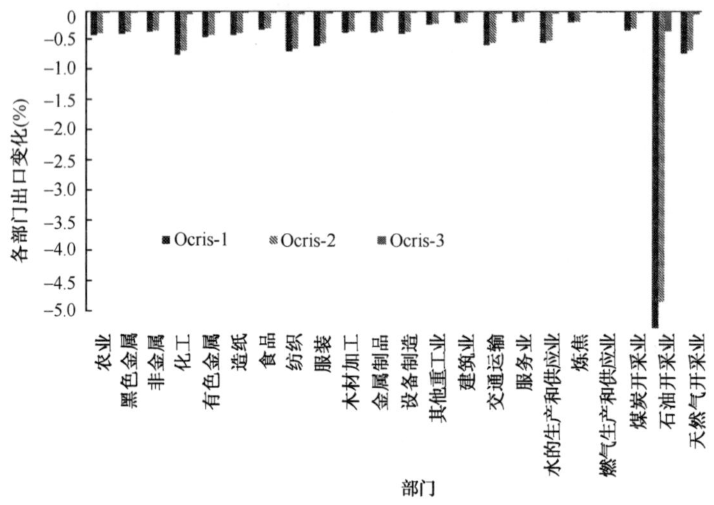

图 10-11 三种原油供应中断情景下各部门出口的变化

在各情景下，出口损失在全国总出口损失中贡献最大的四个部门依次是设备制造、纺织、化学工业和服装。在 Ocris-1、Ocris-2 和 Ocris-3 情景下这四个部门出口损失之和占全国出口总损失的比重分别达到了约 67.6%、74.3%和 74.5%。

10.4 国际原油价格上涨的社会经济影响研究

本节同样将应用北京理工大学能源与环境政策研究中心开发的中国能源与环境政策分析模型（CEEPA）对国际原油价格上涨对中国宏观经济的可能影响进行分析。

10.4.1 国际原油价格上涨情景设置

目前我国的能源市场机制还不完善。国内成品油、天然气、电力等能源的价格还在不同程度上受到政府干预和管制。现有相关研究（Du，et al，2010）也显示，中国的石油定价机制有可能会影响油价冲击效应在中国经济系统中的传导。因此，本研究围绕国内成品油定价是否放开管制设置了两类情景。在每类情景下分别考虑油价上涨 10%、20%、30%、50%、100%时，我国各项宏观经济指标所受的影响。

10.4.2 国际原油价格上涨对中国的社会经济影响

本研究首先运行一个没有发生任何形式能源危机的基准情景。然后运行各国际原油价格上涨情景，得到这些不同的干扰情景下的各项经济运行指标值，并与基准情景进行比较，各项主要结果以各指标相对于基准情景下相应值的偏移百分比表示。表 10-4 和表 10-5 分别显示了在政府管制情景下和政府不管制情景下国际原油价格上涨不同幅度时各主要社会经济指标所受的影响。

表 10-4　政府管制下油价上涨对宏观经济指标的影响（%）

指标	10%	20%	30%	50%	100%
实际 GDP	−0.132	−0.264	−0.396	−0.656	−1.269
总投资	−0.963	−1.873	−2.736	−4.337	−7.756
总消费	−0.018	−0.031	−0.041	−0.053	−0.048
CPI	−0.179	−0.347	−0.505	−0.794	−1.385
就业	−0.212	−0.410	−0.595	−0.935	−1.639
农村居民福利	−0.059	−0.113	−0.163	−0.250	−0.417
城镇居民福利	−0.012	−0.018	−0.020	−0.012	0.0536

表 10-5　政府不管制下油价上涨对宏观经济指标的影响（%）

指标	10%	20%	30%	50%	100%
实际 GDP	−0.326	−0.640	−0.944	−1.517	−2.779
总投资	−1.069	−2.056	−2.970	−4.615	−7.907
总消费	−0.243	−0.465	−0.670	−1.038	−1.776
CPI	−0.143	−0.270	−0.386	−0.584	−0.935
就业	−0.526	−1.012	−1.463	−2.278	−3.936
农村居民福利	−0.395	−0.760	−1.100	−1.717	−2.987
城镇居民福利	−0.309	−0.590	−0.848	−1.308	−2.222

10.4.2.1　国际原油价格上涨对宏观经济发展的影响

国际原油价格上涨会对 GDP 造成负面冲击，放开成品油定价会加剧冲击幅度。如表 10-4 和表 10-5 所示，无论成品油定价是否放开管制，国际原油价格上涨都会对中国的 GDP 造成负面冲击。油价上涨 10%、20%、30%、50%和 100%时，放开成品油定价管制情景下的 GDP 损失要比政府管制情景分别高 0.19、0.38、0.55、0.86 和 1.51 百分点。

放开成品油定价管制有助于放慢 GDP 损失随国际原油价格涨幅而增大的速度。如表 10-4 和表 10-5 所示，无论成品油定价是否放开管制，油价涨幅越大，GDP 损失都会越大。如果成品油定价受政府管制，在油价上涨 20%、30%、50%和 100%时，GDP 损失幅度分别为油价上涨 10%时损失幅度的 2.0、3.0、5.0 和 9.6 倍；如果放开成品油定价管制，则在油价上涨 20%、30%、50%和 100%时，GDP 损失幅度分别为油价上涨 10%时损失幅度的 2.0、2.9、4.7 和 8.5 倍。因此，放开成品油定价管制情景下 GDP 损失随油价涨幅而增大的速度要慢于政府管制情景。

国际原油价格上涨对 GDP 的冲击主要源于其对总投资的负面影响。与 10.3 节相同，这里所分析的 GDP 同样是由总消费、总投资和净出口构成的实际 GDP。如表 10-4 和表 10-5 所示，无论成品油定价是否放开管制，总投资受到油价上涨的负面冲击都要明显大于总消费受到的冲击。

10.4.2.2　国际原油价格上涨对 CPI 的影响

如表 10-4 和表 10-5 所示，无论成品油定价是否放开管制，国际油价上涨都会反而降低全国的 CPI 水平，且油价增幅越大 CPI 降幅越大。造成这一现象的主要原因在于：高油价虽然导致石油开采及某些相关部门产品市场价格上涨，但是油价上涨会对整体经济发展产生明显的负面影响，进而对大多数部门产品的需求造成严重打击，最终来自需求下降的影响超过了油价上涨导致的生产成本上升的影响，导致综合物价水平的下降。本研究的结果还显示，有政府管制时国际原油价格上涨造成的 CPI 减幅比放开成品油定价管制时的 CPI 减幅大。主要原因在于：如图 10-12 所示，如果成品油定价受政府管制，国际原油价格上涨时，只有国内原油的销售价格会出现增长；而如图 10-13 所示，如果放开成品油定价管制，国际原油价格上涨除了会导致国内原油的销售价格明显上涨外，还会带动成品油价格的明显上涨，以及交通运输和化工部门产品价格一定幅度的上涨。

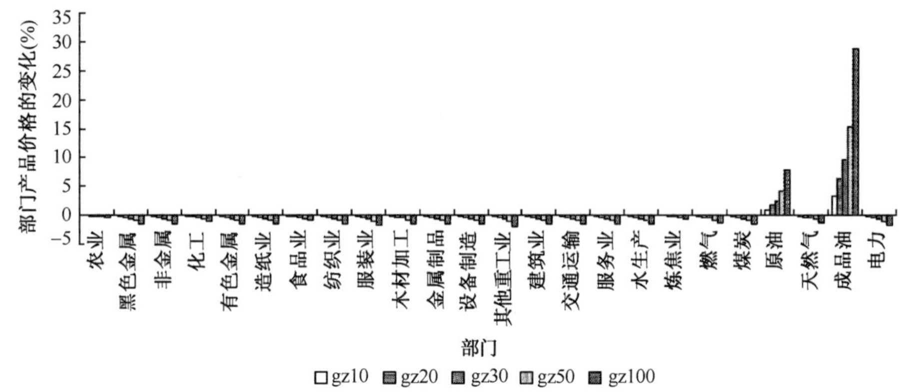

图 10-12　政府管制下各部门产品市场价格变化

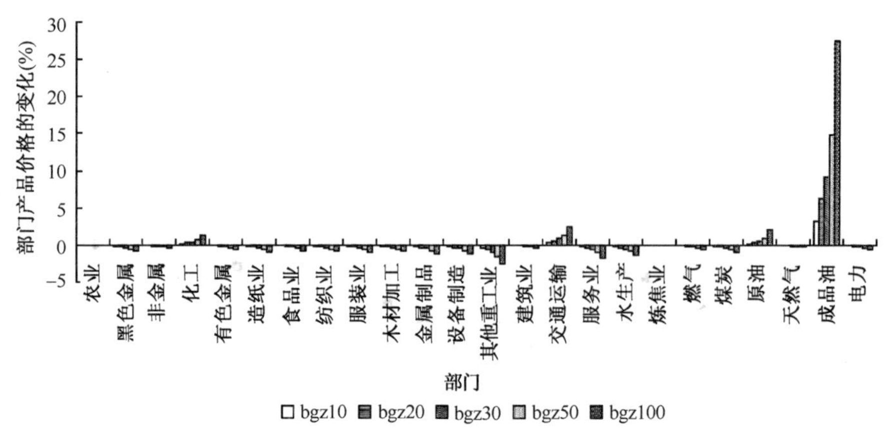

图 10-13　政府不管制下部门产品市场价格变化

10.4.2.3　国际原油价格上涨对就业的影响

如表 10-4 和表 10-5 所示，无论成品油定价是否放开管制，国际原油价格上涨对全国就业量的总体影响都是负面的，且这种负面影响的程度随着油价涨幅的增大而增大。

图 10-14 和图 10-15 分别显示了在政府管制情景下和政府不管制情景下各部门劳动力需求的变动幅度。如图 10-14 所示，如果成品油定价受政府管制，则石油开采业的劳动力需求会出现明显增加，纺织和服装部门的劳动力需求也会出现一定程度的增加；而如图 10-15所示，如果放开成品油定价管制，则只有石油开采业的劳动力需求会出现增加。

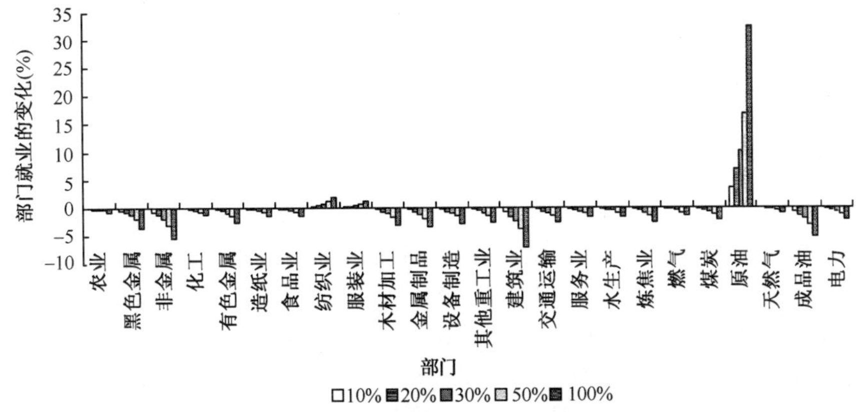

图 10-14　政府管制下部门就业变化

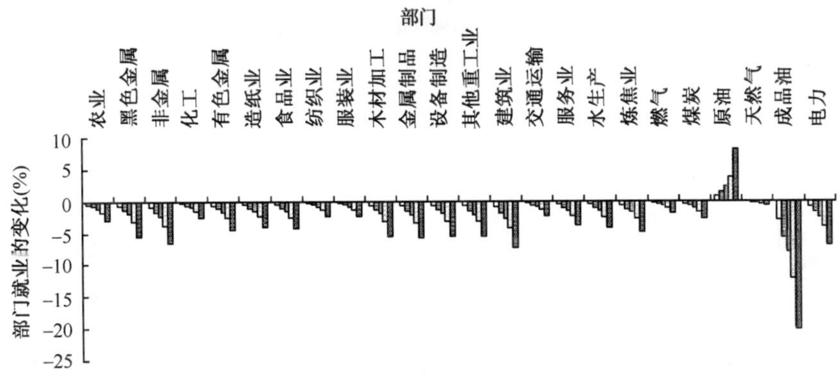

图 10-15　政府不管制下部门就业变化

然而，不管成品油定价是否受管制，少数几个部门劳动力需求的增加远不足以抵消大多数部门劳动力需求的减少，最终导致全国就业量的下降。

在成品油定价受政府管制的情景下，劳动力需求下降幅度最大的5个部门依次为建筑业、石油加工业、非金属制品业、钢铁工业、金属制品业。在放开成品油定价管制的情景下，劳动力需求下降幅最大的5个部门包括：石油加工业、建筑业、电力、非金属制品业、金属制品业。

10.4.2.4　国际原油价格上涨对居民福利的影响

如表10-4和表10-5所示，如果放开成品油定价管制，国际原油价格上涨对城乡居民福利的影响都是负面的，且这些负面影响都会随着油价涨幅的增大而增大。如果成品油定价受政府管制，则油价上涨对农村居民福利的影响总是负面的，且负面影响会随着油价涨幅的增大而增大；而在这种情景下油价上涨对城镇居民福利的影响在油价涨幅较小时是负面的，且负面影响会随着油价涨幅的增大而增大，但当油价涨幅超过一定程度时，油价上涨对城镇居民福利的负面影响程度变成随着油价涨幅的增大而减小，最终会转为正面影响。

结果还显示，不管成品油定价是否受管制，国际原油价格上涨对农村居民福利的负面影响都要大于对城镇居民福利的负面影响。产生这种结果主要原因同样是由于目前我国城镇居民的转移收入比农村居民大得多。

10.4.2.5　国际原油价格上涨对各部门生产的影响

图 10-16 和图 10-17 分别显示了政府管制和不管制情景下各部门利润所受的影响。如图 10-16 所示，如果成品油价格受政府管制，则石油开采部门的利润会大幅增加；纺织部门的利润也会出现一定程度的增加；服装部门的利润在油价涨幅较小时会减少，而随着油价涨幅的增大而转为增加。而如图 10-17 所示，如果放开成品油定价管制，则只有石油开采部门的利润会明显增加。

在成品油定价受政府管制的情景下，利润下降幅度最大的 5 个部门依次为建筑业、石油加工业、非金属制品业、钢铁工业、金属制品业。在放开成品油定价管制的情景下，利润下降幅最大的 5 个部门包括：石油加工业、建筑业、电力、其他重工业、金属制品业。

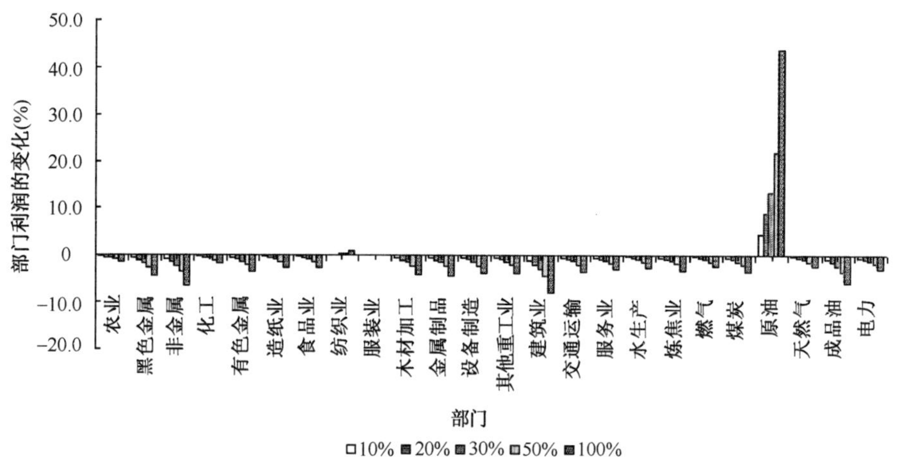

图 10-16　政府管制下各部门利润的变化

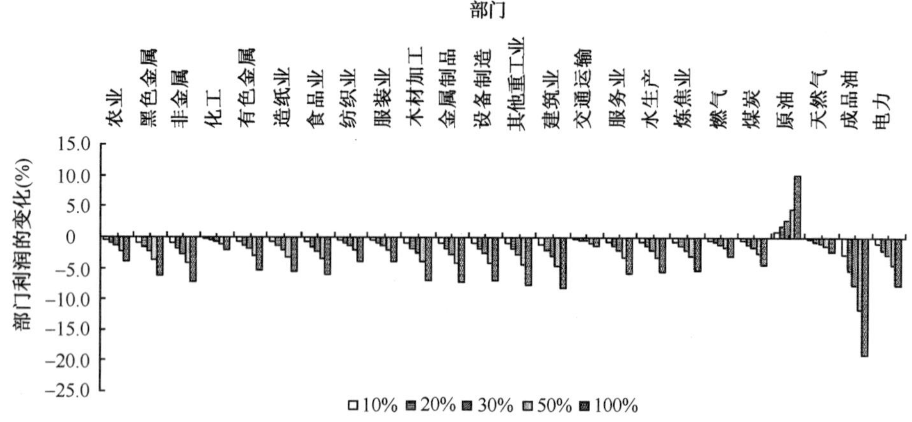

图 10-17　政府不管制下各部门利润的变化

表 10-6 和表 10-7 分别显示了政府管制和不管制情景下各部门出口所受的影响。如表 10-6 所示，如果成品油定价受到政府管制，国际原油价格上涨会使得近半数部门的出口出现增长，其中包括在我国出口结构中占有重要地位的纺织和服装部门，这两个部门的出口增长幅度是非能源部门中最大的。在政府管制的情景下，全国总出口量受到国际原油价格上涨的影响总是正面的，且正面影响程度随着油价涨幅的增大而增大。

表 10-6　政府管制下各部门出口的变化（%）

国际原油价格上涨幅度	10%	20%	30%	50%	100%
农业	0.029	0.057	0.086	0.141	0.266
黑色金属	−0.137	−0.270	−0.402	−0.656	−1.261
非金属	−0.395	−0.775	−1.140	−1.834	−3.396
化工	0.003	0.006	0.009	0.012	−0.004
有色金属	−0.034	−0.071	−0.111	−0.199	−0.462
造纸业	0.152	0.295	0.430	0.676	1.170
食品业	0.058	0.114	0.169	0.275	0.510
纺织业	0.559	1.092	1.602	2.555	4.592
服装业	0.464	0.908	1.331	2.125	3.830
木材加工	−0.083	−0.165	−0.246	−0.409	−0.818
金属制品	−0.097	−0.193	−0.288	−0.476	−0.941
设备制造	−0.044	−0.090	−0.137	−0.239	−0.529
其他重工业	0.075	0.143	0.203	0.304	0.457
建筑业	−0.689	−1.347	−1.976	−3.160	−5.770
交通运输	−0.134	−0.262	−0.384	−0.615	−1.129
服务业	−0.004	−0.008	−0.012	−0.020	−0.043
水生产	0.000	0.000	0.000	0.000	0.000
炼焦业	−0.213	−0.415	−0.608	−0.970	−1.786
燃气	0.000	0.000	0.000	0.000	0.000
煤炭	0.040	0.076	0.109	0.164	0.259
原油	13.244	26.885	40.907	70.030	148.623
天然气	0.087	0.169	0.248	0.393	0.693
成品油	−4.104	−7.780	−11.096	−16.865	−27.787
电力	0.038	0.075	0.110	0.178	0.333

表 10-7　政府不管制下各部门出口的变化（%）

国际原油价格上涨幅度	10%	20%	30%	50%	100%
农业	−0.380	−0.734	−1.067	−1.677	−2.976
黑色金属	−0.519	−1.008	−1.471	−2.329	−4.172
非金属	−0.768	−1.486	−2.160	−3.395	−5.981
化工	−0.686	−1.327	−1.928	−3.033	−5.380
有色金属	−0.441	−0.860	−1.259	−2.008	−3.662
造纸业	−0.193	−0.379	−0.558	−0.903	−1.712
食品业	−0.259	−0.500	−0.726	−1.142	−2.027
纺织业	0.040	0.064	0.075	0.059	−0.180

续表

国际原油价格上涨幅度	10%	20%	30%	50%	100%
服装业	−0.005	−0.018	−0.039	−0.106	−0.401
木材加工	−0.418	−0.813	−1.189	−1.891	−3.427
金属制品	−0.438	−0.852	−1.245	−1.976	−3.568
设备制造	−0.376	−0.735	−1.078	−1.723	−3.164
其他重工业	−0.074	−0.152	−0.232	−0.399	−0.850
建筑业	−0.943	−1.820	−2.640	−4.134	−7.210
交通运输	−0.775	−1.493	−2.163	−3.380	−5.898
服务业	−0.194	−0.376	−0.547	−0.861	−1.534
水生产	0.000	0.000	0.000	0.000	0.000
炼焦业	−0.605	−1.172	−1.705	−2.688	−4.784
燃气	0.000	0.000	0.000	0.000	0.000
煤炭	−0.156	−0.306	−0.451	−0.727	−1.356
原油	11.524	23.231	35.119	59.438	123.482
天然气	−0.149	−0.293	−0.432	−0.699	−1.322
成品油	−6.640	−12.401	−17.451	−25.899	−40.729
电力	−0.793	−1.528	−2.213	−3.458	−6.031

如表10-7所示，如果放开成品油定价管制，只有石油开采部门的出口在国际原油价格上涨时会总是出现增长。纺织部门的出口在油价涨幅较小时是增长的，且增长幅度会随着油价涨幅的增大而增大，但当油价涨幅超过一定程度时，该部门出口的增幅会随着油价涨幅的增大而减小，最终会转为受到负面影响。其他各部门的出口在政府不管制情景下受到油价上涨的影响总是负面的。特别的，在我国出口结构中占有较重要地位的化学工业的出口下降幅度超过了全国的平均水平。在政府不管制的情景下，全国总出口量受到国际原油价格上涨的影响总是负面的，且负面影响程度随着油价涨幅的增大而增大。

10.5 成品油供应短缺的应急预案研究

随着我国经济持续快速发展，石油消费也增长迅速，石油供应安全问题凸现。由于国内原油和成品油批零倒挂等原因导致局部地区成品油供应短缺现象（油荒）频繁出现，严重影响当地的经济发展和社会稳定。我国在成品油市场监测、供应预警、应急措施、联动机制、应急预案的启动等机制和措施还不完善，因此，开展成品油供应安全的仿真研究，具有重要的现实意义和价值。建立了成品油零售仿真模型，模拟发生“油荒”时，不同应急措施对成品油供应系统的影响，以期为决策者在制订应急预案、联动机制等政策时，能够提供一定的参考。本节基于系统动力学模型定量模拟了成品油供应预警及应急预案，以期为制定应对“油荒”的应急预案提供决策信息支持。

10.5.1 我国成品油供应体系

10.5.1.1 我国成品油供应流程

目前，我国基本通过加油站实现成品油零售，我国成品油零售市场以中国石油天然气集团公司（中石油）、中国石油化工集团公司（中石化）、中国海洋石油总公司（中海油）三大集团销售为主，其连锁经营与集中配送业务的发展得到了所在地政府的鼓励与支持，处于市场垄断地位；另外还有一定数量的民营加油站。此外，国外跨国石油公司通过与各地方政府、中石油、中石化、中海油合资合作经营加油站的方式进入成品油零售市场，在本节的研究中统一将其归为民营加油站。成品油生产和销售的基本流程如图 10-18所示。

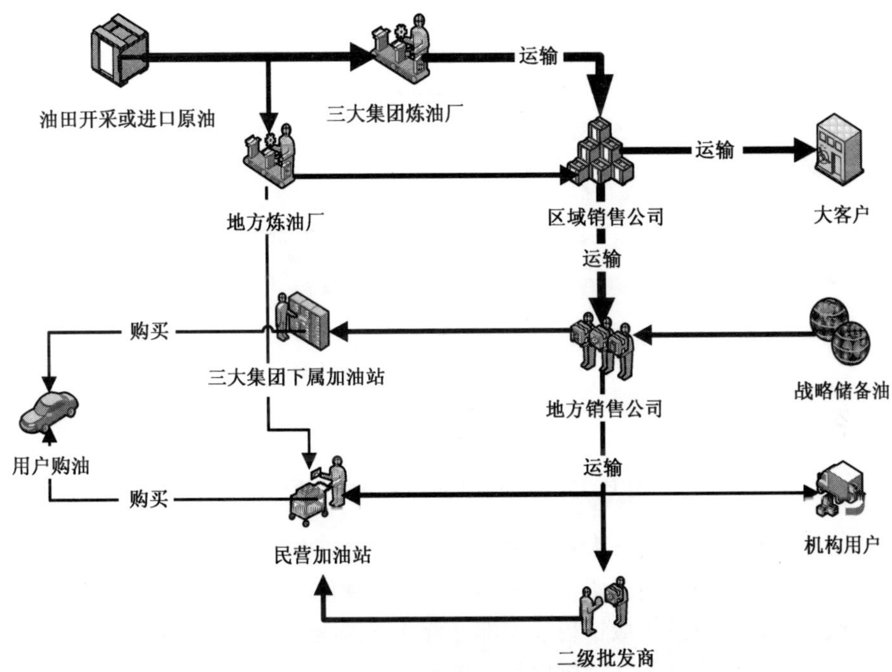

图 10-18　成品油供应流程图

原油通过开采或进口输送到炼油厂，三大集团的炼油厂生产的成品油，分别经过区域销售公司和地方销售公司进入加油站，用户可在加油站购买到汽柴油。地方销售公司也可将成品油出售给二级批发商，部分民营加油站从二级批发商处购买成品油。地方炼油厂炼化的成品油除了由三大集团进行收购进行流转，也可直接输送到加油站进行销售。为了应对紧急情况的发生，国家设有成品油战略储备，当市场进入缺油状态时，则启动成品油战略储备油，直接输送到地方销售公司，以满足市民购油的需求。

10.5.1.2　成品油零售供应因果关系

影响成品油零售的因素是复杂的，除了受供需影响，同时由于它的特殊性，还受到各级的库存量和订油速率的影响。基于成品油供应流程，建立成品油零售供应因果关系反馈模型，如图 10-19 所示。

10.5.1.3　成品油零售供应存量流量模型

为了简化模型，根据实际情况，对模型进行如下设置：

(1) 将加油站视为一个整体，用一个存量来表示所有加油站的库存；

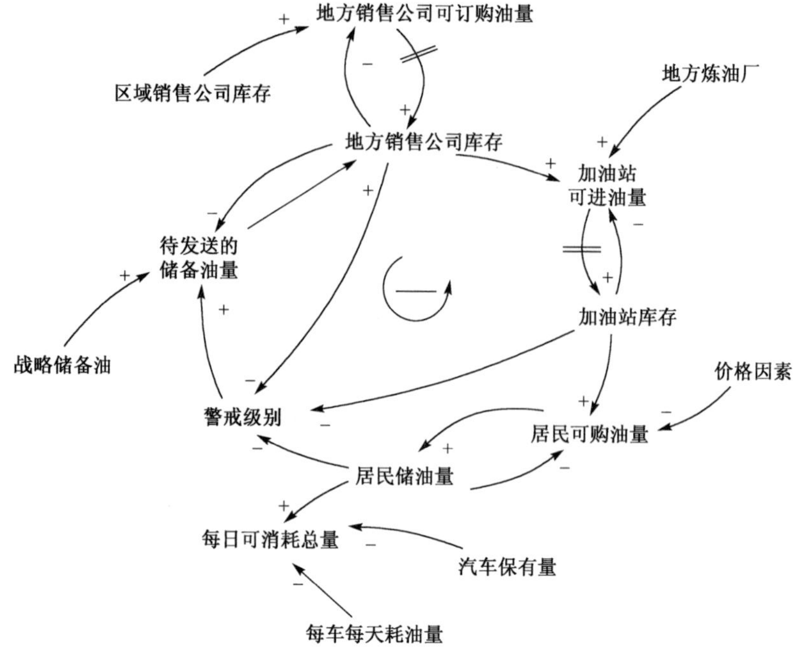

图 10-19　成品油零售因果关系反馈模型

（2）将二级批发商供给三大集团加油站的部分合并到地方销售公司；

（3）将二级批发商供给民营加油站的部分合并到地方炼油厂；

（4）地方炼油厂供给区域销售公司部分合并到供应链上游（区域销售公司）中，在模型中地方炼油厂仅为加油站提供成品油供应。

根据因果反馈关系模型，可以建立本模型的存量流量模型。如图 10-20 所示。系统变量说明见表 10-8。

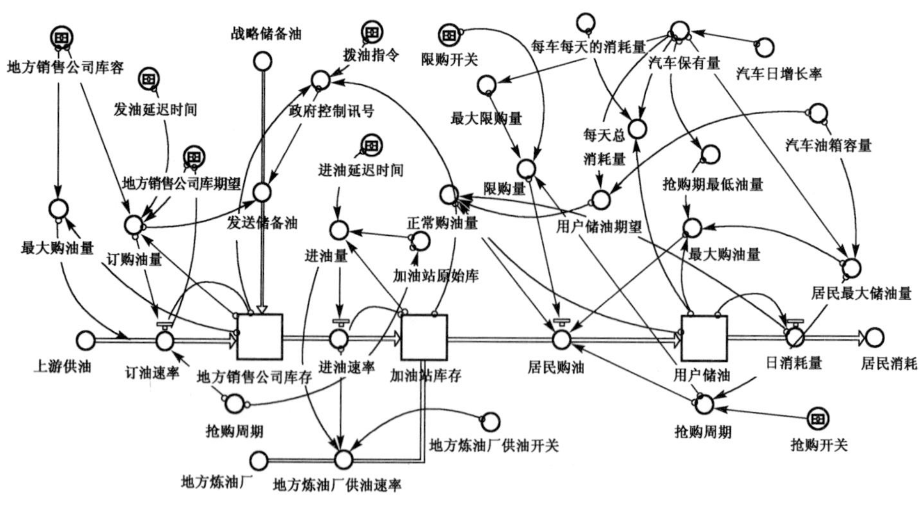

图 10-20　成品油零售供应存量流量模型

表 10-8　系统变量说明

序号	变量	变量名称	单位
1	byl	汽车保有量	万辆
2	DFCL	地方销售公司库存	万吨
3	dfqw	地方销售公司期望库存	万吨
4	dlbl	地方炼油厂供油比例	无量纲
5	DLSL	地方炼油厂供油速率	万吨/日
6	DYSL	地方销售公司订油速率	万吨/日
7	dzkc	加油站单站库存	万吨
8	gml	地方销售公司购买量	万吨
9	gyl	加油站购油量	万吨
10	JYCL	加油站库存	万吨
11	jyqw	加油站期望库存	万吨
12	JYSL	加油站进油速率	万吨/日
13	jyzs	加油站数量	座
14	qgxh	抢购信号	无量纲
15	tgbl	加油站库存提高比例	无量纲
16	xgl	限购量	万吨
17	xgxh	限购信号	无量纲
18	XHSL	日消耗量	万吨/日
10	xxbl	车辆限行比率	无量纲
20	YHCL	用户储油	万吨
21	yhct	每车每天的消耗量	升
22	yhqw	用户储油期望	万吨
23	YHSL	用户购油速率	万吨/日
24	yhxl	用户消耗量	万吨
25	yhzc	用户正常购油量	万吨
26	zcxh	政策信号	无量纲
27	zdcl	用户最大储油量	万吨
28	zdgl	用户最大购油量	万吨
29	zdxg	最大限购量	升
30	zfxh	储备油发送信号	无量纲
31	ZLSL	储备油发送速率	万吨/日

根据以上流程图，可以建立如下系统模型，包括地方销售公司、加油站、用户储油三个模块，主要针对成品油的零售端进行建模。

1）地方销售公司模块

$$\text{DYSL}=\begin{cases}\text{gml}, & \text{DFCL}<\text{dfqw}\\ 0, & \text{DFCL}\geqslant\text{dfqw}\end{cases} \tag{10-1}$$

$$\text{ZLSL}=\begin{cases}\text{gml}, & \text{zfxh}\neq 0,\text{DFCL}<\text{dfqw}\\ 0, & \text{其他}\end{cases} \tag{10-2}$$

$$\text{gml}=|\,\text{dfqw}-\text{DFCL}\,| \tag{10-3}$$

2) 加油站模块

$$\text{JYSL} = \begin{cases} \text{gyl}, & \text{JYCL} < \text{jyqw} \\ 0, & \text{JYCL} \geqslant \text{jyqw} \end{cases} \tag{10-4}$$

$$\text{DYSL} = \begin{cases} \text{jyzs} \times \text{dzkc} \times \text{tgbl}, & \text{tgbl} > 0, \text{zcxh} \neq 0 \\ \text{jyzs} \times \text{dzkc}, & \text{其他} \end{cases} \tag{10-5}$$

$$\text{DLSL} = \begin{cases} \text{dlbl} \times \text{gyl}, & \text{DYSL} < 0.01 \\ 0, & \text{DYSL} \geqslant 0.01 \end{cases} \tag{10-6}$$

$$\text{gyl} = |\text{jyqw} - \text{JYCL}| \tag{10-7}$$

3) 用户模块

为了模拟分析终端消费对成品油供应链的冲击及相应政策对稳定供应的效果，本模块中的用户购油量分为普通、抢购、限购三种情况：

(1) 普通情况：是指整个供应链没有受到冲击，正常运行时，当用户储油小于期望值，则购油，用户购油量为受到价格和心理等因素影响后的用户成品油日消耗量。

(2) 抢购情况：是指当终端需求受到某些因素影响突然增加，当抢购信号打开时，用户购油量为终端用户的最大可购油量。

(3) 限购情况：是指采取限购政策，规定每车每次购油量的上限，当限购政策信号打开时，用户购油量为限购量和最大可购油量的最小值。

$$\text{YHSL} = \begin{cases} \text{yhzc}, & \text{qgxh} = 0 \\ \text{zdgl}, & \text{qgxh} \neq 0, \text{xgl} = 0 \\ \min(\text{xgl}, \text{zdgl}), & \text{其他} \end{cases} \tag{10-8}$$

$$\text{yhzc} = \begin{cases} \text{XHSL}, & \text{YHCL} < \text{yhqw} \\ 0, & \text{YHCL} \geqslant \text{yhqw} \end{cases} \tag{10-9}$$

$$\text{zdgl} = \begin{cases} |\text{zdcl} - \text{YHCL}|, & \text{YHCL} < \text{qgqw} \\ 0, & \text{YHCL} \geqslant \text{qgqw} \end{cases} \tag{10-10}$$

$$\text{xgl} = \begin{cases} \text{zdxg} \times \text{xgxh}, & \text{qgxh} \neq 0, \text{zcxh} \neq 0 \\ 0, & \text{其他} \end{cases} \tag{10-11}$$

$$\text{XHSL} = \min(\text{yhxl}, \text{YHCL}) \tag{10-12}$$

$$\text{yhxl} = \begin{cases} \text{byl} \times \text{yhct} \times \text{xxbl}, & \text{zcxh} \neq 0, \text{xxbl} \neq 0 \\ \text{byl} \times \text{yhct}, & \text{其他} \end{cases} \tag{10-13}$$

10.5.2 模型设置

10.5.2.1 参数设置

根据数据的可获得性，本章以北京市为例设置模型的具体参数，对 2009 年北京市成品油零售情况进行仿真实验时，考虑新的成品油定价机制，将几次价格调整应用到模型当中，同时对北京市的限行规定进行考虑。根据北京市统计年鉴（2005～2009 年）、中国统计年鉴（2009 年）、北京市加油站行业发展规划（2009～2015 年），以及已有文献加工处理的数据，设置系统参数如表 10-9 所示。

表 10-9　模型参数设置

变量	变量名称	单位	数值
byl	汽车保有量	万辆	401.9
yhct	每车每天的油耗	升	6
jyzs	加油站数量	座	1169
dfqw	地方油公司期望库存量	万吨	19.5

10.5.2.2　情景设置

本章设置四种情景，分别模拟成品油发生供应短缺时，无措施和实施措施后成品油零售市场运行情况，情景设置如表 10-10 所示。

表 10-10　情景设置

情景	情景描述
抢购无措施	假设 2009 年 4 月末（第 120 天）出现持续 30 天的成品油供应短缺，地方销售公司供应量短缺 10%，并且在销售终端发生抢购事件，成品油需求急剧加大，用户以最大储油值作为储油期望值。上游供应短缺结束前无任何政策干预
限购措施	在出现抢购的第 4 天，加油站出台限量加油的政策，平均每车每次只能加 50 元的成品油，约 7 升。在 30 天短缺期结束后，加油站逐步取消限购措施并提高库存
限行措施	在出现抢购的第 4 天，政府采取限行措施，车辆按单双号限行。短缺期结束后，即结束限行政策
同时采取限购、限行措施	在出现抢购的第 4 天，将限购措施和限行措施同时实施，并在短缺结束后同时结束两个政策

10.5.2.3　指标设置

为了综合评述加油站和用户受到的影响，本文设置了表示加油站库存水平相关的缺油指数、波动指数以及表示用户储油水平相关的储油指数、波动指数四个指标，如表 10-11 所示，分别从深度和广度两个角度对加油站的库存水平和用户的储油水平进行了描述。

表 10-11　指标设置

指数名称	定义	解释
加油站缺油指数	加油站零库存的天数与供应短缺天数的比值	该指标用于描述加油站缺油程度，加油站缺油指数越大，则意味着“油荒”持续的时间越长，对生产生活的不利影响也越大
加油站波动指数	加油站库存量低于正常库存量的天数与供应短缺天数的比值	该指标用于衡量加油站库存在遭受到突发事件时，恢复到正常库存的速度，即加油站缺油的持续情况
用户储油指数	抢购期内用户的最低储油量与正常储油量的比值	该指标用于表示用户储油情况，若指标值为 0，意味着用户出现断油情况，则正常的生产生活将会受到严重影响，若为 1，则表示在整个抢购期内，用户用油需求没有受到影响
用户储油波动指数	用户储油量低于正常储油量的天数与供应短缺天数的比值	该指标与加油站波动指数类似，用于度量用户缺油的持续情况

10.5.3 应对成品油供应短缺的不同应急预案效果比较

根据参数和情景的设定进行仿真实验，得到 2009 年北京地区的地方销售公司库存，加油站库存和用户储油量如图 10-21 所示。由于地方销售公司的上游并没有供应短缺，

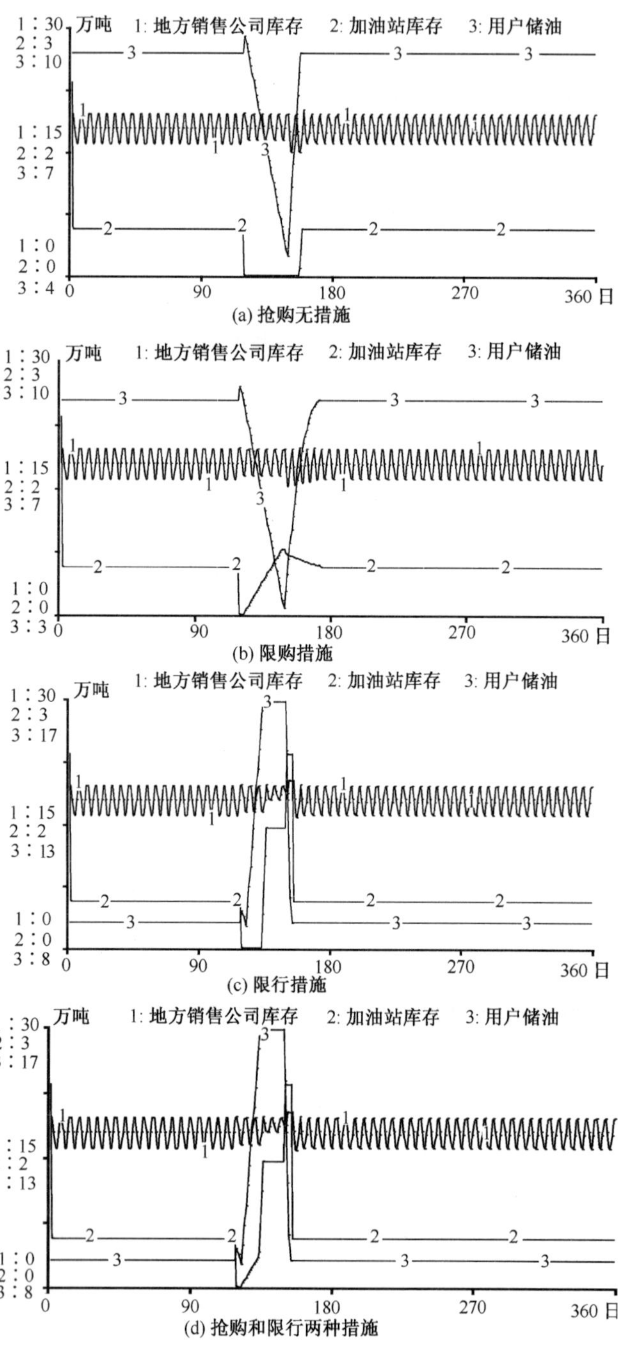

图 10-21　情景模拟结果图

所以地方销售公司库存的波动幅度不大，而地方销售公司对加油站有 10%供应短缺，同时恐慌心理导致出现了抢购事件，使得加油站库存为 0，这也就出现了 2005 年 8 月广州、深圳等地用户排队加油而加油站无油可卖的情形，由此导致用户储油也大幅度的波动。

根据仿真结果，得到各情景下指数值如表 10-12 所示，具体分析如下：

表 10-12　各种情景指数值

情景	加油站库存水平		用户储油水平	
	缺油指数	波动指数	储油指数	波动指数
无措施	1.30	1.30	0.44	1.20
限购措施	0.13	0.73	0.35	1.70
限行措施	0.50	0.63	1.00	0.00
同时实施两种措施	0.13	0.13	1.00	0.00

(1) 采取限购和限行措施能够缩短“油荒”持续时间，有助于恢复加油站正常供油。

当不采取任何措施时，缺油指数和波动指数均最大，为 1.30，这说明无措施时“油荒”持续的时间最长，且受冲击后恢复正常水平的速度最慢。限购措施和限行措施单独实行时，加油站缺油指数能够有效降低至 0.13 和 0.50，波动指数分别降至 0.73 和 0.63，同时采取两种措施时，加油站缺油指数降低至 0.13，可以看出采取措施后能够有效降低加油站缺油指数和加油站波动指数，因此，在发生“油荒”时，采取有效措施，能够缩短“油荒”持续时间，使加油站快速恢复正常供油。

(2) 限行措施能够保证非受限用户储油量处于正常水平或正常水平之上。

当实行限行措施或同时实行限行限购两种措施时，用户储油指数达到 1.00，这意味着用户的储油量一直处于正常值或正常值之上，究其原因，主要是限行措施通过降低 50%的用户需求来缓解上游 10%的供应短缺，当用户按单双号行驶时，用油量总会得到满足。而限购措施是通过控制用户的购买量来缓解供应短缺，并不控制用户的消费量，因此，在实行限购措施后，用户的储油量会在较长时间处于非正常状态。

(3) 限购措施和限行措施各有优势，综合实施两种措施可以达到最优状态。

从表 10-7 可以看出，限购措施可以立即使加油站脱离零库存状态，但用户储油指数最低 0.35，用户的需求难以得到满足。而限行措施实施初期，加油站缺油指数为 0.5，意味着由于上游供应短缺，加油站的库存依然会出现零库存，但是用户储油指数为 1.00，用户用油需求会达到正常水平。限购和限行两种政策的叠加，使得加油站库存在政策实施时不再无油可卖，而且缺油现象明显减弱，对缓解“油荒”效果非常明显。

10.6　本 章 小 结

本章聚焦能源供应危机对社会宏观经济的影响，以及应对成品油供应短缺的应急预案研究。我们首先对世界历史上主要的石油危机进行了回顾，从 GDP 增长、社会通货膨胀、就业三个方面对世界及主要国家或国家联盟在这些石油危机中受到的宏观经济影响进行了分析。从这些分析可以看出，历史上的三次石油危机主要通过石油供应短缺和石油价格波动两个方面对世界的经济发展产生重要影响，随着国际社会调控能力的增强，石油危机对宏观经济的影响会逐渐缩小。

在进行了世界能源危机的历史回顾及社会经济影响分析后，第 10.2 节对中国能源供应短缺事件进行了分析，归纳总结了影响能源供应安全的主要因素：突发的自然灾害、能源战略储备和能源商业库存体系的建设不完善、预警体系和应急预案不健全、石油和天然气储备量相对不足和能源资源分布不均、能源价格的波动和我国能源需求的持续增长。

本章第 10.3 节和第 10.4 节应用北京理工大学能源与环境政策研究中心开发的中国能源与环境政策分析模型对不同能源危机情景下中国的宏观经济可能受到的影响进行了分析。结果显示：

(1) 当原油供应发生中断时，GDP 会受到负面冲击，且冲击幅度会随中断量而增大；全国总体 CPI 水平会被抬高，且城镇居民消费品价格指数涨幅高于农村；全国就业量受到的总体影响是负面的，石油开采、天然气开采和交通运输部门的劳动力需求会增加，石油加工、纺织、电力、服装等部门的劳动力需求会出现较明显的下降；城乡居民福利均出现损失，且农村居民的福利损失幅度要大于城镇居民；石油加工、纺织、服装、电力等部门的利润会出现明显下降；燃气生产和供应业、建筑业、化学工业、天然气开采业、交通运输业以及石油开采业的利润会增大；所有部门的出口都会下降。

(2) 当国际原油价格上涨时，GDP 会受到负面冲击，放开成品油定价会加剧冲击幅度；放开成品油定价管制有助于放慢 GDP 损失随油价涨幅而增大的速度；全国总体 CPI 水平会降低；有政府管制时国际原油价格上涨造成的 CPI 减幅比放开成品油定价管制时的 CPI 减幅大；如果成品油定价受政府管制，石油开采业、纺织和服装部门的劳动力需求都会增加；如果放开成品油定价管制，只有石油开采业的劳动力需求会增加；建筑业、石油加工业、非金属制品业、金属制品业等部门的劳动力需求会出现较明显的下降。

随着我国成品油消费的快速增长，局部供应短缺事件时有发生，严重影响当地的经济发展。10.5 节基于成品油供应的系统动力学模型，模拟了北京市成品油供应系统上游出现供应短缺、下游消费者出现抢购等突发事件情景下，加油站库存的变化及采取相关应急措施后的实施效果。研究结果表明，无论是加油站采取限购措施，还是政府采取限行政策，都不同程度地缓解上游供应短缺的影响，对保障成品油的持续供应和市场的稳定，发挥了重要作用。如果同时采取两种措施，会使加油站库存在政策实施时不再出现零库存情况，而且缺油现象明显减弱，对缓解“油荒”效果非常明显。

第 11 章　国家能源安全的综合评价

各国能源资源禀赋、地理位置及地缘政治的差异，决定了不同能源进口国在能源消费结构、进口来源、储备模式及相关能源政策的差异。自石油取代煤炭成为主要能源以来，世界石油市场在战争、冲突、危机、垄断、投机和自然灾害等突发事件的干扰下，一直处于动荡的平衡状态，国际石油市场的每一次动荡对于各石油和能源进口国来说，都是一场经济甚至国家安全的灾难。因此，世界主要石油进口国一方面成立了国际能源署，共同应对国际石油市场各种不稳定因素带来的冲击；另一方面，各国纷纷制定和出台了一系列保障能源安全的政策措施，最大限度地提高应对能源危机能力。典型国家能源安全政策有哪些异同，各国能源安全呈现哪些变化特点，本章将重点探讨如下几个方面的科学问题：

- **发达国家能源供应安全呈现怎样的变化趋势？**
- **发展中国家能源供应安全呈现怎样的变化趋势？**
- **全球气候变化与中国能源安全存在什么关系？**
- **典型国家和地区的能源安全政策有什么差异？**

11.1 典型国家能源安全政策比较

长期以来，美国一直把石油安全作为国家安全的重要组成部分，在历届政府的国家安全战略报告中都对如何实现石油安全提出了详细的战略措施，但也会由于不同政府的执政风格差异，国家能源安全战略也各有特点。2011 年 3 月 30 日，美国总统奥巴马就自己的能源安全新政发表演讲，誓言要打破自尼克松总统以来形成的“政治僵局”，力求实现美国的“能源独立”目标。按照该计划，美国打算在未来十年的时间内削减三分之一的进口石油。和布什政府所推行的以中东军事行动来保障石油进口安全的战略不同，奥巴马政府的能源安全新政策强调依靠能源科技，加大国内油气开采，改善能源消耗结构，发展清洁能源行业，从根本上完成能源变革，解决石化燃料对环境的污染问题，实现能源的可持续发展（White House，2011）。

作为世界第三大石油消费国和第五大能源消费国，日本的能源资源极其匮乏，95%以上的化石能源依赖进口，能源自给率极低，这使日本处于极大的能源安全风险之中。极度贫乏的能源现实使日本历届政府都以战略的眼光看待能源安全问题，制定并实施了一系列能源安全政策和措施，第一次石油危机以来，日本的能源政策一直在国内的宏观经济政策和对外关系中占有重要地位。

欧盟地区经济发达，能源消费量大，而区内能源资源十分短缺，是能源输入型地区，石油、天然气是欧盟国家的主要燃料，约占欧盟能源消费量的 60%，但高度依赖进口，因此，能源安全和战略储备是欧盟国家的能源重点。欧盟委员会于 2010 年 11 月 10 日正式出台了欧盟面向 2020 年的能源新战略：《能源 2020：具有竞争力的、可持续的和安全的能源战略》(*Energy* 2020：*A strategy for competitive*，*sustainable and secure energy*)。未来 10 年欧盟需要在能源基础设施、科研创新等领域投资 1 万亿欧元，以保障欧盟能源供应安全和实现应对气候变化的目标（European Commission，2010）。这一能源战略以能源节约为主线，以建设节能欧洲、整合欧洲能源市场、鼓励技术创新、拓展国际交流等为基本框架，以期实现欧盟能源供应安全和应对气候变化的目标，其为未来欧洲能源发展提供了更加明确的方向和路线图。

近年来，我国政府大力开发国内油气资源，整顿煤炭的无序开采，积极开发替代能源，努力实现石油进口来源的多元化，以保障石油供应安全，此外，我国也积极参与海外能源资源的合作与开发。我国关于能源安全政策的一系列改革和调整，引起了国际社会的极大兴趣。那么我国现行的能源安全政策与主要发达国家的能源安全政策有哪些相似和差异？美国等发达国家积极推行的能源安全政策对中国有哪些值得借鉴？我国的能源安全政策在哪些方面还有待进一步完善？本节将围绕上述问题，逐一分析论述。

能源安全不仅是一个经济问题，更是一个政治外交和国家安全问题，它不仅受国内供需矛盾和对外依存度的影响，而且与本国和世界主要能源出口地区的外交关系、军事影响力和控制力都密切相关。现阶段，我国能源安全面临较多问题，如地缘政治问题、石油进口风险规避、电力的稳定供应、煤炭的安全生产与清洁利用问题、核电的发展规划和运行安全问题、可再生电力并网问题等。为了保障国家能源安全，近年来，我国陆续出台了一系列能源政策，那么这些政策与其他能源进口国采取的能源政策有哪些共性？

11.1.1　增加能源科技投入，千方百计实现能源技术突破

（1）各国纷纷提高能源利用效率，减少能源消费量。第一次石油危机以来，由于技术进步和产业结构的调整，美国的能源利用效率取得很大改进，2010 年美国单位国内生产总值所消耗的能源比 1973 年降低了 50.1%。2010 年，美国政府颁发了突破性的《国家汽车卡车燃料标准》，旨在通过提高汽车的燃料效率，在 2016 年前将汽车燃料效率提高到每加仑 35.5 英里，该项目总共能节约 18 亿桶石油，每辆车将为车主节省 3000 美元（White House，2011）。奥巴马政府提高能源利用效率的主要措施包括改善国内电力设施、提高能源效率标准以及加强对能源效率技术的研究投资。当下改善国内电力设施主要任务是建设智能电网。奥巴马上任后着重对每年要耗费 1200 亿美元的电路损耗和故障维修的电网系统进行升级换代，建立美国跨越四个时区的统一电网（White House，2011）。发展智能电网产业能最大限度发挥国家电网的价值和效率，逐步实现美国太阳能、风能、地热能的统一入网管理，全面推进分布式能源管理，创造世界上最高的能源使用效率。

日本在替代能源和节能技术的研发上，投入大量资金，日本政府从 1993 年起每年仅用于太阳能光伏发电的研发费用就达到了 1 亿美元以上（NDRC，2007）。日本还通过法律手段，强制企业开发节能技术，提高能源利用效率。日本出台的《节约能源法》要求企业在确保同等产出的情况下，每年必须以 1%的速度降低能源消耗，就连建筑物的隔温指标也必须符合节能标准。何一鸣（2004）的研究表明，日本是世界上能源利用效率最高的国家之一，而且日本的太阳能技术全球领先。

对于高度依赖进口能源的经济体，为了保障能源供应安全，减少温室气体排放，提高能源效率势在必行，而且欧盟具有技术优势。通过节能政策的实施，可以大力拓展节能市场和节能产业，在战略上，欧盟的节能政策全面反映了这种挑战和机遇并存的特点。在实施方面，欧盟的重点放在提高公众参与性和充分发挥市场机制作用上。建设“节能欧洲”，特别是要在交通以及建筑领域进行节能革新，促进能源行业的竞争，提高能源供应的效能。提高能源效率是欧盟 2020 年中心目标之一，也是欧盟长期能源和气候目标的关键因素。欧盟需要发展新节能战略，使所有成员国进一步减少经济增长所需的能源使用。提高能源效率是最具成本效益的途径，减少排放，提高能源安全和竞争力，使消费者负担得起。最重要的是，它为公民提供了实实在在的利益，平均每个家庭的节能价值可达每年 1000 欧元（European Commission，2010）。

为了提高能源效率，降低污染物排放，保障国家能源安全，我国从 2006 年开始实施“节能减排”政策，提出 2006～2010 年单位国内生产总值能耗降低 20%左右，主要污染物排放总量减少 10%的约束性指标。统计结果表明，“十一五”期间我国单位国内生产总值能耗下降了 19.1%，大幅度削减其他污染物的排放，基本完成“十一五”节能减排目标任务。“十二五”我国的节能目标为单位国内生产总值能耗下降 16%，主要污染物排放总量减少 8%～10%。

(2) 实施能源优惠政策，加大科技研发投入，提高国内产量。为了提高国内石油勘探、开发技术水平和生产能力，美国政府实行对石油地质勘探费用和税收的优惠政策，同时出台了一系列支持复杂地质条件和深海油气田勘探、开发技术的优惠政策，进而降低本国石油企业的勘探、开发成本。为了保证科研工作的顺利进行，美国能源部每年都向其所属实验室和民间研究机构拨付大量科研经费，来提高油气田采收率和先进钻井技术的研究开发，降低油气企业的生产成本。由于美国石油钻井技术不断改进，已使石油公司的开采成本从20世纪80年代的每桶20美元下降到6美元左右（宋红旭和张斌，2002)。1994年美国能源部还专门成立了石油技术转让委员会，将10项核心技术转让给了小企业，通过开发先进的油藏成像技术来寻找复杂地质条件和深层复杂油气藏的石油资源，增加本国油气资源的储采比。因此，美国政府希望通过一系列政策措施来提高国内油气企业的技术水平和生产能力，保障油气的稳定生产和供应安全。

为了保障国家能源安全，日本出台了一系列能源税收政策，日本每度电征收0.3日元的电力开发促进税。福岛第一核电站事故后，日本政府重新审视核能发展前景，设立由日本国家战略大臣玄叶光一郎担任主席的“能源环境会议”，着手制定新的能源和环境战略，提出依靠新技术节能控需。大力发展节能产品和节能技术，推进交通运输部门和工业部门提高能效。在不影响国民生活质量的情况下，控制能源消费，缓解供应压力。此外，该战略制订计划显示，高效利用化石能源、发展智能电网、深化电力体制改革、构建强大的能源环境产业和可再生能源商业化发展也将作为重点领域予以推进。

为了鼓励技术创新和可再生能源发展，欧盟从1990年开始实施欧洲辅助能源项目计划，并出台了一系列促进可再生能源发展的税收优惠政策和补贴，极大促进欧盟可再生能源（太阳能、风能、水电、地热、生物能等）的发展，到2005年欧盟的可再生能源供应提高到8%，可再生能源发电比1990年增加了两倍，而且欧盟规定对可再生能源不征收任何能源税。

11.1.2 实施能源进口贸易的多元化策略，分散能源进口风险

美国积极推行石油进口来源多元化策略，分散石油进口风险。第一次世界石油危机后，国际油价上涨了3倍，美国政府曾一度提出石油“零进口”计划，但很快就被证明国内产量根本无法满足日益增长的石油需求，石油进口依存度增长迅速。由于美国石油进口主要依赖OPEC国家，尤其是中东地区的几大石油出口国，然而鉴于中东局势的动荡，为了保证石油的供应安全，美国不得不采取尽量分散石油进口来源的办法，来降低石油进口风险。目前，美国石油进口分别来自加拿大、墨西哥、沙特、委内瑞拉、尼日利亚等60多个国家，从中东进口石油的比重明显下降，由1977年的72%下降到2010年的18%。在实行石油进口来源多元化策略的同时，美国政府还积极鼓励本国油气企业开拓发展海外油气业务，对油气企业勘探、开发海外石油资源给予政策上扶持和优惠，以降低本国的石油进口和供应风险。

日本为了扩大石油进口渠道，大力支持开发海外石油资源。早在1958年，日本就设立了阿拉伯石油公司，专门负责在中东地区的石油开发，日本政府还制定了《石油公团法》，设立了专门在世界各地寻找和开发石油的公团。2004年该公司的注册资本高达

150 多亿美元，下属公司中负责勘探石油资源的有 22 家，正在从事石油开发生产的有 43 家。

欧盟大刀阔斧改革能源市场，预期建立真正的泛欧一体化能源市场。目前欧盟能源市场分散，基础设施老化，能源消费没有竞争，成员国的能源政策缺乏透明度。虽然欧盟始终倡导自由开放的能源市场政策，并在能源市场一体化进程中做出了积极努力，取得了阶段性成果。但是，欧盟成员国始终将能源产业视为涉及本国社会经济安全的重点发展产业而采取保护主义态度，诸多的市场壁垒阻碍了欧盟能源市场的一体化，包括电力与天然气在内的部分能源市场尚未形成真正意义上的单一市场。推进欧盟内部的能源市场一体化进程，除了制订统一的政策，未来 10 年将投入 1 万亿欧元，完成泛欧能源供应网络的基础设施改造，主要是成员国内部以及成员国与成员国之间的天然气管道建设、供电网络建设、新能源网络建设，把欧洲所有地区纳入统一的能源供应网为全体欧洲提供安全可靠的、负担得起的能源（European Commission，2010）。

中国实行多元化能源进口政策，降低能源供应风险。为了解困中国石油进口对马六甲海峡的依赖，实现石油进口的多元化，降低进口风险。中国政府正加紧建设油气管线，包括刚刚竣工的中国—哈萨克斯坦、中国—俄罗斯石油管线的一期工程，以及正在施工的二期工程，规划中的中缅油气管线、中俄天然气管线等，以期全方位解除油气进口对马六甲海峡的过度依赖，规避油气进口风险。

11.1.3　各能源进口国大力发展战略储备，提高能源应急能力

美国于 1974 年开始建立国家石油战略储备，目的是减少石油供应中断对国家安全和宏观经济的影响，同时承担国际能源协议（IEP）能源计划所要求的义务，20 世纪 90 年代中期，美国的战略石油储备曾高达 5.92 亿桶，后来由于 1996 年和 1997 年的两次动用，使储备下降到 5.43 亿桶，加上商业储备可超过 90 天石油净进口量。“9 · 11”事件发生后，小布什总统下令美国能源部迅速增加战略石油储备，2004 年以来，国际油价持续高企，美国的战略石油储备量并未受到高油价的冲击，储备规模持续增长，已超过 7 亿桶，储备天数也高达 172 天（IEA，2011），再创历史最高水平。

1972 年日本就规定从事石油贸易和石油化工企业必须储备满足自身消费 60 天的石油库存，1975 年制定了《石油储备法》，规定政府必须储备可供 90 天、民间必须储备可供 70 天消费的战略石油储备。为了扶持石油战略储备，从 1978 年起，日本就开始对原油、油品、石油气等征收石油税，全部收入作为国家战略石油储备基金，同时政府每年要向私有石油储备公司提供 1000 亿日元以上的“利息补贴”，而政府每年支付的“安全成本”则高达 2 万亿日元（何一鸣，2004）。

欧盟各国都较早建立了国家战略石油储备，法国是最早建立石油储备的国家，第一次世界大战大大消耗了法国的财力，也使法国政府认识到石油作为战略物资的重要性，1923 年法国政府要求石油运营商必须保持足够的石油储备。1925 年 1 月 10 日，法国议会通过法案，成立“国家液体燃料署”，管理石油战略储备；1965 年德国政府就颁布了《石油制品最低储量法》，规定所有从事石油及石油制品进口和生产的企业，必须拥有“应对石油供应短期中断”的战略储备；第一次石油危机使工业化国家蒙受了巨大的经

济损失，1974 年成立了国际能源署，要求其成员国必须建立相当于 90 天净进口量的国家战略石油储备，以期应对短期的石油供应中断。

欧盟委员会建议各成员国借鉴德国的储备制度，采用经济、高效、灵活的战略石油储备政策。德国大使馆公开的资料表明，德国自 1965 年颁布《石油制品最低储量法》以后，1978 年正式颁布了《石油及石油制品储备法》，并在 1987 年和 1998 年进行了两次修改，德国战略石油储备制度经过近 40 年的发展和完善，其储备现状和特点为：德国石油储备联盟承担国家法定石油储备；企业根据自身需要和能力，建立生产和商业性石油储备；特别是未参加石油储备联盟的石化企业和燃油发电厂普遍拥有自己的原油和成品油库存；政府不直接进行石油储备，而是通过立法和制定政策对全国的石油储备进行宏观调控。由于欧盟各成员国纷纷效仿德国的储备制度，所以欧盟各国基本都是国家成立专门的储备管理委员会，负责制定各项储备政策和对储备企业进行监管，战略石油储备的主体是石油贸易和化工企业，而不是像美国以政府储备为主体。

我国 1996 年再次成为石油净进口国，为了保障能源供应安全，2003 年我国正式批准启动国家战略石油储备工程，准备分三期，利用 15 年左右的时间，实现约 5 亿桶的国家战略石油储备能力。一期四个储备基地已经投入使用，总规模约 9000 万桶；二期正在建设中，国家战略石油储备基地的分布由沿海逐渐向内陆转移，而且储备方式也由地上油罐逐渐向地下岩穴转移，以提高战略石油储备基地的自身安全。

11.1.4　优化能源消费结构，鼓励发展清洁可再生能源

美国从 1978 年起制定了一系列的可再生能源法律法规，有效促进了可再生能源开发，并通过财政激励（减税、生产补贴、信托基金等）方式，提高可再生能源的利用。美国法律规定了一系列减税和生产补贴来支持可再生能源的生产和利用。根据美国 1978 年的《能源税收法》，规定购买太阳能和风能能源设备的房屋消费者，所支付金额中最多可以从当年须交纳的所得税中抵扣 2200 美元；开发利用太阳能、风能、地热和潮汐能发电技术投资总额的 25%可以从当年的政府所得税中抵扣。美国从 1998～2007 年出台的各种法案中不断提高可再生电力和生物乙醇燃料的发展目标。2009 年奥巴马新政府上台执政后，提出到 2012 年美国的电力有 10%来自可再生能源，到 2050 年有 25%来自可再生能源的发展目标。

奥巴马政府主张美国的未来能源结构以清洁能源为主，大力推广清洁能源、改善能效。在 2009 年的经济刺激计划中，用来提高能效和扩大对可再生能源生产的美国政府预算约为 500 亿美元，其中约三分之一用于可再生能源项目。大力发展核能是奥巴马新能源政策的核心之一，核能在美国电力构成中扮演着重要角色，奥巴马是核能利用坚定的支持者之一。2010 年奥巴马开启了美国重建核反应堆的大门，将为全美近 30 年来第一座核反应堆建设提供 83 亿美元的贷款担保。提供贷款担保是他支持核能利用的主要手段，奥巴马曾要求国会将政府预算中与核能产业相关的贷款担保金额从 18.5 亿美元提高到 540 亿美元。但另一方面，核能开发是把双刃剑，安全永远是第一位的。奥巴马政府能否通过法律、管制等多种手段确保核能的安全开发，特别是在福岛核泄漏的背景下，美国政府要求核能管理委员会对现有的 104 座核电站进行安全评估，以确保现有核能设施的安全。

福岛第一核电站事故后，日本政府重新审视核能发展前景，设立由日本国家战略大臣玄叶光一郎担任主席的“能源环境会议”，着手制定新的能源和环境战略，已形成中期报告，计划于 2012 年正式出台（NDRC，2011）。其核心内容之一就是提出“减核”方针。这是自日本首相菅直人提出“去核”构想以来，日本内阁首次明确提出“减核”方针。日本政府承认核电站在当前能源供应短缺的情况下必不可少，在确保安全的情况下将重启已经关闭的核电站。但从中长期看，将逐步降低对核能的依赖程度，采取节约能源、增设火电站、普及可再生能源、限电等措施克服电力不足，并将制定到 2050 年的计划实施进度表。

由于对石油进口依赖过高，欧盟各国的经济发展直接受国际石油市场供需和油价波动的影响，历史上几次大的石油危机和中东动荡的局势，使欧盟各国实施了一系列调整能源经济结构、减少对石油的依赖、开发可再生能源等政策措施，石油在欧盟各国一次能源消费的份额呈下降趋势，大大降低了各国的能源供应风险。在 1999 年到 2009 年的 10 年中，石油在欧盟能源消费总量中所占比重由原来的 39.2%下降到 36.6%；天然气的比重由原来的 22.4%上升到 24.5%，表明天然气正越来越受到消费者的青睐。20 世纪 80 年代以来，由于环境标准的提高，欧盟各国煤炭消费量明显减少，但是由于对石油、天然气进口依赖度过高，为了保障能源安全，德国作为欧盟最大的煤炭生产国，积极倡导欧盟各国保持一定的煤炭产量和消费量，英国、法国和意大利等国正逐步优化自己的能源消费结构，大力发展可再生能源，逐步降低石油和煤炭的份额，2010 年欧盟各国能源消费中煤炭份额由 1999 年的 18.3%下降到 15.0%，而且洁净煤技术在欧盟各国得到广泛推广和应用。

出于对安全和环保的考虑，欧盟一些国家纷纷宣布延缓核能的发展，瑞典政府于 1999 年 11 月关闭了国内第一个核反应堆，比利时关闭了 7 个核电厂，荷兰也关闭了最后一个核电站，2001 年德国正式宣布逐渐淘汰核电，尤其是在 2011 年日本福岛核泄漏事件之后，欧洲民众反核呼声空前高涨。目前，欧盟境内有 143 座核电站，分布在 14 个国家，其中，法国 58 座，英国 19 座，德国 17 座。迫于国内压力，德国和瑞士已经决定关停境内的所有核电站，意大利也公投否决了重启核电发展计划。但法国政府明确表示，不会放弃新一代核电站的建设计划。然而，在欧洲民众集体反对核电建设的背景下，任何一个欧盟国家发展核电的决定都是非常艰难的。实际上，无论是“挺核”还是“反核”的欧盟国家，都面临着地缘政治压力，时不时遭俄罗斯“断气”的欧盟，一直试图摆脱对俄罗斯的能源依赖。因此，迫于能源供应压力，短时间彻底废弃核电，对于欧盟来说确实不太现实。

欧盟 2020 能源战略明确提出，2020 年可再生能源占欧盟总能源消耗的 20%的目标，大力发展海上规模化风力发电场、智能电网、可再生能源接入、电能储存技术等（European Commission，2010）。2010 年欧盟可再生能源份额约占能源消费总量的 10%，相对于 1999 年翻了一番。2011 年，丹麦公布了《2050 年能源发展战略》，提出到 2050 年将完全摆脱对化石能源依赖的战略目标，其中 2020 年化石燃料消耗将比 2009 年降低 33%，一次能源消费量比 2006 年降低 4%，可再生能源在终端能源消费中的比重超过 30%，交通领域可再生能源消费比重达到 10%（发改委能源局，2012）。

为了减缓温室气体排放，优化能源消费结构，我国政府积极鼓励可再生能源的发展，2005 年颁布了《可再生能源法》，2007 年制定了“可再生能源中长期发展规划”，明确指出 2010 年可再生能源的发展目标是约占能源消费的 10%，2020 年的目标是 15%。同时，陆续出台了一些促进风能、太阳能、沼气等可再生能源发展的税收减免和补贴等优惠政策，以期优化能源消费结构，减缓全球气候变暖。

11.1.5 重视能源地缘政治，开展多元化的能源外交与合作

积极开展能源合作，降低国际石油市场波动对经济的影响。石油进口量的持续增加和国际石油价格的剧烈波动，促使美国政府在石油问题上加强了与 OPEC 和非 OPEC 国家的关系，并通过国际能源署加强了与其他能源消费国家的密切合作，2005 年 9 月，飓风“卡特里娜”对美国石油工业造成了巨大的损失，美国石油市场出现严重的供应短缺，为了弥补和减少飓风对美国经济的影响，美国政府动用了 3000 万桶战略石油储备。与此同时，国际能源署所有 26 个成员国一致同意动用 6000 万桶原油和汽油的战略储备，以解国际能源市场的燃眉之急，所以加强能源外交是保障能源安全的最有效措施之一。同时美国政府非常重视对国际石油市场供需动态的掌握，希望通过对市场信息的及时了解，减少石油市场波动对本国经济的影响，并力图在经济全球化的竞争中，抢占国际石油资源的制高点，甚至不惜动用武力。

日本政府积极开展能源外交，必要时不惜修正外交政策。1973 年第一次石油危机中，日本改变最初政治立场，公开声明支持巴勒斯坦人民，要求以色列从巴勒斯坦撤军，致使阿拉伯产油国认为日本是阿拉伯世界的友好联盟，决定把日本列为友好国家，不削减对日本的石油供应，所以日本灵活的能源外交政策，大大降低了石油危机对经济的影响。中俄双方石油企业从 1994 年到 2003 年历时 9 年终于达成协定，准备修建从俄罗斯的安加尔斯克油田到中国大庆的跨国石油输送管线“安大线”，就在这一切顺理成章准备签订合同的时候，日本插手中俄石油管线计划，2003 年日本政府派出以前首相森喜朗和外相川口顺子为首的专家团游说俄罗斯，以 75 亿美元的诱人筹码，要求俄罗斯先修建从安加尔斯克油田到纳霍德卡的石油输送管线“安纳线”。日本的介入使得中俄“安大线”夭折，虽然俄罗斯承诺先修建通往大庆的远东石油管线“泰纳线”支线“斯科沃罗季诺—大庆”，但是中日石油管线之争，最终日本依靠灵活的能源外交政策胜出。2004 年小泉政府不顾国内一些民众的反对，坚持向伊拉克派出自卫队，其目的显而易见，就是希望日本在伊拉克战后的石油盛宴中分一杯羹（吴刚等，2004）。

中国实施“走出去”战略，积极参与海外能源资源开发利用。随着国内石油需求的快速增长，而产量逐渐达到峰值，为了保障石油供应安全，我国开始实施“走出去”能源发展战略。1993 年中石油在加拿大开采出了第一桶原油，实现了我国石油企业“走出去”零的突破。之后，我国石油企业先后在苏丹、哈萨克斯坦、中东、非洲等国家获得大型油气合作项目，并取得了巨大成功。为了配合能源“走出去”战略的实施，一方面我国加强同能源出口国的政治合作，建立战略合作伙伴关系，并提供越来越多的经济援助；另一方面加强同能源出口国的贸易合作，逐步增加能源和基础设施建设投资。截止 2010 年底，我国企业在全球 45 个国家共参与超过 170 个海外油气投资项目，并形成了中亚俄罗斯、中东、非洲、拉美和亚太五大海外油气生产区块。

11.1.6 建立高效的能源安全管理机构，制定能源应急法律法规

（1）形式多样的国家能源安全管理机构。美国建立了以联邦政府为主导的，各州政府协同配合的应急组织机构，采用垂直管理与矩阵管理相结合的多元模式。美国国家能源部是各项具体事宜的承办主体，能源部承担着“国家应急分担组织”的重要职能，是组织、管理和落实国家能源安全政策的重要载体（杨昀，2007）。

欧盟设置专门负责能源的机构，由能源专员以及负责相应能源事物的成员组成。其中有专门成员从事石油供应安全和应急响应的工作，出现警情时，将协调其成员国采取措施共同应对石油危机。

日本能源应急组织机构主要由三个层次组成：第一层次是代表政府行使权力和承担责任的经济产业省及其资源能源厅负责人组成的决策层，主要负责石油供应中断应急处理，代表政府对石油储备行使决策权，制定石油储备政策，决定政府储备的收储、动用、审定石油储备预算等，并协调各政府相关部门的工作；第二层次是独立的监管机构，他们在经济产业省的指挥下完成具体操作，对国家石油储备进行协调和管理；第三层次是石油储备基地的管理公司。日本能源应急组织的常驻工作人员并不多，但是一旦出现警情，就会迅速地由其他部门抽调各种人员充实机构（廖建凯，2009）。当出现紧急情况时，上述管理机构实行垂直型、金字塔形的管理，以便增强行政权力的强度，简化程序，提高办事效率（尹晓亮，2010）。

目前我国能源相关政策事务是由国家发展与改革委员会下属国家能源局管理和执行。国家能源局的主要职责中的一部分即为负责能源监测预警、参与能源运行调节和应急保障；拟定国家石油储备计划，政策并实施管理，监测国内外石油市场供求变化，提出国家石油储备订货、轮换和动用建议并组织实施；按规定权限审批或者审核石油储备设施项目；监督管理商业石油储备；牵头开展能源国家合作、协调境外能源开发利用工作。石油市场的实时监控工作由国家商务部承担。

（2）能源应急法律法规方面差距明显。完善的法律法规是美国应对石油危机的重要保障。早在 20 世纪初期，美国就通过了历史上第一部和能源相关的法律。20 世纪 70 年代，遭遇了能源危机重创的美国制定了一系列与能源相关的法律，据不完全统计，美国国会通过的与石油危机应对机制相关的专项法案、修正案和条例就高达 39 部（刘恩东，2009）。完备的法律制度使得美国在出现警情时有法可依，依法办事，应急涉及各主体责权明确，因而成为美国应对石油危机的重要保障。

欧盟关于石油制定了 8 项法律法规，包括出现原油或成品油供应短缺时，如何使用一次能源的规定，原油应急战略储备的管理规定，以及当出现原油或成品油的供应短缺时，采取措施降低损失等规定。

日本经过几十年的完善也已经形成了比较完善的应急法律法规。基本的能源法有《能源政策基本法》，另外还有《石油储备法案》、《石油供需合理化法案》和《国民生活安定经济措施法案》，有应对紧急情况的《应急反应导则》和《协调应急反应措施手册》。在各项法律法规中，规定了能源应急的组织体系，确定了各参与单位的职责，规范了应急反应程序，对整个应急过程起到了指导作用。

我国已经颁布了一些与能源相关的法案，如《中华人民共和国可再生能源法》、《中华人民共和国节约能源法》等，但是关于能源预警和能源应急方面还未制定专门的法律法规。为了解决石油危机事件，保证成品油应急工作顺利地进行，做到能源保障工作有章可循，有法可依，需建立适合我国国情的能源应急法律法规。可喜的是目前我国已经形成能源法草案，且正在审议中，能源法的颁布和实施必将对我国的石油预警和应急管理工作起到极大的推动作用。

11.2 能源安全综合评价体系与方法

通过 11.1 对典型国家能源安全政策的比较分析，我们发现美欧日等发达国家无论是在能源安全政策方面，还是在监管方面都比较完善，同时也发现我国在能源安全政策与监管方面的差距和不足。那么近年来各国综合能源安全指数有哪些变化，发达国家和发展中国家能源安全有哪些差异？我们构建了能源安全综合评价指标体系，定量比较各典型国家能源安全的变化，以期为提高我国能源安全提供信息参考。

11.2.1 能源安全综合评价指标体系

本报告界定的能源安全主要包括供应安全和使用安全两个方面，能源供应安全主要受能源储采比、自给率、进口来源、运输、效率、战略储备以及价格等因素的影响；能源使用安全主要受能源消费结构、能源生产事故、污染物排放强度、能源份额、可再生能源比例等因素的影响。为了定量研究各国能源安全综合指数的变化，我们建立了能源安全指数评价指标体系（如图 11-1 所示），主要从供应和使用两个层面来构建的。

1）能源供应安全评价指标体系

根据能源供应安全的定义，持续的、稳定的、可靠的能源供应，以及合理的能源价格，我们从能源资源禀赋、生产、储备、市场、进口、到消费，贯穿整个供应链来选取评价指标，同时考虑到数据的可获得性，最终确定了能源供应的如下 4 类 8 个评价指标。

（1）可持续性评价指标：能源储采比、能源强度、人均能源消费量；

（2）稳定性评价指标：能源自给率、能源价格波动率；

（3）可靠性评价指标：能源储备率、能源进口的多元化指数；

（4）多样性评价指标：能源多样化指数。

2）能源使用安全评价指标体系

参考能源使用安全的定义，我们从能源生产、消费和清洁高效利用 3 个层面来选取评价指标，同时考虑到数据的可获得性，最终确定了能源使用的如下 3 类 6 个评价指标。

（1）能源生产的安全性评价指标：能源生产安全指数；

（2）能源消费的安全性评价指标：碳排放强度、单位能源消费的碳排放指数、单位能源消费的二氧化硫排放量；

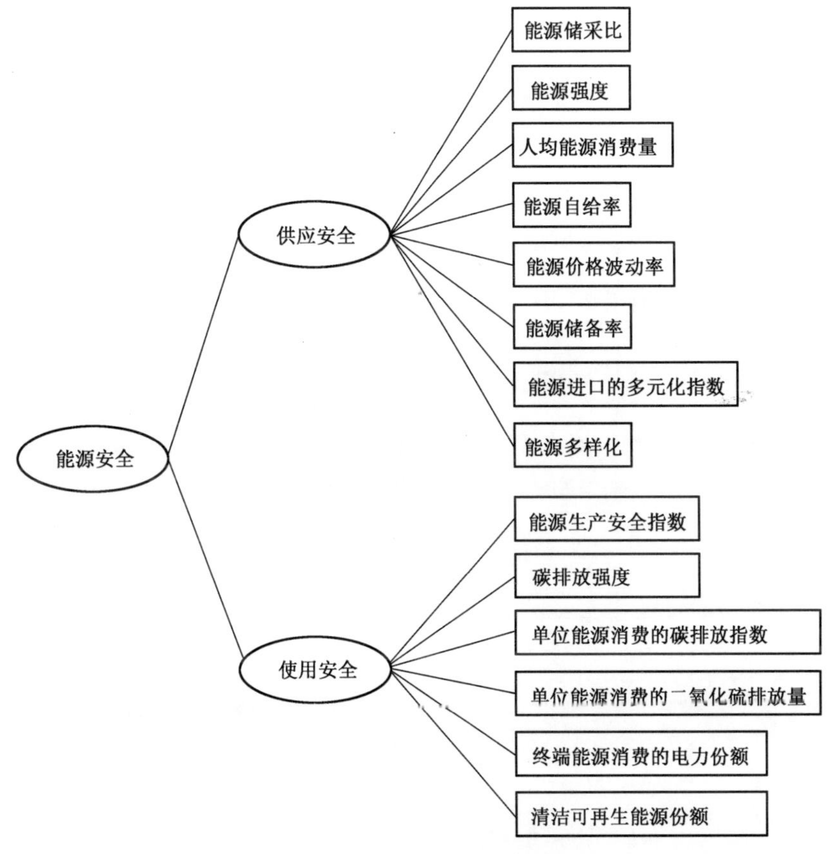

图 11-1　能源安全评价指标体系

(3) 能源消费的环保性评价指标：终端能源消费的电力份额、清洁可再生能源份额。

11.2.2　能源安全综合评价模型

我们采用层次分析方法的思想来评价中国能源安全指数，层次分析法（analytic hierarchy process，AHP）是美国运筹学家 Saaty 教授于 20 世纪 70 年代初期提出的一种简便、灵活而又实用的多准则决策方法。由于各评价指标从不同方面来度量能源安全程度，很难按其重要性进行综合排序，而且不同时期各指标的重要性也会略有变化，为了减少人为因素对各指标重要性的影响，我们采用等权重，模型表达式如下：

$$I_{ESI} = \sum_{i=1}^{n} \lambda_i X_i \tag{11-1}$$

效益型指标归一化方程：

$$X = (X_i - X_{min})/(X_{max} - X_{min}) \tag{11-2}$$

成本型指标归一化方程：

$$X = (X_{max} - X_i)/(X_{max} - X_{min}) \tag{11-3}$$

各评价指标的计算公式及指标说明如表 11-1 所示：

表 11-1　能源安全评价指标计算方法及指标说明

评价指标	公式	指标说明
能源储采比	$R_{R/P}=\sum_{i=1}^{n}r_i\omega_i$	煤炭、石油、天然气三种化石能源的储采比，效益型指标
能源强度	$EI_{\text{int}}=E_{\text{con}}/\text{GDP}$	单位 GDP 能源消费量，成本型指标
人均能源消费量	$P_{\text{con}}=E_{\text{con}}/\text{Population}$	平均每人的能源消费量，成本型指标
能源自给率	$R_{\text{sup}}=\sum_{i=1}^{n}s_i\omega_i$ $s_i=\frac{i_{\text{con}}+i_{\text{exp}}-i_{\text{imp}}}{i_{\text{con}}}\times 100\%$	度量能源消费的自给程度，主要是化石能源自给率，效益型指标
能源价格波动率	$R_{\sigma}=\sum_{i=1}^{n}\omega_i\sigma_i$	度量能源价格的波动程度，本研究采用国际原油价格，成本型指标
能源储备率	$R_{\text{ser}}=\sum_{i=1}^{n}\text{ser}_i\omega_i$ $\text{ser}=\frac{E_{\text{inv}}}{E_{\text{con}}}$	度量能源战略储备规模，本研究采用战略石油储备，效益型指标
能源进口的多元化指数	$I_{\text{div}}=1-\sum_{i=1}^{n}\omega_i\sqrt{\sum_{j=1}^{m}d_{ij}^2}$	度量能源进口的分散程度，本研究采用原油进口多元化指数，效益型指标
能源多样化指数	$D_{\text{div}}=\sqrt{\sum_{i=1}^{n}D_i^2}$	度量能源供应的多样化程度，效益型指标
能源生产安全指数	$I_{\text{pro}}=N_{\text{death}}/E_{\text{production}}$	度量能源生产安全程度，本研究采用煤炭产量的百万吨死亡率，成本型指标
碳排放强度	$CI_{\text{int}}=C_{\text{emi}}/\text{GDP}$	单位 GDP 的二氧化碳排放量，成本型指标
单位能源消费的碳排放指数	$I_{\text{carbon}}=C_{\text{emi}}/E_{\text{con}}$	度量消费单位能源的碳排放程度，成本型指标
单位能源消费的二氧化硫排放量	$I_{SO_2}=SO_{2\text{emi}}/E_{\text{con}}$	度量消费单位能源的二氧化硫排放程度，成本型指标
终端能源消费电力份额	$\text{Share}_{\text{elc}}$	度量电力在终端能源消费中的比例，效益型指标
清洁可再生能源份额	$\text{Share}_{\text{rew}}$	度量核能、可再生能源在终端能源消费中的比例，效益型指标

模型中各指标的变量说明如表 11-2 所示。

表 11-2　能源安全评价指标及其说明

变量	变量说明
I_{ESI}	能源安全指数
λ_i	指标 i 的权系数
X_i	指标 i 的特征值
r_i	第 i 种化石能源的储采比
ω_i	第 i 种化石能源的份额
E_{con}	能源消费量
s_i	第 i 种能源的自给率
$i_{\text{con}}, i_{\text{exp}}, i_{\text{imp}}$	分别是第 i 种能源的消费量、出口量和进口量
σ_i	第 i 种能源价格的方差
ser_i	第 i 种能源的战略储备率
E_{inv}	能源的战略储备库存量

续表

变量	变量说明
d_{ij}	第 i 种能源从第 j 个进口来源的份额
D_i	第 i 种能源占一次能源消费的份额
C_{emi}	碳排放量
SO_{2emi}	二氧化硫排放量

11.3 典型国家能源供应安全的比较

2000 年以来，世界能源供需格局发生了较大的变化，2003 年海湾战争的爆发，打破了原有的世界能源地缘政治格局，国际能源价格尤其是石油价格一路飙升。随着中国、印度等发展中国家经济的快速增长，世界能源消费出现了新一轮增长期；然而，2008 年美国次贷危机引发了全球经济危机，能源需求下降，价格暴跌，致使能源资源上游的勘探开发投资减少，新增储量有限。统计数据表明（BP，2011），2000～2010 年全球化石能源探明可采储量增速相对于 1990～2000 年相对缓慢，煤炭储量甚至在减少，探明可采储量从 2000 年的 9842 亿吨减少到 2010 年的 8609 亿吨，减少了 12.53%，而 1990～2000 年全球煤炭储量增长了 0.3%；天然气探明可采储量增速放缓，1990～2000 年天然气储量增长了 22.75%，2000～2010 年储量增长了 21.25%，达到 187.1 万亿立方米，增速明显减弱；相对于煤炭和天然气，世界石油储量增长较快，1990～2000 年探明可采储量增长了 10.14%，2000～2010 年增长了 25.18%，达到 13832 亿桶，这要得益于国际原油价格的持续高涨。

世界能源供需变化及价格波动对各主要能源进口国的能源供应安全产生了怎样的影响，我们依据 11.2 节建立的评价指标体系，选取了几个代表性国家，对其 2000～2010 年间能源供应安全指数进行了定量评价（数据来源于 BP 世界能源统计回顾、世界银行、美国能源部能源信息署），以期为提高中国能源供应安全提供借鉴和参考。

11.3.1 典型发达国家能源供应安全指数总体呈波动上升趋势

（1）发达国家能源供应安全体系日臻成熟。评价结果表明，代表性发达国家能源供应安全指数总体呈波动上升趋势，日本和美国能源供应安全指数变化趋势基本一致，德国能源供应安全指数波动更大一些（如图 11-2 所示）。主要因为：①2000～2010 年美国、德国、日本的能源强度呈快速下降趋势，2010 年能源强度相对于 2000 年分别下降了 16.11%、10.42%、11.19%，能源强度的快速下降，很大程度上减缓了能源消费增长速度，有利于能源供应安全的提高。②人均能源消费量也呈下降趋势，有利于保障能源供应安全，2010 年美国、日本人均能源消费量相对于 2000 年分别下降了 10.24%和 5.1%，由于德国 2010 年人均能源消费量出现了反弹，所以下降幅度较小，仅为 1.2%。③能源多样化指数和能源进口多元化指数均呈上升趋势，作为老牌能源进口国，美国、德国、日本都饱受历次世界石油危机的影响，所以其能源供应的多样化和能源进口的多元化程度都越来越高，有利于提高能源供应安全。④能源储备率稳步提高，随着各国对国家战略石油储备的重视，美国、德国、日本都建立了完备的战略石油储备体系，都拥有至少 90 天净进口量的国家战略石油储备，具有较强的应对石油供应短缺能力，所以储备率的提高，有利于保障能源供应安全；⑤由于德国、日本能源资源储量都相对较低，本国能源产量有限，致使其能源资源储采比变化不大，2010 年两国能源储采比甚至出现了反弹；美国能源资源储量丰富，由于其产量增长相对缓慢，随着勘探开发技术的提高，新能源资源不断被发现，所以 2010 年能源储采比仅比 2000 年下降了 5.9%。

2003 年海湾战争的爆发，致使国际石油市场出现恐慌，Brent 油价由 2002 年 11 月的 24 美元/桶迅速飙升至 2003 年 2 月的 33 美元/桶，受战争的影响，2004 年国际油价从年初的 30 美元/桶飙升至 10 月份的 50 美元/桶，所以国际石油市场的价格风险骤增。为了保障能源供应安全，海湾战争期间美国大量释放国家战略石油储备；由于油价的高位震荡，为了降低国家战略石油储备成本，美国、德国和日本均未补充战略石油储备库存，所以 2004 年各国储备率明显偏低。受战争的影响，能源进口的多元化指数也出现了下降，而且人均能源消费出现了反弹。因此，海湾战争的爆发导致 2004 年美、德、日三国的能源供应安全指数出现了明显下降（如图 11-2 所示）。

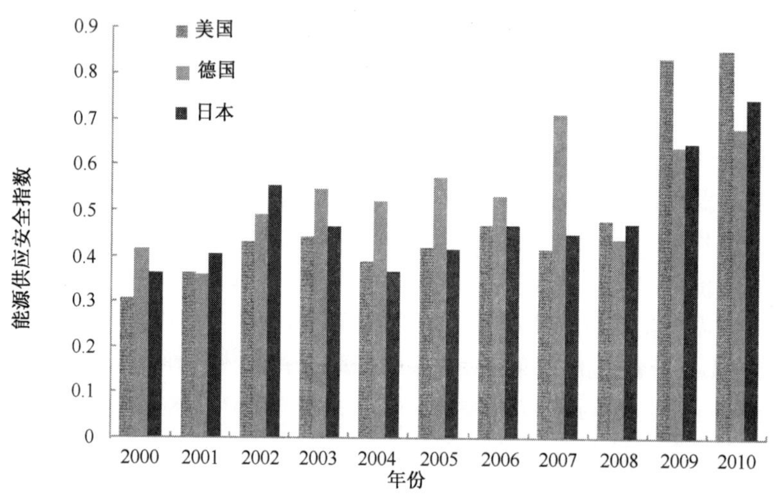

图 11-2 代表性发达国家能源供应安全指数变化

（2）美国能源供应安全体系最完备。美国能源资源储量丰富，2010 年煤炭资源探明可采储量为 2373 亿吨，占世界储量的 27.6%，排在第 1 位，储采比高达 241；天然气探明可采储量 7.7 万亿立方米，占世界储量的 4.1%，排在第 4 位，储采比 12.6；石油探明可采储量 309 亿桶，占世界储量的 2.2%，排在第 12 位，储采比 11.3（BP，2011）。虽然拥有丰富的能源资源，但是美国依然是世界最大的能源进口国，因为人均能源消费量太大，2010 年人均能源消费量 7.23 吨油当量，至少相当于世界人均能源消费量的 4 倍。因此，美国的能源安全战略一直是国家战略的重要组成部分，很多外交战略和政策都是围绕国家能源安全开展的。

那么 2000 年以来，美国各年的能源供应安全呈现怎样的变化趋势，依据我们构建的能源供应安全评价指标体系和模型，研究结果发现，总体上美国能源供应安全指数呈波动上升的趋势，尤其是 2009 年和 2010 年的能源供应安全指数呈跳跃式增长（如图

11-3 所示）。主要是因为：①由于 2008 年全球金融危机的影响，美国人均能源消费量快速下降，2009 年和 2010 年相对于 2000 年人均能源消费量分别下降了 12.56%和 10.24%。②能源强度的大幅降低，2009 年和 2010 年的能源强度相对于 2000 年分别下降了 16.36%和 16.11%。③能源自给率和能源储备率明显提高，2000 年美国的能源自给率和储备率分别为 71.61%和 7.52%，2009 年两者分别增长到 76.56%和 10.61%，2010 年分别为 76.05%和 10.40%。④能源供应的多样化和能源进口的多元化程度越来越高，而且 2008 年金融危机之后，国际原油价格波动减弱，有利于能源供应安全。因此，多因素的综合作用，使得 2000 年以来美国能源供应安全指数呈波动上升趋势。

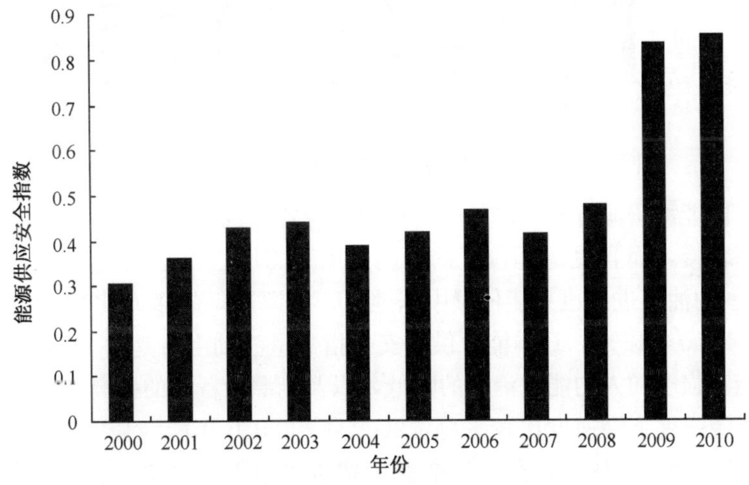

图 11-3　美国能源供应安全指数变化（2000～2010 年）

（3）受资源禀赋的制约，德国能源供应安全受外界影响较大。德国石油、天然气资源贫乏，主要依赖进口，但是煤炭资源相对丰富，2010 年探明可采储量 407 亿吨，是 2009 年储量的 6 倍，占世界储量的 4.7%，储采比更是高达 233（BP，2011）。2000 年以来，德国能源消费量呈下降趋势，能源供应安全指数呈波动上升趋势（如图 11-4 所示）。主要是因为：①由于能源消费结构和产业结构的优化调整，德国人均能源消费量呈下降趋势，尤其是受 2008 年全球金融危机的影响，2009 年德国能源消费量相对于 2000 年下降了 7.7%，人均能源消费量下降了 5.2%，但仍为 4.0 吨油当量左右，是世界平均水平的 2 倍多。②能源强度的快速下降，2009 和 2010 年德国能源强度相对于 2000 年分别下降了 10.71%和 10.42%。③能源供应的多样化和能源进口的多元化程度缓慢提高，所以德国的能源供应安全指数不像美国那样增长明显，而且受金融危机和欧债危机的影响，尚未恢复到 2007 年的水平。因此，多方面因素的共同作用，以及金融危机和欧债危机的双重影响，使得德国能源供应安全指数波动更明显。

（4）日本能源供应安全体系最完备，尤其是战略储备体系。日本能源资源极为贫乏，化石能源主要依赖进口，能源自给率不足 20%，所以为了保障能源供应安全，日本非常重视战略能源储备。2010 年底日本战略石油储备约 5.96 亿桶，当年日本石油进口量平均 456 万桶/天，所以相当于至少 130 天净进口量的储备规模。与美国和德国不

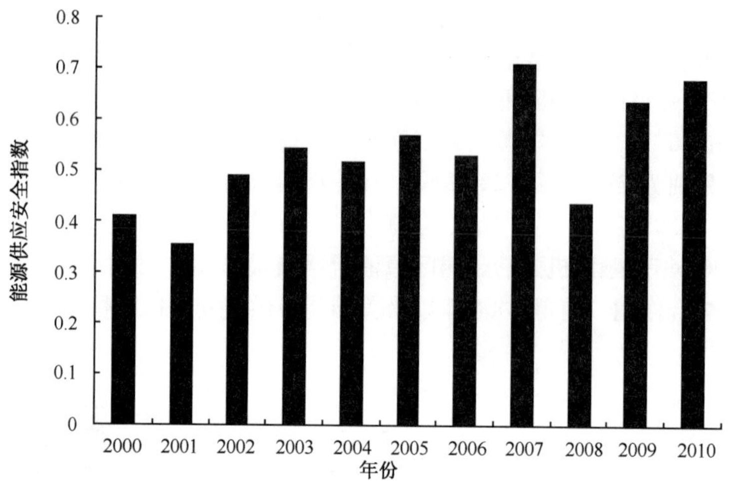

图 11-4　德国能源供应安全指数变化（2000～2010 年）

同，日本受本国能源资源分布的制约，可再生能源资源也非常有限，所以能源供应的多样化程度提高较慢，而且受地理位置的制约，周边邻国也都是油气进口国（俄罗斯除外），所以日本的油气进口也只能依赖中东地区，能源进口的多元化程度也很难进一步提高。因此，2000 年以来，日本能源供应安全指数呈波动上升趋势（如图 11-5 所示），主要归功于能源强度和人均能源消费的降低，以及能源储备率的提高。①能源强度持续下降，日本能源强度下降速度比较平稳，2009 年和 2010 年能源强度相对于 2000 年分别下降了 11.89%和 11.19%。②人均能源消费量也呈下降趋势，受金融危机的影响，2009 年日本人均能源消费量比 2000 年下降了 9.54%，2010 年出现反弹，仅相当于 2000 年人均能源消费量的 5.07%。③能源储备率稳步提高，2010 年日本能源储备率 20%左右，比 2000 年提高了 28.53%，主要是国家战略石油储备量稳步提高。④虽然日本的能源自给率一直呈下降趋势，但是下降幅度很小，所以对能源供应安全指数的上升没有构成大的影响。

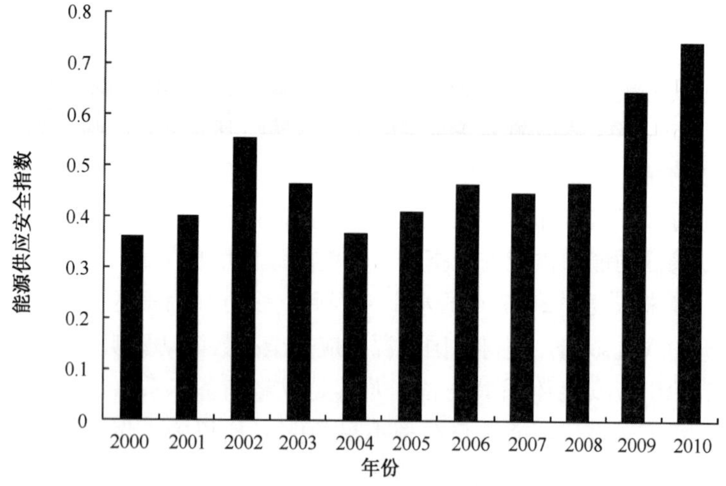

图 11-5　日本能源供应安全指数变化（2000～2010 年）

11.3.2　典型发展中国家能源供应安全指数总体呈下降趋势

（1）发展中国家能源供应安全体系任重道远。与发达国家不同，2000～2010 年代表性发展中国家的能源供应安全指数总体呈下降趋势（如图 11-6 所示），主要是因为发展中国家处于工业化阶段，经济结构主要依赖重化工等高耗能产业，随着经济的持续发展，能源消费量的快速增长，导致人均能源消费量和能源对外依存度的攀升，同时能源储采比迅速下降，具体原因如下：①能源储采比快速下降，与发达国家不同，中国和印度的能源产量增长较快，所以导致能源储采比大幅下降，2010 年中国、印度的煤炭储采比相对于 2000 年分别下降了 69.8%和 52.5%，中国石油的储采比下降了 51.0%，天然气的储采比也有一定的下降，但相对于煤炭和石油要小得多；印度油气资源的储采比略有小幅上涨。②人均能源消费快速上升，由于发达国家已实现城镇化，房地产和基础设施建设基本饱和，所以人均能源消费量都呈下降趋势，而发展中国家在快速的城镇化建设背景下，随着生活水平的提高，人均能源消费量也迅速增加，2010 年中国、印度的人均能源消费量比 2000 年分别增长了 107.58%和 33.3%。③能源自给率的下降，受国内能源储量和产量的制约，随着能源消费的快速增长，中国和印度的能源自给率呈下降趋势，2010 年中国、印度的能源自给率比 2000 年分别下降了 0.5%和 12.2%。④虽然中国和印度的能源进口多元化程度也在提高，但是其无法阻止能源供应安全指数下降的趋势。

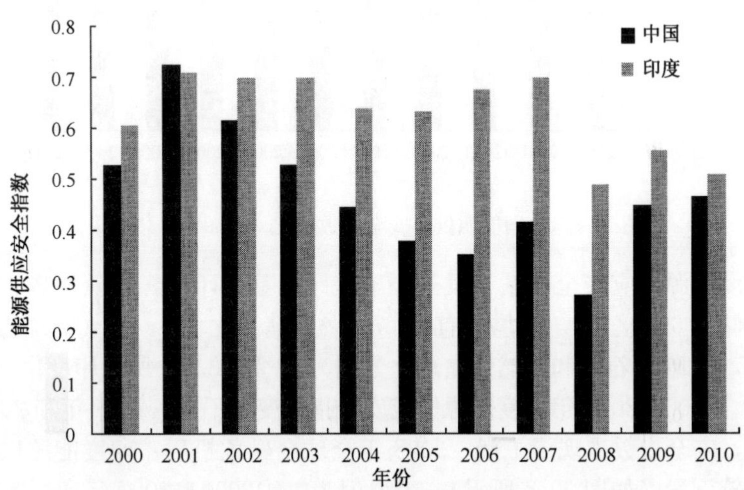

图 11-6　代表性发展中国家能源供应安全指数变化

2003 年海湾战争和 2008 年的全球金融危机对中国和印度能源供应安全也有一定的影响，所以进一步加重了两国能源供应安全指数下降的趋势（如图 11-6 所示）。

（2）我国能源供应安全体系建设初见成效。关于中国能源供应安全指数的变化在 11.4 节中有较详细的论述，本节不再赘述，但是两者还是有一点差别。一是时间跨度的差异，11.4 节讨论的我国能源供应安全指数是 1996～2009 年的相对变化，而本节讨论的是 2000～2010 年的相对变化；二是统计数据来源的差异，11.4 节的很多数据来源于中国统计年鉴等国内官方发布的数据，而本节为了开展国际比较，很多数据来源于《BP能源统计回顾》、世界银行、美国能源部能源信息署等国际机构发布的数据，所以细微结果上有些差异，但是大的趋势是一致的。

从图 11-7 可以看出，2000 年以来，我国能源供应安全指数呈下降趋势，虽然 2007 年、2009 年和 2010 年呈上升趋势，但仍明显低于 2003 年以前的水平。尤其是 2008 年北京奥运会的胜利召开，致使人均能源消费量大幅增加，为了保障奥运期间的能源供应安全，在上半年油价飙升期间我国石油进口量也跟着飙升，而下半年油价骤降，我国库存已满，进口量反而大幅减少，所以综合因素导致 2008 年我国能源供应安全指数最低（如图 11-7 所示）。另外，2006 年我国政府实施的节能减排政策和国家战略石油储备建设，对 2007 年、2009 年和 2010 年能源供应安全指数的反弹发挥了重要的作用，因为能源强度进一步快速下降，能源储备率则快速上升。

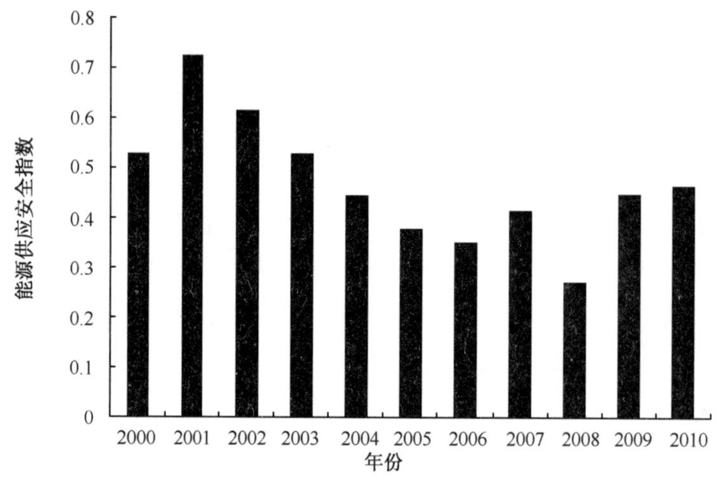

图 11-7　中国能源供应安全指数变化（2000～2010 年）

（3）印度能源供应安全体系与发达国家差距明显。印度煤炭资源较为丰富，2010 年探明可采储量 606 亿吨，占世界储量的 7.0%，储采比 107；油气资源相对有限，由于产量较低，2010 年石油和天然气储采比分别为 30 和 28.5，所以印度化石能源储采比要高于中国。2000～2007 年印度能源供应安全指数变化不大，2004 年和 2005 年受海湾战争的影响，安全指数出现了下滑。2008 年全球金融危机后，印度能源供应安全指数出现了新一轮下滑（如图 11-8 所示）。主要因为：①2000～2007 年印度人均能源消费增长相对缓慢，从 2000 年的 0.45 吨油当量增长到 2007 年的 0.53 吨油当量，增长了 17.8%；而 2007 年之后人均能源消费量增长则相对较快，2010 年为 0.60 吨油当量/人，相对于 2000 年增长了 33.3%。②2000～2007 年能源自给率下降缓慢，从 73%下降到 2007 年的 70%，但 2007 年之后则快速下降，2010 年印度能源自给率为 64%。③2000～2006 年印度能源储采比下降非常缓慢，2000 年煤炭、石油、天然气储采比分别为 223、17.3、24.8，2006 年分别为 207、19.3、33.9，但是 2010 年变为 106、30、28.5。因此，各方面因素的综合作用，使得印度能源供应安全指数呈现两阶段下降的变化趋势。

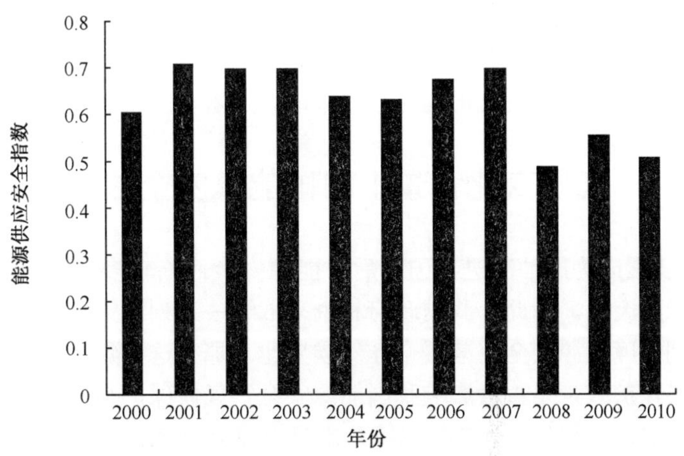

图 11-8 印度能源供应安全指数变化（2000～2010 年）

11.3.3 2008 年全球金融危机后，多数国家能源供应安全指数大幅提高

2008 年全球金融危机的爆发，对美国和欧洲一些发达国家的冲击最为明显，金融、房地产等行业陷入低迷，投资减少，能源需求下降，国际原油价格暴跌。①金融危机缓解了全球石油供应的紧张局势。危机前，全球经济持续发展，石油需求不断增加，OPEC 剩余产能接近枯竭，国际油价一路飙升；危机爆发后，实体经济受到剧烈冲击，全球经济低迷，能源需求减少，国际石油市场也由卖方市场转为买方市场，有利于能源进口国的能源供应安全。②金融危机导致油价暴跌，价格风险降低。危机前，国际原油价格像脱缰的野马，从 90 美元/桶一路飙升至 147 美元/桶，国际石油市场的价格风险非常高，甚至一些国际权威预测机构都认为油价会达到 200 美元/桶；危机后，油价暴跌，迅速跌至 40 美元/桶，国际石油市场的价格风险也骤降，美国等战略石油储备国借机增加石油储备，所以储备率明显提高。③金融危机导致全球能源需求的减少。美国等发达国家人均能源消费量进一步降低；由于中国采取 4 万亿元投资刺激经济的政策，所以我国人均能源消费量反而快速增长。因此，金融危机爆发后，缓解了能源供需压力，降低了能源价格，提高了能源储备规模，减少了能源消费，所以多数国家能源供应安全指数明显提高。

11.3.4 主要结论

虽然同处于世界能源市场环境中，受各国能源资源禀赋和能源政策的影响，实际上各代表性国家能源供应安全指数差异明显，尤其是发达国家与发展中国家之间。

（1）能源强度和人均能源消费量的快速下降，能源储备率、能源供应的多样化和能源进口的多元化指标的提高，使得代表性发达国家能源供应安全指数呈波动上升趋势，得益于其较完备的能源供应安全体系和健全的能源安全政策。

（2）人均能源消费量的快速上升，能源储采比的持续下降，是导致代表性发展中国家能源供应安全指数呈下降趋势的主要原因，另外，能源储备体系的不健全和有限规模，也不同程度影响着发展中国家能源供应安全指数的变化。

因此，为了提高我国能源供应安全，继续实施节能政策是非常必要的，而且建立一套完备的国家能源储备体系也是必不可少的。同时，推行多元化的能源外交，对规避和降低能源进口风险，实现多元化的能源进口策略，起着至关重要的作用。

11.4 气候变化背景下中国能源安全的综合评价

自 1996 年我国成为原油净进口国以后，能源安全面临较多供应风险，而且能源使用安全问题越来越突出。为此，我国政府相继采取了一系列政策措施，并制定了相关的法律法规，以期保障能源安全，减缓全球气候变化。那么这些年我国能源安全是如何变化的？采取气候保护政策是否会影响我国能源安全？气候保护与我国能源安全之间是一种什么关系，双赢还是权衡？本节应用 11.2 节中建立的能源安全综合评价指标体系，从供应和使用安全两个方面，定量研究了气候变化背景下我国能源安全的变化。

11.4.1 气候变化对我国能源安全政策的影响

工业革命以来，化石能源消费排放的温室气体是全球气候变暖的主要原因之一，所以减缓全球气候变暖，首先要降低温室气体排放，主要是减少化石能源消费或进行碳捕获。我国作为世界第一大能源消费国和最大的碳排放国家，2011 年能源消费 34.8 亿吨标准煤，化石能源份额超过 90%，煤炭约占一次能源消费的 70%，且煤炭净进口逐年增加，石油进口依存度约 60%；2010 年酸雨覆盖面积 120 万平方公里，接近国土面积的 12.6%，2011 年全国发生 85 起较大规模的煤炭安全生产事故，死亡 1973 人，所以能源安全生产形势依然严峻。

虽然《京都议定书》没有规定发展中国家要承担具体的减排责任，但是作为负责任大国，我国一直积极参与全球气候保护行动，2005 年颁布了《可再生能源法》，并从 2006 年开始实施“节能减排”政策，提出了“十一五”期间单位国内生产总值能耗降低 20%左右，主要污染物排放总量减少 10%的约束性指标，2007 年制定了《中国应对气候变化国家方案》，出台了《可再生能源中长期发展规划》，颁布了《节能法》，并发布了《中国能源现状和政策的白皮书》。这一系列法律与政策规划的颁布和实施，有利于降低单位 GDP 能耗和温室气体排放，有利于减缓化石能源消费增长速度，更有利于优化能源消费结构，但是一定程度上会制约经济发展速度。因此，充分说明了我国政府对全球气候变化和能源安全的重视。

关于能源安全与气候保护的研究，国际上已有一些相关文献。Brown 和 Huntington（2008）认为虽然当前的能源安全和气候保护技术存在互补性，但是决策者在制定这两类政策目标的时候还是面临着权衡，尤其是当决策者选择混合技术来减少温室气体排放和提高能源安全的时候，权衡就在所难免。他们认为当一种技术的附加成本等于其提高能源安全和减少温室气体排放的附加值的时候，就实现了最优政策。Huntington 和 Brown（2004）通过模拟工业化国家的减排政策，认为参与减排的国家可以降低他们的减排成本，从而增加他们的参与意愿。然而他们会带来更高的世界碳成本，因为大多数碳密集的燃料没有被征收重税。Turton 和 Barreto（2006）基于 ERIS 模型分析了不同政策工具在能源安全管理、气候风险和促进技术进步等方面的作用，以期使未来全球能源系统朝着一个更安全、气候和谐的方向发展。Chalvatzis 和 Hooper（2009）通过对德国、希腊、波兰和英国电力部门的分析，试图明确每个国家电力部门的政策和技术选择。研究认为各国的电力选择是非常慎重的，目标的重点是减缓气候变化和提高电力供应安全。Wu 等（2011b）从能源供应和使用安全两个方面，定量研究了 1996～2009 年中国能源安全指数的变化，并探讨气候保护政策对中国能源安全的影响。Cao（2003）综述了发展中国家通过价格改革、提高能源效率和发展可再生能源来减少温室气体排放，重点讨论了发展中国家面临的挑战，如不切实际的排放标准、公众淡薄的环境意识等，认为只有制定积极的、目标明确的政策，灵活的、有弹性的标准和激励，以及公众积极的环境意识，才能减少温室气体排放。因此，综合来看，气候保护和能源安全还是存在一定的权衡。

11.4.2　数据来源及预处理

1996～2009 年我国煤炭、石油、天然气储采比数据，一次能源生产量（1980～2009）、进口量、出口量和消费量（1980～2009）数据，来源于 BP 能源统计回顾（1999～2010）和中国统计年鉴 2010；我国战略石油储备库存数据来源于国家能源局报告；1996～2002 年我国石油进口来源数据来源于中国对外贸易年鉴（1997/1998，1998/1999，2000，2001，2002，2003），2003～2009 年石油进口来源数据来源于中国商务统计年鉴（2004～2010 年）；我国能源强度数据来源于中国能源报告（2010）：能源效率研究；人均能源消费数据依据中国能源报告（2010）：能源效率研究和美国能源部能源信息署的数据整理得到；石油价格数据来源于美国能源部能源信息署；1996～1998 年百万吨煤炭生产死亡率数据来源于中国矿业大学（北京）安全管理研究中心，1999～2005 年数据来源于中国安全生产年鉴，2006～2009 年数据来源于中国能源发展报告 2010；1996～2009 年电力和可再生能源份额数据来源于中国统计年鉴 2010；碳排放强度和单位能源消费的碳排放指数数据来源于世界银行数据库；二氧化硫排放量数据来源于历年中国统计年鉴（1997～2010 年）。

1996～2009 年各评价指标的数据如表 11-3 和表 11-4 所示。

表 11-3　我国能源供应安全各评价指标数据（1996～2009 年）

年份	$R_{R/p}$	EI_{int}	P_{con}	R_{sup} (%)	R_{σ}	R_{ser} (%)	I_{div}	D_{div}
1996	69.236	1.60	1.101	98.21	4.93	—	0.568	0.378
1997	69.021	1.47	1.096	97.08	2.98	—	0.629	0.400
1998	74.451	1.37	1.089	96.44	2.21	—	0.641	0.416
1999	70.199	1.31	1.116	93.81	27.13	—	0.717	0.469
2000	84.738	1.25	1.147	91.61	9.15	—	0.687	0.496
2001	77.696	1.20	1.178	91.97	11.06	—	0.694	0.529
2002	63.871	1.16	1.241	92.25	8.12	—	0.696	0.484
2003	56.835	1.22	1.423	91.96	4.99	—	0.700	0.467
2004	48.064	1.28	1.644	90.32	32.65	—	0.706	0.474
2005	42.931	1.28	1.804	90.62	37.85	—	0.698	0.463

续表

年份	$R_{R/p}$	EI_{int}	P_{con}	R_{sup} (%)	R_{σ}	R_{ser} (%)	I_{div}	D_{div}
2006	39.913	1.24	1.969	90.22	31.61	1.29	0.691	0.465
2007	37.253	1.18	2.122	88.84	147.19	1.91	0.699	0.462
2008	34.602	1.12	2.191	90.90	868.65	2.53	0.680	0.466
2009	32.150	1.08	2.293	89.95	160.85	2.97	0.680	0.461

表 11-4　我国能源使用安全各评价指标数据（1996～2009 年）

年份	I_{pro}	CI_{int}	I_{carbon}	I_{SO_2}	$Share_{elc}$ (%)	$Share_{rew}$ (%)
1996	4.55	3.968	3.192	0.0144	11.59	6.0
1997	4.47	3.637	3.191	0.0173	12.98	6.4
1998	5.04	3.233	3.065	0.0154	13.95	6.5
1999	6.08	2.999	3.059	0.0132	14.73	6.9
2000	5.77	2.839	3.115	0.0137	15.86	6.4
2001	5.07	2.685	3.204	0.0130	16.99	7.5
2002	4.81	2.607	3.137	0.0121	17.97	7.3
2003	3.74	2.788	3.243	0.0117	17.93	6.5
2004	3.03	2.968	3.267	0.0106	17.51	6.7
2005	2.71	2.939	3.320	0.0108	18.02	6.8
2006	2.04	2.839	3.310	0.0100	20.31	6.7
2007	1.49	2.659	3.340	0.0088	21.07	6.8
2008	1.18	2.564	3.384	0.0080	21.85	7.7
2009	0.89	2.558	3.350	0.0072	22.60	7.8

11.4.3　我国能源供应安全指数呈先升后降的趋势

虽然我国 1996 年就成为原油净进口国，2009 年原油对外依存度已达到 53%，且煤炭也首次成为净进口，能源供应安全形势严峻，但是能源供应安全指数并未像主观判断的那样，呈快速下降的趋势，甚至 2009 年的能源供应安全指数与 1996 年基本持平。因此，我们需要重新审视能源供应安全，在贸易全球化背景下，能源供应安全不仅取决于能源自给率和生产能力，而且取决于能源贸易和能源结构。能源自给不再是保障安全的唯一途径，科学合理的能源贸易和消费结构，同样可以保障国家的能源供应安全（Wu，et al，2011b）。

1）1996～2001 年我国能源供应安全指数呈现快速上升趋势

主要是因为：①能源消费增长缓慢，受 1997/98 亚洲金融危机的影响，我国能源消费量 6 年仅增加了约 1.5 亿吨标准煤（如图 11-9 所示），所以能源供应充足，且能源价格相对较低，有利于能源供应安全。②能源可持续性增强，能源储采比呈上升趋势，2000 年煤炭储采比为 1996～2009 年的最高值，石油和天然气储采比相对于 1996 年下降幅度很小，分别维持在 20 年和 50 年左右的水平。③能源消费和进口呈多元化趋势，消费结构逐步优化，石油进口向多元化转变。④能源强度快速下降，从 1996 年的 1.60 吨标准煤/万元下降到 1.20 吨标准煤/万元，下降了 25%；同期人均能源消费增长缓慢，仅从 1996 年的 1.101 吨标准煤上升到 1.177 吨标准煤。因此，1996～2001 年我国能源供应安全指数呈上升的趋势（如图 11-9 所示）。

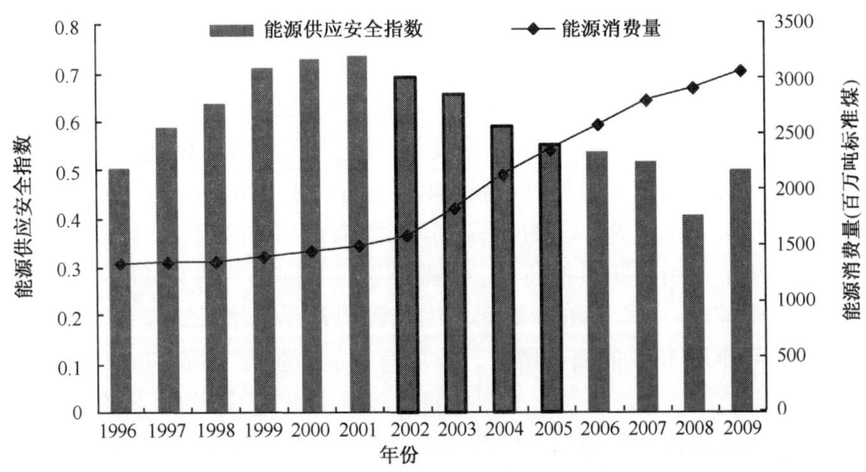

图 11-9　我国能源供应安全指数与能源消费量（1996～2009 年）

2）2002～2005 年我国能源供应安全指数呈快速下降趋势

主要是因为：①能源消费增长迅速，随着我国经济的持续快速增长，能源消费以年均 12%的速度递增，给能源供应安全带来很大压力，南方部分地区甚至出现不同程度的“电荒”和“油荒”。②能源供应可持续性下降，这一时期，能源储采比快速下降，相对于 2001 年煤炭储采比下降了 50%，石油储采比下降了 40%，天然气由于产量非常有限，储采比下降相对较小。③能源进口风险变大，随着石油进口量的快速上升，进口依存度超过 42%，且仍过度依赖局势动荡的中东地区，其份额高达 47%，所以石油进口多元化指数呈下降趋势。另外，国际石油价格波动上升，加剧了石油贸易的价格风险。④能源强度出现反弹，人均能耗快速增长。1996～2009 年中国能源强度呈下降趋势，但 2003～2005 年能源强度出现了反弹，相对于 2002 年提高了 10%。同期人均能源消耗也增加了 40%。因此，导致 2002～2005 年中国能源供应安全指数呈快速下降的趋势（如图 11-9 所示）。

3）2006～2009 年我国能源供应安全指数总体上呈缓慢下降趋势

主要是因为：①能源消费增长相对缓慢，年均增长 6.7%左右。②能源供应可持续性减弱，能源储采比呈缓慢下降的趋势。③能源进口风险进一步加大，国际能源价格飙升，且波动剧烈，尤其是 2008 年国际油价“过山车式”的波动，导致较高的价格风险，所以 2008 年供应安全指数下降较大（如图 11-9 所示），另外，中国石油进口的多元化指数没有进一步提高，基本维持 2005 年的水平。④能源强度迅速下降，但人均能源消费却快速上升。2009 年能源强度 1.08 吨标准煤/万元，相对于 1996 和 2005 年分别下降了 32.5%和 15.6%。但 2009 年人均能源消费 2.29 吨标准煤，相对于 1996 和 2005 年分别上涨了 108.2%和 26.5%。⑤2008 年年底中国战略石油储备一期工程竣工并投入使用，使得 2009 年的能源储备率大幅提升，一定程度上提高了 2009 年能源安全指数。

4) 节能减排政策的强化实施，减缓了我国能源供应安全指数的下降速度

2006年我国开始强化实施“节能减排”政策，提出了“十一五”期间单位国内生产总值能耗降低20%左右，主要污染物排放总量减少10%的约束性指标，淘汰了大批的小火电、小钢厂等落后产能，同时，新建和扩建了一批节能的、规模型的生产线。

由于节能减排政策的实施：①加快了我国能源消费结构的优化，能源多样化指数进一步上升，可再生能源份额明显提高。②有效减缓了我国能源消费量的增长速度和化石能源储采比的下降速度，“十一五”期间中国能源消费年均增长速度为6.7%左右，远低于“十五”期间年均12%的高速增长。③加速了能源强度下降，2009年能源强度相对于2005年下降了15.6%，而“十五”期间能源强度出现了反弹。因此，节能减排政策的实施，对保障我国能源供应安全发挥了重要作用，同时也证明了积极的气候保护政策，一定程度上也有利于能源供应安全。

11.4.4 我国能源使用安全指数呈波动上升的趋势

1) 1996～2002年我国能源使用安全指数呈快速波动上升趋势

主要是因为：①电力和可再生能源份额增长迅速，很大程度上提高了能源利用效率，减少了污染物排放。2002年终端能源消费电力份额约为18.0%，相对于1996年增长了56.5%；同时，核电和可再生能源份额从1996年的6.0%上升到2002年的7.3%，但是2000年核电和可再生能源份额又跌回1997年水平，仅为6.4%，所以2000年能源使用安全指数略低于1999年水平。②二氧化碳排放强度和单位能源消费的碳排放指数快速下降，有利于提高能源使用安全。2002年单位GDP二氧化碳排放强度为2.607千克/美元（2000年美元不变价），而1996年约为3.968千克/美元，下降了34.3%；同时单位能源消费的碳排放指数也由1996年的3.192千克/千克油当量下降到2002年的3.137千克/千克油当量。③单位能源消费的二氧化硫排放也呈下降趋势，从0.0144千克/千克标准煤下降到0.0121千克/千克标准煤。因此，1996～2002年由于我国能源消费增长相对缓慢，而电力和可再生能源又得到较快发展，所以能源使用安全指数呈快速上升趋势（如图11-10所示）。

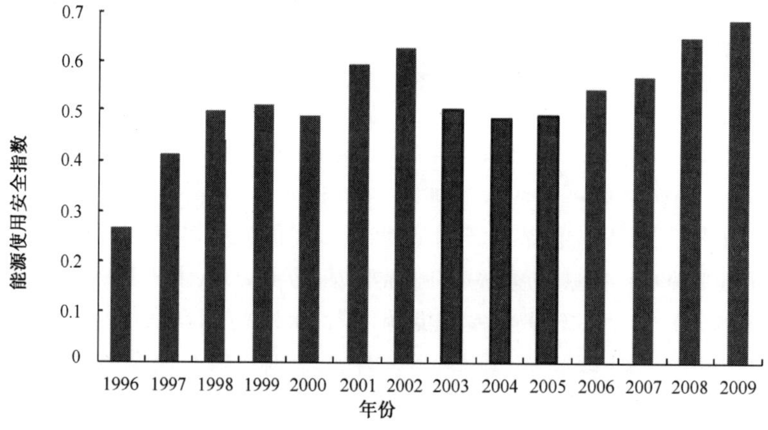

图11-10 我国能源使用安全指数（1996～2009年）

2）2003～2005 年我国能源使用安全指数下降到较低水平

主要是因为：①电力和可再生能源份额没有提高，甚至低于 2002 年水平。如 2004 年电力份额为 17.51%，核电和可再生能源份额为 6.7%，而 2002 年两者的份额分别为 18.0%和 7.3%。②二氧化碳排放强度和单位能源消费的碳排放指数出现了反弹，2004 年二氧化碳排放强度为 2.968 千克/美元（2000 年美元），远高于 2002 年的 2.607 千克/美元，增加了 13.9%；同时单位能源消费的碳排放指数也出现了反弹，2005 年为 3.32 千克/千克油当量，相对于 2002 年上涨了 6.1%。③单位能源消费的二氧化硫排放量也出现了小幅反弹。因此，2003～2005 年中国能源使用安全指数明显低于 2002 年水平。

3）2006～2009 年中国能源使用安全指数增长较快

主要是因为：①电力和可再生能源份额迅速上升，2009 年电力占终端能源消费份额为 22.6%，比 1996 和 2005 年分别提高了 94.9%和 25.6%；同时，核电和可再生能源份额也增长较快，2009 年约占一次能源消费的 7.8%，比 1996 和 2005 年分别提高了 30.0%和 14.7%。②二氧化碳强度和单位能源消费的二氧化硫排放指数下降明显，分别下降了 13.0%和 33.3%。③能源生产的安全指数明显下降，2009 年中国煤炭生产的百万吨死亡率为 0.892，比 1996 年下降了 80.4%（如图 11-10 所示）。

4）节能减排政策的实施，显著提高了中国能源使用安全指数

“十一五”期间我国能源使用安全指数明显提高（如图 11-10 所示），主要是因为“节能减排”政策的实施，有效控制了二氧化硫等污染物排放，同时能源效率的提高进一步降低了二氧化碳排放强度。2005 年可再生能源法的颁布和实施，很大程度上促进了可再生能源的发展，其份额相对于“十五”期末增长了 14.7%。另外，“节能减排”政策促进了能源消费结构转变，使得电力在终端能源消费中的份额得到快速提升，相对于“十五”期末增长了 25.6%。因此，“节能减排”政策对提高我国能源使用安全发挥了重要作用，所以从这个层面来看，积极的气候保护政策，有利于实现能源安全与气候保护的双赢。

11.4.5　气候保护与我国能源安全

我国成为石油净进口国以来，进口依存度增长迅速，能源供应安全问题凸显，以煤为主的能源消费结构，导致单位能源消费呈现了高污染和高二氧化碳排放的特点，严重影响了我国生态环境和气候保护，使得我国不得不长期面临能源使用安全的挑战和压力。

为了保护我国能源安全和生态环境，我国政府陆续颁布了一些的法律法规，并出台了一系列的政策措施，如《可再生能源法》、《节能法》、《可再生能源中长期发展规划》、《中国应对气候变化国家方案》等。这些法律及政策的实施，很大程度保障了我国能源安全。

因此，即使我国能源安全面临着能源进口的地缘政治风险、价格风险、运输风险、

安全生产压力、污染物减排压力、碳减排压力，但是通过优化能源消费结构、提高能源使用效率、推行能源进口的多元化、增加能源战略储备、监管安全生产、淘汰落后产能、大力发展清洁可再生能源、实施节能减排等措施，1996～2009年中国能源安全综合指数不但没有下降，反而呈波动上升的趋势，尤其是“十一五”期间，节能减排政策的实施，很大程度上提高了我国能源安全综合指数（如图11-11所示）。

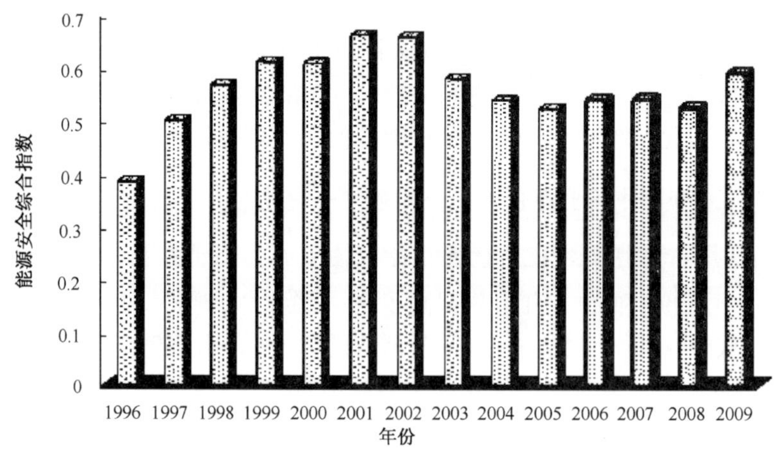

图11-11 我国能源安全综合指数（1996～2009年）

11.4.6 主要结论

（1）我们的评价结果表明，1996～2009年我国能源供应安全指数呈先升后降的趋势，其中，1996～2001年呈现快速上升的趋势；2002～2005年呈快速下降趋势；2006～2009年呈缓慢下降趋势；甚至2009年的能源供应安全指数与1996年基本持平。所以能源自给率不是保障安全的唯一途径，科学合理的能源贸易和消费结构，同样可以保障国家的能源供应安全。

（2）1996～2009年我国能源使用安全指数呈波动上升趋势。其中，1996～2002年呈快速波动上升趋势；2003～2005年下降到较低水平；2006～2009年增长较快。基本与不同发展阶段的我国能源消费结构和能源政策相吻合。

（3）节能减排政策的实施，减缓了我国能源供应安全指数的下降速度，同时显著提高了我国能源使用安全指数，致使我国能源安全综合指数呈先升后降再上升的趋势。因此，我国节能减排政策的成功实施，表明了气候保护与我国能源安全可以实现双赢。

（4）保障能源安全最直接的办法是增加化石能源储备，而保护气候最有效的措施就是发展可再生能源，减少能源消费的污染物和碳排放。单从供应安全的角度来看，气候保护和能源安全存在一定的权衡，尤其是发展中国家，因为化石能源消费是SO_2、NO_x和CO_2的主要排放源。然而，如果各国政府推行积极的气候保护政策，促进技术进步与创新，就像IEA450情景预测的那样，气候保护和能源安全是可以实现双赢的。

因此，未来我国政府应该继续推行“节能减排”政策，加大研发投入，促进技术进步与创新，鼓励可再生能源发展。同时，应进一步优化能源消费结构，提高能源进口多元化，增加国家战略能源储备，保障国家能源安全。

11.5　本章小结

本章从能源科技政策、进口贸易政策、储备政策、外交政策、及应急管理政策等方面，系统比较了美国、日本、欧盟和中国能源安全政策，通过比较分析我们发现，无论是在可再生能源优惠政策幅度，还是在能源法律法规与应急管理完善方面，我国与美国、日本和欧盟都还有一定差距。根据能源安全的定义和内涵，本章从供应和使用安全两个方面建立了能源安全综合评价指标体系，并结合美国、德国、日本、印度和中国能源供应现状，定量评价了 5 个国家能源供应安全，以期为进一步提高我国能源供应安全提供信息支持。为了减缓全球气候变暖，我国陆续出台了一系列能源政策措施，为了探讨气候变化与我国能源安全的关系，我们从供应安全和使用安全两个方面，定量评价了 1996～2009 年我国能源安全指数变化，为进一步提高我国能源安全水平提供决策参考。

第 12 章　中国能源安全的挑战与展望

近年来，国际能源地缘政治和世界经济形势复杂多变。我国作为最大的发展中国家，随着经济的持续快速发展，能源需求持续高速增长，化石能源对外依存度越来越高，能源安全问题备受国际关注。未来我国能源安全将面临哪些挑战，能源供需将呈怎样的变化趋势，能源贸易和运输风险如何变化，能源储备如何发展，能源贫困能否得到控制或解决，都是当前迫切需要研究和解决的问题。围绕上述问题，我们在前面各章定量研究的基础上，对 2020 年我国能源安全进行了预测分析，并提出了保障我国能源安全的政策建议：

- **中国能源安全面临哪些挑战?**
- **中国能源供需如何变化?**
- **中国能源贸易及运输能力如何发展?**
- **中国能源储备能力如何变化?**
- **中国能源贫困如何发展?**

12.1　中国能源安全面临的挑战

12.1.1　能源消费量快速增长的挑战

当前我国正处于工业化快速发展阶段，能源消费量增长非常迅速，受国内能源资源储量和产能的制约，化石能源全部成为净进口（1996 年石油净进口，2007 年天然气净进口，2009 年煤炭净进口），2011 年原油进口依存度达到 55.5%，煤炭和天然气进口依存度也增长较快，所以我国能源供应安全形势严峻。1978 年改革开放后，我国煤炭消费量第一次翻番是 1992 年，用了 14 年的时间；2002 年我国能源消费开始了新一轮的增长，2009 年煤炭消费量相对于 2002 年翻了一番，仅用了 7 年的时间。同样，改革开放后，石油消费量第一次翻番是 1997 年，用了 19 年的时间；1996 年我国成为原油净进口国之后，石油消费量开始快速增长，2006 年翻了一番，仅用了 10 年的时间，受存储能力、价格和自然灾害等因素的影响，2002 年以后局部地区的“油荒”时有发生。2010 年天然气消费量相对于 2001 年翻了两番。由于经济的持续快速发展，电力消费增长非常迅速，受产能约束局部地区经常出现拉闸限电和“电荒”现象。因此，能源消费量的快速增长，势必增加能源持续供应、进口的多元化、进口风险的规避、进口来源的选择、煤炭安全生产、能源储运，以及战略石油储备的补仓等方面的困难，给能源供应安全造成较大压力。

另外，能源消费量的快速增长，还会带来一系列能源生产和使用安全问题，为满足能源消费快速增长的需要，政府逐渐放宽对小煤窑、小电厂的管制，进而造成能源生产和使用对生态环境破坏的加重，能源生产安全事故频发，环境污染事件不断的现状。而且随着我国经济增长速度保 8 争 10 的高速发展，能源消费量势必会进一步快速增长。因此，未来无论是我国的能源供应安全还是使用安全都将面临着较大的挑战。

12.1.2　能源安全影响因素多样化的挑战

能源安全最初主要是石油安全，在第一次世界石油危机之前，影响石油安全的主要因素是战争和地缘政治，所以英国丘吉尔首相才会把石油安全归结为多元化，也只有多元化才能保障石油安全。1973 年以前，原油价格基本维持在 2～3 美元/桶，而且像其他商品一样价格相对稳定，所以那个时期油价并不是影响石油安全的因素。第一次世界石油危机爆发后，国际原油价格从 3.01 美元/桶迅速飙升到 10.65 美元/桶，之后呈波动上升的变化趋势，甚至在 2008 年一度达到 147 美元/桶的历史最高价，石油价格的剧烈波动给石油贸易带来巨大的风险，所以当前油价已经成为影响石油安全的关键因素。

2000 年以前世界石油市场属于买方市场，各主要石油生产国剩余产能都相对充足，所以国际原油价格也一直在 10～20 美元/桶之间徘徊。1997～1998 年亚洲金融危机爆发，国际原油价格暴跌，产油国的勘探开发等上游投资大幅减少，直接影响了石油产能的增长，1999 年之后随着亚洲经济的复苏，石油需求增长迅速，所以世界石油供需出现了细微的变化，逐渐由买方市场向卖方市场转变，国际油价也从 20 美元/桶的相对低位迅速上升到30美元/桶的相对高位。而且2000年以后很多产油国和油田的产量都达到了峰值，甚至出现了不同程度的下滑，所以勘探开发技术和上游投资也成为影响石油安全的因素之一。

另外，随着中东、北非等地区政治局势的动荡，影响石油安全的传统因素，如地缘政治、局部武装冲突、海盗袭击等因素变得越来越关键。因此，由广义能源安全的定义可知，能源安全影响因素从传统的战争和政治因素向价格、运输、技术、投资、地缘政治、局部战争、安全生产、自然灾害等多样化趋势发展，保障能源安全也变得越来越困难。尤其是我国正处于工业化快速发展阶段，能源消费的快速增长给国家能源安全带来了较大的压力和挑战。

12.1.3 单一安全向多元安全转变的挑战

1996年以前，我国能源安全仅仅是指煤炭的生产和使用安全问题，因为所有化石能源满足自给的同时还大量出口，电力供应也基本稳定。1996年成为石油净进口国之后，随着原油对外依存度的快速上升，进口来源政局的动荡，地缘政治的复杂多变，以及长距离海洋运输风险的变大，我国石油供应安全问题才日益凸显。近年来，随着能源消费的持续快速增长，继石油之后，我国又相继成为天然气、煤炭的净进口国，由于受国内资源储量和产能的约束，未来两者对外依存度也会像石油一样快速上升，所以天然气和煤炭的供应安全问题也形势严峻。

电力作为清洁、高效的二次能源，未来在终端能源消费结构中的份额必将越来越高，而且电力与工业生产和居民生活息息相关，2003年美加电网大停电，造成巨大经济损失的同时，也再一次敲响了电力供应安全的警钟。对于我国，还不仅仅是电力供应安全的问题，核电的安全生产，以及小水电、小火电的过度开发对生态环境破坏和污染物排放问题也不容忽视，所以保障电力供应和使用安全问题同样紧迫。

作为世界最大的煤炭生产国，由于开采技术和安全监管等原因，我国煤炭生产的安全事故频发，虽然近年来百万吨煤炭死亡率下降较快，但是相对于美国等发达国家，该项指标仍然很高，相当于美国的几十倍，所以煤炭安全事故一直是悬在我国煤炭开采工人头上的剑。虽然石油、天然气安全生产事故相对于煤炭要少得多，但是2004年四川天然气生产的“12.23”特大井喷事故曾造成243人罹难，而且小规模的油气生产安全事故也时有发生，所以油气的安全生产问题也不容忽视。

总的来说，我国正面临着从传统的单一能源安全（煤炭生产安全、石油供应安全）向多元安全转变的挑战，如石油供应安全、煤炭供应安全、天然气供应安全、电力供应和使用安全、油气生产安全、煤炭使用安全等。

12.1.4 全球气候变化带来的挑战

工业革命以来，化石能源大量使用而排放的温室气体是全球气候变暖的主要原因之一，尤其是煤炭的消费。虽然1997年签订的《京都议定书》并未要求发展中国家承担减排目标，但随着我国二氧化碳排放量的快速增长，作为世界第一大二氧化碳排放国，我国面临的国际减排压力越来越大。作为负责任的大国，我国一直积极配合国际温室气体减排行动，相继出台了一系列政策措施应对全球气候变化，减缓温室气体排放，2009 年在哥本哈根会议上温家宝总理做出郑重承诺："2020 年我国单位 GDP 碳排放强度在 2005 年基础上下降 40%～45%的目标"。对于一个煤为基础的能源消费大国，这一目标无疑对我国的社会经济发展和能源供应安全带来了严峻的挑战。

要实现 2020 年我国单位 GDP 碳排放强度在 2005 年基础上下降 40%～45%的目标，必须加快优化我国煤为主体的能源消费结构，而煤炭恰恰是我国最丰富的能源资源，所以结构调整在一定程度上受到能源资源禀赋的制约，而且提高油气的消费份额势必加剧其能源供应安全风险。大力发展核电，像我国这种地震灾害发生频率较高的国家，要面临较大的核泄漏风险。风电、水电等可再生电力又受到地域的差异，长距离输配给电网供应安全提出了新的挑战。此外，全球气候变化会加剧飓风、洪涝、海啸等自然灾害的发生频次和强度，2008 年初我国南方地区的雨雪灾害，给当地电力和交通运输设施造成极大的破坏，多个城市和地区断电停水，直接经济损失 1516 亿元（NDRC，2008）。因此，全球气候变化将会给我国能源安全带来一系列新的问题和挑战。

12.1.5　环境治理与保护的挑战

我国以煤为主的化石能源消费结构在保障经济增长的同时，其开采和利用也导致了严重的环境问题，我国二氧化硫排放量的 90%、氮氧化物排放量的 67%、烟尘排放量的 70%、人为源大气汞排放量的 40%，以及二氧化碳排放量的 70%都来自于燃煤。由于煤炭消费量比例过高，我国二氧化硫、氮氧化物和大气汞排放量高居全球首位，据一些国际机构的统计数据表明，二氧化碳排放量也已高于美国；除可吸入颗粒物以外，我国单位能源消费的二氧化硫、氮氧化物、大气汞和二氧化碳排放量都高于欧美国家，其中以二氧化硫和大气汞尤为明显。2011 年阴霾天气的频频出现，使得主要来源于化石能源燃烧的 $PM_{2.5}$ 成为公众迫切关心的现实问题，$PM_{2.5}$ 污染治理列入环保重要议程。环境问题已成为约束我国经济社会发展的瓶颈之一。

为了保护环境，改善人民的生活条件，我国"十二五"国民经济社会发展规划纲要针对主要污染物及碳排放提出了明确的约束性指标：即 2015 年单位国内生产总值的二氧化碳排放在 2010 年的基础上下降 17%；主要污染物化学需氧量（COD）和二氧化硫（SO_2）在 2010 年基础上下降 8%；氨氮和氮氧化物在 2010 年基础上下降 10%。

碳排放强度目标和四项主要污染物总量目标的实现，一方面需要大量推广新型低碳环保技术；另一方面，对以煤为主的化石能源消费总量和结构提出了挑战。合理控制煤炭消费总量，调整以煤为主的能源生产和消费结构，大力发展可再生能源，推广应用低碳环保技术，成为环境保护背景下我国能源供应和使用安全的显著特点。

12.1.6　能源消费总量控制的挑战

进入 21 世纪以来，我国的能源消费总量和煤炭产量屡次超出预期。2010 年全国能源消费总量 32.5 亿吨标准煤，超出能源"十一五"规划提出的控制目标的 20%；2010 年煤炭产量 32.35 亿吨，超出煤炭"十一五"规划控制目标的 24%。"十一五"时期单位 GDP 能耗累计下降 19.1%，基本实现预定目标，但也做出了重大努力、付出了重大代价。2011 年，能源消费总量和煤炭生产总量仍在大幅增长，增速分别为 7.0%和 8.7%；单位 GDP 能耗仅下降 2.01%，远低于年初预定的 3.5%。

为进一步加强节能减碳、保护生态环境，能源消费总量控制政策已被提升到国家“十二五”规划层面；煤炭由生产总量控制提升到消费总量控制。国务院《“十二五”节能减排综合性工作方案》指出，要“建立能源消费总量控制目标分解落实机制，制订实施方案，把总量控制目标分解落实到地方政府，实行目标责任管理，加大考核和监督力度”。2011 年全国煤炭工作会议提出要“合理控制煤炭消费总量”。

目前我国经济社会发展目标众多，具体到能源发展目标也是众多，有些目标是显性的，有些是隐形的；有些目标是一致的，也有些目标在一定范围内可能存在冲突或矛盾。目标或约束设置过多过强，可能导致反映该经济社会系统运行规律的规划不可行，特别是在众多目标都要分解落实到各地区各部门，都要形成“倒逼机制”的情况下，决策者或执行者容易陷入“两难”甚至“多难”境地。

迄今为止，我国尚未明确具体的全国性能源总量控制目标。在一定范围内，控制能源消费总量与大幅度降低单位 GDP 能耗两个目标并不完全一致，未来我国要在这两个方面做好权衡。“总量控制目标”定高了，体现不出节能；定低了，又很可能突破；再加上经济增速也是不可控的，所以要拿捏出一个“合理”的控制目标是难上加难。

从过去的实践和目前的发展惯性来看，能源和煤炭消费总量控制目标的实现程度部分取决于各类经济社会政策的优先级及其权变性。如果我国要实行严格的能源和煤炭消费总量控制政策，必须做出重大努力，提升节能减碳工作的优先级。我国近年来召开过中央水利工作会议、中央林业工作会议、中央西部大开发工作会议，但还没有“中央能源工作会议”，只有“全国能源工作会议”。节能减碳目标相对于某些经济社会发展目标，优先级显然低了一些。

仅从节能减碳的角度来看，消费总量目标定得越低越好；但是在“十二五”期间要保持“经济平稳较快发展”，要把“促进就业放在经济社会发展优先位置”，要“基本建成国家快速铁路网和高速公路网”，还要实现“城镇化率提高 4 个百分点”。在经济增长较快的情况下，能源和煤炭消费总量将难以得到控制；在经济增长出现低迷风险时，政府在土建方面的投资倾向显著增强，能源密集型行业相对增长较快，单位 GDP 能耗难以下降。如果决策部门始终处于“救火”状态，高度紧张地关注短期的经济增速、物价水平、进出口贸易等经济指标运行情况，则能源总量控制成效将不容乐观。

12.2　中国能源供需展望（到 2020 年）

12.2.1　能源需求增速逐渐回落，但回落幅度存在较多不确定性

未来十年我国的能源需求规模仍将持续增长。尽管我国能源消费总量已经位居世界首位，人均消费量已超过世界人均水平；但由于人口规模庞大、工业化和城镇化进程远未完成、基础设施建设时间相对集中，今后还有很大的能源需求增长空间。从国际横向比较来看，当前我国的能源经济发展水平远低于发达国家。2011 年我国人均 GDP 达到

5500 美元（按市场汇率计算），大约是美国和日本人均水平的 1/8；我国人均用能量 2.58 吨标准煤，不到美国的 1/4 和日本的 1/2。从国内区域比较来看，落后地区的基础设施建设进度、人均生活用能量远低于发达地区。从外贸结构来看，我国还出口了大量高载能产品，并且在未来十年内难有根本改观。

随着经济增速减缓，未来我国能源需求增速将逐渐回落。过去三十年来，我国经济保持了较高增速，年均增长 10%以上；随着自然增长潜力和后发优势减少，未来经济增速将逐渐下降，带动能源需求增速回落。未来十年我国年均经济增速有望在 7%～9%区间内，能源消费增速大体在 4%～5.5%区间内。

未来能源需求增速回落幅度和区间仍然存在较多不确定。这主要因为经济增速、经济结构、能源利用技术、能源价格、能源资源探明储量及其开采难度、国内节能减碳政策及其执行力度、国际碳减排谈判进程等方面均存在较多不确定性。这些不确定性也是我国节能工作面临的重要机遇。如果政策措施得当，可以大幅度地减缓能源消费增速。在我国，推行节约能源、减少能源浪费比任何历史时期、比任何国家都显得更为紧迫。

12.2.2　煤炭消费比重缓慢下降，天然气和可再生能源比重陆续提高

我国的能源资源禀赋以煤炭为主，煤炭消费将长期在能源消费中居主体地位，直到新能源开发技术有突破性进展。初步测算，2011 年我国煤炭消费量 34.3 亿吨，约占全国能源消费总量的 68%。由于环境污染、生态恶化、碳减排压力增大等诸多因素，煤炭在我国一次能源消费格局中的地位将逐渐下降；到 2020 年，煤炭比重有望接近甚至低于 60%。

在可再生能源发展基数低、开发周期长、风险高，碳捕获与碳封存技术难以商业化的情况下，大力发展天然气、优化能源结构，是当前应对气候变化、减少环境污染的现实途径。天然气属于相对清洁低碳的能源，随着国内天然气（含煤层气、页岩气等非常规天然气）的大规模开发，以及天然气进口设施的不断完善，天然气在一次能源消费中的比重将大幅攀升，预计到 2020 年接近 10%。

12.2.3　原油煤炭产量增长日趋减缓，清洁低碳能源总体发展较快

煤炭产能将出现剩余、原油产量接近极限、天然气开发持续增长。我国已经是煤炭、原油和天然气生产大国。煤炭产量超过 34 亿吨，占全球产量的半壁江山，尽管国内煤炭资源潜力仍然较大，但受能源消费总量控制政策和煤炭产量控制等因素影响，煤炭产量增速将有所放缓。2011 年原油年产量已突破 2 亿吨，位居全球第五；国内原油产量已经接近极限，未来几乎没有增长空间，2011 年产量增速仅为 0.3%。连续经过数年的高速增长后，随着我国天然气产量基数不断攀升，2011 年产量已经突破 1000 亿立方米，位居全球第六，尽管未来天然气产量增速仍然会比较高，但增速超过 10%的可能性已经比较小了，但仍将高于煤炭产量增速。

如果制度上没有重大突破，水电开发速度难有提升，问题愈往后拖延，解决难度愈大。尽管水电资源仍有巨大开发潜力，尽管水电发展对于能否实现“15%”和“40%～45%”目标有着关键作用，但由于移民、环保，以及中央、地方与水电企业间的复杂利益关系，预计未来十年水电新增规模存在较大不确定性。

煤层气和页岩气等非常规天然气日益受到重视，商业化和规模化开采将有较大进展。依据《煤层气开发利用“十二五”规划》，我国埋深2000米以浅煤层气地质资源量约36.81万亿立方米，居世界第三位。根据规划，2015年我国煤层气产量将达到300亿立方米，煤矿瓦斯抽采140亿立方米（利用率60%以上）。我国页岩气可采资源量31万亿立方米，未来十年页岩气开发利用也将有较大发展。大力发展煤层气和页岩气，不仅有利于减少资源浪费，还有益于保障能源生产安全、保护生态环境、优化能源结构、减少碳排放。

新能源和可再生能源发展将更加理性和有序。近年来，我国风电、太阳能光伏光热、可再生能源发电发展迅猛，多项存量和增量指标已位居全球第一，远远超出之前规划目标。尽管发展很快，但不同的项目背后有着不尽相同的目的。有的是企业为了实实在在的商业利益，有的是企业为了改善社会形象、展现社会责任；有的是企业为了占领市场和技术制高点，未雨绸缪，提前布局；有的是地方政府为了培育新的经济增长点。尽管未来增长仍然较快，但步伐将有所放缓，盲目跟从、恶性竞争的势头有所减弱。

12.2.4 国内能源生产重心继续西移，大规模、长距离能源调运带来新的安全和管理挑战

我国的能源生产重心将继续西移，西北地区在全国化石能源供应中的地位继续增强。内蒙古、新疆、陕西的煤炭和原油产量增长较快，黑龙江原油产量继续回落。2011年内蒙古煤炭产量9.9亿吨；陕西煤炭产量突破4亿吨，原油产量3225万吨。今后我国新增水力发电量绝大部分来自西部地区，主要是西南地区。西南地区水力资源占全国总量的2/3，其开发程度还不足20%。

未来我国长距离能源调运能力将进一步增强，北煤南运、西气东输、北油南运、西电东送的格局更加突出。目前西气东输三线工程、中缅油气管道已经开工；西气东输四线、五线、六线、七线也在陆续规划中，沿海LNG接收站日趋增多，届时横贯东西、纵贯南北、海陆联供的天然气主干网将形成。“北煤南运”通道建设已列为国家重点规划工程。长距离特高压输电工程已在推行。大规模、网络化、长距离送电、输气也使我国的能源供应面临着新的安全挑战。网络化的能源运输体系具有自然垄断特征，这也给我国的能源规制带来了更多挑战。当前的税收制度和能源央企首都注册的矛盾也在一定程度上加剧了地区发展不平衡。

12.2.5 煤炭、石油、天然气净进口量将持续位居全球首位或者第二位，天然气价改日趋紧迫

国内能源供应增速保持较快增长，但是仍然难以满足国内需求，能源供需缺口将不断增大。2011年能源对外依存度为8.6%，到2020年有可能超过18%。目前石油净进口仅次于美国，天然气和煤炭净进口可能跃居世界第一或者略低于日本位居第二。尽管我国能源对外依存度攀升，但并不意味着能源进口安全变得相当严峻。我国的能源进口渠道日趋多元化、分散化。从沿海到东北、到西北、到西南的能源进口渠道陆续打通。

天然气进口设施日趋完善，天然气对外依存度将迅速攀升。2011年我国天然气对

外依存度约为 24%，到 2020 年可能达到 50%，天然气供应安全已经提上议事日程。近年来非常规天然气开采技术出现重大突破。非常规天然气资源潜力巨大，随着新型开发技术的不断推广和应用，预计天然气价格（相对原油）在未来十年内难有上涨、甚至可能持续下降。石油市场和天然气市场的一体化进程将放缓甚至暂停；得益于 LNG 的发展，欧洲、北美、亚太三大区域性天然气市场的一体化进程将继续推进，但速度可能放缓，甚至在个别年份倒退。未来十年天然气价格将持续相对低位运行，这是我国天然气发展和改革的一个机遇期。如果错失，损失重大。

12.3　中国能源安全展望

12.3.1　能源进口量持续增长，能源对外依存度继续攀升

尽管国内能源供应增速保持较快增长，但是仍然难以满足国内需求，我国的能源供需缺口将不断增大，所以化石能源进口量持续增长。2011 年能源对外依存度为 8.6%，到 2020 年我国能源对外依存度有可能达到 18%。石油进口量仅次于美国，对外依存度将超过 60%；天然气和煤炭净进口量可能跃居世界第一。

天然气进口设施日趋完善，天然气对外依存度将迅速攀升。2011 年我国天然气对外依存度为 24%，到 2020 年可能达到 50%，天然气供应安全已经提上议事日程。近年来，非常规天然气开采技术出现重大突破，非常规天然气资源潜力巨大，随着新型开发技术的不断推广和应用，未来我国天然气产量有可能出现跳跃发展，但由于需求的快速增长，对外依存度将持续上涨。

煤炭进口量将持续增长，我国煤炭产量已接近世界总产量的 50%，所以未来国内煤炭产量增长空间非常有限，但是随着经济的快速发展，生活水平的提高，电力需求将继续快速增长，因此，持续拉大的电煤缺口只能靠进口来填补。

12.3.2　能源运输通道实现多元化，运输风险逐步降低

虽然我国能源对外依存度攀升，但并不意味着能源进口安全会下降，因为我国的能源进口渠道和来源日趋多元化、分散化。为了满足能源进口需求，同时保障运输安全，我国一方面不断增强现有能源进口通道的运输能力，另一方面不断拓展新的能源进口通道。

在增强现有能源进口通道的运输能力方面，我国把重点放在了增强与俄罗斯及中亚地区合作上，鉴于俄罗斯及中亚地区能源资源禀赋的特点，我国与该地区合作的战略方向具体来说就是要增强与俄罗斯的石油和天然气合作，增强与哈萨克斯坦的石油合作，增强与土库曼斯坦的天然气合作。目前，中俄能源合作正紧密开展，天然气谈判虽然受阻，但仍然存在达成协议的可能；中哈能源合作也在持续推进，而且把中国的民营企业也吸纳了进来，2011 年下半年，由新疆广汇承担的中哈之间第三条油气管线也破土动工；中土之间的能源合作已见成效，2011 年 11 月，胡锦涛主席与来访的土库曼斯坦总统别尔德穆哈梅多夫签署了《关于土库曼斯坦向中国增供天然气的协议》，根据协议，

在不远的将来，土库曼斯坦每年将向中国增加供应250亿立方米的天然气。因此，未来东北和西北油气进口管线的运输能力还将进一步增强。

在拓展新的能源通道方面，伊朗和巴基斯坦都有通过修建管道向我国出口石油和天然气的意愿，但由于伊朗长期受美国制裁、巴基斯坦国内恐怖袭击事件较多等原因，我国现在暂未考虑这些方案。但是伊朗核危机不可能永远持续下去，随着我国在伊朗石油项目的不断推进，伊朗—巴基斯坦—中国的油气管线早晚会被提上日程。而且伊朗拥有仅次于俄罗斯的世界第二大天然气储量，这对保障我国未来的天然气供应安全也具有重大意义。

另外，由于石油开采和炼化技术的不断发展，加拿大油砂和委内瑞拉重油的价值逐步显现，而且我国在加拿大和委内瑞拉均获得了油气合作项目。随着我国与这两个国家油气合作的进一步加深，委内瑞拉—巴拿马运河—太平洋—中国和加拿大—北太平洋—中国的海上能源运输通道也将逐步形成规模。

随着东北地区的中俄油气管线、西北地区的中哈油气管线、中亚天然气管线、中俄天然气管线、西南地区的中缅油气管线、中巴油气管线等陆上油气管线的相继贯通，我国能源进口渠道已由一条补给线发展成多条大动脉。因此，能源运输安全会逐步降低，但能源进口贸易的地缘政治风险会进一步增加。

12.3.3 国家能源储备规模庞大，能源储备体系相对完善

按照2003年国务院批准的国家战略石油储备规划方案，2020年以前我国将完成三期战略石油储备建设，总储备能力将高达6800万吨（约5亿桶），届时我国将成为仅次于美国的世界第二大战略石油储备国。事实上，2020年我国6800万吨的战略石油储备规模依然达不到国际能源署90天净进口量的标准，因为随着我国石油消费的持续快速增长，受国内石油储量和产量的制约，2020年我国原油进口量不可能低于2.8亿吨，况且2011年已达到2.54亿吨，同比增长6%，明显低于2010年17.5%的增长速度。

然而，我国政府多次表示希望2020年实现90天净进口量的储备规模，未来即使通过节能减排政策实现能源翻一番经济翻两番的目标，那么石油消费的增速也要达到5%，在没有重大储量发现和技术突破的前提下，国内石油产量能够维持现在的规模已实属不易，所以增加的石油消费只能依赖进口，原油进口量按5%的增长速度计算，2020年我国原油进口量将达到3.94亿吨。90天净进口量的储备规模约相当于9800万吨，所以目前的国家战略石油储备建设规划还少3000万吨，按照IEA的规定，或者继续增加国家战略石油储备的建设规模，或者提高三大油公司的工业库存（原油和成品油商业库存）。因此，2020年我国石油储备规模将达到1亿吨左右（约7.3亿桶），相当于2011年美国战略石油储备的规模。

自2011年我国正式批准建立国家煤炭应急储备以来，除了国家层面第一批500万吨的应急储备之外，江苏、北京、山东、山西、河南等省份也纷纷出台地方煤炭应急储备规划，由于各省煤炭产量、消费量有较大差异，所以各区域煤炭应急储备规模也相差悬殊，比如江苏省预计建成1.6亿吨的煤炭中转储备能力，北京的煤炭储备规模按年煤炭消费量的10%来规划，煤炭消费大省山东的储备规划基本按消费量的5%来建设。目

前各省公布的煤炭应急储备规划累计高达 1.7 亿吨，随着未来我国煤炭进口量的持续增加，为了保障各区域煤炭供应安全，将会有更多省份加入区域煤炭应急储备建设中来，所以我国区域煤炭应急储备能力将快速增长。另外，据中国煤炭运销协会透露，我国还会有第二批、第三批等应急煤炭储备点，我国总体的煤炭应急储备未来会达到 2000 多万吨。因此，按当前国家和各地方政府部门的规划，2020 年我国煤炭应急储备规模至少能达到 2 亿吨，约占全国煤炭消费量的 4%。

12.3.4 能源市场化改革继续深入，价格体系逐步完善

能源市场和价格体系对能源资源有效配置具有十分重要的作用。在能源资源短缺，能源安全问题日益凸显的今天，推动能源市场化改革，完善能源价格体系尤为重要。

我国自 1998 年开始能源市场化改革，历经十几年，取得了比较显著的成效。以三大石油公司为主的石油工业取得了长足的发展，美国《石油情报周刊》依据 2008 年各公司原油储量、天然气储量、原油产量、天然气产量、炼油能力、油品销售量等 6 项指标综合测算，中国石油集团公司在以上指标排名分别为第 8、12、5、8、6 和 14 位，6 项指标综合排名位列第 5，中石化和中海油位列第 25 和 48 名，各项研究表明我国三大石油公司已具备了相当的竞争力，在保障我国经济持续健康发展中起了很重要的作用。

石油产品的高度地缘性、石油产品金融化发展趋势、石油产品的战略重要性等特点使得石油产品价格非常敏感，甚至暴涨暴跌，搅动世界和我国的能源安全，甚至威胁到国家的经济安全。我国当前的能源市场化以及能源价格改革虽然取得了一定成效，但在维护我国能源安全过程中也暴露出诸多不足，如由于现货进口采购机制，没有自己的期货交易市场，缺乏国际石油定价权，受制于人现象比较严重；以及石油定价机制市场化程度不高，石油市场存在高度垄断性，导致石油进口买涨不买跌的不正常现象；此外三大石油公司经营效率与西方跨国公司相比仍有较大差距。如美国《石油情报周刊》根据总收入、净利润等 4 项指标综合排名，中石油位列第 5，但净利润位列第 11 位，人均净利润仅 0.62 亿美元/万人，而排名第一的埃克森美孚则高达 56.57 亿美元/万人，和同为国有企业的委内瑞拉国家石油公司的 11.94 亿美元/万人也相去甚远。

后金融危机时期，石油美元的地位短期内难以撼动，由于全球经济走势扑朔迷离，石油需求存在较大变数，但 OPEC 的石油市场份额，供需偏紧的形势等基本格局不会改变，未来油价可能在一个较高的价位徘徊。

综上所述，中国的能源安全，尤其是石油安全形势不容乐观，依靠国际市场是不可逆转的现实，在保障我国能源安全的过程中，应制定合理可行的计划，一方面积极推进我国能源市场化改革，迎接国际能源市场的挑战；另一方面又要保证能源工业不发生剧烈变动，为经济发展和人民生活提供必要的能源供给。

12.3.5 能源贫困人口快速下降，彻底消除能源贫困任重而道远

根据国际能源署预测，在实践现有政策方针的基础上，到 2015 年我国无法获取电力的人口可由 2009 年的 800 万下降至 500 万，到 2030 年全国通电率可实现 100%，而同一时间，发展中国家通电率达到 81%，全球通电率为 85%。到 2030 年我国除主要依

赖高压输电外，偏远山区仍需部分依靠并网和微型电网，两者可分别提供1千亿千万时电力作为补充，从而协助我国居民全部走出无电可用的困境。

在消费传统生物质能方面，在现有的方针政策实现设想目标的前提下，到2015年我国依赖传统生物质能的人口数可由2009年的4.23亿下降至3.93亿，到2030年这一数值将下降至2.8亿。根据国际能源署的统计数据，2030年我国依赖传统生物质能的人口占全国总人口的19%，同一时间，发展中国家仍有44%的人口生活消费能源品种以传统生物质能为主。

在UMEAC情景中，到2030年我国城镇地区100%实现清洁炊事设备普及，农村地区55%居民使用沼气系统，30%的居民获得LPG炉，15%的居民使用先进的生物质炉。为实现这一目标，到2030年我国需投入16亿美元的专项资金，其中14亿美元将用于建设和完善农村地区的沼气消费系统（IEA，2010）。我国从20世纪70年代已开始在农村地区推广家用沼气池，我国农村沼气池发展非常快，2008年全国已有11.9%的农户拥有并使用沼气池，一定程度上减缓了我国能源消费增速，同时很大程度上改善了我国南方边远地区的能源贫困问题。

尽管我国偏远山区农户将火塘、土灶、普通灶、节柴灶等作为主要耗柴设备的现象较为普遍，薪柴在滇西北老君山地区农户生活能源消费结构中占96.9%，且该地区使用的效率最高的节柴灶热效率仅为18.8%（杨继涛等，2008），但不应否认我国减缓能源贫困的努力和前景。即便现有的方针政策可以使我国取得优于其他发展中国家的减缓能源贫困的成绩，但仅依靠现有政策无法实现消除能源贫困的最终目标，因此我国在实现通电率100%的基础上，仍需致力于建立各地区居民间、城镇与农户居民间的电力消费公平体系，实现全国居民均有电可用、有电够用的目标。在全国范围内逐步普及清洁能源及清洁能源炊事设备的基础上，加大专项资金的投入，重点突破一些能源贫困现象严重的偏远村庄。因此，短期内我国能源贫困问题还很难根治，彻底消除能源贫困任重而道远。

12.4 保障我国能源安全的对策建议

12.4.1 完善储运-市场-合作体系，构筑国家能源安全框架

（1）完善我国石油储运体系。增强海洋油轮的运输能力，逐步实现“国油国运”；开辟陆上能源运输管线，实现能源进口渠道的多样化；加强战略石油储备和煤炭应急储备的配套设施建设，增加国家能源储备和商业储备能力。

（2）发展我国石油市场体系。建立石油期货市场，发挥我国在原油定价上的“话语权”，规避东北亚国家原油进口的“亚洲溢价”；建立石油市场信息系统，及时发布产量、库存、价格等重要信息，避免局部油荒事件的发生。

（3）健全能源国际合作体系。加强与能源出口国的合作，获得海外油气田的“权益油气”；开展与能源进口国的合作，联手开发国际能源资源，实现双赢；推动与国际能源署的全面合作，分享其在能源技术、石油储备、市场信息、危机政策等方面的优势。

12.4.2　优化产业结构，实现低碳化发展路径

（1）抑制高耗能行业过快增长，加快发展第三产业。近年来的数据表明，当经济增速大于 10%时，工业增速要高于第三产业增速 1 个百分点以上；而且经济增速越高，工业与第三产业的增速差距就越大。当经济增速小于 10%时，工业和第三产业的增速差异较小。从工业内部结构来看，在工业增速过高的情况下，与土木、建筑相关联的高耗能行业增长会更快，单位 GDP 能耗难以迅速下降。

（2）抑制固定资产投资过快增长，改善投资消费比例关系。根据近年来的数据，当经济增速大于 10%时，全社会固定资产投资增速要明显高于全社会消费品零售总额增速 10 个百分点以上，造成投资消费比例关系失调。通过研究表明，单位投资额带动的能源需求量要比单位居民消费额带动的能源需求量高出 25%左右。从总量上来看，投资增速过快于消费增速，往往不利于节能降耗。从投资结构来看，在投资增速过高的情况下，对钢铁、有色、建材等高耗能产品的需求增长会更快，使能源需求增长过快。

12.4.3　实现能源进口的多元化，降低进口运输风险

制定和实施能源进口战略时，应充分考虑进口来源风险。重视发展同新兴石油出口国的合作关系，通过市场和外交手段规避进口风险，尽可能增加进口来源数量，有针对性地增加和减少一些地区的进口量，逐步实现石油进口渠道多样化。目前我国石油进口主要来自于中东、西非、东南亚等 30 多个国家，远低于美国从 60 多个国家进口石油。未来应逐步增加俄罗斯、里海地区的石油进口，以降低海上石油运输的比重，减少石油进口的供应风险。

12.4.4　运用财政税收手段，实现可再生能源产业化

通过设立专项投资基金、财政补贴、优惠贷款、税收减免等灵活的融资政策，加大对可再生能源技术研发的投入力度，推动可再生能源技术向现实生产力转化。发达国家能源消费结构中可再生能源的份额较高，尤其是可再生能源发电的份额较高，而且特别重视新技术的示范和推广，通过形成产业体系来支持可再生能源的发展。我国可再生能源产业化进程受政策、市场、技术等因素的约束较多，应进一步统筹规划，大力推进风力发电产业化；破除政策壁垒，加速太阳能光伏产业化进程。

12.4.5　加强规划与宏观调控，满足能源投资需求

（1）能源投融资是实现国家能源战略的重要手段。今后五十年能源投资强度（能源投资占 GDP 的比重）应保证高于发达国家的水平，其中，2020 年前能源投资强度应保持在 3%以上。

（2）加强能源投融资规划，注重能源产业链投资的协调和上下游投资的匹配。加强能源投融资的宏观管理和统筹规划，协调能源投资与经济发展周期的节奏；对能源投融资实行总量监控，向社会发布能源投资需求的预测结果，引导资金流向能源产业链中的薄弱环节。

（3）重视大型能源企业在国家能源战略实施中不可替代的作用。引导大型能源企业处理好企业利益与国家利益、近期利益与长远利益的关系，充分利用财务杠杆，以多种形式募集更多资金，在新能源和新技术的研发上加大投资力度，在国家长期能源战略的实施过程中担当主要角色。

12.4.6　构筑能源安全预警体系，保障能源供应安全

近年来，我国局部地区频频遭遇油荒、煤荒和电荒（2005 年珠三角的油荒、2008 南方地区的煤炭和电荒、2009 年东南沿海地区的电荒和煤荒），虽然突发自然灾害是导致各类能源供应短缺的主要原因，但油荒等的蔓延暴露了我国能源安全监测、预警和应急预案等机制体制还不够完善的问题。在能源供应和需求全球化的背景下，一个国家所依赖的能源供应随时有遭遇到风险而中断的可能，供应中断往往是突发性的，所以必须建立完善的能源供应监测、预警、应急预案体系，才能有效控制能源供应短缺或中断。

要建立我国能源安全预警系统，实现对我国能源安全进行预警的目的，就必须对能源安全预警系统的内部组成结构、能源活动的运行机制以及能源安全的信息传递方式和渠道等问题进行深入的了解和研究。建立贯穿我国能源供应链（投资、生产、贸易、运输、销售、库存、储备）的全方位监测体系，时时把握能源供需状况；开发我国能源供应预警系统，对各供应环节数据进行时时监控、评价与预测，及时发现能源供应系统中不平衡和不稳定因素和环节，实现提前预报；完善我国能源供应应急预案，针对不同类型和不同规模的能源供应短缺，制定相对完善的供应应急预案，实现未雨绸缪，保障国家能源供应安全。

参考文献

阿列克谢·马拉申科. 2007. 在20世纪70年代的石油危机过后，世界不会重蹈覆辙. 俄罗斯：生意人报，2007-11-19.

阿瑟·林克. 1983. 一九〇〇年以来的美国史（下册）. 刘绪贻等译. 北京：中国社会科学出版社.

安尼瓦尔·阿木提，张胜旺等. 2003. 石油与国家安全. 乌鲁木齐：新疆人民出版社.

安维华，钱雪梅. 2000. 海湾石油新论. 北京：社会科学文献出版社.

北京市市政市容管理委员会. 2009. 北京市加油站行业发展规划2009－2015年. www. bjmac. gov. cn.

北京统计局. 2009. 北京统计年鉴2005，2006，2007，2008，2009. 北京：中国统计出版社.

才汝骏，沙炜，李响. 2011. 中国煤炭进口形势及未来走势分析. 煤炭经济研究，31（6）：93-97.

陈德胜，雷家骕. 2006. 法、德、美、日四国的战略石油储备制度比较与中国借鉴. 太平洋学报，（2）：61-71.

陈仁杰，陈秉衡等. 2010. 我国113个城市大气颗粒物污染的健康经济学评价. 中国环境科学，30（3）：410-415.

陈守海，郑仕敏. 2006. 我国建立战略石油储备的时机选择. 经济管理，（21）：22-25.

陈晓进. 2008. 石油交易货币走向多元化. 环球财经，2008-01-20.

陈小琳，洪传洁等. 1993. 上海市大气污染与常见呼吸道症状的关系. 中国公共卫生学报，12（1）：1-3.

陈新华，2008. 能源改变命运——中国应对挑战之路. 北京：新华出版社.

第三世界石油斗争编写组编. 1981. 第三世界的石油斗争. 北京：三联书店出版社.

伏晴艳，阚海东. 2004. 城市大气污染健康危险度评价的方法：大气扩散模型及人口加权的大气污染暴露评价. 环境与健康杂志，21（6）：414-416.

付铁，袁九毅. 2004. 兰州市大气污染造成的经济损失估算. 甘肃科学学报，16（3）：106-109.

高军，徐希平. 1993. 北京市东、西城区空气污染与居民死亡的分析. 中华预防医学杂志，27（6）：340-343.

管清友. 2007. 流动性过剩与石油市场风险. 国际石油经济，15（10）：1-11.

管清友. 2010. 石油的逻辑——国际油价波动机制与中国能源. 北京：清华大学出版社.

何金祥. 2010. 澳大利亚的煤炭工业现状与前景. 中国煤炭，36（8）：142-147.

何念如，朱闰龙. 2006. 世界原油价格上涨对中国经济的影响分析. 世界经济研究，（2）：47-53.

国家电力监管委员会. 2011. 风电安全监管报告. 北京：国家电力监管委员会.

国家发展和改革委员会. 2007a. 可再生能源中长期发展规划. 北京：国家发展和改革委员会.

国家发展和改革委员会. 2007b. 赴日可再生能源培训考察团考察报告. http：//nyj. ndrc. gov. cn/gjkz-snydh/P020071217369100050543. pdf，2007-12-17.

国家发展和改革委员会. 2011. 日本着手制定新的能源和环境战略. http：//nyj. ndrc. gov. cn/gjdt/t20110831_431852. htm，2011-12-31.

国家环保总局，国家统计局. 2006. 中国绿色国民经济核算研究报告2004. 北京：国家环保总局，国家统计局.

国家统计局. 2010. 中国第二次全国农业普查资料汇编（综合卷）. 北京：中国统计出版社.

国家统计局. 2011. 中国统计年鉴2011. 北京：中国统计出版社.

国家统计局环境保护部. 2008. 中国环境年鉴 2007. 北京：中国环境出版社.
国家统计局环境保护部. 2011a. 中国环境统计年鉴 2010. 北京：中国统计出版社.
国家统计局环境保护部. 2011b. 2010 年中国环境状况公报. 北京. http：//jcs. mep. gov. cn/hjzl/zkgb/.
国家统计局能源司. 2009. 中国能源统计年鉴 2008. 北京：中国统计出版社.
国家统计局能源司. 2011. 中国能源统计年鉴 2010. 北京：中国统计出版社.
国家统计局能源司. 2012. 中国能源统计年鉴 2011. 北京：中国统计出版社.
国家统计局农村社会经济调查司. 1999. 中国农村统计年鉴 1997－1999. 北京：中国统计出版社.
国家统计局农村社会经济调查司. 2003. 中国农村统计年鉴 2003. 北京：中国统计出版社.
国家统计局农村社会经济调查司. 2008. 中国农村统计年鉴 2008. 北京：中国统计出版社.
国家统计局农村社会经济调查司. 2009. 改革开放三十年农业统计资料汇编. 北京：中国统计出版社.
韩鲁佳，闫巧娟，刘向阳，胡金有. 2002. 中国农作物秸秆资源及其利用现状. 农业工程学报，18 (3)：87-91.
何一鸣. 2004. 日本的能源战略体系. 现代日本经济，133 (1)：50-54.
胡国松，任皓. 2010. 石油金权——国际石油贸易真相考证. 北京：石油工业出版社.
黄鹤羽. 1982. 我国薪柴能源的现状与发展前景. 中国能源，2：40-42.
黄运成，陈志斌. 2009. 高油价时代的国际石油地缘政治与中国石油贸易格局. 资源科学，(1)：172-177.
金陶胜，傅立新等. 2006. 吸入因子：汽车尾气污染健康影响的一种评价方法. 环境与健康杂志，23 (2)：182-184.
井力彬，秦怡等. 2000. 本溪市大气污染与急慢性呼吸系统疾病的关系. 环境与健康杂志，17 (5)：268-270.
阚海东，陈秉衡. 2002. 我国部分城市大气污染对健康影响的研究 10 年回顾. 中国预防医学杂志，636 (1)：59-61.
林伯强，黄光晓. 2011. 能源金融. 北京：清华大学出版社.
李国俊，朱瑞博. 2005. 国际石油定价机制与中国石油价格防范体系构建. 上海经济研究，(6)：38-43.
李继，郝吉明等. 2003. 湖南省大气污染物排放与人体暴露水平研究. 环境科学，24 (3)：16-20.
李俊峰，时璟丽. 2006. 国内外可再生能源政策综述与进一步促进我国可再生能源发展的建议. 可再生能源，(1)：1-6.
李俊峰等. 2011. 风光无限—中国风电发展报告 2011. 北京：中国环境科学出版社.
李善同. 2010. “十二五”时期至 2030 年我国经济增长前景展望. 经济研究参考，(43)：2-27.
廖华，魏一鸣. 2011. 能源经济与政策研究中的数据问题. 技术经济与管理研究，(4)：68-73.
林钦，张少杨. 1999. 福建省大气污染对人体健康危害造成经济损失的估算. 海峡预防医学杂志，5 (3)：12-13.
刘恩东. 2009. 美国石油应急机制的特点. 学习时报，2009-07-20 (2).
刘建，蒋殿春. 2009. 国际原油价格冲击对我国经济的影响. 世界经济研究，(10)：33-38.
刘琴. 2004. 中国能源外交. 北京：外交学院学位论文.
罗伯特·基欧汉. 2006. 霸权之后——世界政治经济中的合作与纠纷. 苏长和，信强，何曜译. 上海：上海人民出版社.
罗晓云. 2003. 国际能源机构在石油危机中的表现及其对我国的启示. 南方经济，(1)：76-79.
吕涛. 2011. 突发性能源短缺的应急体系研究. 中国人口资源与环境，21 (4)：105-110.
吕涛，聂锐. 2008. 煤炭应急供应的储备机制研究. 中国安全科学学报，18 (12)：68-74.

马洪宝，洪传洁. 1992. 大气颗粒物污染对慢性呼吸道疾病的影响. 中国公共卫生学报，11（4）：229-232.

马胜利，韩飞. 2010. 国外天然气储备状况及经验分析. 天然气工业，30（8）：62-66.

麦肯锡全球研究院. 2007. 新兴力量主体：石油美元、亚洲中央银行、对冲基金以及私募股权投资基金如何塑造全球资本市场. 国研网编译.

满香忠，王珊珊. 2007. 国外开发生物质能优惠政策及其经验启示. 地方财政研究，（8）：58-63.

彭志龙. 2009. 中国2007年投入产出表. 北京，中国统计出版社.

任重远. 2011. 海外油气投资环境风险评估方法及应用研究. 北京：北京理工大学学位论文.

世界自然基金会（WWF）. 2011. 能源报告：2050，100%可再生能源. 北京：世界自然基金会.

宋红旭，张斌. 2002. 美国的能源安全战略. 宏观经济管理，（2）：53-55.

宋玉华，林治乾，孙泽生. 2008. 期货市场、对冲基金与国际原油价格波动. 国际石油经济，16（4）：9-17.

孙泽生. 2009. 应理性看待投机对油价的影响. 能源杂志（9）：http：//www.inengyuan.com/Magazine_1.asp? id=17.

田春荣. 2008. 中国石油进出口状况分析. 国际石油经济，11（3）：24-30.

童媛春. 2009. 石油真相. 北京：中国经济出版社.

王革华等. 2008. 我国以纤维素为原料生产生物燃料乙醇的生产潜力分析. 北京：国家自然科学基金资助项目研究报告.

王力. 2008. 20世纪初期中中日煤炭贸易的分析. 中国经济史研究，（3）：145-152.

王军. 2010. 中国石油安全保障体系建设. 北京：社会科学文献出版社.

王舒曼，曲福田. 2002. 江苏省大气资源价值损失核算研究. 中国生态农业学报，10（2）：128-129.

王书伟. 2010. 世界煤炭贸易形势及对中国煤炭市场的影响. 中国商贸，（24）：88-89.

王威. 2007. 再生能源战略的成功典范之巴西乙醇发展战略. 国土资源情报，（7）：36-39.

王晓薇. 2009. 安然漏洞9年搅局国际油价. 华夏时报，2009-06-12.

王秀强. 2010. 天然气储备库11大名单落定. 21世纪经济报道，2010-11-25（5）.

王亚栋. 2003. 世界能源地缘政治图景：历史与发展. 国际论坛，2：1-6.

王艳，赵旭丽等. 2005. 山东省大气污染造成的经济损失估算. 城市环境与城市生态，18（2）：30-33.

威廉·恩道尔. 2008. 石油战争. 北京：知识产权出版社.

魏巍贤，林伯强. 2007. 国内外石油价格波动性及其互动关系. 经济研究，（12）：130-141.

魏一鸣，范英等. 2006. 中国能源报告（2006）——战略与政策研究. 北京：科学出版社.

魏一鸣，廖华. 2010a. 能源效率的七类测度指标及其测度方法. 中国软科学，（1）：128-137.

魏一鸣，廖华. 2010b. 中国能源报告（2010）：能源效率研究. 北京：科学出版社.

文天尧. 2010. 中东战争史全传：中东黑血-中东的战争与和平. 江苏：凤凰出版社.

吴刚，刘兰翠，魏一鸣. 2004. 能源安全政策的国际比较。中国能源，26（12）：36-41.

吴刚，魏一鸣. 2009a. 中国石油进口的海洋运输风险分析. 中国能源，31（5）：9-12.

吴刚，魏一鸣. 2009b. 美国战略石油储备补仓和释放策略分析. 中国能源，31（4）：12-15.

吴刚，魏一鸣. 2011. 突发事件情景下的中国战略石油储备的应对策略研究，中国管理科学，19（2）：140-146.

吴丽壹. 2009. 2009年全球煤炭贸易格局及其对中国的影响. 中国煤炭，（3）：106-108，111.

邬雁忠. 2008. 丹麦可再生能源应用综述. 华东电力，36（8）：96-97.

新华社. 1963. 我国石油产品基本自给. 人民日报，1963-12-16.

徐波，张丹玲. 2007. 德国、美国、日本推进可再生能源发展的政策及作用机制. 能源政策研究，（5）：44-50.

徐宽．2003．基尼系数的研究文献在过去八十年是如何拓展的．经济学（季刊），2（4）：757-763.
徐肇翊，刘允清等．1996．沈阳市大气污染对死亡率的影响．中国公共卫生学报，15（1）：61-64.
杨少军．2008．加拿大清洁能源和可再生能源发展现状．全球科技经济瞭望，23（9）：29-32.
杨畇．2007．美国石油危机应对机制及其对我国的启示．国际石油经济，（2）：13-16.
尹晓亮．2010．日本对能源危机的应急管理——以第一次石油危机为例．东北亚论坛，19（1）：123-129.
应高翔，陆永琪，等．2002．北京城市大气污染源的暴露效率研究．城市环境与城市生态，15（4）：33-35.
於方，过孝民等．2007．2004年中国大气污染造成的健康经济损失评估．环境与健康杂志，24（12）：999-1003.
于伟，尹敬东．2005．国际原油价格冲击对我国经济影响的实证分析．产业经济研究，（6）：11-19.
曾宪章，等．2003．中国石油通史．北京：中国石化出版社．
查道炯．2005．相互依赖与中国的石油供应安全．世界经济与政治，（6）：28-32.
张国宝．2009．能源局局长张国宝谈电力科学发展．广西电业，（109）：4-6.
张艳．2011．国家煤炭应急储备方案获批：今年首批储备计划完成500万吨并将有效减缓电价上行压力．http：//epaper.jinghua.cn/html/2011-03/25/content_643861.htm.
张志前，涂俊．2009．国际油价谁主沉浮．北京：中国经济出版社．
赵航．2007．美日石油战略储备比较研究．吉林：吉林大学学位论文．
赵群，柴福利．2009．海上风力发电现状与发展趋势．机电工程，26（12）：5-8.
中国风力发电网．2008．加拿大清洁能源政策．http：//www.fenglifadian.com/zhengce/718AE2G3.html/.
中国海关总署．2011．海关统计快讯，www.customs.gov.cn.
中国海关总署．2012．海关统计快讯，www.customs.gov.cn.
中国华电集团公司．2011．水电可持续发展报告．北京：中国华电集团公司．
中国可再生能源学会风能专业委员会（中国风能协会）．2011．2010年中国风电装机容量统计．北京：中国可再生能源学会风能专业委员会（中国风能协会）．
中国资源综合利用协会可再生能源专业委会．2011．中国光伏发电平价上网路线图．北京：中国资源综合利用协会可再生能源专业委会．
中华人民共和国发展和改革委员会能源局．2008．中国可再生能源发展概览——2008．北京：国家发展和改革委员会能源局．
中华人民共和国国务院新闻办公室．2011．中国应对气候变化的政策与行动（2011）．北京：中华人民共和国．
中华人民共和国发展和改革委员能源局．2011a．我国太阳能发电产业现状、政策体系与发展目标．http：//www.docin.com/p-259895542.html.
中华人民共和国发展和改革委员能源局．2011b．赴日可再生能源培训考察团考察报告．http：//nyj.ndrc.gov.cn/gjkzsnydh/P020071217369100050543.pdf.
中华人民共和国发展和改革委员能源局．2012．丹麦提出2050年摆脱化石能源依赖，www.nyj.gov.cn/gjdt/t20111107_443605.htm.
中国现代国际关系研究院经济安全研究中心．2005．全球能源大棋局．北京：时事出版社．
朱成章．2006．简析能源发展指数．煤炭经济研究，8：11-13.
Adeoti O，Idowu D O O，Falegan T. 2001. Could fuelwood use contribute to household poverty in Nigeria? Biomass and Bioenergy，21：205-210.

Agiobenebo T J. 2000. Market Structure，Concentration Indices and Welfare Cost. Department of economics，University of Port Harcourt，Nigeria & Department of economics，University of Botswana，Botswana.

Agnolucci P. 2009. Volatility in crude oil futures：A comparison of the predictive ability of GARCH and implied volatility models. Energy Economics，(31)：316-321.

Ajanovic A. 2011. Biofuels versus food production：Does biofuels production increase food prices? Energy，(36)：2070-2076.

Alessandro C，Matteo M. 2008. Oil prices，inflation and interest rates in a structural cointegrated VAR model for the G-7 countries. Energy Economics，(30)：856-888.

Almond D，Chen Y Y. 2009. Winter Heating or Clean Air? Unintended Impacts of China's Huai River Policy. American Economic Review，99 (2)：184-190.

Anna K. 2010. Oil price shocks and the optimality of monetary policy . Review of Economic Dynamics，(97)：740-744.

Barnett A D. 1981. China's Economy in Global Perspective. Washington D. C. ：The Brookings Institution.

Bemanke B S，Gertler M，Watson M. 1997. Systematic monetary policy and the effects of oil price shocks . Brookings Papers on Economic Activity，(1)：91-142.

Bennett D H，McKone T E，et al. 2002. Defining Intake Fraction. Science and Technology，36 (9)：206A-211A.

Birol F. 2007. Energy economics：A place for energy poverty in the agenda? Energy Journal，28 (3)：1-6.

Boardman B. 1991. Fuel Poverty：From Cold Homes to Affordable Warmth. London：Belhaven Press.

Boy E，Bruce N. 2002. Birth Weight and Exposure to Kitchen Wood Smoke During Pregnancy in Rural Guatemala. Environmental Health Perspectives，110 (1)：109-114.

BP. 1999-2000. BP Statistical Review of World Energy 1999，2000，2001，2002，2003，2004，2005，2006，2007，2008，2009，2010. London：British Petroleum. BP.

BP. 2011a. BP Statistical Review of Word Energy 2011. London：BP.

BP. 2011b. BP Energy Outlook 2030. London：BP.

Brown L R. 2007. 美国燃料乙醇消耗粮食数量被低估可能导致世界粮价大涨. 兰月译. 国土资源情报，(1)：46-47.

Brown S P A，Huntington H G. 2008. Energy security and climate change protection：Complementarity or tradeoff? Energy Policy，36：3510-3513.

Bureau of Labor Statistics. 2011. Unemployment rate of U. S. U. S：Bureau of Labor Statistics，Department of Labor.

Cao J，Li W，et al. 2009. Association of ambient air pollution with hospital outpatient and emergency room visits in Shanghai，China. Science of the Total Environment，407 (21)：5531-5536.

Cao X. 2003. Climate change and energy development：implications for developing countries. Resources Policy，29：61-67.

Chalvatzis K J，Hooper E. 2009. Energy security vs. climate change：Theoretical framework development and experience in selected EU electricity markets. Renewable and Sustainable Energy Reviews，13：2703-2709.

Chao H P，Manne A S. 1983. Oil stockpiles and import reductions：A dynamic programming approach. Operations Research，31 (4)：632-651.

Chen R, Chu C, et al. 2010. Ambient air pollution and hospital admission in Shanghai, China. Journal of Hazardous Materials, 181 (1-3): 234-240.

Chen R, Pan G. 2010. Ambient air pollution and daily mortality in Anshan, China: A time-stratified case-crossover analysis. Science of The Total Environment, 408 (24): 6086-6091.

Chen S T, Kuo H I, Chen C C. 2010. Modeling the relationship between the oil price and global food prices. Applied Energy, (87): 2517-2525.

Cho D. 2008. A few speculators dominate vast market for oil trading. Washington Post, 2008-08-20.

Commerce Department. 1997-2003. China's Foreign Economic Relations and Trade Yearbook 1996/97, 1997/98, 1998/99, 2000, 2001, 2002, 2003. Beijing: China Foreign Economic Relations and Trade Press.

Commerce Department. 2004-2010. China Commerce Yearbook 2004, 2005, 2006, 2007, 2008, 2009, 2010. Beijing: China Commerce Press.

Cooper J C B. 2003. Price elasticity of demand for crude oil: estimates for 23 countries. OPEC Review, 27 (1): 1-8.

Cox C C. 1976. Futures Trading and Market Information. Journal of Political Economy, 84 (6): 1215-1237.

Davis R M. 1981. National strategic petroleum reserve. Science. New Series, 213 (4508): 68-622.

Demurger S, Fournier M. 2010. Poverty and firewood consumption: A case study of rural households in northern China. China Economic Review, in press.

Du L, He Y, Wei C. 2010. The relationship between oil price shocks and China's macro-economy: An empirical analysis. Energy Policy, 38 (8): 4142-4152.

Earth Policy Institute. 2011-12-08. Biofuels Data from World on the Edge. http://www.earth-policy.org/datacenter/pdf/book_wote_energy_biofuels.pdf.

EIA. 2009a. Annual Energy Outlook 2009 with Projections to 2030. Energy Information Administration of Department of Energy, U.S. http://www.eia.doe.gov/oiaf/aeo.

EIA. 2009b. Department of Energy. Releasing crude oil from Strategic Petroleum Reserve. Energy Information Administration of Department of Energy, U.S. http://www.fossil.energy.gov/2009-03.

EIA. 2010. Department of Energy. Past news announcements. Energy Information Administration of Department of Energy, U.S. http://www.fossil.energy.gov/ , 2010-03.

EIA. 2011a. World Shale Gas Resources: An Initial Assessment of 14 Regions Outside the United States.

EIA. 2011b. Spot Prices for Crude Oil and Petroleum Products. Energy Information Administration of Department of Energy, U.S. http://www.eia.doe.gov.

EIA. 2011c. Department of Energy. Weekly U.S. crude oil ending stocks of SPR. Energy Information Administration of Department of Energy, U.S. http://www.eia.doe.gov/2011-03.

EIA. 2011d. World Crude Oil Prices. US: Energy Information Administration (EIA), Department of Energy.

European Commission. 2010. Energy 2020: A strategy for competitive, sustainable and secure energy. http://ec.europa.eu/energy/strategies/2010/2020_en.htm.

European Renewable Energy Council. 2010. RE-thinking 2050: A 100% Renewable Energy Vision for the European Union. The European Renewable Energy Council (EREC) .

Fan Y，Zhang Y J，Tsai H T，Wei Y M. 2008. Estimating 'Value at Risk' of crude oil price and its spillover effect using GED approach. Energy Economics，30（6）：3156-3171.

General Administration of Customs of China，2007. China Custom Statistical Yearbook 2006. General Administration of Customs of the People's Republic of China Press，Beijing.

Giles C. 2007. 美元向何处去. 英国金融时报中文版，2007-12-17.

Greene D，Ahmad S. 2005. Costs of US oil dependence：2005 update. Report to the US DOE，ORNL/TM-2005/45.

Greene D L，Leiby P N. 2006. The oil security metrics model：a tool for evaluating the prospective oil security benefits of DOE's energy efficiency and renewable energy R&D programs. ORNL/TM-2006/505，Oak Ridge National Laboratory，Oak Ridge，TN.

Gohin A，Chantret F. 2010. The long-run impact of energy prices on world agricultural markets：the role of macro-economic linkages. Energy Policy，38：333-339.

Gupta E. 2008. Oil vulnerability index of oil-importing countries. Energy Policy，36：1195-1211.

Haigh S，Hranaiova J，Overdahl A. 2007. Hedge Funds，volatility，and liquidity provision in energy futures markets. The Journal of Alternative Investments，9（4）：10-38.

Hamilton J D. 1983. Oil and the macroeconomy since World War II. Journal of Political Economy，(91)：228-248.

Hammitt J，Zhou Y. 2006. The Economic Value of Air-Pollution-Related Health Risks in China：A Contingent Valuation Study. Environmental and Resource Economics，33（3）：399-423.

Hammoudeh S，Eleisa L. 2004. Dynamic relationships among GCC stock markets and NYMEX oil futures. Contemporary Economic Policy，22（2）：250-269.

Hammoudeh S，Li H M. 2005. Oil sensitivity and systematic risk in oil-sensitive stock indices. Journal of Economics and Business，57（1）：1-21.

Hao J，Wang L，et al. 2007. Air quality impacts of power plant emissions in Beijing. Environmental Pollution，147（2）：401-408.

Ho M S，Nielsen C P. 2007. Clearing the air：The health and economic damages of air pollution in China. Cambridge：The MIT Press.

Ho M S，Jorgenson D W. 2007. Sector Allocation of Emissions and Damages. Clearing the air：The health and economic damages of air pollution in China. Cambridge：The MIT Press.

Hogan W W. 1983. Oil stockpiling：Help they neighbor. The Energy Journal，4（3）：49-72.

Huang R D，Masulis R W，Stoll H R. 1996. Energy shocks and financial markets. Journal of Futures Markets，16（1）：1-27.

Humbert S，Manneh R，et al. 2009. Assessing regional intake fractions in North America. Science of The Total Environment，407（17）：4812-4820.

Huntington H G，Brown S P A. 2004. Energy security and global climate change mitigation. Energy Policy，32：715-718.

IEA. 2002. Energy and Poverty. In：World Energy Outlook 2002. Paris ：IEA.

IEA. 2004. Energy and Development. In：World Energy Outlook 2004. Paris ：IEA.

IEA. 2006. World Energy Outlook 2006. Pairs：IEA/OECD.

IEA. 2007. Focus on Energy Poverty. In：World Energy Outlook，2007. Paris ：IEA.

IEA. 2008. World Energy Outlook 2008. Paris ：IEA.

IEA. 2010a. World Energy Outlook 2010. Pairs：IEA/OECD.

IEA. 2010b. Energy efficiency Governance. Paris: IEA.

IEA, 2011a. Key World Energy Statistics. Pairs: IEA/OECD.

IEA. 2011b. World Energy Outlook 2011. Pairs: IEA/OECD.

IEA. 2011c. The IEA emergency system of oil supply. International Energy Agency, www. iea. org.

IEA. 2011d. Renewables Information (2011 Edition). Paris: Organisation for Economic Cooperation and Development and International Energy Agency.

IEA. 2011e. Renewable Energy: Markets and Prospects by Technology. Paris: OECD/IEA.

International Hydropower Association. 2011. Advancing Sustainable Hydropower 2011 Activity Report. London.

IPCC. 2011. Special Report on Renewable Energy Sources and Climate Change Mitigation. Cambridge: Cambridge University Press.

Jiao J L, Fan Y, et al. 2007. Analysis of the co-movement between Chinese and international crude oil price. International Journal of Global Energy Issues, 27 (1): 61-76.

Jones C M, Kaul G. 1996. Oil and the stock markets. Journal of Finance, 51 (2): 463-491.

Kan H, Chen B. 2004. Particulate air pollution in urban areas of Shanghai, China: health-based economic assessment. Science of The Total Environment, 322 (1-3): 71-79.

Kan H, Huang W, et al. 2009. Impact of outdoor air pollution on cardiovascular health in Mainland China. CVD Prevention and Control, 4 (1): 71-78.

Lee K, Ni S. 2002. On the dynamic effects of oil price shocks: a study using industry level data. Journal of Monetary Economics, 49 (4): 823-852.

Lewis P. 1982. Fuel Poverty Can Be Stopped. Bradford: National Right to Fuel Campaign.

Liang Q M, Fan Y, Wei Y M. 2007. Carbon taxation policy in China: How to protect energy-and trade-intensive sectors? J Policy Model, 29: 311-333.

Liang Q M, Fan Y, Wei Y M. 2009. The effect of energy end-use efficiency improvement on China's energy use and CO_2 emissions: A CGE model-based analysis. Energy Effic, 2: 243-262.

Luo Z, Li Y, et al. 2010. Intake fraction of nonreactive motor vehicle exhaust in Hong Kong. Atmospheric Environment, 44 (15): 1913-1918.

Marshall J D, Riley W J, et al. 2003. Intake fraction of primary pollutants: motor vehicle emissions in the South Coast Air Basin. Atmospheric Environment, 37 (24): 3455-3468.

Marshall J D, Teoh S K, et al. 2005. Intake fraction of nonreactive vehicle emissions in US urban areas. Atmospheric Environment, 39 (7): 1363-1371.

McCracken J P, Smith K R, Díaz A. 2007. Chimney Stove Intervention to Reduce Long-term Wood Smoke Exposure Lowers Blood Pressure among Guatemalan Women. Environmental Health Perspectives, 115 (7): 996-1001.

Mestl H E S, Auman K, Seip H M. 2006. Potential health benefit of reducing household solid fuel use in Shanxi province, China. Science of The Total Environment, 372: 120-132.

Mestl H E S, Auman K, Seip H M. 2007. Health benefits from reducing indoor air pollution from household solid fuel use in China—Three abatement scenarios. Environment International, 33: 831-840.

Milunovich G, Ripple D. 2006. Futures return volatility and the role of hedgers and investors for NYMEX crude oil. Macqatie Economics Research Papers.

Mork K. 1989. Oil and the macroeconomy when prices go up and down: An extension of Hamilton's results. Journal of Political Economy, (97): 740-744.

Murphy F H, Toman M A, Weiss H J. 1989. A dynamic Nash game model of oil market disruption and strategic stockpiling. Operation Research, 37 (6): 958-971.

Nazaroff W W. 2008. Inhalation intake fraction of pollutants from episodic indoor emissions. Building and Environment, 43 (3): 269-277.

Neff T L. 1997. Improving energy security in Pacific Asia: Diversification and risk reduction for fossil and nuclear fuels. The Pacific Asia regional energy security.

Pandian S. 2005. The political economy of trans-Pakistan gas pipeline project: Assessing the political and economic risks for India. Energy Policy, 33: 659-670.

Papapetrou E. 2001. Oil price shocks, stock markets, economic activity and employment in Greece. Energy Economics, 23 (5): 511-532.

Pettengill G, Sundaram S, Mathur I. 1995. The conditional relation between beta and return. Journal of Financial and Quantitative Analysis, 30 (1): 101-116.

REN21. 2011. New Renewables Global Status Report. Washington, D. C. :REN21 Secretariat, Paris & Worldwatch Institute.

Russo J S, Ezzat H, Khalifa. 2010. CFD assessment of intake fraction in the indoor environment. Building and Environment, 45 (9): 1968-1975.

Sadorsky P. 1999. Oil price shocks and stock market activity. Energy Economics, 21 (5): 449-469.

Sajjadur R, Apostolos S. 2010. The asymmetric effects of oil price and monetary policy shocks: A non-linear VAR approach . Energy Economics, (32): 1460-1466.

Samouilidis J E, Berahas S A. 1982. A methodological approach to strategic petroleum reserves. The International Journal of Management Science, 10: 565-574.

Samouilidis J E, Magirou V F. 1985. On the optimal level of a small country's strategic petroleum reserve. European Journal of Operational Research, 20: 190-197.

Schei M A, Hessen J O, Smith K R. 2004. Childhood Asthma and Indoor Woodsmoke from Cooking in Guatemala. Journal of Exposure Analysis and Environmental Epidemiology, 14: 110-117.

Schirnding Y, Bruce N. 2002. Addressing the Impact of Household Energy and Indoor Air Pollution on the Health of the Poor. Geneva: WHO.

Scott Victor Valentine. 2011. Emerging symbiosis: Renewable energy and energy security. Renewable and Sustainable Energy Reviews, 15 (2011): 4572-4576.

Searchinger T, Heimlich R, Houghton R A, et al. 2008. Use of U. S. croplands for biofuels increases greenhouse gases through emissions from land-use change. Science Express, 319: 1238-1240.

Senate Permanent Subcommittee on Investigations. 2006-06-27. The role of market speculation in rising oil and gas prices: A need to put the cop back on the beat. Washington: The 109th Congress 2nd Session.

Smith K R. 2006. Health impacts of household fuelwood use in developing countries. Unasylva, 224 (57): 41-44.

Smith K R, Mehta S, Maeusezahl-Feuz M. 2004. Indoor air pollution from household use of solid fuels. Comparative Quantification of Health Risks. Geneva: WHO.

Sovacool B K. 2007. Solving the oil independence problem: Is it possible? Energy Policy, (35): 5505- 5514.

Stern J. 2004. UK gas security: time to get serious. Energy Policy, 32: 1967-1979.

Stevens G, B de Foy, et al. 2007. Developing intake fraction estimates with limited data: Comparison of methods in Mexico City. Atmospheric Environment, 41 (17): 3672-3683.

Tainio M, Tuomisto J T, et al. 2010. Uncertainty in health risks due to anthropogenic primary fine particulate matter from different source types in Finland. Atmospheric Environment, 44 (17): 2125-2132.

Teisberg T J. 1981. A dynamic programming model of the U. S. strategic petroleum reserve. The Bell Journal of Economics, 12 (2): 526-546.

The Council Of The European Union. 2009. Council Directive 2009/119 of 14 September 2009 imposing an obligation on Member States to maintain minimum stocks of crude oil and/or petroleum products. http: //eur-lex. europa. eu/LexUriServ/LexUriServ. do? uri = OJ: L: 2009: 265: 0009: 01: EN: HTML.

Top N, Mizoue N, Kai S. 2004. Variation in woodfuel consumption patterns in response to forest availability in Kampong Thom Province, Cambodia. Biomass and Bioenergy, 27: 57-68.

Turton H, Barreto L. 2006. Long-term security of energy supply and climate change. Energy Policy, 34: 2232-2250.

Vijay M, Susan M D. 2005. Energy Services for the Millennium Development Goals. Washington, D. C.: UNDP, UN Millennium Project, the World Bank, and ESMAP.

Wang X D, Smith K R. 1999. Near-term Health Benefits of Greenhouse Gas Reductions: A Proposed Assessment Method and Application to Two Energy Sectors of China. Geneva: World Health Organization.

Wang S, Hao J, et al. 2006. Intake fractions of industrial air pollutants in China: Estimation and application. Science of The Total Environment, 354 (2-3): 127-141.

Watts J. 2005. China: the air pollution capital of the world. The Lancet, 366 (9499): 1761-1762.

Wei Y M, Wu G, Fan Y, et al. 2008. Empirical analysis of optimal strategic petroleum reserve in China. Energy Economics, 30: 290-302.

White House. 2011. Blueprint for a secure energy future. March 30, 2011. http: //www. whitehouse. gov/sites/default/files/blueprint _ secure _ energy _ future. pdf.

WHO. 2006. Fuel for Life - Household Energy and Health. Geneva: WHO.

Wilkinson P, Smith K R, et al. 2007. A global perspective on energy: Health effects and injustices. The Lancet, 370 (9591), 965-978.

WNA. 2011. World nuclear power Statistic data.

Wolfensohn, J. 2002. Education and development. Washington, D. C.: World Bank.

World Bank. 1997. Clear Water, Blue Skies. Wahsington, D. C.: World Bank.

World Bank, SEPA. 2007. Cost of Pollution in China. Washington, D. C.: World Bank.

World Bank. 2010. The GDP growth (annual %). http: //data. worldbank. org/indicator 2010.

World Bank. 2011. World Development Indicators 2011. Washington D. C.: World Bank.

World Economic Forum. 2006. The New Energy Security Paradigm. London: Cambridge Energy Research Associates.

World Wind Energy Association. 2010. World Wind Energy Report 2010. Bonn: World Wind Energy Association.

World Wind Energy Association. 2011. Half-year Report 2011. Bonn: World Wind Energy Association.

Wu G, Wei Y M, Fan Y, et al. 2005. Oil import risk analysis of main importers in the world based on

HHA approach. Proceedings of 2005 Cross-Straits Energy-Economics Conference, China Taipei (in Chinese).

Wu G, Wei Y M, Fan Y, et al. 2007. An empirical analysis of the risk of crude oil imports in China using improved portfolio approach. Energy Policy, 35: 4190-4199.

Wu G, Wei Y M, Fan Y. 2008a. An empirical analysis for the import risk of China's petroleum products based on the improved portfolio approach. IEEE Transaction on Industry Applications, 73-77.

Wu G, Fan Y, Liu L C, Wei Y M. 2008b. An empirical analysis of the dynamic programming model of stockpile acquisition strategies for China's strategic petroleum reserve. Energy Policy, 36: 1470-1478.

Wu G, Liu L C, Wei Y M. 2009. Comparison of China's oil import risk: Results based on portfolio theory and a diversification index approach. Energy Policy, 37: 3557-3565.

Wu G, Wei Y M, Nielsen C, et al. 2011a. A dynamic programming model of China's Strategic Petroleum Reserve: general strategy and the effect of emergencies. Energy Economics, In Press.

Wu G, Liu L C, Han Z Y, et al. 2011b. Climate protection and China's energy security: Win-win or tradeoff. Applied Energy, In Press.

Xu X P, DW D. 1995. Association of air pollution with hospital outpatient visits in Beijing. Archives of Environmental Health, 50 (3): 214-220.

Zhang G B. 2010. Report on China's energy development for 2010. Beijing: Economic Science Press, (In Chinese).

Zhang M, Song Y, et al. 2008. Economic assessment of the health effects related to particulate matter pollution in 111 Chinese cities by using economic burden of disease analysis. Journal of Environmental Management, 88 (4): 947-954.

Zhang Y J, Wei Y M. 2011. The dynamic influence of advanced stock market risk on international crude oil return: an empirical analysis. Quantitative Finance, 11 (7): 967-978.

Zhang Z, Lohr L, Escalante C, Wetzstein M. 2010. Food versus fuel: What do prices tell us? Energy Policy, 38: 445-451.

Zhou Y, Levy J I, et al. 2003. Estimating population exposure to power plant emissions using CALPUFF: a case study in Beijing, China. Atmospheric Environment, 37 (6): 815-826.

Zhou Y, Levy J I, et al. 2006. The influence of geographic location on population exposure to emissions from power plants throughout China. Environment International, 32 (3): 365-373.

Zweifel P, Bonomo S. 1995. Energy security coping with multiple supply risks. Energy Economics, 17 (3): 179-183.